經學研究叢書・經學史研究叢刊

# 《四書》學史的研究

佐野公治　著

張文朝

莊　兵　　譯

林慶彰　　校訂

# 目次

# 中文版序

　　儒教擁有總稱「六經、三禮、三傳」或者「四書五經」的經典。爲了誦讀各種經典以明確其中真義，並藉以繼承祖述儒教教義，歷代儒者對經典施加注釋以及對注釋進而施加疏釋，從而隨著時代的延後而不斷積累起來龐大的學術成果，這些總稱爲經學或經書學。在時代的變遷中，宋代士大夫階層成爲主要推手爲儒學帶來新動向，並由朱熹集大成構築起萬人可學的經書學。他從六經之一的《禮記》中抽選出《大學》和《中庸》二篇，加上《論語》和《孟子》組成《四書》，藉由重新對《四書》作註疏解，將其教說內容作爲解釋原則，簡明扼要地解釋出孔孟儒學的精要，形成《四書》學。

　　中國向來被稱作儒教文化國家，然而縱觀歷史，魏晉南北朝時代有識精英多傾注於老莊道家思想，降至唐代，對中亞傳入的佛教又抱持關心。他們將異國的梵文典籍翻譯成漢文，並藉由對此思想的攝取，從而建立唯識、華嚴、天臺等佛學體系。還在各地營建寺院廣泛地普及佛教信仰或者神佛信仰。由此來看，應當注意到在中國不同時期曾並存混合儒釋道的神佛土俗信仰。

　　然而在某種意義上主張傳統中國是儒教國家仍然是正確的。所謂某種意義，是指中國自古以來壓倒性政治優先的專制國家性格。中國歷代王朝都是將儒教作爲國家統治的政治理念，因此儒學亦被作爲統治之學而得到尊崇。相反，佛教則屢屢被作爲異端而遭到排斥。因此研究中國傳統經學，需要多元的歷史視角，尤其不能忽視來自政治背景的影響。這是身處不同政治體制的著者本人，在觀察中國思想文化之際，目前所強烈感受到的部分。

　　在本書中，著者面對自身文化所不熟悉的羅列著複雜漢字且數量龐大的中國文獻，試圖透過對此的盡力解讀，藉以明確中國宋代以降的《四書》學內容及其變遷，以身處中國域外的一個日本學者的觀察，作出本書所見的研究報告。

　　日本自古學習中國文化，從交通不便的時代已經接受為數眾多的佛教儒教等詩文史籍。而這些文獻的大多數，當初只收藏於少數的圖書館，研究者則是難以輕易取得閱讀。而新設立的大學圖書館甚至連「十三經注疏」都不見於架藏。學者只能閱讀抄寫文獻，即便想要將研究論文付諸印刷刊行，隨著一九四五年以後日本對漢字的愈發疏離，尤其對繁體正字的印刷愈發困難。因此論文引用文所用漢字原文記載多被迴避，而是採用簡化漢字或是訓讀成日文。伴隨科技的日新月異，時至今日文書印刷已經無需舊式打印機那樣摘選活字，無論是繁體漢字或是照片，已經無需與出版社交涉便可按照原稿印刷出版。本書的日文版刊行於一九八八年，出版之後至今二十五年期間，社會文化發生了上述巨大變化。

　　本書有幸為當代儒學經典研究的代表學者林慶彰教授關注，荷蒙美意決定出版中文版。在中文版的引用文復原為原來的漢文之際，鑒於當時出版狀況日文版被極力省略的漢字原文以及脫漏誤植等，在復原之際花費了很多的時間與勞力，對擔任翻譯檢校的林慶彰教授以及張文朝、莊兵諸位教授，一併敬表深謝。（莊兵譯）

　　　　　　　　　　　　　　　　　　　　　　　　　佐野公治
　　　　　　　　　　　　　　　二〇一三年六月八日於日本名古屋

# 序章

## 一 《四書》學史的概況

　　《易經》、《書經》、《詩經》、《禮記》、《春秋》等五經，及註解《春秋》的《左氏傳》、《公羊傳》、《穀梁傳》三傳，《禮記》加《儀禮》、《周禮》的三禮，還有《論語》、《孟子》二子，最後再加上《孝經》，這些通稱為經書的許多古典，自古以來形成了中國人精神傳統的核心內容。自幼被課以反覆背誦經書，沉潛於經書世界所孕育出具備儒教教養的知識人，伴隨其成長而產生的精神上的訴求，會再透過對經書的創造性解釋來表達。傳統就是這樣不僅依靠讀書人忘我的投入得到維繫，還會因為這些創新的解釋得以增添新內容而常葆新生。而這些被視為精神食糧的經書，近似基督教文化圈的《聖經》或是伊斯蘭教文化圈的《可蘭經》，對這個國家的精神文化發揮著重要作用。不僅如此，即便在十分注重教養的社交場合，或是進行知性的遊戲場合，比如被當作猜字遊戲的題材之類，經書常常是這樣獲得應用的。總之，對經書的接受掌握以及繼承，被視為規範中國精神文化內容的重要因素。

　　在中國的歷史上，有趨向關心老莊、先秦諸子思想、佛教哲學等的時期。這些性質不同的思想，亦為經書解釋提供了新視野，賦予經書世界以更為豐富的內容。而學問在中國通常被作為政治之學、道德之學，由此使政治與學問保有極高的相關性，使文化思想的傳統在各王朝受到保護和扶持同時，還不得不受到一定程度的政治制約。另一

方面，承擔文化傳統的知識份子，又會以傳統作為根據，試圖對抗專制王朝的權力而把學術的主體性反應在政治上面。即便常常出現異民族入侵所建立起的征服王朝對於漢民族造成危機，但那只是表面上的屈服於政治權力，漢民族傳統的文化理念依然靠著持續執著的努力得以滲入政治，試圖在傳統中攏絡權力。這樣的時候所依據的也是經書。在對應新的思想課題之際，往往採取回歸經書所言上古堯舜三代（夏商周）的復古主義，亦大多是由來於這樣的民族性。如果這樣思考的話，闡明對經書接受與繼承過程的經書學史研究，無疑是澄清中國文化特性非常有力的視點。以下試對宋代以後成為經書學主流的《四書》學的歷史作一概觀。

從漢代到唐代，被稱為注疏學的經書註解，至唐代集成《五經正義》，在官吏錄用的科舉考試中，被作為回答相關經書題目的依據所在，從而獲得官定經書註解的權威。但是到了北宋，出現了不再盲信注疏學說而從合理主義的觀點進行批判性的經書研究的傾向。比如王安石在推行新法之際，意欲在科舉中採用基於自己的思想立場所著的註釋。

南宋時期，由於朱熹（朱子）的出現，為經書學史帶來重大的轉機。朱子龐大的學問業績絕大多數是和經書有關，其博大壯闊的思想體系，大多是從經書裡不斷思索而形成。朱子關於自然界和人間界的諸多事象，提倡依據經驗集聚知識的同時，構築一套確立世界統一的普遍性認識的形而上學體系。針對經學來說，他在繼承注疏學的字義句義亦即所謂的訓詁成果同時，還繼承了北宋時期富於思辨性的經書解釋學，建立起綜合性的解釋體系。

針對五經的研究，他不採用把道德教訓牽強附會到《詩經》的「小序」，而是結合經文解讀古代生活情感因而著述《詩集傳》，也不取用程頤（伊川）具有哲學性的《易經》解釋，而以易本是作為占筮

之用的立場著述《周易本義》，除此之外，還對許多經書作合理的檢討，並研究古代禮制，因而著手著述《儀禮經傳通解》。

然而朱子最為傾注精力的是《四書》的註釋。《禮記》中收錄的〈中庸篇〉很早就有單行本傳世，到了宋代，〈大學篇〉也被單行刊印，這些書因為曾經被下賜給臣子，因而地位也因此提升。朱子繼承程子兄弟所改訂的《大學》，把經文分為經一章和傳十章並大幅改編，他認為闡述「格物致知」意義的傳第五章在傳承過程中遺失，因而為此補寫了「補傳」，並對這本改訂《大學新本》重新施加注釋，稱為《大學章句》。還稱此書為「初學入德之門」，因而將之作為治學的入門書。針對《中庸》亦採取與舊說不同的立場，將全篇分成三十三章，並對此重新施注寫成《中庸章句》。還著述了《論語集注》、《孟子集注[1]》。由此，依據《大學》來瞭解聖人之學的綱要，再依據《論語》、《孟子》瞭解聖人日常言行藉以規範自我行為，進而學習傳遞道統闡述普遍真理的《中庸》，這樣訂定出學習《四書》的順序。《學》《庸》的章句一貫顯示出朱子自身的解釋，《論》《孟》的集注則是集成了許多學說。也就是說，朱子在他所改編的《大學》中植入新的經書世界觀，在《論》《孟》中涵蓋向來學說、為聖賢之學增添具體內容，在《中庸》包含以上所說，且根據自己的見解闡述儒教哲學。這樣，使《四書》重新被賦予了作為經書的意義，並使得儒教也由此獲得了高度的思想性。

朱子主張應當繼《四書》之後學習五經，這是意味由易到難的學習過程而並非指經書內容有優劣。但是，正如上述那樣，朱熹認為在《四書》中學問的世界已然完成，隨著《四書》被重新認定為經書，

---

1　關於「注」或「集注」的用字，在宋代多使用「注」，而後世多改用「註」。本書中作為書名用「注」而在論述中用字使用「註」或「註釋」。引用文則依照各自原文的用字。

五經的地位就降為是補充《四書》而已。朱子給予《四書》作為經書的地位，並依據注釋確定其成為經書的內涵，由此獲得自己的思想理論根據。這標誌了《四書》學的成立。

從宋代到明代經書學史的中心，可以看成是對朱子的《四書》學乃至四書五經學的繼承以及對此擺脫的過程。從朱子的生前到死後，雖然其學問被視為違反正道之學的偽學而受到打壓，但不久名譽便得到恢復，對朱子學的傳播活動也被官許。至南宋末期《四書》逐漸受到重視，但是對《四書》依據朱子學說訂定課程加以學習並廣為普及，則要降至元代。

到了元代，連曾經因為被金朝統治使儒學低落的北中國，也開始有朱子學的傳播，由於許衡等人的努力，使之逐漸加深了跟王朝權力之間的結合。朱子學得到普及之後，到了中期在大學的學科目上，規定要學習以《四書》及五經為中心的經書。之後到了延祐二年（1315）所實施的科舉，屬征服民族的蒙古色目人，被課以依據《四書》的《章句集注》作經問，屬被征服民族的漢人南人，被課以依據《四書》的《章句集注》和五經的程朱學注解、以及依據古注疏作明經經疑。

乘此機會，程端禮刊行《程氏家塾讀書分年日程》，介紹因應科舉的學習課程，在經書學知識的蓄積上，包括以入門書的《性理字訓》為首，加上《小學》和四書五經的本文，以及《四書章句集注》，和科舉中由五經課以選擇解答一經（又稱本經）的註解等，再加上作文學習。在後來的家庭或是學校的教育課程設置上，都將此《日程》看作是一個標準學習法。這樣，由於被採用成為科舉的學問而使朱子學權威變得相當高，四書五經、《章句集注》也因此成為必修的教養科目。

到了明代洪武十七年（1384），頒布科舉定式，確立了這個時代

的文教政策。繼承元代的制度,《四書》則依據《章句集注》,關於五經選擇一經,亦把程朱學的註釋和古注疏一同並用。到了永樂年間,頒布了集成宋元代經書註解的《四書大全》、《五經大全》,以及集成性理學說的《性理大全》,當成科舉所應依據的標準解釋,而不再使用古注疏。元明時期科舉規定的改變,反映出朱子學地位的上升。即便之後至清代,亦明確表示繼承明朝體制遵奉程朱學說,因此朱子學在元明清三代獲得了國教的權威。在這段期間,雖有受到文化面上的規制時而強化時而緩和的影響,但只要跳脫程朱學的經學解釋,則往往被當成「離經叛道」的異端,成為禁毀處罰的對象。考察朱子學教養的科舉的實施,實際上發揮了思想統治的作用。

這個時期由於朱子學的權威上升以及科舉考試的需求,出現了許多《章句集注》的註釋書——或為《章句集注》增補朱子其他著述所存《四書》說,或附以朱子門人及後學的學說對朱注的疏解。《章句集注》有幾種不同的版本,其中依據南宋淳祐年間所出版的淳祐本體系所作註釋書,有南宋真德秀的《四書集編》、趙順孫的《四書纂疏》,元代胡炳文的《四書通》;依據當時興國軍(江西省)刊行的興國本體系所作註釋書,有南宋祝洙的《四書集注附錄》,元代有陳櫟的《四書發明》、倪士毅的《四書輯釋》等。這些書的編纂態度,不僅表現出認同朱子《章句集注》「為經」的尊嚴性,還在對朱注的進一步疏解上表現出特色,並導致學說上的煩瑣集聚。永樂年間的《四書大全》是把《四書輯釋》和吳真子的《四書集成》再度合纂而成的著述,由此完成了宋元《四書》說的集大成。由於興國本體系的版本得到應用,於是成為通行本,至清末淳祐刊本被重新認識為止,除部分人之外,大都不知曉不同版本的存在。《四書大全》在明清時期一直被當成標準解釋來使用,還為此書進一步附加了宋明清的《四書》說。即使到了清代,《大全》附以蔡清的《四書蒙引》,此外還有增減

不少明儒說和清儒說的陸隴其的《三魚堂四書大全》，以及王步青的《四書朱子本義匯參》、李沛霖等的《四書朱子異同條辨》等，這些部數巨大的著書皆有持續刊行。朱子《四書》說之後仍然由後學門流的不斷補強、傳承。與後面將要提及的相關新《四書》學的註釋書同樣，這些註釋書在江戶時代大量舶來我國，在各地的藩校和私塾供大家閱讀，在內閣文庫或是專門保存當時的漢籍的圖書館裡多有現存。

受到國家的保護而使朱子學說得以繼承的相反面，早已潛在對於朱子學說批判的立場亦很快顯示出來。對於朱子改訂《大學》的批判，早在南宋就有董槐、王柏等人，他們認為傳第五章本就存於經文，因而否定了「補傳」。元明時期認同這種說法的學者亦相當多。在朱子學權威尚未確立的時期，對於《章句集注》的態度也有差別，有絕對視其如經的看法，也有對其他宋儒學說高度評價的看法。比如蔡節的《論語集說》便未完全遵從《集注》的經文解釋。從金代到元代初期，在朱子學還未傳播到的北中國，著有《論語辨惑》、《孟子辨惑》的王若虛和陳元祥等人，就是批判《章句集注》的人，而被認為陳元祥著作的《四書辨疑》亦有現存。

到了明代，太祖洪武帝忌諱宋儒，寫成《論語》二章的新解釋。永樂年間，民間的朱季友因上呈批判宋儒的《書傳》而遭到禁毀處分，但幫助永樂篡奪政權的姚廣孝，卻著有從佛教者的立場來批判宋儒的《道餘錄》。在《大全》頒布之後，還可見周洪謨的《疑辨錄》、楊守陳的《諸經私抄》、王恕的《石渠意見》等，對《章句集注》的經文解釋作出個別的批判修正。到了後世，即便蔡清的《四書蒙引》被評價為輔翼朱子說中代表的明儒說，亦有試圖修正《大學》的編次。

王守仁（陽明）的出現，也給《四書》學帶來了轉機。正德三年（1508），王陽明在龍場悟道之後，被視為是新《四書》學成立的展開期。體驗龍場之悟的王陽明曾自述「證諸五經，覺先儒訓釋未盡」

（錢德洪序），因著《五經臆說》。進而把原本在《禮記》中的《大學古本》拿來當成自說的論據。在朱子的《大學新本》裡，非常重視《大學》八條目中的「格物致知」，朱子認為通行自然界和人間界的理法內在於人則構成人的道德本性，即所謂的「理」，而對「理」有階段性的研究闡明，「格物致知」說便成為其學說的論據，但是若依據《大學古本》則是將「誠意」置於中心位置，這樣現實的人心便直接成為本源的理，從而構成「心即理」、「致良知」的學說，使人性的尊嚴和自足得到重視——如此主張的陽明，即是在重新發現的《大學》文本中，獲得了自說的論據。他將《大學古本》當成是孔子門下傳承的舊本，並立足回復孔子原本的復古主義，試圖依據經書超越朱子的權威。到了晚年，他進而以發揚良知的主體性做為講學的課題，否定拘泥於經文字句的解釋，意欲獲得從經書解放出來的自由立場。陽明學的盛行，以及為解決時代的思想課題而使探求經書世界的活動變得活躍，這些都導致了明代後期對經書自由解釋的流行。

　　正德、嘉靖年間，陽明學被指謫為異端學說，屢屢受到政治的限制。到了隆慶、萬曆時期，學派的勢力擴大，王陽明的名譽得到恢復。萬曆十二年（1584），陽明被從祀於孔子廟。從祀被認為是對孔孟學說的闡揚做出貢獻的評價，這意味著陽明學因此被公認為經書的學問。這是思想統治緩和的作用。這段期間所盛行的在各書院講社的講學活動，特別相關於《四書》的議題被反覆不斷地討論。只不過王陽明跟門弟子都認同以「口耳相傳」為主的口傳主義，也重視以心傳心的默契，再加上向來存在視經書為得到聖賢精髓之後的糟粕的想法，因而《四書》說大多是以語錄形式來傳承，沒有被整理成註釋書。但是隨著思想統治的緩和，王陽明的後學對著述產生了關心，伴隨經書學說的編纂以及印刷文化的盛行，多種註釋書由是應運而生。除了註釋之外，也有很多以經書為題材的隨筆創作。除了羅汝芳的

《一貫編》、楊起元的《證道書義》、假托起元的《四書眼》、李卓吾的《道古錄》、假托卓吾的《說書》、《四書評》等陽明學左派的作品之外，陽明學各學派也有很多的著述。

新生的《四書》學說相互影響，並且因合編集成而使學說不斷累積。繼承《四書評》的有《清雲堂四書評》、方外史《四書解》、滿益智旭的《論語點睛》，把《四書評》和《四書眼》合編在一起的《四書評眼》、還有只是把《四書評眼》書名改編的《四書參》等，都有現存。從這裡可以看出當時楊起元和李卓吾為什麼會那麼的受歡迎。把明儒說集大成的有《國朝名公答問》、《四書正新錄》、《皇明百方家問答》、《刪補四書微言》等。由此來看，將隆慶、萬曆以後作為新《四書》學的展開期是妥當的。即便看短時期內出現許多的集成書，以及以重訂再編增減眾多的新說，亦可了解當時《四書》學的盛況。這種盛況和科舉的動向有相當深切的關係。這段期間，《大全》的權威逐漸喪失，還有雖說遵奉朱子學被制度化，但光是敷衍《章句集注》而使八股文難免成為陳舊之物，因此新鮮且富有新意的文章受到歡迎。由此，被稱為「講章」的一種科舉考試用參考書，便在祖述《章句集注》的同時，亦有顧及新生的學說。上面所述的諸種註釋，亦多有因應科舉考試需要的側面。

大致上來說，這些新生的四書說與《章句集注》比較，大多算不上具有獨特的學說價值。甚至可見恣意放言、牽強附會、毫不足取的大同小異之作。但其中仍有如《四書評》所代表的那樣——把孔孟從崇拜偶像的聖人形象解放出來，並將之重新理解為偉大的常人等，不乏獨創性的註釋，而最可令人關注之處，在於他們各自志向成為個性豐富的四書說這一點上。新四書學如所云「聖人之經宜存眾多異同之說，以待讀者之自得」（婁堅《學古緒言》卷一〈重校四書集注序〉），能看出具有一種容許自由解釋的傾向。集成明儒說的《皇明百

方家問答》在敘述其不採永樂《四書大全》的理由時，指出從明初至當時三百年間，「明卿碩儒森然疊出，主催學問交流，此真傳道統，宋儒遠未凌駕也」。這正是明代《四書》學的所謂獨立宣言。

晚明《四書》學中呈現顯著特點的著述，是那些援用佛教特別是禪思想以及老莊觀念、用語的註釋。周汝登《四書宗旨》以佛教涵蓋了出世與經世且確立了儒家生死觀的微言大義，因而認為儒佛只是同一教旨的不同表現形式，從而闡述儒佛的一致性，並由此出發，在經文解釋上援用禪語，在經說中解讀出類似禪的內容。上述的《四書評》以及繼承其說的各種作品，此外，還有朱斯行《四書小參》、袁中道《四書𥔵》等著述，與佛教亦相關濃厚。還有註釋書的序跋亦好用釋老之語，用釋老思想潤色以成具有新意的註釋等，這些都是當時的流行。還有諸如憨山德清的《大學綱目決疑》、《中庸直指》，智旭的《論語點睛》、《大學直指》、《中庸直指》等由佛教學者所作《四書》說，亦多可見。釋老思想為《四書》學提供了擺脫《章句集注》束縛的新視野，這一點值得評價。

新《四書》學的盛行，作為其外部促成的因素，可以列舉思想統治的緩和、因應科舉對新學說的需求、印刷文化的活絡等，而在思想界對新生課題的思索，並且其表達手段述諸對經書的重新解釋，則可視為其內部促成的要因。由以下的舉例中可以明確，對經文施加解釋同時還是表明思想立場之舉。

關於《論語・為政篇》的「攻乎異端，斯害也已」一章的解釋，《集注》採用「非聖人之道，而別為一端，如楊墨是也……為害甚矣」的說法，還援用「佛氏之言比之楊墨尤為近理，所以其害為尤甚」的說法，意思是說自古異端邪說不絕，朱子頭腦中考慮到為了克服當時成為對立思想的佛教，因而以此作為「攻乎異端，斯害也已」的經文註釋。而明太祖將經文解釋為「攻去異端，則邪說之害止」（《古穰雜

錄摘抄》所引），藉以表達禁絕異端的積極意義，正符合了其作為政治家意欲從政治的立場操控學術的企圖。與此形成對照，晚明章世純的《章子留書》則對此經文解釋為「說之異者足以相濟，不必足相傷也，知其一端不知其他端，徒以異己而攻之，失其所濟喪己之利也」，這便成了異端說具有相當的價值因而不可攻擊的觀點，出於對價值觀分歧導致異說並存狀況的肯定態度，才產生了這一新的解釋。

再如，關於《論語‧顏淵篇》首章的「克己復禮為仁」，朱子解釋為：克盡自我的私欲而復於禮者為仁，在以「存天理去人欲」作為倫理課題的朱子學說中，此章作為出自於經書的論據，因而受到極高的重視。與此相對照，羅汝芳則把「克」解釋為「能」，認為以自我主體性地進行復禮的實踐才是仁（〈一貫篇〉）。關於採用這樣解釋的理由，門弟子的楊起元說，無論從汝芳自身的學問上來看，還是從孔子平素的言行上來看，都不可能有把私欲克盡之說。由此可知投射在經文解釋上的羅汝芳主張即日用現在於主體實踐的學說立場。此章經文並未被解釋為克盡私欲，是晚明時期一般的理解，之後的清代，即便在針對經書字句進行語學的史學研究中，依然認為以「克」作「能」是傳達了古義，克盡私欲之說因而被否定。明代的學術成果在清代，亦有如此得到繼承的。

不僅僅在經文的個別內容，即便相關於經書自身的性格，特別針對《大學》的討論，在此期間亦一直持續反復地進行著。由於王陽明對《大學古本》的重新評價，之後以陽明左派為首，依據《大學古本》立說者逐漸增多。即如陽明的盟友湛若水所云，「讀《大學》，須讀文公《章句》應試，至於切己用功，更須玩味《古本大學》」（《甘泉文集》卷六「大科訓規」）。於是產生了科舉考試依據章句本、學問教材依據古本的分化狀況，並且進行了顧及兩種文本存在的註釋書的編纂。

　　《大學》本文的改定亦被持續進行，相繼出現了由陽明右派的季本改定的版本及崔銑的改定本。期間，還出現了《大學》異本的《石經大學》。後來被斷定是由當時專門製作偽書的專家豐坊的偽作，並澄清此本乃是以季氏改定本為原本再與章句本折衷，進而附加上脫胎於《論語》文章的二十二字而成。但由於受到顧憲成、劉宗周等當時有影響學者的認同，由此圍繞《大學》的爭議更為熱絡。

　　《四書》的順序排列反映著對其中各書的看法。朱子主張按照「學庸論孟」的順序學習。然而由於在《禮記》原本的篇目排列是「庸學」順序，在南宋時期多以「庸學論孟」順序並列的。後來，由於《學》《庸》為短篇而合併成一冊，以「學庸論孟」排序，出於背誦上的方便，一般是先學《學》《庸》後學《論》《孟》。清代科舉考試科目則以「學論庸孟」的順序排列。還有在晚明時期出現了脫離朱子的思考形式探討《四書》的情形，蕅益智旭從成書先後的觀點主張「《論》《庸》《學》《孟》」的順序，當時譚貞默的《三經見聖編》的排列同此。還有羅汝芳從內容展開上認為是《中庸》先於《大學》，這與《禮記》的編次一致。進一步來說，由於《大學古本》的經文得到認同，從而使《學》《庸》失去作為獨立的經書的根據。明末清初的陳確著《大學辯》，以《大學》首章非為聖人所作之經、傳十章亦非賢人所著之傳，主張應將《學》《庸》還歸《禮記》。姚際恆以《大學》為先秦時代類似佛教思想家的著述，以《中庸》為伴隨佛教傳入中國之後的偽書而稱其為「偽中庸」，至此，終於《學》《庸》的經書性格開始受到懷疑。朱子以《大學》經一章為曾子祖述孔子之語而以傳十章為曾子門人記錄的曾子言語，以《中庸》為孔子孫的子思之語，從而賦予《學》《庸》以道統上作為聖賢經典的權威。伴隨朱子學逐漸成為研究考察的對象而被相對化，對於《學》《庸》的檢討也脫離了朱子預設的觀點，而由此產生《學》《庸》地位的低落亦在所

難免。《中庸》被認為是子思之語自漢代有之，因為似乎與散逸的子思作品《子思子》內容重疊，相信子思作者說的學者至清代依然很多，但是關於《大學》的作者，朱子的論據便薄弱很多。清代的錢大昕指出將此書歸結為曾子作品的作者說是疑信參半。（《潛研堂文集》卷二〈春秋論〉）

明代自由註釋經書之風正盛之際，學術取向相反的實證經書學亦方興未艾。梅鷟《尚書考異》、陳第《毛詩古音考》等，便受到清代學者的高度評價。對漢唐注疏的關注亦有提升，如《十三經注疏》的刊行，對《四書》註釋援用古註的著述亦不乏可見。對朱子學說的瓦解以及對漢唐注疏學關注的擴大，起到了作為清代實證經學全盛的準備階段的作用。

伴隨以外來民族入主政權的清朝的建立，亦給予學術界以深刻的打擊。以思辨見長的宋明學的非實用性被察覺，亦加速了對朱子學的擺脫，提倡經世致用學風的氣運日益高漲。清代學術鼻祖之一的顧炎武便以「理學即經學」的立場，針對經書中向來形而上地被抽象理解的各種概念重新定義，意欲賦予儒學以日常實踐道德的性格。這些皆表明，取代宋明時期主流的《四書》學，憑藉對經書的比較考察、以及對經書所記述的古代歷史環境的重視，目的在於明確經書具體內容的五經之學，標誌由此成立。更由於之後的思想統治政策以及政局日趨穩定，民族主義的批判意識潛伏向內，而文獻學研究變得流行，被稱作考據學或考證學的學問形態由此出現。

另一方面，清朝沿襲明朝制度施行科舉，仍遵奉朱子學的經書解釋。並且限制書院講社的活動，實施了一系列的思想統治政策。在康熙年間朝廷以《四書》講義為基礎制定的《欽定四書解義》中稱「願學朱子」，表明其專門祖述《章句集注》的立場。康熙、雍正年間思想統治繼續強化，據說毛奇齡由此打消了把糾正朱子學謬誤的《四書改

錯》上呈朝廷的念頭。（參照錢穆《中國近三百年學術史》第六章）

思想統治與學術動向相互作用終於使自由解釋《四書》的風氣終結，對經書觀念的變遷亦有一定的阻止作用。陳確的《大學說》（由於完全否定朱子《大學》的經典性）流傳的寫本以及陳氏遺著的全貌，好不容易在近年才得以展現，姚季恆的「禮記說」亦只有斷片的流傳。

即便在清代，亦有朱子學受到尊奉的傾向，受到國家的保護，正如「六經宗孔孟，百行法程朱」（《經學歷史》所引惠棟語）所表達的那樣，由於作為倫理學說的長處獲得承認，《四書》註釋書的刊行仍然得到持續進行。不過，專門依據朱子學說僅限於科舉考試參考用書的講章，像閻若璩《四書釋地》、崔灝《四書考異》等運用考證學手法所作《四書》研究，在當時受到學術上高度的評價。在學術上，《學》《庸》是被作為《禮記》中的兩篇看待，《四書》也很少被看作是一個系列的書籍，由此可以認為，朱子以後的《四書》學至明末已經實質上解體了。不過，由於在科舉上規定依然要以《章句集注》為中心的朱子學說作為根據，造成因應科舉的教養與學術二者分裂，從而導致科舉八股文衍化為文章遊戲。另外，明代的《禮記》文本把《學》《庸》二篇排除在外，即使到清代十三經注疏本《禮記》有收錄《學》《庸》二篇，其他流行的版本依然是此類《學》《庸》除外的文本，由此可知科舉所帶來的影響之大。與學術已然分裂變成形骸的《四書》學，依然依靠科舉的支持得以維持，然而與明代新《四書》學同樣，清代的考證學中的《四書》說亦有被講章所採用的事例則令人關注。這從大多數考官熟悉當時的學術以及八股文一直需要追求新奇等觀點來看，是當然會發生的狀況。也可以說是學術帶來了從內部變革科舉的契機，並由此使知識人將其主體性反映到政治上面。

到了清末，朱子學的經書理念被考證學的實證所瓦解，進而由於

戴震對宋學所存在的主觀性虛構性的批判使朱子學更為邊緣化。再加上國力的衰退使思想統治政策無法有效地發揮作用，此時，表面上仍然會顧慮到遵奉朱子學，然而對其批判的見解已經能夠更為明確地表達。汪中、崔述、俞正燮、葉酉等論說《大學》、《中庸》的作者，將兩書看做孔門後學之書以及戰國時期的作品，乃至認為是漢代的作品。《學》《庸》作為經書的神聖性，就這樣被剝奪了。這一時期援用老莊諸子和佛教進行自由的經書解釋風氣再度出現，既有的同類作品亦由此開始獲得世人的關注。面對西歐思想，學術界以向傳統尋求思想課題的解答來加以回應，如康有為將建立「孔子教」和實施「立憲改制」的論據於《中庸》、《孟子》中尋求，以致著述出充滿附會的註釋。

從清末至現代激烈的變革期，經書的世界遭受批判，在中國人的精神生活中經書曾經具有的意義急速地減退。但是就中國當前的課題而言，為了使民族文化遺產的精華得以繼承和發展下去，針對曾經形成往日中國精神文化核心的經書的意義，今後還必將會持續不斷的討論下去。

## 二　明代人與經書

### （一）朱子學學習法的確立

關於傳統的中國人精神深處所浸潤的儒教教養，自無須過多描述，然而這並非指他們生就便是儒教教理——或可稱之為儒學——的掌握者。正如同斯文之國不斷被傳頌的螢雪之功那樣，此類講述自幼年時期開始鑽研學問的佳話，意味著花上長期的熟讀掌握經書時間，當然大多時候是依據他律的教育，歷經陶冶精神的辛苦磨練之後，才

會成就出儒教的知識人。

那麼，中國人究竟是用怎樣的內容和方法進行經書學習的呢。對此從中國的教育以及科舉制度史的側面加以考察的論述已經有很多。在這一節，作為前人研究的具體例證，將會針對明代各個學人的實際體驗，由傳記資料和文集著手考察，並從隨筆雜記等嗅出其時代思想氣息，重新描述當時經書學習的實際形態[2]。

明代學習的經書，即所謂以四書五經為核心的內容。這些毋庸置疑皆是基於朱子學的理念。朱子的經書學是相關四書五經之學，特別在《四書》學，關於其自南宋至元明的普及狀況，已於本書第一章第二章作出詳論。在此簡而言之，亦即從朱子的生前至死後，朱子學雖然一度蒙受政治的彈壓，但是不久彈壓緩和，在與諸學派的對抗當中，到南宋末期逐漸具有了廣範圍的影響力。

至元代初期，由於趙復、姚樞、許衡等人的努力，使程朱學獲得在北中國傳播的機會[3]。許衡（1209-1282）四十歲的時候[4]，才透過姚樞第一次接觸朱子學而眼界大開，他對《小學》、《四書》簡直敬如神明，甚至斷言不必再閱讀他書[5]。楊恭懿（1225-1294）亦是二十四歲

---

2　關於傳統中國人的教養形成、文化生活內容以及實際學習形態等作出全視野考察的論著，可參照青木正兒「中華文人の生活」（《全書》第七卷）、田中謙二「舊支那に於ける兒童の學塾生活」（《東方學報》京都十五冊二分）、加地伸行「儒教における子ども觀」（岩波講座《子どもの發達と教育》二）等。本章將考察的重點置於經書學習，特別探討明代人的狀況。

3　雖然此為學界的通說，但是需要注意到，元初儒學者活動對儒學傳播的成效，有被後世學者過大評價的趨勢。關於元代儒學的研究，可參照安部健夫《元代史の研究》、牧野修二〈元代の儒學教育〉（《東洋史研究》三十七卷四號）、孫克寬《元代漢文化の活動》等。

4　《國朝名臣事略》記載此事在許衡四十歲時，近年，袁國藩《元許魯齋評述》認為發生在四十一歲。

5　《許魯齋集》卷四〈與子師可書〉。

始得《章句集注》，據說是盡改前習[6]。

但是，依靠許衡等人的教育實踐，並未使主張先學《四書》後學五經的朱子學習法馬上得到普及，在民間依然大都採用向來的「論孟六經」的學習法。史籍傳記記述，吳澄（1249-1333）「七歲，《論語》、《孟子》五經皆成誦」（《道園學古錄》卷四十四〈行狀〉），十歲始學朱子《四書》，衍只吉徹理（1259-1305）六歲喪父，隨母親讀書，「六經二氏（論孟），悉涉原委」（《國朝名臣事略》卷四〈神道碑〉），許謙（1270-1337）五歲前從母親「口授《孝經》、《論語》，入耳輒不忘」（《白雲集》卷首〈墓誌銘〉），虞集（1272-1384）幼時從母「口授《論語》、《孟子》、《左氏傳》、歐蘇文，聞輒成誦」（《元史》卷百八十一〈本傳〉）。這些事例所記述的大致是由《孝經》、《論》、《孟》至六經的學習法，由之可以了解這是到元代初期的一般所用學習法。即使到元代中期，如記載曾魯（1319-1282）「公，年七歲，能暗誦五經，一字不遺」（《鑾坡後集》卷七〈碑銘〉）那樣，仍有記誦五經的文獻記錄。

劉因（1249-1293）從趙復得到周程張子、邵雍、朱子、呂祖謙的書，曾自詡說「我固謂當有是也」（《宋元學案》卷九十一〈傳〉），但他讀書卻認為「先秦三代之書，以六經、《語》、《孟》為大……世人往往以《語》、《孟》為問學之始，不知《語》、《孟》聖賢之成終者」、「六經既治，《語》、《孟》既精，而後學史」（《宋元學案補遺》卷九十一），表達其對六經、《語》、《孟》的注重。當然，《大學》、《中庸》包含在《禮記》中自然會讀到，也不能斷言讀《語》、《孟》不會參看《集注》，但這個例子，與元末以後傳記談論到的背誦《四書》的狀況相比較，仍然是有特徵性的。

---

6 《國朝名臣事略》卷十三〈神道碑〉。

　　然而，靠著朱子學者們的努力以及時代趨勢使然，再無人非議朱
子學的影響已經逐漸滲透到民間的趨勢[7]。而成為朱子學學習法自上
而下獲得推動普及的決定性契機，是元朝國子監的設立以及其後科舉
的實施。至元二十四年（1287）國子監設立之際，針對學業內容規定
「凡讀書必先《孝經》、《小學》、《論語》、《孟子》、《大學》、《中
庸》，次及《詩》、《書》、《禮記》、《周禮》、《春秋》、《易》」（《元史》
卷八十一〈選舉志〉）。在延佑二年（1315）所實施的會試科舉考試
中，用於解答試題的經註，針對蒙古色目人與漢人南人規定所有不
同，前者於經問項目規定：《四書》使用《章句集注》，後者於明經經
疑項目規定：《四書》使用《章句集注》、經疑項目則從五經選擇一經
用程朱及其後學的傳註，並且古注疏亦一併並行（同上）。趁此機
會，程端禮刊行《程氏家塾讀書分年日程》[8]（以下略稱《程氏日
程》）提供了因應科舉的學習次第，即以宋代程若庸《性理字訓》為
入門，然後是《小學》和《四書》以至五經，進而學習《章句集
注》、《或問》及本經（科舉中選擇解答一經），最後加上作文學習。
以嚴格按照日課反覆學習、背誦作為核心內容的《程氏日程》，後來
被看作是典範的學習法。比如文獻記載元末的陳剛「用程氏讀書法，
誓以科業自見」（《滎陽外史集》卷四十六〈傳〉）。

　　在元末，按照《程氏日程》所列舉那樣設置課程進行學習之風必
然相當盛行，傳記資料呈現努力鑽研於四書五經學習的記事頻繁可
見。比如，鄭駒（1320-1378）從父授《性理字訓》、《大學》、《中
庸》、《論語》、《孟子》、《書》、《易》，輒成誦（同上卷四十二「行
狀」），吳勤（1330-1405）「五歲知慕學，七歲日讀數千言，成童四書

---

7　參照《道園學古錄》卷三十五〈新喻州重修宣聖廟儒學記〉、許謙《白雲集》〈答
　　吳正傳書〉。
8　參照牧野論文。另可參照端禮〈江東書院講義〉。

五經皆成誦」(《東里續集》卷二十八〈墓碣銘〉),永樂朝大學士金幼
孜之父金固(1333-1389)「其為學,四書五經以及子史諸家,無不博
通精究」(同上卷四十三〈傳〉),明初屈指可數的學者薛瑄之父
(1356-1425)從母親七歲授《四書》(《薛文清公文集》卷二十二
〈汾陰阡表〉),這些事例顯示出《四書》學習法以及從《四書》進入
五經的學習法的普及狀況。四書五經、特別是四書根據《章句集注》
學習毋庸置疑。這個時期,朝廷進講用五經《四書》[9],皇太子的教
育則是用《孝經》以及節略的《四書》[10]。元代的家訓《鄭氏規範》
規定,十六歲以上允許施行冠禮的條件是可以背出四書一經,背不出
來者可以寬限至二十一歲。

由以上事例來看,在元末依從《章句集注》研讀《四書》,按照
《程氏日程》那樣設置課程來學習經書的風氣,必定是大行其道。到
了明代,洪武初期沿襲元制施行科舉,洪武十七年頒佈科舉定式,於
是成為有明一代的規範。在這個定式中規定,《四書》依從《章句集
注》,五經選擇一經,用程朱及其後學的五經傳註。但還規定《書
經》和《春秋》並用古注疏,《禮記》則依據古注疏[11]。進而到了永樂
年間,朱子學經書註釋的集大成——《四書》、五經、性理三部《大
全》頒佈,獨尊朱子學成為官方的規定,科舉亦專從《大全》為準
據。這樣,從元到明,從洪武到永樂年間,科舉規定的變遷,反映出
朱子學註釋書地位的持續提升。

這樣的地位上升,反映出在政治層面上朱子學的普及,而由此亦
帶動了朱子學學習法的普及。王禕(1322-1373)引述先儒所云「治
六經需先通《四書》,通《四書》則未治六經亦通」,主張治《易》須

---

9　參照《庚申外史》卷上,至正元年使歐陽玄等進講的詔書。

10　《元史》卷一百八十三〈李好文傳〉。

11　《太祖實錄》十七年三月戊戌條。

先治《中庸》、治《書》須先治《大學》、治《春秋》須先治《孟子》、治《詩》及《禮》、《樂》須先治《論語》（《王忠文公集》卷一〈四子論〉）。這種注重《四書》的傾向，在朱子學者之間特別顯著，吳與弼（1391-1469）只鑽研《四書》，對學生教育提出「須用循序熟讀《小學》、《四書》本文，令一一成誦，然後讀五經本文，亦須爛熟成誦」（《康齋先生文集》卷八〈學規〉）。先治《四書》之後進入學習五經的學習法，由此看來可以說是在明代初期確立起來的。

## （二）明代人的讀書記誦

那麼，遵循朱子學的指導階梯進行經書學習的實際狀況是如何的呢。

若胎教另當別論，教育可以認為是與接觸外物同時開始的。「為嬰兒時，母夫人畫地為字以教之，一見不忘，父亦奇之。每賓客過從，公在提抱間，有問輒對，聲皆成文」，這是讚美永樂朝大學士解縉（1369-1415）幼年時期早熟的天才形象[12]。這裡說的嬰兒已經能夠識別文字了，不過，即便是不會識讀文字的幼兒，在大人懷抱中靠著聲音模仿也能傳授記誦，在接下來提到的傳記中，亦可頻見「口授」這個辭。

元明時期教授兒童的最初用書並不一定，以教授《千字文》、《百家姓》、《三字經》、《性理子訓》的場合居多。根據記載，王恂（1235-1281）三歲從母授《千字文》[13]，李大猷（1338-1374）四歲授「記姓

---

12　《解學士文集》卷十〈行狀〉。

13　《元史》卷一百六十四〈本傳〉。另外，作為初學者的教科書，古代還有使用《蒙求》，在我國亦曾廣泛傳播，明清時期較少利用於兒童教育。不過，並非間斷了其書的傳承，據筆者所見，宋濂六歲入小學曾被傳授《蒙求》。（《宋文憲公全集》卷

書」[14]，概指《百家姓》之類。還有鄭駒（前述）幼年授《性理字訓》，此書在《程氏日程》是被作為小學入學之前的課本，大多是用於幼兒時期教授之書。此外，吳澄三歲從祖父授古詩[15]，金幼孜父亦四歲從自己母親傳授五言詩，這些皆可能是指在大人懷抱中的口頭傳授。作為明代的事例，呂坤（1536-1618）規定八歲以下進社學讀書的兒童須課以《三字經》、《百家姓》、《千字文》的順序進行讀書習字（《實政錄》卷三）。

接續這些初步學習的書籍，或者從一開始還會教授《孝經》、《小學》。如，楊士奇的族弟孟暢（1369-1391）「數歲，父口授此《小學》書」（《東里續集》卷四十二〈墓碣銘〉）。朱子學通行之前，讀書入門一般是按照從《孝經》到《論語》、《孟子》的順序，而《小學》在《程氏日程》是被作為八歲小學入學之後最先的課本，這是被作為朱子學學問進階的入門書，伴隨朱子學的普及受到廣泛閱讀[16]。朱子學者對此書尤其重視，明代吳與弼指出，「言學當以道為志，然進修不可躐等，必先從事於《小學》，以立其基」（《康齋先生文集》卷首〈行狀〉），然後延及《四書》、性理書、五經，薛瑄（1389-1464）亦有訓誡云，教育一邑的俊才，須按照自《小學》、《大學》延及《論》、《孟》、《中庸》六經以及聖賢之書的順序[17]。張吉（1451-1518）也說讀書順序應遵循「先《小學》、《四書》，而後諸經」（《古城文集》卷首〈神道碑〉）。

---

首〈行狀〉）。

14 《翰林續集》卷八〈傳〉。

15 《道園學古錄》卷四十四〈行狀〉。

16 參照牧野論文。

17 《薛文清公文集》卷十九〈一樂堂記〉。另有陳真晟（1410-1437）同樣的發言，參照《陳剩夫集》卷二〈答門人翠渠周瑛書〉。

而《孝經》也有被作為最初的兒童學習用書的事例，據說前述的李大猷在被教授「記姓書」之後，卻說「此有何義，讀之將奚為」，其父大為驚奇，更授以《孝經》。胡汝礪（1465-1510）七歲誦《孝經》而曉大義[18]，羅汝芳（1515-1588）五歲時從母授《孝經》誦習[19]。後年，以孝為核心構築起思想體系的羅汝芳，在其思想的根底，幼兒時期的記憶發揮了作用。

原本，這兩種書因為與科舉沒有直接關係也有不讀的時候，但不管怎麼說，仍然能看出《小學》與朱子學的盛衰有著密切關係性。私塾講師和教官如何看待此書的比重，亦左右著其被課讀的程度。黃佐（1490-1566）曾指摘世間的兒童教育皆不用此書[20]，崇禎六年（1633）的上諭中，亦以近來社學全然不講《小學》諸書而下令加以改善（《春明夢餘錄》卷四十）。據說張履祥（1611-1674）二十餘歲前沒見過《小學》書，等到崇禎八年（1635）學宮頒佈此書至坊間刊行之後才第一次得以閱讀（《揚園先生全集》卷四十）。但也有如劉瀾（1531-1590）七歲從塾師授《小學》（《焦氏澹園集》卷二十五〈傳〉）的事例，當然也有個別狀況使用此書教授的[21]。

與初步的記誦相前後，還會開始進行對句對聯的習作。白珽（1248-1328）「五歲能屬對，八歲能賦詩」（《翰林別集》卷五〈墓銘〉），王厚孫（1300-1372）「八歲能成詩四韻」（《滎陽外史集》卷四十六〈遂初老人傳〉），這些是元代的例子。即便到了科舉不考詩賦的明代，出於作文的基礎學習以及將來社交場上的應酬之需，依然被作

18 《皇明名臣墓銘》艮集〈行狀〉。

19 《羅明德公文集》卷首〈本傳〉。

20 「子朱子《小學》……書既浩繁，理涉宏奧。世儒訓蒙，乃或置之，而以他書為先」。（《泰泉集》卷四十〈小學古訓序〉。

21 桂萼（正德六年進士）於嘉靖初任知縣，課以諸生《孝經》、《小學》的句讀（《蒿菴閒話》卷一）。

為訓練內容。前述的孟暢「七歲，習聲律儷語」（前出書〈墓碣銘〉）、藍田（1477-1555）「七歲，善記誦，能詩對」（《李開先集》中〈墓誌銘〉）等，便屬其例。倪元璐（1593-1644）五歲時，能隨時隨地應祖父之命隨口作出對句，顯示出他的早慧[22]。在賓客面前課以少年對偶，被認為是社交的一個環節，比如像早慧的兒童解縉的事例那樣（前出），可以發揮其才智而博得客人的讚譽以及家人的歡愉。潘高（1514-1557）「甫七歲，父宴客，探句使對，即能立出奇語，一座盡驚」（前出書〈傳〉），姚舜牧（1543-1627）八歲時亦以客出「燭影搖紅」，對以「蟾光照白」的對句而獲得稱讚[23]。還有魏大中（1575-1625）六歲為來客對出偶語[24]，張岱（1597-1679）六歲時接受當時文壇名儒陳繼儒的面試作出對句而獲得盛讚[25]等，皆可理解此種社交的形態。

那麼，充當兒童早期教育的承擔者，明代與元代同樣多由祖父與父輩等家人擔任，此外還常常能見到祖母及母親等女性家長擔任的事例。雖說這些被寫入傳記的事例算是被意識到應當需要特別記錄的事項，但要注意的一點，在明代知識人的家庭中，女子實施教育並不是例外的事情。如，周長州（1336-1388）六歲學《孝經》、《小學》[26]、舒芬（1484-1527）六歲學《孝經》、《論語》[27]、陳怡菴（1370-

---

22 《倪文正公年譜》，收載於《新編中國名人年譜集成》，本註以下所錄《年譜》多出於此集成。

23 《來恩堂草》卷十六〈自敍歷年〉。

24 《東林始末》所收〈魏廓園先生自譜〉。

25 《瑯嬛文集》卷五〈自為墓誌銘〉。參照松枝茂夫「《陶菴夢憶》を讀む」的註（一）及註（六）。

26 《怡菴文集》卷十一〈墓碣銘〉。

27 《舒梓溪先生全集》卷首〈傳〉。

1434）學《孝經》、《小學》、《論》、《孟》[28]、倪元璐五歲學《毛詩》等例，皆各自從其母所授[29]。楊士奇（1365-1444）父早亡，五歲以後是在母親的全盤監督下接受學業[30]。陶望齡（1562-1609）父的祖母，據說是「故儒家女也，能暗誦經書旁通古語，常使先考（望齡父）臥股腹上，口授章句」（《歇菴集》卷十〈先考行略〉）。當然在明代，女性還是被認為應該勤勉於作為女性要做的工作，向學之道則對此有妨礙之嫌[31]，但是，從《孝經》、《小學》到《四書》、乃至能讀誦五經，其中甚至有強過男性治學能力的女子[32]（陳確姊與七歲的陳確一起學於私塾、《陳確集》卷首）。相關在丈夫遊學中守護家庭，教授蘇軾讀書成名的母親程氏的佳話最是有名，即便在明代此類的事例亦不乏見。

　　伴隨年齡的增長，開始實質正式的經書學習。在元代，八歲入小學是適齡的標準，也有五、六歲入學的事例[33]。在沒有設置小學學制的明代，社學以及家塾發揮著類似的作用。比如傳記中屢屢出現「就外傳」的字樣，許多場合指的就是進入家塾求學的意思[34]。

---

28　《怡菴文集》卷首〈行狀〉。

29　參照註21。

30　《東里續集》卷四十八〈慈訓錄〉。

31　何喬新（1427-1502）之母，幼年時曾從自己母親授《孝經》、《小學》、《語》、《孟》諸書，日夜勤奮誦讀，被諸母嘲說捨女紅而欲做「女秀才」否，於是晝行縫紉，夜以誦讀（《何文肅公文集》卷三十〈揭氏墓誌銘〉）。「性尤明悟女工，暇輒讀書，通《孝經》、《小學》、《論語》」（《泰泉集》卷五十七〈應節婦傳〉）。

32　例見《東里續集》卷四十八〈慈訓錄〉、《仕學集》卷六〈嚴母呂太夫人……行狀〉、《澹園集》卷三十二〈方氏墓誌銘〉。另有清代事例，關於倪蓮臣之女有如下記載：「尤慧美，幼即喜舊書史，過目自能背誦，聲琅琅然如瓶瀉水。蓮臣顧而奇之，常拍其肩曰，此吾家千里駒也，但惜是不櫛進士耳」（《淞濱瑣語》）。

33　參照牧野論文。

34　不過，也有跟隨名儒讀書的事例。此據《明人自傳文鈔》所收文元發（1529-1602）的〈自序〉。

　　就筆者所見最初的入塾求學的例子，是王夫之（1619-1692）四歲時候的事例[35]。只不過這個事例是他與次兄一起入塾跟隨長兄接受經書讀誦，因此和家庭教育沒有兩樣。一般，六至八歲入學者最多，也能發現九歲入學的例子[36]。霍韜（1487-1540）的「家訓」指定「凡子姪七歲以上入社學」、由周汝登（1547-1629）制定的泰州場「社學教規」規定，南竈子弟，八歲以上、十二歲以下資質優異者，發社學讀書，陳確的「家約」[37]中則規定六、七歲以上應就鄉塾，由這些學規來看入學時期並不一定，大致視兒童的適應能力，較七、八歲或早或晚一、二歲。

　　一旦開始正式的學習，大致要按照《程氏日程》所列舉的程序那樣進行。比如時任南昌府學訓導的鐘甬（1546-1623），以朱子制定的「白鹿洞規」和《程氏日程》為準則，這樣的課程形式在明代也同樣被實施[38]。前述的吳與弼，便是嚴格按照課程安排學習，精進學問的。教師自不用說，連學童父母也會按照既定的課程進度督導鼓勵子弟。魏大中懷述八、九歲時在父親嚴格的監督下學習的情形說，「至課讀稍弗中程，箠杖輒數十下，不少恤」（《東林始末》所收《碧血

---

35　《玉船山學譜》。

36　除本文中例舉之外，六歲入學事例還見於張洪（1364-1447）的〈自為生誌〉（《文鈔》所引）等，七歲的事例可見於宣德進士俞長州的〈傳〉（《名臣墓銘》）、章懋（1436-1521）的《年譜》、繆昌其（1562-1626）的〈自序〉（《文鈔》所引）、楊屢祥（《全集》卷四十）、張煌言（1620-1664）的《年譜》等。七歲的事例可見於李堂（1462-1524）的〈自述〉（《文鈔》所引）等。七歲的事例可見明末的杜文煥（同上）、姚舜牧等。另外，陳繼儒《犀碎錄》記載男兒因忌諱偶數而多以五歲七歲入學的民間俗說，不過此則說法是從宋・趙與時《賓退錄》的剽竊（再次收錄），並為反映明代實際狀況。只是，五至七歲入學，從生理條件上來看是所有時代共通的標準。

37　分別收載於《涵芬樓祕笈》、《東越證學錄》卷十三、《陳確集》別集卷九。

38　《東白張先生文集》卷十二〈困菴鐘先生小傳〉。關於清代的情形，可參照陸稼書的記述（《朱子學大系》第十一卷，頁193）。

錄・魏廓園先生自譜》），憨山德清（1546-1623）回想說，「予十歲，母督課甚嚴」（《夢遊集》卷五十三〈自序年譜〉）。

根據《程氏日程》的設置，小學入學之後，按照《小學》、《大學》經傳、《論語》、《孟子》、《中庸》、《孝經刊誤》、《易》、《書》、《詩》、《儀禮》、《禮記》、《周禮》、《春秋》三傳的進程，從一日一、二百字逐漸增加至千位字數做看讀背誦，從八歲開始花費六、七年時間，在十五歲以前完成《小學》《四書》諸經正文的背誦。從十五歲開始讀《大學章句、或問》、《論語集注、或問》、《孟子集注、或問》、《中庸章句、或問》以及與《論》、《孟》或問宗旨相合的集注等。接下來讀五經選一經的本經。學習這些《四書》經註或問、本經傳註、性理諸書，需用功三、四年時間，之後學《通鑑》、《韓文》、《楚辭》，二十一、二歲學習作文，二十二至二十五完成學業的學習。這樣的課程甚至是理念上的理想設計，實際實施起來並不容易。《儀禮》、《周禮》在明代科舉並不使用，還有五經全部背誦亦非一般能行得通的。不過，如此的背記背誦學習在明代也是毫不例外地得到施行，經書學習法幾乎是以記誦貫穿始終的。

能夠記憶多大的文字量，依照年齡和資質的不同而因人而異，因此經書學習的期間也是沒有一定。但是，《程氏日程》所云一日的背誦量需要達成從一、二百字到千字，幾乎是時人的共通認識。像解縉那樣據說「日記誦數萬言」（前出書）雖是誇大說法，從千言至數千言的記誦事例，在後面將要敘述的林希元的哥哥的場合可以看得到。

千字作為上限，下限便須一、二百字。後面將會敘述的王陽明，據說針對能背誦二百字的兒童，只教授一百字，他將這個程度作為最低限度的背誦下來的數字。宋代的鄭耕老曾計算過九經的字數，據他所云，《毛詩》三萬九千一百二十四字、《尚書》二萬五千七百字、《周禮》四萬五千八百零六字、《禮記》九萬九千零二十字、《周易》

二萬四千一百零七字、《論語》一萬二千七百字、《孟子》三萬四千零
八十五字、《孝經》一千九百零三字、《春秋左氏傳》二十萬四千三百
五十字，大小九經合起來共計四十八萬四千四百九十五字，以「中
材」之人的標準計算，日誦三百字則四年半完成，「天資稍鈍」之人
減半為日誦一百五十字，花九年時間完成。這個說法甚是有名，論說
讀書法之際常常會被拿來引用，而關於九經的字數也有不同說法[39]。
對此姑且不論，但日誦三百字可能是被時人當作了一個標準。據虞集
說，宋代四川地區的鄉先生以每日教授三百字作為基準[40]。當然，即
便是每日三百字的數字，從常識來看也未必是件容易事。正德年間進
士林希元曾被父親斥責說，「汝故兄疇日誦四千餘言，然吾未嘗見其
夜讀，今若不能日誦三百字，復苦如是乎」，他只能表白說「希元，
於書苦讀竟未成誦，姑記大意而已」（《林次崖先生文集》卷十四〈明
夫先生行狀〉）。

　　即便如此，傳記資料中對擁有超凡的記憶力保有者仍是屢屢稱
讚。曾魯「公，年七歲，能暗誦六經，一字不遺」（前出），方孝孺父
親克勤（1326-1376）「五歲知讀書，自辯章句，十歲暗誦五經」（《芝

---

39 《茶餘客話》卷五。關於字數的不同說法，另可參照《山志》卷一〈九經字數〉、
　　《鋤經書舍零墨》卷二〈十三經字數〉、錢泰吉《甘泉鄉人稿》〈曝書雜記〉上。
　　另外，在中國現在亦多以字數而非頁數標示紙張篇幅。根據錢吉泰的統計，十三
　　經注疏的經文字數及卷數分別如次：《周易正義》十卷，24270 字，《尚書正義》二
　　卷，25800 字，《毛詩正義》七十卷，39224 字，《周禮注疏》四十二卷，45806
　　字，《儀禮注疏》五十卷，57111 字，《禮記注疏》六十三卷，99020 字，《春秋左
　　傳正義》六十卷，196845 字，《春秋公羊傳注疏》二十八卷，44748 字，《春秋穀
　　梁傳注疏》二十卷，42089 字，《論語注疏》二十卷，12700 字，《孝經注疏》九
　　卷，1903 字，《爾雅注疏》十卷，10791 字，《孟子注疏》十四卷，34685 字。以上
　　參照北京圖書館文獻叢刊編輯部：《文獻》（北京市：書目文獻出版社，1982 年），
　　第十二輯。
40 《道園學古錄》卷五〈送趙茂元序〉。

園前集》卷七〈墓版文〉），陳怡菴（前出）「母授以《孝經》、《小學》、《論》、《孟》，不過數日即能成誦」（《怡菴文集》卷首〈行狀〉），吳勤「五歲知慕學，七歲，日讀數千言，成童四書五經皆成誦」（前出〈墓碑銘〉），皴安（1461-1508）「幼穎敏不凡，書過目即成誦」（《皇明名臣墓銘》坎集所收〈墓碣〉），劉東（1438-1502）「甫九歲，《四書》、《毛詩》，朗誦不忘，或指一二字與之認者，不識為何字，以其未見書冊云耳」（《李開先集》中〈墓誌銘〉），從母授書的王家屏（1531-？），「率一再過輒成誦」（《歇菴集》卷十一〈行狀〉），以上皆出自碑傳的讚辭。還有自誇才能者，如徐文長（1521-1593）曾自詡「六歲，入小學。書一授數百字，不再目，立誦師所」（《徐文長文集》卷首〈自著畸譜〉）。

此類的佳話在元末明初尤其多見。楊士奇記述了這個時期許多人刻在碑傳中的事跡。碑傳大多是以友人門弟子和子孫所做家傳或行狀作為資料刻寫的事跡，由這些也可以了解到，這個時期有一種對記誦能力優劣甚為介意的風尚。再舉一例，宋濂的記述中可見關於元末一位士人的事例，「為舉子業專攻《春秋經》，晝夜磨督不暫輟，傳注數十萬言，歷歷記憶，倒舉亦可成誦」（《芝園續集》卷七〈劉君墓銘〉），這是說能夠倒背文字浩瀚的《春秋》傳註，實在令人嘆為觀止。所謂的「倒舉」，比如「元年，春王正月」，不是每字倒背成「月正王春年元」，而是意指每句的倒背。

不可否認有生就天生異稟的天才，但所謂的「應口成誦」、「過目成誦」之類的讚辭，當然會有傳記的潤色。海瑞（1513-1587）曾經自述從母授《孝經》、《學》、《庸》各篇[41]，行狀中亦記述他四歲喪父，從母口授這些經書，而並未提到成誦。然而在王國憲所輯的年譜

---

41 《海忠介公集》卷五〈與瓊鄉諸先生書〉。

卻加筆潤色為「公，四歲，贈公卒，太夫人教之誨之，口授《孝
經》、《學》、《庸》諸書，**輒成誦**」，是為一例。

如果是這樣，長期刻苦努力記誦磨練的林希元的事例，至少表現
出平均程度的知識份子狀況。傳記資料中，亦屢屢可見為了記誦而付
出超乎常人努力的事跡。王炎昶（1200-1278）「少凝重，記憶不能過
人，刻苦專篤，雖執匕據枕不廢誦習」（《芝園續集》卷四〈墓銘〉），
努力達到廢寢忘食的程度。王鏊父親王琬（1419-1503）「自資魯，學
以後時，發憤徹夜誦讀，至咯血不止」（《王文恪公集》卷二十三〈先
世事略〉），亦是這樣的事例。薛瑄在〈與楊秀才書〉（《文集》卷十
二）懷述自己年少時代的苦學經歷。即便是那位倒背《春秋》經傳
者，亦是以讚嘆他的努力為主要關注點的。

以下列舉一些學習經傳的具體事例。根據《張端巖公（自述）年
譜》記載，張文麟（1482-1547）六歲就外傳，師事錢先生，錢教授
三十餘名村學市井的兒童，每日只以「神童詩」四句教授文麟，且令
其他學生教之，不能成誦。七歲時改從另一位任先生為師，這位先生
訓導有方，日有定規，「凡所背書，每先日授，次日晨入則背昨所誦
書，次習字散，午後令誦昨所授書，必熟背。背熟再授明所誦書，吾
性於書必先誦，至次日復誦數遍則熟得。先生教法如此，諸生同學背
書我為最熟，遂稱聰明」。到了十歲，改師從東鄰一位叫繆廷善的先
生，但這位先生教法無常，等到出塾之際，已然「稚性懈弛」，連經
書都背誦不出來了。於是十一歲復師從任先生，《四書》得熟，並開
始誦讀《禮記》。十二、三歲開始學習時文，十四歲日課作文一篇，
十六歲讀《禮》完畢，但未能學會寫作策論。而十七歲開始參加縣學
的考試。

朱國禎（1558-1632）在〈自述行略〉（《朱文肅公集》卷尾）記
述他六歲外傳，之後的四年間每年都更換老師，「七歲延倪景田先

生，八歲尤鳳岡先生，嬉戲不肯讀，凡三歲止《學》、《庸》、《語》、《孟》之半，九歲延洪見龍先生，盡《論》、《孟》，十歲仍洪先生，讀《春秋》畢卷，皆強記而已」。十二歲以後應童子試，以治《春秋》為其本經（《湧幢小品》卷七〈傳題〉）。

前述的海瑞從母親口授《學》、《庸》，這裡的朱國禎則是先學《學》、《庸》然後進入《論》、《孟》的學習。朱子學習法是按照《學》、《論》、《孟》、《庸》的循序，《程氏日程》也與此相同，不過由此可以了解《學》、《庸》因篇幅簡短而也有先行習誦的狀況。明代學習《四書》註釋書多採用《學》、《庸》、《論》、《孟》的順序，大概與這樣先學《學》、《庸》有關聯。張文麟的經書學習法就是反覆地熟讀背誦，還有朱國禎的學習法雖不明確，應該亦無多大差別。而《程氏日程》本來就是以反復熟讀背誦的方式為其基本的學習法。

繼《四書》之後成誦五經是一種標誌，上面所述諸人的傳記中也提到成誦五經的事例。科舉應試所選用本經，並非固定在特定的某一經上，朱文（1444-1511）先後變更《詩》、《春秋》、《易》為本經應試，最終以《易》登第[42]。嘉靖時人，張琦從《易》改成《尚書》[43]，姚舜牧從《詩》、《易》、《禮記》重新改回《易》[44]，王夫之的父親朝聘有從《詩》變更為《春秋》的記載[45]。更為極端的一個例子，據說藍田「每一下第輒改一經，久遍俱五經」（前出〈墓誌銘〉）。能夠在五經之間變更本經應試，無庸贅言跟幼少時期對五經的習誦是分不開的。崇禎年間，顏茂猷科舉應試提出全部五經的墨文受到特賜[46]，繼

---

42 《王文恪公集》卷二十八〈墓誌銘〉。

43 《明人自傳文鈔》所收〈遺稿行實〉。

44 前出〈自敘歷年〉。

45 《明人自傳文鈔》所收〈家世節疏〉。

46 參照《崇禎實錄》卷七，七年二月庚午條。《國榷》卷九十三，崇禎七年二月壬午條、七月戊子條。

他之後的模仿者其後又有出現[47]，反映出至明末一直有五經全部習誦的風尚。

　　不過，如同張文麟、朱國禎的事例所反映的那樣，預先決定好準備應試的本經，傾注精力加以研讀是一般的狀況。二人並非完全不學其他經書，本經的學習時期全部是在應考童子試的年齡，並非如《程氏日程》所云那樣五經正文全部能背誦完畢。決定本經的方法，例如倪元璐因幼兒時期從母授《毛詩》而定以為本經，張文麟以《禮記》為父傳舊經而定為本經，即所謂以家傳學問作為大多場合的選擇，從學習的便宜性來看也是當然的。不過也有許多以求助神示的方式決定本經的事例。如李舜臣（1499-1559）自述，「予，年十二三時，先大夫議所讀經，憶為三字，入覆皿中，默禱於庭曰，《易》、《詩》、《書》惟吾所當為。手焚香探得書字」（《愚谷集》卷六〈四經讀自序〉），亦即，在三枚片札各寫「易、詩、書」一字，就像抽籤一樣選出本經作為決定結果。

　　如此從《易》、《詩》、《書》三經中選擇本經，也是因為此三經原本是學者們最為好讀的經書。根據《明史》記載，最初，會試同考官為八人，之後漸次增加，正德六年（1511）增至十七人，《詩》五房、《易》、《書》各四房、《春秋》、《禮記》各二房，萬曆十一年（1583）《易》增一房、《書》減一房，十四年（1586）《書》增一房為四房，四十四年（1616）《易》、《詩》各增房變成合計二十房，至明末未變（〈選舉志一〉）。另據《日知錄》的記錄，萬曆八年進行與萬曆十一年同樣的《易》、《書》房數增減（卷十六〈十八房〉），天啟五年（1625）《詩》五房、《書》三房、《春秋》、《禮記》各一房合計

---

47　參照《國榷》卷九十七，崇禎十年三月戊午條、同卷九十七，十三年二月丙子條。以上皆以破格為理由未得許可。另外參照《棗林雜俎》智集〈五經登第〉，以及《制義叢話》卷一。

十五房，崇禎元年（1628）恢復為二十房，四年（1631）《易》、
《詩》五房合計十八房，十六年（1643）再恢復為二十房。分房反映
出應試者的多寡，考慮到不同時期學習的難易度和出題的難易的變動
因素，概而言之，可以了解繼《易》、《詩》之後《書》較受歡迎，再
次《禮記》、《春秋》的選擇者，為他經的數分之一。理由之一是因為
這兩經的內容最為浩繁。各經書應試者的多寡，與因應科舉的經書註
釋的需求有直接的關係，亦應作為文化史、經學史上的問題加以看
待。還有，選擇以哪種經作為本經，在個人的傳記研究上亦不能忽
視。比如，最終未能實現進士登第願望的胡居仁，以《春秋》為本經
持續不懈的鑽研，為其帶來了後年《春秋》相關研究的著述成就。

　　這樣，在與本經的學習時期相前後，進而跟從名儒投入真正實質
的科舉攻讀。這一過程，需要學習性理學書及史書、名家的文章，已
經無需《程氏日程》的推動。朱國禎十二歲以後四次應考府試縣試不
得志，學論、表、策、古文、《通鑑綱目》，反覆磨練文章已經達到
「揮筆立就」（〈自述行略〉）的程度。

　　長期磨練的結果，使各自體會掌握的教養內容，亦因人而異，但
是感觸豐富的少年時期，大部分時間和精力被經書以及對既成文化價
值的吸收消磨掉，也是自明的事實。憑藉在這樣辛苦磨練中所形成精
神風格，儒教的教養人亦就此誕生了。

## （三）讀書記誦對人格的陶冶

　　廢寢忘食、不分晝夜地反覆進行的讀書記誦，並非都是出自主動
自發。莫不如說大多數的狀況，是在教師和父母的督導鞭笞下被驅趕
著所進行的記誦學習，更接近事情的實際狀態。一旦教師的教授方法
和緩散漫，如張文麟自述的那樣，學生便馬上心生懈怠。趁著教師的

一時疏忽而貪玩是無論哪個時代的兒童共通的興趣所向，被讚譽為明代屈指可數的博學大家宋濂（1310-1381），就講過自己兒時，在等待教師熟睡之後跑到明月當空的戶外嬉戲歡鬧的快樂回憶[48]。

回到家中，等待他們的是父母的嚴格管教。魏大中、釋德清的兒時體驗在前面已經提及，此外，在母子單親家庭長大的楊士奇，因為喜歡廣泛閱讀而被母親嚴厲厲責飭說「汝幼孤，幸有母。汝若不學，即我不能母，汝不能子矣」，為了告誡他應當「專事經傳」（《東里全集》〈慈訓錄〉）。唐順之（1502-1560）的「傳」記載，「讀書不成熟，寫字不端楷，父即撻之；或外嬉晚歸，或內言使氣，母必厲色曰，汝尚有童心乎？將為宕子乎？唐子由是勤勵，書寫得其父心，出入得其母心矣」（《李開先集》中〈荊川唐都御史傳〉），陶望齡也記述婦人鞭笞子弟的記事，「塾歸。視日課書不謹、背誦不熟，暮必張燈危坐，令更為之，中律乃寢；有小過，設具杖，跪而責之，涕杖俱下，以故諸子皆修謹有稱」（《歇菴集》卷十二〈賢節鮑太孺人傳〉）。督促兒童記誦讀書，正如上述文字所記述的那樣，是用杖打和鞭笞的。

施以鞭笞被督促記誦學習者，不僅僅是兒童，在洪武二十年的舊學規中規定[49]，「三日一次背書。每次須讀大誥一百字、本經一百字、《四書》一百字、不但熟記文詞、務要通曉義理。若背誦講解、全不通者、痛決十下」。還有細目規定，「凡赴堂背書、務要各照班次序立、以憑抽籤背誦。若前後攙越、誼哄雜亂者、痛決」。意圖更為明顯的這則細目，定是針對故意拖延自己順位不想即刻面對讀書的偷懶者，所給予的懇切顧慮。鞭笞，是被作為整頓學習的秩序，使學生專向記誦的必要教育工具來看待的。實際上，明代的學校作為通向科舉

---

48 《芝園續集》卷一〈宣君墓誌銘〉。

49 《皇明制書》卷十一〈學校格式〉所收。

的準備門檻，並未實施本來該有的教育，至於規定得到多大程度落
實，卻是令人疑問的。不過萬曆二十七年（西元159年）南京國子祭
酒郭正域所上奏的〈監規〉中有勸導課誦，在本經之外增加一經，還
在大誥與經書之外，課以背誦大明律一條，並欲將這些作為學生的義
務[50]。由此可知，背誦做為學校教育的重要項目的方針，一直有保留
和持續（參照後述聶豹語）。

那麼，如此讀書記誦的目的何在呢。毋庸置言「聖人可學而至」
是宋學以來學者的共通理念，理想在於憑藉學問參透聖人之蘊奧以達
到聖賢的境界。而記誦則是為了通往體現聖賢精神的經書世界，即所
謂一種方法論。前述的吳與弼就曾說《小學》《四書》爛熟成誦的目
的是「所以為聖賢」，王陽明少年時期亦宣稱要「讀書學聖賢」（《王
文成公全集》卷三十二〈年譜〉十一歲條）。不過，這樣的理念，最
終亦不外乎作為理念而終的事實，由上面的論述已然能明確。教師、
父母未必是抱有如此高邁的理想進行子弟的教育的。若把讀書理解為
了攝取利益，勢必遭到後世的非難，儘管如此，名義上宋真宗作的
〈勸學文〉，其中所說可能更為中肯。云，「富家不用買良田，書中自
有千鍾粟；安居不用架高堂，書中自有黃金屋；出門莫恨無人隨，書
中車馬多如簇；娶妻莫恨無良媒，書中自有顏如玉；男兒若遂平生
志，六經勤向窗前讀」。王陽明的私塾教師便說「讀書登第」是第一
等的事（前出書）。殷雲霄（1480-1518）七歲讀書，嘗詢其師讀書目
的為何，師即回答云「得功名」[51]（《明人自傳文鈔》所收〈石川子
傳〉）。還有深受督課之苦的憨山德清，曾詰問母親亦得到同樣回答，

---

50 《神宗實錄》卷三百六十，二十七年十月甲申條。

51 繼此文云「曰，奈何書云不然」、「師異之」。這亦是與王陽明同樣不重視科舉中第
的美談，或如釋德清那樣，是對於嚴格進行專門背誦課程的一個聰明少年的反抗
之舉。

「因問母曰，讀書何為，母曰，做官。予曰，做何等官，母曰，從小做起，有能可至宰相。予曰，做了宰相卻不何如，母曰，罷」(前出書〈自序年譜〉)。

若真的舉業得志，特權在手、步入榮達之途自不必說[52]，如果不能成誦而學業不得志，那麼必定成為士大夫社會的落伍者[53]。董朴（1232-1316）成化二十年（1484）中進士，年少時起苦於誦讀，只能日識數行。鄰舍長者憐憫，勸其父說你的孩子不適合讀書不如放牛的好，董朴聽說深感羞憤，真的請人畫了一張牧童放牛畫放在坐位右邊，經過艱苦力學終於考中進士[54]。

目標不管是聖賢之道，還是將來的榮達，讀書記誦都如嚴格的苦行，貪愛於兒童嬉戲，成功則無法企及，這也就是兒童不重嬉戲而具有老成風格會受到讚譽的理由。方克勤（1326-1376）「幼而端凝」（《芝園前集》卷七〈墓版文〉），元末明初的郭某，「自幼端重，不肯逐群兒狎嬉」（《東里續集》卷三十八〈墓誌銘〉），周長州六歲從母授《孝經》、《小學》，「即知為子之道，絕戲弄，卓然不群」（同前書卷二十八〈墓碣銘〉），楊士奇的從子子宜「端靜不好弄，群兒百方戲於前，未嘗意動」（同前書〈墓誌銘〉），孟暢「自幼端重秀穎」）（同前書〈墓碣銘〉），這些事例都是在讚揚兒童的老成。即使是迷戀遊戲不可自拔，那種「童心」也會受到如唐順之那樣嚴屬的庭訓而獲得陶冶。在文明的批判者李卓吾（1527-1602）把童心作為真心並提倡其

---

52 記誦的效果可以很快顯現出來。如劉某刻苦記誦得到考試的認同，因而使觸犯戶役之罪的父親獲救（《東越證學錄》卷八〈玉笥劉公六十壽序〉）、羅洪先的父親因記誦時文的能力得到認同，以至二十二歲獲得佳偶（《石蓮洞羅先生文集》卷二十〈先大夫傳〉）。

53 「（年）二十五以上，舉業不成，歸耕。與業已成，及入府縣學，免耕」（霍韜《家訓》）。

54 《歸有園塵談》。

價值之時，必定是心嚮那些蒙受儒家教育之前的純真兒童。

　　就這樣，兒童在經受艱苦的磨煉之後，經書章句終於掌握在身，「如出肺腑」一樣誦書經書（明初人朱善的例子。《朱一齋先生文集》〈聶鉉序〉），由此達到與聖賢精神相契合的境地[55]，誕生出儒教的教養人。便如吳與弼所云，「《四書》五經，須令成誦，使其言如自己出，則味自別」（《康齋先生文集》卷八〈與曰讓書〉）。明代人亦想到讀書記誦的功效，由以下這則文字可得以明瞭：「國朝之所不廢者，蓋欲借此以聯束初學之放心，密斂其驕惰麤鄙之氣，日以精其所請，亦六藝之一節也」（聶豹《雙江文集》卷四〈贈曾世瞻分教南海〉）。

## （四）晚明的記誦

　　記誦即使是作為通曉聖賢義理的手段，亦難免形成為記誦而記誦的其本身的目的化。由此產生出為避免沒入經書而關注讀者主體性的主張。這樣的主張在歷史上的各時期反覆出現過。那麼，在明代，特別由王陽明所提倡的注重吾心主體價值的思想運動影響顯著的晚明時期，這樣的讀書記誦，又會出現怎樣的事態呢。

　　王陽明「訓蒙大意」（《傳習錄》卷中），批判後世記誦詞章之習起，而人倫教育亡失，重新制定了兒童教育法的「教約」。其方法是，讓兒童首先歌詩習禮，讀書「不在徒多，但貴精熟。量其資稟，能二百字者止可授以一百字」，具體做法規定，「每日功夫，先考德，次背書誦書，次習禮或作課仿，次複誦書講書，次歌詩」。這樣規定的特色，在於以歌詩習禮使兒童精神和悅舒緩，由此涵養性情而使之自發朝向學習，還有課程設置上的寬鬆，使兒童精神力量有餘，則無

---

55 參照筆者著〈明代前半期の思想動向〉中相關薛瑄的記述。

厭苦之患，而有自得之美。這是對以記誦為重心的教育法的改善方案，當然不是就此廢棄記誦學習的含義。陽明以及門下諸生，很多以科舉立身，則參加講學者大多數還是以志向科舉為目標的[56]。同樣處於明代文化體制內的學者集團，陽明學徒並不可能主張撤廢記誦方式的學習。然而，主張聖賢之道求於吾心的陽明學，並未把記誦置於治學的重心亦是明顯的事實。晚明的傳記中，對經書記誦能力以及學習能力的記述相對變少，其中的理由之一，可以考慮到來自陽明學的影響。

還有一個理由，是來自為了對應晚明文化的多樣化，知性關心領域亦要無限擴展的要求。例如，趙錦（1561-1606）的行狀記載，「公雅少為舉子業，非其好也。塾師旦責，把卷強記，輒能成誦，師恠其捷……及與予同舍，時益嗜學，閉門戶而呻。間排入視之，紛披案頭多古文詩賦、三蒼稗史之屬」（《歇菴集》卷十所收），還有張岱堂弟蕚初，具有「書過目即能成誦」的記憶力，還通曉體育藝能娛樂的所有領域，且是都達到一流水準的興趣達人[57]。趙錦行狀的作者陶望齡具有多領域的學識，張岱同樣作為興趣達人也是人所共知。在這樣關心知性領域的擴展同時，在具有絕對價值權威的傳統經書面前，本來毫無價值可言或負向價值的文化領域，這個時期卻達到能獨立主張自我存在意義的地步。比如小說戲曲就是如此。「如讀書者，不博覽稗官諸家，如啖粱肉而棄海錯，坐堂皇而廢臺沼也，俗亦甚矣」（《五雜俎》卷十三），「小說野俚諸書，稗官所不載者，雖極幻妄無當，然亦有至理存焉」（同前書卷十五）之類，這並不是把經書看成無價值而視小說雜史為「至理」，莫不如說是要把小說雜史等同於經書，這不

---

56 關於羅汝芳的講學，參照《羅明德文公文集》卷五〈勖從姑山房諸生〉，周汝登的講學，參照《東越證學錄》卷六〈別二子序〉。

57 《瑯嬛文集》卷四〈五異人傳〉。

外乎是意欲提升小說野史獨立價值的一種主張。然而，反面效應是，使本來絕對不二的經書的權威價值遭受無盡的損害，產生儒學學術無用論的風潮。試看如下這段具有象徵性的話語，「湯義仍《牡丹亭》劇初出，一前輩勸之曰，以子之才，何不講學？義仍應聲曰，我固未嘗不講也！公所講性，我所講情」（《因樹屋書影》卷八）。在此無法進而作延伸論述，作為晚明出現文化多元現象的背景，也必須把印刷文化的盛況考慮進去[58]。

　　另一方面，推動經書學習的科舉卻日漸形式化。顧炎武指出，明末出現甚至連本經的全文都不讀誦而專注於時文以求速成的傾向[59]。追求速成的傾向在明初已然出現，永樂朝，吳溥（1363-1426）擔任國子司業之際，曾意欲改革這種不究心於經傳而專以習誦前輩程文覬覦僥幸的風習。宣德朝時，松江士人「努於帖括，多戾經旨」（《皇明名臣墓銘》所收〈錢公行狀〉），張吉（1451-1518）最初從學鄉先生時，「見諸生簡擇經傳，以資捷徑」（前出書〈神道碑〉）。明末的頹廢風尚為當時人過於嫻熟地掌握了，就科舉而言，雖然從一開始便潛在因考試技術的巧拙而左右科舉成功與否的問題，不過，科舉的形骸化趨勢在晚明愈發明顯，亦可以從流行的時文講章一窺其狀。李贄（1527-1602）以其獨特的筆致，自嘲自己的科考體驗說，「讀傳註不省，不能契朱夫子深心」，背誦五百篇時文便去應考科舉，如代筆寫字之人那樣，以謄寫剽竊而得高第[60]。

---

58 明初擔任首輔的好書家楊士奇的藏書，大致為當時個人藏書量的上限，但是從其題跋所示藏書量出人意外地少量（《東里續集》卷十六・十七）。即便晚明，比如偏居窮鄉的葉向高（1559-1627）年輕時期所見書，「只《六籍性理》、《綱鑑》、《左傳》、《儒先訓詁》」（《蒼霞草》卷首〈自序〉）。

59 《日知錄》卷十六〈三場〉。

60 《焚書》卷三〈卓吾論略〉。不管是否揚言自己的觀點與朱子學不相契合，憑藉背誦時文參加科舉考試，在當時是最為普通的應考對策。

時代的風尚，為個人的精神生活以及時代學術文化帶來多大比重對經書的影響，對此需要審慎的衡量。從明末至清代，學術文化的各個領域走向獨立的傾向，亦為經書學導入批判主義的觀察方法，但不能過早認為，如此便導致了脫離經書現象的擴大。晚明即使在民間，依然課以讀書人對《四書》本經的記誦教育，這從前述二、三節中列舉的資料可以確認。即便是李贄，也是七歲跟隨父親讀書誦詩習禮，從十二歲被課以寫作〈老農老圃論〉[61]來看，可以了解他所受的教育與當時一般讀書人並無多大差異。

如此來看，在當時文化界的一部分人中，即便認為經書是聖賢的「糟粕」，或者注重吾心主體價值而志向成為聖賢，或者捨棄舉業志向追去獨特文化價值，經書學習法以及在個人的精神形成過程中經書所發揮的作用，與之前相比，在晚明時期幾乎沒有發生變化。

明代人學習經書的方法以及內容，便如以上所述這樣。這樣的經書學習法，在受到追求利祿之道的科舉制度的支持同時，還受到科舉深刻的規定。就此而言，王朝交替時期科舉一段時期的撤廢，歷代科目的變動，受到王朝文化政策的影響等等，都左右著學習法的方法和內容的變化。甚至可以說，在傳統中國人的經書學習方法以及精神生活中經書所佔據的位置，明代人與其他時代人沒有多大的差異。「讀書百遍（千遍），其義自見」的標語適用於任何一個朝代，透過反復熟讀記誦，達到使自己與經書古典一體同心，這便是中國人精神形成的方法[62]。

---

61 參照前註。

62 佛教人士也會從事經典的背誦（《憨山老人夢遊集》卷十〈示若墨成禪人〉）。明代所進行的習誦，是高聲朗朗的讀書背誦（《李開先集》中，洪漢（1441-1510）傳），詩賦也是以音樂形式進行朗誦的（宋・陳善《捫虱新語》宋元人說部叢書本・卷一〈前輩讀書類皆成誦〉）。相關歷代各種各樣的讀書記誦的事例，可參照《真珠船》卷六〈幼慧〉。

　　不過，對於中國人來說，若把經書作為是被動攝取的對象，那不
過是在探討中國人與經書這一課題上，只探討到一半。因為連記誦中
的每一個句讀的差異，都會成為出現不同解釋的前提，經書倚靠記誦
被融入讀書人的精神深層，並與血肉融為一體之後，會再透過習誦者
的主體性思索，而重新獲得再生。所有這些施行營為構築而成的，正
是《四書》學、經書學。

# 第一章

# 《四書》學的成立
## ——朱子的經書學構造

## 一　表裏精粗無不到

　　朱子（朱熹建炎四年〔1130〕-慶元六年〔1200〕）攝取佛教及老莊道家思想的批判性，以繼承北宋以來形而上學的思索為立場，把南宋當時所有的學問領域和政治上、社會上的課題收入視野，並從自然和人類相關的經驗觀察開始，到提升邏輯性，樹立了被稱為理氣二元基礎範疇的嚴密且高度的思想體系。總而言之，自然學和人類學被新創出來，而適合於被稱為新儒教的宋明理學。朱子的思想基礎在於儒教思想，發掘孔、孟以來的道統，集中心力在此一繼承上，對儒教的古典，亦即經書，從新的視點再評價，施以創造性的解釋，為了確立思想性而奉獻了大半生的學問營為。以前五經或九經及《論語》、《孟子》二子是主要經典，相對於此，他從五經之一的《禮記》中取出〈大學篇〉、〈中庸篇〉，給予經書的獨立地位，與《論》、《孟》並為《四書》（四子）透過其改編與新解釋，在經書的世界中，得到了學說的論據。《四書》體系性的研究成果匯集在《大學章句》、《論語集注》、《孟子集注》、《中庸章句》。由於朱子的《四書》學使得儒教的教理史，亦即儒學史，因而形成一個新段階，《四書》學的繼承與展開，便成為南宋以後儒學史上的一大潮流。

　　朱子的四書學世界到底有什麼樣的內容呢？具有什麼樣的特徵呢？在他那龐大的著述中，隨處可以看到以四書為中心的討論與思索

的痕跡。如他所說:「某自卝讀《四書》,甚辛苦。」(中文出版社版
《朱子語類》卷百四,第一條。以下簡稱為《語類》,條數是暫時算
出的。)讀《四書》是從年少時就開始了,一面蒐輯編纂先儒的學
說,一面撰寫《或問》、《章句》、《集注》。他不斷地刪添《章句》、
《集注》,甚至在臨終的前幾天,還在修訂《大學章句》,這是一則很
有名的故事。不用說,如果縱觀通其一生重新建構的《四書》學說的
形成過程,必然是一個很好的研究課題。但是,我認為想要以朱子
《四書》學為《四書》學史的起點而加以理解時,如能透過《章
句》、《集注》或編集《章句》、《集注》與《或問》、《語類》中的《四
書》學說而成的《四書大全》等,思考朱子《四書》學說是以一個完
整的體系為後世所繼承,或是為後世所批判,以《章句》、《集注》為
中心,匯集整體,藉由《語類》中的議論而理解其內幕的同時,整體
地掌握其學說是一個有效的方法。

在這裡,作為進入廣泛的註釋體系的一個線索,我想分析在《大
學章句》〈補傳〉中「表裏精粗無不到」的這句話,取出其中的邏輯
與思考方法,以明此邏輯與思考方法在思想體系中也是一貫流通的,
理解經書註釋與思想體系的相關性,論述朱子的經書註釋方法與內
容、《四書》學的性質。

朱子認為《大學》經文有錯簡而大幅地改訂經文編次,在朱子所
謂的「大學新本」中,他認為缺落了解釋「格物致知」之義的傳文,
而新增了敢「取程氏之意」補之的〈補傳〉。作為體現朱子學的經驗
知識論而受重視的這則〈補傳〉中的一節,如下所說:

> 《大學》始教,必使學者即凡天下之物,莫不因其已知之理而
> 益窮之,以求至乎其極。至於用力之久,而一旦豁然貫通焉,
> 則眾物之表裏精粗無不到,而吾心之全體大用無不明矣。(以

下，經文與《章句》、《集注》是根據《四書大全》、《漢文大
系》本。關於文本請參考第四章。)

由已知的道理所引導，進而透過窮究事物而豁然貫通，可以獲得
與所有事物有關的知識，因此吾心可以成為清明。認為明確客觀的事
物知識與吾心之體用是學問的完成。這乍看之下，確實是段明快的文
章，但是「眾物之表裏精粗」到底是在說些甚麼呢？

在漢語文章表現中，經常使用合成相對立或關連的二個觀念，而
成二字、四字的詞彙。我試著從《四書》的經文與《章句》、《集注》
中收集，就有「深、淺，始、終」，「上、下」，「長、短，廣、狹」，
「小、大，厚、薄」，「內、外」，「本、末」，「語、默，動、靜」，
「高、下」等多例。「表裏精粗」也是重組反義語，雖然大致上可以
理解為完全周詳對象之意的表現技巧，但不僅僅如此而已。

所謂的表裏是程明道「盡己之謂忠，以實之謂信。發己自盡為
忠，循物無違謂信，表裏之義也。」(《二程遺書》卷十一，明道語)
等先提出來的，所謂的精粗是程明道（請參考之後所引《論語》子夏
章《集注》）或謝上蔡「仁者心無內外遠近精粗之間」(《論語精義》
卷二下所引)等先提出來的。朱子經常用這些詞彙來解釋經文，而門
人也不斷地重複討論著。

上文明道所說的「表裏」是就《論語・學而篇》「曾子三省」章
的「忠信」所發的。朱子所編纂的《論語精義・學而篇》「曾子三
省」章中，收錄了明道這句話的同時，也收錄了程伊川「盡己之謂
忠，以實之謂信。忠信，內外也。」之語。但是現行的《集注》「盡
己之謂忠，以實之謂信。」的忠信雖然是根據程子而定義的，卻沒有
收錄包含「表裏」、「內外」等程子所說的這些話。大概正如錢穆在
《朱子新學案》(第四冊〈朱子與二程解經相違上〉)所說，這是解釋

曾子用心於內省,而故意不強調忠與信的區別,認為如此可以更加符合經旨吧!但是《朱子語類》(卷二十一)在以這則經文為中心的討論上,肯定是把忠信視為內外、表裏這事的。又從剛說的謝上蔡「無內外之間,是如何?」之問,及「表裏如一」(《語類》卷二十六,十四條)的回答,可以知道他們認為表裏含有與內外共通的語義。

　　關於忠信,如下所說:

> 忠信只是一事,只是就這一物上見有兩端。如人問自家這件事是否,此事本是,則答之以是,則是發己自盡,此之謂忠。其事本是,自家答之以是,則是循物無違,是之謂信。不忠不信者,反是。只是發於己者既忠,則見於物者便信,一事而有兩端之義也。(同上卷二十一,四十五條)

　　這是在說關於就某事物,人類本體的主觀判斷得到客觀的妥當性,忠是內在的主觀面,而信則是外在的客觀面。換言之,可說事物的兩端就是表裏。我來舉個表裏的例子。

> 表便是外面理會得底,裏便是就自家身上至親至切、至隱至密、貼骨貼肉處。(同上卷十六,五十一條)

> 表者,人物之所共由;裏者,吾心之所獨得。表者,如父慈子孝,雖九夷八蠻,也出這道理不得。裏者,乃是至隱至微,至親至切,切要處。(同上,五十六條)

　　所謂的表是指在知識方面如何掌握事物實態的客觀面,而在實踐方面遵崇道德規範的實踐而言;所謂的裏是指在知識方面如何從本體主動性發出的主觀面,而在實踐方面遵崇道德規範的實踐主動性而言。

關於表裏更用在廣泛的意義，含有表層和深奧的語義。

> 大凡為學，須是四方八面都理會教通曉，仍更理會向裏來。譬
> 如喫果子一般：先去其皮殼，然後食其肉，又更和那中間核子
> 都咬破，始得。若不咬破，又恐裏頭別有多滋味在。若是不去
> 其皮殼，固不可；若只去其皮殼了，不管裏面核子，亦不
> 可，……須是內外本末，隱顯精粗，一一周遍，方是儒者之
> 學。（同上卷十八，九十四條）

> 窮理須窮究得盡。得其皮膚，是表也；見得深奧，是裏也。知
> 其粗不曉其精，皆不可謂之格。故云：表裏精粗，無所不盡。
> （同上，九十五條）

說水果的表皮為表，果核為裏，這是常識性的語義，就成了表是
表層，裏是深奧。在這個意義上的表裏，則如下文所見，與精粗重
疊。

> 理固自有表裏精粗，人見得亦自有高低淺深。有人只理會得下
> 面許多，都不見得上面一截，這喚做知得表，知得粗。又有人
> 合下便看得大體，都不就中間細下工夫，這喚做知得裏，知得
> 精。二者都是偏，（同上卷十六，五十四條）

而這裡則成了表粗是面向具體事物的形而下的個別知識，裏精是
面向形而上的普遍知識。兩者雖有高低深淺，但缺任何一方就是偏
向。有人說儒者之學是兩者兼備的，如果從這句話來說的話，作為面
對存在雙方的知識兩面，二者就成了沒有優劣。就某種意義而言，可
以說是等值，或是表裏是沒有價值的概念。

但是，不可否認的是，精與粗有精純精緻與粗惡粗雜的語義。人

得氣之正且通者，物得氣之偏且塞者，所以說：「人物之生，有精粗
之不同。」（同上卷四，四十一條），與人有關的，如說管仲之仁粗，
顏子之仁精（卷十六，五十八條）如此，精粗多意味著價值上的優
劣。如用朱子的專門用語，可以代換成表粗是屬氣者，裏精是屬理
者，認為「理精一，故純；氣粗，故雜。」（同上卷五十九，四十
條），所以理（精）與氣（雜）是有其價值上的優劣。雖然表裏精
粗，特別是表裏為主觀與客觀時，被視為等值，但是價值意識總是纏
附在這裡，有必要預先注意。

根據以上所述，就成了表粗是形而下的、氣的東西，裏精是形而
上的、理的東西。可以說表與粗、裏與精互相重疊，同時表裏也兼備
主客、內外的語義。因此所謂的「眾物表裏精粗無不到」就意味著：
事物，不管是就知識主體的觀點，或是就知識對象的觀點，還有從表
層到深奧，從形而下的一面到形而上的一面，完全被究明了。

與這個表裏精粗有關的討論中，可以看到甚麼樣的想法呢？我再
舉一個例子。

> 問表裏精粗。
>
> 曰：須是表裏精粗無不到。有一種人只就皮殼上做工夫，卻於
> 理之所以然者全無是處。又有一種人思慮向裏去，又嫌眼前道
> 理粗，於事物上都不理會。此乃談玄說妙之病，其流必入於異
> 端。（同上卷十六，五十五條）

先前水果的比喻也是說咬碎表皮之後達於果核的事。雖說達於果
核可以嚐到好滋味，但是如果不處理表皮的話，也無法達於果核。若
不就形而下現象的多樣性，「不就事物去完全理解」的話，將會陷入
「談玄說妙」之病。如果「道有大小精粗。大者、精者，固道也；小
者、粗者，亦道也。」（同上卷三十四，一百六十條）的話，則如先

前所說的，也可以說精粗無價值上的優劣。於是粗近的學習首先被提起，「未要做遠底，且就近底做；未要做精底，且就粗底做。」（同上卷二十六，十五條）在此有對形而下日常世界的熱切關心及對形而下個別現象的多樣關心，可以說是朱子學的一個基本論調。

雖說要咬碎表皮，如果沒有達於果核嚐到好滋味，則不可以說是吃了水果。一般認為如果對形而下的個別知識，沒有達到對形而上的普遍知識，則無法達到極致。認為應該要追尋從個別到普遍、從形而下到形而上的過程。這種對形而上的普遍性的關心，是朱子學的另一個基調。一如表層與深奧、精與粗伴隨著價值上的優劣的語義般，朱子學以精一的理的世界為終極目標。從這一點來說，表與裏、精與粗雖是各自等值的「二」，但同時也收縮為終極的「一」。所謂的雖是「二」，但同時也是「一」，如果用漢語來表現的話，可以說是「二而一」。

但是話又說回來，如果專注於終極的「一」，則會陷於「談空玄妙之病」。其「一」是要經常回到形而下的世界來掌握（對談空玄妙之病的批判，成為朱子最集中精力批判佛教老、莊的觀點）。最終的形而上之理，要由理和氣所構成的事物中來掌握。在這個意義上，雖是「一」，卻也是「二」。換言之，就成了「一而二」。形而上與形而下、理與氣在於這種「二而一，一而二」的不即不離之關係。在這樣思考時，我們認為所謂的「表裏精粗無不到」是總括由理與氣所構成的世界中，尋求理的朱子學之「二而一，一而二」邏輯的表現。

以上稍微衝過頭了，現在再回到注釋上。朱子以忠信為一物的兩端。換句話說，朱子視此為表裏。此表裏的觀點無疑是成為朱子註釋《四書》的有力觀點。而在此可以明白地看出「二而一，一而二」的邏輯。

《論語・子張篇》中有一章提及子夏反駁子游批評子夏門人。

子游曰：「子夏之門人小子，當洒掃、應對、進退，則可矣。
抑末也，本之則無。如之何？」子夏聞之曰：「噫！言游（謂
子游）過矣！君子之道，孰先傳焉？孰後倦焉？譬諸草木，區
（《集注》「區猶類也」）以別矣。君子之道，焉可誣也？有始
有卒者，其惟聖人乎！」

朱子從二十四歲起的四年間，為泉州同安縣主簿，就行政職時，
已經對此〈子游曰〉章一再思索，此記憶在之後也經常地被喚醒，而
與門弟多次討論此章。這事錢穆在《朱子新學案》中有詳細的敘述，
而三浦國雄《朱子集》（中國文明選）中也翻譯出一部份相關資料。
讀了這些就可以知道朱子的思索是如何體會程子對本章所說的重點，
其最終的見解顯示在現行《集注》本裡。《集注》在闡明經意之後，
緊接著在圈外註（關於此語請參照第四節）記載了五條程子的說法，
加上了朱子的評論。

1　程子曰：君子教人有序，先傳以小者、近者，而後教以大
者、遠者。非先傳以近、小，而後不教以遠、大也。
2　又曰：洒掃、應對，便是形而上者，理無大、小，故也。
故君子只在慎獨。
3　又曰：聖人之道，更無精粗。從洒掃、應對，與精義入神
貫通只一理。雖洒掃、應對，只看所以然如何。
4　又曰：凡物有本末，不可分本末為兩段事。洒掃、應對是
其然，必有所以然。
5　又曰：自洒掃、應對上，便可到聖人事。

愚按：程子第一條說此章文意，最為詳盡。其後四條，皆以明
精粗本末。其分雖殊，而理則一。學者當循序而漸進，不可厭

末而求本。蓋與第一條之意，實相表裏。非謂末即是本，但學
其末而本便在此也。

程子的第一條認為：子游批判子夏之門人即使習熟洒掃、應對等
近小的末事，如果止於此，那麼，將會缺少遠大的根本。相對於此，
子夏反駁說：教育有從近小到遠大的順序，即使洒掃、應對是近小的
末事，但並不是不教以遠大。此處說明了就近小的形而下的現象與遠
大的形而上的理而言，從形而下階段性的上昇到形而上，是經文的旨
意。相對於此，其他四條則是在說：形而下的近、小、粗、末就是形
而上的遠、大、精、本，本、末、精、粗的區別根本就不存在，形而
上與形而下是一理。可以說朱子是如此地理解程子的說法的。亦即就
某種意義上而言，朱子認為第一條是建立形而上、下的區別，視此為
階段性的「二」。相對於此，其他四條則是在說相即的「一」。

如同朱子自己所認為的：第一條最適切於經文的旨意。那麼，為
什麼朱子還要把其他的四條也一併載在《集注》中呢？可以說其中的
一個理由，正如把《論語》註釋弄成「集注」的形態所顯示的，在註
釋經書時，尊重既成的學說是無疑的，這種繼承「述而不作」的傳統
精神，是一種祖述主義。因此也把其他的四條，當作一說保存下來。
但是，朱子在其後附加了長文的評論，論說兩者的表裏關係，這或許
有甚麼理由吧！

在以〈子游曰〉章為中心的眾多討論中，有一則是回顧他年輕時
的想法。

問：「子夏之門人小子洒掃應對進退」章。
曰：「某少時都看不出，將謂無本末，無大小。雖如此看，又
自疑文義不是如此。後來在同安作簿時，因睡不著，忽然思
得，乃知卻是有本末小大。然不得明道說『君子教人有序』四

五句，也無緣看得出。（同上卷四十九，四十二條）

由此可知，朱子的思考是以經文與程子說為中心而進行的。朱子說他雖然起初採用其他四條使形而上、下相即的見解，但是後來傾向於分別看待形而上、下的見解。但是我們認為：是要分別看待形而上、下而重視其階段性的上昇呢？還是要把形而上、下視為「一」的相即呢？這是關於本章與門人討論中，共通的問題點。

沈僩所記傳達了朱子六十九歲以後，晚年時期的問答，這記錄與《集注》有相通的內容。

> 須是就事上理會道理，非事何以識理？洒掃、應對，末也；精
> 義入神，本也。不可說這箇是末，不足理會，只理會那本，這
> 便不得。又不可說這末便是本，但學其末，則本便在此也。
>
> （同上，四十五條）

雖然事與理、末與本，完全是為「二」，末不是本，但是從可以在事末求得理本這一點而言，本與末卻又是「一」。形而上與形而下雖為「二」，卻又是「一」，如果借用《集注》的用語的話，則是在於表裏之關係。這裏可以看到「二而一，一而二」的邏輯。我們認為正因為是面對思索該把形而上下視為「二」，或者「一」，所以〈子游曰〉章的經文與程子的說法才會不斷地出現在朱子的腦裏。我們認為朱子之所以會在《集注》中，一邊說程子第一條最符合經意，但一邊卻又並載了其他四條，把兩者當作表裏，這是因為要保存祖述經說的同時，對於如何思考這一事與理、形而上、下關係的關心是很強烈的。而《集注》所言就是朱子關於〈子游曰〉章的晚年定論，事與理、形而上、下雖是「二」卻又是「一」的這件事，就成了在學習順序上，從洒掃、應對進入精義入神，從「事」邁進到「理」的過程，

而從「理」來看，則是原本為「一」者的表裏。

如果透過程子第一條，把〈子游曰〉章的經旨作為階段性的學習法，同時把其他四條的洒掃、應對與精義入神視為「一」的內容，則經文就不止於在說形而下的日常性的事物，而是成了論說其中形而上學的哲理。經由導入一物的兩端、表裏的觀點，經書大概會轉變成深奧的思想書吧！

所謂的表裏是根據上述程子以忠信為表裏之事，朱子也把忠信視為一物上的兩端。如果忠信是一物的兩端的話，則說忠或信的一端時，表現在語言表面上的一端的背面，總是隱藏著另一端。

> 問：「有說信字，又不說忠字，如何？」
>
> 曰：「便兼表裏而言。」
>
> 問：「有說忠字而不說信字，如何？」
>
> 曰：「信非忠不能，忠則必信矣。」（同上卷二十一，五十六條）

言表上說著忠信的一方時，其背面隱藏著另一方，這就成了忠的概念內含了信，信的概念也內含了忠。根據這種「二而一」的表裏邏輯，概念的外延被擴大，而內含則多重化。讓我們來看個註釋上所表現的具體例子吧！

《論語・公冶長篇》有一章是在說孔子評南容：「邦有道不廢，邦無道免於刑戮。」以其兄之子妻之。《集注》謂「不廢，言必見用也。以其謹於言行，故能見用於治朝，免禍於亂世也。」此註是根據舊注《論語集解》王肅註中的「不廢，言見用。」而來，進而根據〈先進篇・南容三復白圭〉章孔安國註「是其心慎言也」以解釋南容慎言。這裡可以看到朱子盡量地包容舊注的態度，但是只要根據經文或《集解》就沒有《集注》第二句所說的「其謹於言行」，不只是

「言」而已，也謹於「行」的明證。關於這一點有學生質疑。

> 問：「『子謂南容』章，《集注》云：『以其謹於言行。』如其三
> 復白圭，固見其謹於言矣。謹於行處雖未見，然言行實相表
> 裏，能謹於言，必能謹於行矣。」
> 曰：「然。」（同上卷二十八，三條）

朱子之所以動不動就對門人給予嚴厲的責叱，且多雄辯，這大概
正如三浦國雄氏所指出的，是來自於朱子屬於「粘液性質的人」（講
談社版《朱子》，頁184）所致。還有，如果從朱子很多時候都要教導
提問者，所敘述的事物的另一面來說的話，他要讓學生周悉形而上、
下的二面的想法，也是原因之一。但在這裡他卻表示完全同意而回答
「然」。我們可以知道記錄中明確的南容謹言的背後，《集注》的解釋
是以表裏來看謹行。由於是從這表裏的觀點來解釋，所以南容就被塑
造成一個不只在語言上，就連行動也很謹慎的，言行一致的，清高的
人。可以說經文的旨意變得深奧而被擴大解釋了吧！

上文論述了以《大學》〈補傳〉為線索，尋求朱子的邏輯特徵，
而這特徵也被投射在經文解釋上。雖然不太清楚，但卻知道這個「二
而一」的表裏邏輯與朱子基礎範疇的理氣性格也有關係。因此，讓我
們再進一步地思考這個邏輯在朱子學構造中所擁有的意義吧！

# 二　朱子學的邏輯

「二而一，一而二」之語，本來是程子所用的。

> 子曰：晝夜者死生之道也。知生之道，則知死；盡人之道，則
> 能事鬼。死生人鬼，「二而一，一而二」者也。（《二程粹言》一）

　　這大概是在說，將生與死、人與鬼作為事物的現象的話，雖然是不同的「二」，但是作為道理的話，卻是相同的「一」吧！《論語集注・先進篇》〈季路問事鬼神〉章的圈外註修正刊載了這段文章。《語類》中可以看到以下的說明。

> 蓋幽明始終，固無二理。然既是人，便與神自是各一箇道理，既是生，便與死各自一箇道理，所以程先生云「一而二，二而一也。」（卷九十六，八十二條）

　　此處是就「一」者的太極之理與「二」者的分殊個別之理而言。說理是「一而二，二而一」，如後所述，氣與陰陽也被視為是「二」，同時又是「一」氣。

　　還有，也可以看到底下的質疑：

> 問：「伊川謂『死生人鬼，一而二，二而一。』是兼氣與理言之否？」
> 曰：「有是理，則有是氣；有是氣，則有是理。氣則二，理則一。」（同上卷三十九，二十一條）

　　這裡是在說氣雖然會產生死與生、人與鬼的不同的二種現象，但是道理卻是只有一個。把氣二而理一兩者相即說成「一而二，二而一」。

　　這個邏輯也可以用在理的東西與氣的東西之關係論上。

> 性猶太極也，心猶陰陽也。太極只在陰陽之中，非能離陰陽也。然至論太極，自是太極；陰陽自是陰陽。惟性與心亦然。所謂「一而二，二而一」也。（同上卷五，四十三條）

　　太極（性）與陰陽（心）互為擁有獨立性質的不即之「二」，同

時，就存在而言，卻又要依賴對方才能存在的不離之「一」，就是因為這一點而被說成了「一而二，二而一」。這裡是就太極（理）與陰陽（氣）的關係而言。

這樣的「一而二，二而一」就理本身、氣本身的性格、「二」者氣與「一」者理的理氣性格之對比，甚或理氣之關係而言，其說法各自不同。但不管怎樣都被視為理或氣、或者理氣互有「一而二，二而一」的性格、關係。總之，朱子的思索是指向含有不即的、對立的「二」與不離的「一」，如果把這個思索邏輯加以建構的話，就成了「一而二，二而一」了。

在錢穆氏的前揭書中，常常指出這個「一而二，二而一」是朱子的邏輯特徵。雖然近年來馬克思的視角依然存在著，但是可以感覺到，在討論宋明思想的實證性風氣持續高漲的中國，以綜合研究朱子而最受矚目的張立文《朱熹思想研究》中，可以看到他以樸素辨證法對立與統一來理解朱熹的思想。「一而二，二而一」成為宇宙生成論，他論述說：「朱熹哲學的唯心主義性質被暴露出來」（頁290）。我受惠於錢氏指出此邏輯的重要性，只是朱子學體系中所擁有的這個邏輯意義並不見得被闡明。就張氏而言，這個邏輯並不是止於宇宙生成論。是否為唯心論、是否為樸素辨證法的論點，這對與西歐思想性格、發展過程不同的中國思想而言，不能說是有效的東西。此處，我把對形而上、下的關心分為二個基調，只在綜合追求自然界與人類的各種課題而建構新思惟時，查看此邏輯的來源與意義罷了。

其次，在大濱皓博士的《朱子的哲學》究明了朱子針對對立的兩面的思考是緊密地被統一著，以及由此可見的朱子基本思惟方法，正是理氣合離的方法。掌握思惟方法後，再針對重要的觀念進行精密的概念分析，因為弄清楚對立與統一的思想性格，可以說是成功的重建了朱子哲學。以下的論述是我從昭和三十三年得以參與講筵以來，偶

爾接觸到博士的朱子觀，以我的方式消化後，作為基礎，我把它記錄
在此。

　　要進入「一而二，二而一」的邏輯，就得要涉及朱子「對」的思
想。宋學「對」的思想，以程明道等的色彩較為濃厚。

> 天地萬物之理，無獨必有對，皆自然而然，非有安排也。每中
> 夜以思，不知手之舞之，足之蹈之也。(《二程遺書》十一)

　　朱子也強調所有的存在現象都成「對」，說：「天地間物未嘗無相
對者」(《語類》卷六十二，十三條)，「天下事那件無對來？」(同上
卷七十二，十五條) 等等，把上文關於程子的話也加起來討論，我來
舉個例子。

> 問：「『天下之理，無獨必有對。』有動必有靜，有陰必有陽，
> 以至屈伸消長盛衰之類，莫不皆然。還是他合下便如此邪？」
> 曰：「自是他合下來如此，一便對二，形而上便對形而下。然
> 就一言之，一中又自有對。且如眼前一物，便有背有面，有上
> 有下，有內有外。二又各自為對。雖說『無獨必有對』，然獨
> 中又自有對。(同上卷九十五，七十六條)

　　作為「對」的例子，如陰與陽、動與靜、屈與伸、消與長、盛與
衰、一與二、形而上與形而下、上與下、內與外之外，還有高下、小
大、清濁、太極無極、太極陰陽 (同上)、東西、晝夜、寒暑、生死
(同上卷六十二)、物理、君民 (同上卷七十二) 等，相關的或是對
立的兩個觀念全都是「對」。朱子學的特徵：對比的兩個範疇，如道
心、人心；氣質之性、本然之性；所以然、所當然；天理、人欲；太
極、無極等都可以視為「對」。這裡所產生的一個問題是，被賦予先
天地而存在性格的理是否有「對」的這一點吧！

《語類》卷九十五有一則問「沒有對的」理是否為對的例外（七十四條）。關於理的太極也說：「太極只是箇一，而無對者。」（同上卷百，三十一條）。如此地一方面被質問理無對，另一方面因為物與理、形而下與形而上成對，所以以普遍化來說，可以說理與氣成對。這兩種想法也可以認為是因為時間、場所不同的發言而不一樣，但也可以認為是與擁有先天地的絕對性以及與氣相即的相對性的理的存在性格有關。即將在下文所要論述的理氣論問題，也在這裡顯示出來。

雖然這兩種對比的存在現象也與清濁、厚薄之類有關，但是朱子學範疇中的天理與人欲等作為，也包含著矛盾的對立。不管如何，對立的存在現象之二端經常被放在腦中，而在這之上思考統一。這點在以《中庸》的語義為中心，加以討論時，很明確地被表現出來。

《中庸章句》的開頭，根據程子的話，為中庸定義為「不偏之謂中，不易之謂庸。」但是在經文第二章「君子中庸，小人反中庸。」的《章句》則說：「中庸者，不偏不倚、無過不及，而平常之理。」從下文的質疑來看，這定義就成了中是「不偏不倚、無過不及（之理）。」庸是「平常（之理）」。

> 「中庸」二字，舊說依程子「不偏不易」之語。今說得是不偏不倚、無過不及而平常之理。似以不偏不倚無過不及說中，乃是精密切至之語；而以平常說庸，恰似不相粘著。（同上卷六十二，十五條）

這所謂的舊說如果是指朱子《中庸註》的舊作的話，舊說專依程子來定義中庸，相對地，在寫現行《章句》的時候，序文依程說，經文第二章不依程說而自下新解釋。序文中之所以留下程說的定義，也可以認為改訂時沒有改到序文，但是因為在《中庸或問》答「庸字之義，程子以不易言之，而子以為平常，何也？」之問時說：「唯其平

常，故可常不可易。若驚世駭俗之事，則暫可而不得為常矣。二說雖
殊，其致一也。」所以把程說與己說作為表裏關係而定位的可能性很
高。從先前的〈子游曰〉章的解釋也可以看出，以表裏關係中的「二
而一」捕捉不同的兩種說法的邏輯，不僅把先儒的經說相對化，而且
可以得到將之包容在自己的註釋保存下來的注釋方法。這一點在下一
節再做詳論。

在上文的質問，雖然把「不偏不倚、無過不及。」普遍的哲理視
為「中」，卻又定義「庸」為「平常」——這個卑近的日常性的語義，
這是否意味著給了中庸乖離的兩個定義呢？在《或問》中立了同樣的
設問，而回答說，正因為是平常，所以才是不可易的普遍真理。此處
投射出朱子面對形而下的、日常的關心。當然因為接近形而下，而有
形而上的真理，所以這個定義裡同時也包含了對形而上的關心。而對
中與庸是否不粘著的質問，做了以下的回答：

> 此其所以粘著。蓋緣處得極精極密，只是如此平常。若有些子
> 咤異，便不是極精極密，便不是中庸。凡事無不相反以相成。
> （同上）

還有關於相同的論題，如下說道：

> 若看得不相粘，便是相粘了。如今說這物白，這物黑，便是相
> 粘了。……東之與西，上之與下，以至於寒暑、晝夜、生死，
> 皆是相反而相對也。天地間物未嘗無相對者。（同上，十三條）

如果現象必有對，而看起來似乎互相對立、不粘著的東西才有真
正的統一、粘著的話，那麼，關於對立的現象的各自的兩個面向，不
只可以徹底追求，而且這個追求是有其必要的吧！在朱子來說，針對
形而下與形而上之類的對立二面的關心，是同時存在的，以理氣作為

統括的範疇，而執拗地追求，正是以此為依據。看透不相粘的
「二」，而且把相粘的「一」，亦即對立與統一用「一而二，二而一」
加以邏輯化。如果這樣看，則關於對立與統一的、「一而二，二而
一」的邏輯大概就成了貫通朱子學體系的邏輯了。如果大致區別朱子
的學問領域的話，可說主要是由自然學與人類學所構成的，接下來要
探討這兩個領域的邏輯地位。

　　可以看到朱子對這個世界整然的秩序有著很深的信賴感。「事事
物物，莫非天理。」（同上卷四十，三十六條）立足於這個信賴感，
就自然界的構成、運動蓄積經驗知識，於是形成了朱子的自然學。在
自然學的各領域，以一氣陰陽為共通的範疇建構邏輯。中國特有的氣
範疇，在朱子來說，根據山田慶兒所說：「既是物質，同時又是能
源，或是內含能源的物質，是構成自然世界的物質基體。那是一種流
體，所謂的瓦斯狀、空氣狀的物質，不是原子或粒子般非連接的物
質。」（《朱子的自然學》，頁419-420）陰陽是這一氣的兩種性格，乃
至運動的兩種形態，例如借用張橫渠的話來說，陰的性質是聚，陽的
性質是散，「橫渠言『陰聚之，陽必散之』（《正蒙・參兩篇》）一段，
卻見得陰陽之情。」（《語類》卷九十九，十六條）因此「陰陽做一箇
看亦得，做兩箇看亦得。做兩箇看，是『分陰分陽，兩儀立焉』；做
一箇看，只是一箇消長。」（同上卷六十五，二條）雖是一氣，卻有
兩種型態，擁有「一而二，二而一」的性格。因為一氣中蘊涵著陰陽
之「對」，所以經由其運動作用而萬物生成流行。於是朱子的自然學
全靠一氣陰陽來建構邏輯。

　　　一元之氣，運轉流通，略無停間，只是生出許多萬物而已。
　　（同上卷一，十八條）

　　透過氣本身的能動作用，而萬物生成。當然氣的生成流行是天的

意志，朱子說：「天以陰陽五行化生萬物，氣以成形，而理亦賦焉。」
（《中庸章句》首章）存在的成立根據是理，理內在於存在而給予法
則性。朱子謂：「若無太極，便不飜了天地！」（《語類》卷一，三
條）這個也被稱為太極的理已浸透到自然學之中。

但是，如果從重視形而下的自然學的觀點來看，太極（理）的超
越現象的存在性未必被強調，不但未必被強調，反而甚至有強調現象
本身就是太極，與現象的一體性。

> 萬物到秋冬時，各自收歛閉藏，忽然一下春來，各自發越條
> 暢。這只是一氣，一箇消，一箇息。……那箇滿山青黃碧綠，
> 無非是這太極。（同上卷九十四，一百一十條）

這裡看似現象（氣）的作用出現在前面，而太極成為森羅萬象的
秩序本身的別名。山田氏說：「在自然學的領域方面，有時雖然從認
識論的立場使用理這個字，但是對邏輯構成而言，理的概念並非本質
的東西，無此也可以記述邏輯體系。」（前揭書，頁420）從這個意義
來說的話，可以說是「氣強而理弱」。

> 氣雖是理之所生，然既生出，則理管他不得。如這理寓於氣
> 了，日用間運用都由這箇氣，只是氣強理弱。（《語類》卷四，
> 六十五條）

如果日用之運行全靠氣，陰陽、動靜、清濁等，一氣（現象）之
對的兩面是生成運行的原動力，此二者各自有其存在的價值，或沒有
價值優劣的等值的東西，或者可以說沒價值的東西。

> 蓋陰之與陽，自是不可相無者。今以四時寒暑而論，若是無陰
> 陽，亦做事不成。（同上卷七十，一百三十條）

在因陰陽之抑伸消長而生四時寒暑而言,陰陽是等價的。

但是,一旦到了人類學的領域的話,陰陽立刻轉化成價值概念。接續上文說:

> 但以善惡及君子小人而論,則聖人直是要消盡了惡,去盡了小人,蓋亦抑陰進陽之義。(中略)某於〈坤卦〉曾略發此意。

此文中所謂「於〈坤卦〉」是指朱子所寫《周易本義》坤卦初六「履霜堅冰至」的註而言,「夫陰陽者造化之本,不能相無。而消長有常,亦非人所能損益也。」在自然學中,陰陽是等價的,但一旦到了聖人立教,則謂「未嘗不致其扶陽抑陰之意焉」。到了倫理學,則陰陽成為價值概念,有必要抑陰扶陽。如果《易》的陰陽有自然學界的陰陽與人類學界的陰陽之分的話,則應該明確地區別兩者吧!

> 大抵《易》之言陰陽,有指君子小人而言,有指天理人欲而言,有指動靜之機而言,初不可以一偏而論。如天下皆君子而無小人,皆天理而無人欲,其善無以加。有若動不可以無靜,靜不可以無動,蓋造化不能以獨成。或者見其相資而不可相無,遂以為天下不可皆君子而無小人,不能皆天理而無人欲,此得其一偏之論。(同上卷一百十五,十一條)

亦即,在自然學界陰陽是等價的「對」,有互相的存在價值。但是在提出陽是君子(天理)、陰是小人(人欲)的人類學界,陽成了受肯定的價值,而陰則成了被否定的反價值。視消盡小人(人欲、惡),實現君子(天理、善)的世界為當為,而加以要求。還說:「若論陰陽,則須二氣交感,方成歲功。若論君子小人,則一分陰亦不可;須要去盡那小人,盡用那君子,方能成治。」(同上卷六十七,一百三十二條)在這裡不得不說自然學與人類學之間產生了很深的裂

隙。而我們從這些論調可以知道朱子很明確自覺到這個裂隙。

如果就朱子人類學的主要範疇：天理與人欲、性與心、道心與人心、本然之性與氣質之性、君子與小人、聖賢與凡愚等而言，這些各自的前項被視為是理想的實踐目標、價值本身，而後項則是應該給予否定的社會惡的來源、反價價的淵源。現在就本然之性、氣質之性來說明：

> 氣質是陰陽、五行所為，性即太極之全體。但論氣質之性，則此全體墮在氣質之中耳，非別有一性也。(《朱子文集》卷六十一〈答嚴時亨〉)

與陰陽在自然學是等價值的「對」，但在人類學卻是有價值上的優劣，需要抑陰扶陽一樣，氣為陰陽五行，性是太極之全體。若是從自然學的觀點來看，未必被視為價值上的優劣的「對」，「但是」作為人類學領域的問題時，性墮在氣質，被視為氣質之性，本然之性與氣質之性成了價值上的優劣。由此，讓理念淨化現實人間的實踐倫理學，在人類學的主要課題中突顯出來。

在說「那箇滿山青黃碧綠，無非是這太極。」時，對自然的秩序性寄以深厚的信賴感。但是根據經驗理解現實的人類社會後，產生了對現實的昏愚凶狠者的悲觀論調。

> 性與氣皆出於天。性只是理，氣則已屬於形象。性之善，固人所同，氣便有不齊處。因指天氣而言：「如天氣晴明舒豁，便是好底氣；稟得這般氣，豈不好！到陰沉黯淡時，便是不好底氣；稟得這般氣，如何會好！畢竟不好底氣常多，好底氣常少。……所以昏愚凶狠底人常多。(《語類》卷五十九，四十四條)

如果小人是因自然存在的氣而生,那麼,就有其存在理由。雖然
知道這個事實,但同時卻又要靠倫理實踐來實現道德的、善的、聖人
君子之世界。因為看準了小人在自然學的意義上的存在理由,所以此
倫理的要求就變得不得不越加嚴格。眾所周知,朱子的門徒教育、社
會教化是以這種人類學,其中尤以倫理學的領域為中心。

以上的例子中,常使自然與人類產生關聯來論述,由此也可以知
道:在朱子的倫理學中,他的自然學與人類學的裂隙被隱蔽起來,倫
理實踐的根據,把人視為自然的存在,尋求把自然界所見的秩序性回
復到人類社會之中。這裡所說的自然,已經站在以陰陽為等價的
「對」,把太極視為現象本身的立場而言,而不是在自然學意義下的
自然。把氣質之性視為墮落,把本然之性視為有價值的人類學觀點被
投射出來的,帶有濃厚道德性的,人類學的自然。在那裡,自然=
天,成為主宰人的現實,與氣質之墮落對置的理念,稱之為天理,而
賦予超越的性格。《中庸》開頭「天命之謂性,率性之謂道,脩道之
謂教。」已經可以看到古代儒教的天人合一觀,而附在經文後的《章
句》中,則明確地表達出朱子學的立場是想要從倫理學的觀點來統合
自然與人類。

> 命,猶令也。性,即理也。天以陰陽五行化生萬物,氣以成
> 形,而理亦賦焉,猶命令也。於是人物之生,因各得其所賦之
> 理,以為健順五常之德,所謂性也。率,循也。道,猶路也。
> 人物各循其性之自然,則其日用事物之間,莫不各有當行之
> 路,是則所謂道也。脩,品節之也。性道雖同,而氣稟或異,
> 故不能無過不及之差,聖人因人物之所當行者而品節之,以為
> 法於天下,則謂之教,若禮、樂、刑、政之屬是也。蓋人知己
> 之有性,而不知其出於天;知事之有道,而不知其由於性;知

聖人之有教，而不知其因我之所固有者裁之也。

此處說明了：天主宰陰陽五行之氣，生成萬物，理自在於此萬物之中。與構成自然界相同，以理為性而賦予人類。這個天（理）作為本然之性而擁有超越的、主宰的性格。同時，在人類而言，作為理賦予氣的氣質之性，而擁有內在的性格。在「氣質之性是本然之性內在於氣質」這點，雖然作為氣質之「性」，帶有理的性格。但是在「內在於氣質」這點，作為「氣質」之性，則帶有氣的性格。因為氣質有過不及，所以，以至純地發揮本然之性的聖賢作為實踐目標，要求陶冶氣質。而本然之性是「出於天」之故，所以實踐倫理的方向則被指向與天地自然之秩序合一。

這裡所謂的天不是指那自然學所謂「蒼蒼」的自然界的天。換句話說，不是「氣強理弱」的自然法則性本身。而是帶有濃厚道德作為的性格。從倫理的要求而賦予天道德性，而以天的自然性為依據，合理地給予倫理學根據。至此，自然的範疇轉化成倫理的範疇，成為人類學與自然學在前者為優位之下被統一了。陰陽在自然學上是沒價值的，但同時轉化成價值概念是有其原因。雖然自然學與人類學的裂隙有被意識到，但是在這個裂隙被統一的地方，我們可以看到「一而二，二而一」的邏輯。

在以上的各例中，讓人類與自然產生關聯而論述，這種使兩者產生關聯，以自然的真理性為根據，論說倫理實踐的作法，不妨說是朱子的常規論法。讓我再舉一個例子。關於《論語・子罕篇》〈子在川上〉章問門人說：

今不知吾之心與天地之化是兩箇物事，是一箇物事？公且思量。……聖人言語，只是發明這箇道理。這箇道理，吾身也在裏面，萬物亦在裏面，天地亦在裏面。通同只是一箇物事，無

障蔽，無遮礙。吾之心，即天地之心。……但天命至正，人心
便邪；天命至公，人心便私；天命至大，人心便小，所以與天
地不相似。而今講學，便要去得與天地不相似處，要與天地相
似。（同上卷三十六，百二十八條）

冷靜透澈地理解事實的朱子說：「以理言之，則正之勝邪，天理
之勝人欲，甚易；而邪之勝正，人慾之勝天理，若甚難。以事言之，
則正之勝邪，天理之勝人慾，甚難；而邪之勝正，人慾之勝天理，卻
甚易。」（同上卷五十九，一百七十七條）他知道在現實中邪惡壓過
正善。但是這個「氣強理弱」的現實，可以說是附會於理強氣弱的理
念。吾心與天地為二的現實，需要透過使吾心與天地之化合一，讓人
類從屬於自然，而淨化為理的世界。參天地之化是把對理的要求投射
於自然，以賦予理性格的天地自然性為根據，要求實踐倫理。雖然是
自然與人類相乖離的「二」，卻又帶來成為「一」的合一，在「二而
一」之處有其講學之目的。

就以上看來，在自覺自然學與人類學的裂際，同時以人類學為優
位之下，可以說「一而二，二而一」的邏輯被置於試圖綜合兩者的朱
子學邏輯建構的核心。這種根據邏輯與對立，同時試圖統一兩者的想
法，也可以在關於自然學、人類學共通基礎範疇的理氣中看到。

眾所周知，朱子的理氣說，例如在「未有天地之先，畢竟是先有
此理。」（同上卷一，一條）等可以看到理先在說，在「天下未有無
理之氣，亦未有無氣之理。」（同上，六條）等可以看到理氣相即說
的兩面。如果沒有與氣無關的理，那麼就應該不能說由氣所構成的天
地出現以前理就已經存在，從邏輯的形式來說的話，這兩種說法中至
少有一個是矛盾的。為了要綜合地理解朱子的思想，這個矛盾被用各
種方式說明。例如有：理氣相即說在伴隨理先在說的次要位置，朱子

以理為道德哲學的根據，視為超越實體的想法是很強烈的，這是理先
在說的說明。還有，認為因為理先在說集中在《朱子語類》的開頭，
所以透過《語類》編纂者對朱子的理解而強調這方面的說明。或者，
朱子自己說的「理與氣本無先後之可言。但推上去時，卻如理在先，
氣在後相似。」（同上，十三條）以及雖然在現實存在的方面，理氣
相即，但是就邏輯推論來源而言，則理先在。而以決定這兩種說法的
位置為線索，在思想構造中說明為兩種說法定位的可能性。但是不管
做何說明，一定要注意到兩說並存才是朱子思想的特徵。

　　理因為一邊擁有超越天地萬物而先在的一元性的性格，同時一邊
又與氣相即而內在於各個的萬物之中，所以理氣有二元性的性格。丸
山真男氏曾經批評這一點說：「朱子學本來就沒有那種非此即彼的範
疇」（《日本政治思想史研究》，頁22）。從理氣擁有這兩種性格來看，
這則評論只有在此是正確的。但是這兩面並非如丸山氏所說的「即自
的（無媒介地）結合」。

　　在理氣說的另一方面，理氣被視為二物，有先天地而在的太極之
理。朱子經常把椅子之理先於椅子之形體而存在的比喻掛在嘴邊。這
如前面所說的，我們認為，因為要求把倫理實踐的依據置於人類自然
性格的人類學上，所以就成了賦予理＝性先驗的實在性，但是在另一
方面，卻又強調理與氣的相即性。由於物的質料全是氣，所以理與物
的質料無關。物由因質料而存在的「有之氣」與因秩序法則而存在的
「無之理」所構成。因此理與氣雖為二，但在物卻可以相即。理與氣
的先在和相即、原理和實體、有和無的對立，與統一的思想貫穿理
氣論。

　　周敦頤的〈太極圖說〉作為構成理氣說的邏輯淵源，所以朱子更
為注重。但是在《圖說》前頭的「無極而太極」一句，存在著：《易
經》中有「太極」之語卻無「無極」之語、受道家宇宙成形論濃厚的

影響等問題。但是透過朱子與陸象山等人的論爭,以這五字為太極的規定,而固執己見之事是眾所周知。「此(無極而太極)五字添減一字不得」(同上卷九十四,六十七條)。

　所謂的「無極而太極」是指「只是說無形而有理」(同上,八條)而言。又說:「無極是有理而無形」(同上,十五條)。若推其本則是「太極生陰陽」,太極與二氣五行是理與氣之「二」,又從現存的事物來看,「陰陽函太極」(以上,同上卷七十二,八十三條),在現實的事物方面,陰陽相即而成為「一」。此時「有的太極」為「一」,不是被函於「有的陰陽」之一,而是「無的太極(理)」合於「有的陰陽」之一。如果太極是有的「一」,那麼,將為氣所函,而不能構成物體。因為在那裡只不過是理(一)與氣(一)為二而雜存而已。因此不得不說太極是無極。但是如果太極是無的話,則將會失去主宰氣的根據,所以就理而言,從頭到尾不得不是為有。於是太極既有且無,所以定義為無極而太極。太極與陰陽五行為「二」的同時又是「一」,為「一」的同時又是「二」。因此太極陰陽的這種「一而二,二而一」的性格被定義為無極而太極。這個定義顯示出朱子所理解的太極根本性格。於是太極其本身蘊涵著有與無的對立、無極與太極之對立,同時以無極而太極而加以統一。「一而二,二而一」有同時就理本身、氣本身的性格而言,也有就理氣論的邏輯本身而言。如此,朱子的理氣說因對立與統一的一貫思想而被建立起來,可以擁有「一而二,二而一」的邏輯。這裡可以看到的不是丸山氏所說的「即自的」的結合。就對立的、不粘著的範疇,追求粘著的統一之處,才可以看到朱子思想的特徵。

　朱子因關心統一的普遍性,而掌握理。可以說從理氣的「二」,面對「一」而建構邏輯,卻又想要再度把此理還原於現實的現象之中。朱子的眼光不停地關注在日用現在,而在其上質問如何統一地掌

握。因此，首先要做的不是「窮理」，而是把重點放在「格物」。

> 人多把這道理作一箇懸空底物。《大學》不說窮理，只說箇格
> 物，便是要人就事物上理會，如此方見得實體。（同上卷十
> 五，三十一條）

> 格物，不說窮理，卻言格物。蓋言理，則無可捉摸，物有時而
> 離；言物，則理自在，自是離不得。（同上，三十四條）

強調理先在說，同時理氣相即的理由之一，正是在這裡。這裡是說理
並非因為抽象的思辯而可尋求的，而是要透過現象的經驗觀察，在理
氣一體現實之中才可以求得。比抽象的思辯更注重與具象世界息息相
關的經驗主義、現實主義的中國傳統思想在此得以生存。從下一節的
經書註釋的態度來看可知，與思辯的北宋道學者相比，朱子比這個傳
統思想更加忠實。朱子認為回歸事物的學問態度，對人類主體的形成
有益。「事物可見，而其理難知。即事即物，便要見得此理，只是如
此看。但要真實於事物上見得這箇道理，然後於己有益。」（同上卷
七十五，百八條）由此，成了在教育門人時，令其特重於就事物的
「下學」。「先生教人，每令就下學上用功。」（同上卷四十，三十四
條）

　　理氣本身，或是從理氣互為「二」而求「一」之事是從「二」到
「一」、「二而一」的邏輯提昇。但是，由上所述知道，這個「一」再
度被要求回歸於現實世界。於是朱子的邏輯從「二」提升到「一」、
「二而一」，從對立到統一的同時，這個「一」再度地被還原於對立
之中，從「一」到「二」，而成為「一而二」。可以說蘊涵這種理念與
現實、對立與統一的緊張循環，正是構成朱子學邏輯的核心吧！

　　我們看朱子的著述，特別是由門人收集資料所編纂的《語類》，
有時被認為是互相矛盾的不同教誨。這很可能來自記錄的誤記、記錄

者的記憶不一樣、門人的個性所捕捉的老師的態度異同、還有特別是教誨的時地的不同等等。但是，就面對這個問題的一個觀點而言，有必要考慮以上所說的邏輯。例如，如果太極是理，那麼，與由氣所帶來的自然現象雖是不同的東西，但如前所說的「滿山青黃碧綠」就是太極本身。這看起來雖然矛盾，但是由太極與陰陽所成的事物，若把焦點置於物質面，則是陰陽（氣），但若從法則面來說，因為太極不可能外於此物，所以也可以謂之太極。所以太極與氣不即不離。當然如果現象本身就是太極的世界的話，把理置於現實的更上一層，透過實踐倫理而想要實現理的世界的倫理學根據將因而喪失，所以如果門人提出強調理與氣相即的問題，往往會遭到嚴厲的否定。但是，從朱子的邏輯可以知道，理氣作為不即不離而綜合地被定位著。

以上我們看了朱子學的邏輯。在那裡，有機地結合著對形而上的普遍理解的關心，與對形而下的經驗觀察的關心，人類學與自然學蘊涵了裂隙，卻被綜合在一起。而在人類學的優位上謀求這個綜合，等價的「對」轉換成價值上的優劣，其原因在此。雖然如此地置人類學的倫理論於優位，但在此基底，有對形而上、形而下的兩種關心，則是不可否定的，在這裡可以求得「一而二，二而一」的邏輯來源。而根據這個邏輯，執拗地追求蘊涵裂隙的各領域的課題，建構了統一的思想體系。

在前一節，究明了以《大學》〈補傳〉的「表裏精粗」為線索，提出「一而二，二而一」的邏輯是以朱子學的思想構造為基礎。解經不外是思想的產物，在此，要利用已究明的地方，再度回來檢討朱子的經書註釋方法與內容。

## 三 經書註釋的方法

歸納朱子對經書的態度，即是：想要就經文實證地、客觀地究明經旨的個別性觀點，與想要從經書捕捉普遍的聖賢精神的統一性觀點；如果用朱子的用語，就像一物的表裏般緊密地結合著。一邊依照文意，一邊統一地解釋，是註釋的常用方法，雖說沒有特別提出來，朱子徹底追求這兩方面，而且盡量依據儒學的傳統——「述而不作」的祖述主義，同時又貫徹冷靜透徹的合理主義、批判主義，進而樹立獨自的註釋體系，還是應該值得特別一提。

朱子再三地說，讀經書首先要拋棄主觀的、隨意的態度，應該要順著文意客觀地理解。

> 今學者不會看文章，多是先立私意，自主張己說；只借聖人言語做起頭，便自把己意接說將去。病痛專在這上，不可不戒。（《語類》卷百十七，十四條）
> 聖人言語，自家當如奴僕，只去隨他，教住便住，教去便去。今卻如與做師友一般，只去與他校，如何得！（同上卷三十六，一百三十一條）
> 古人意思！須得退步者，不要自作意思，只虛此心將古人語言放前面，看他意思倒殺向何處去。如此玩心，方可得古人意，有長進處。（同上卷十一，三十條）

如此沒有主觀的讀經書方法就是自己的註釋。

> 大抵某之解經，只是順聖賢語意，看其血脈通貫處為之解釋，不敢自以己意說道理也。（同上卷五十二，八十五條）

這是說，採取奴隸對待主人的態度──沒有自我地順應經書。在這背後，是把經書視為聖典、視為神聖的傳統精神。但同時，如後面所說的，朱子解經時也堅持合理的批判精神。從順應與批判這兩個對抗的立場產生註釋。

就解經的方法而言，他說：「解書，須先還他成句，次還他文義。添無緊要字卻不妨，添重字不得。今人所添者，恰是重字。」（同上卷十一，一百二十四條）要明典故，根據文義文勢，添加虛字等不重要的文字鋪陳是無所謂的，但是不可以添加重要的實字、不可以增加沒有出現在經文上的文旨。因為添加實字、增加文旨，是脫離經旨，畫蛇添足，所以要避免。

朱子從對重視文義、文勢的確切掌握這一點，而給古註高度的評價。

> 傳注，惟古注不作文，卻好看。只隨經句分說，不離經意，最好。疏亦然。（同上卷十一，一百十六條）

我們看《章句》、《集注》中很多字音、字義都是沿用古註，而且經旨也很多是順著古註解釋，在第一節所見〈子謂南容〉章的《集注》就是一例。不只這一例而已，現在雖沒有空檢討，但作為註釋方法的表裏觀點、「二而一」的邏輯，我們認為與古注疏的註釋方法論，亦即所謂的體例有深厚的關係。

關注文義文勢會產生把論旨的重點放在對「重要」語句的重視。

> 看文字當看大意，又看句語中何字是切要。（同上卷六十，一百十七條）
> 大凡一段中必有緊要處，這（《孟子・離婁上篇》「仁之實」章）一段便是這箇（在敘述事親從兄中的「實」）字緊要。（同上卷五十六，三十七條）

　　關注語義文勢、重要文字的方法，在後世的註釋中也可以看到，還有將在第七章討論科舉考試參考書「講章」只重視理解經書的看法，可知這是來自於朱子。

　　但是，在明末常有人批判《章句》、《集注》不就文義，且添加蛇足的敷衍陳述。在此之前，王陽明批判朱子的《大學》改訂，把格物致知置於誠意之前，其結果是，因窮理的觀點變成不定，所以在窮理的過程，為了要保持心的態度，而不得不補足「敬」、「誠」。在《大學古本》首先提到誠意，然後及於格致，所以如果以《大學古本》為文本，就不需要添加敬、誠等蛇足了（《傳習錄》上，〈蔡希淵問〉）。明末批判《集注》添加蛇足的敷衍陳述，實是直接淵源於此陽明之流，但是從下面的例子可以知道，這是用朱子的方法來攻擊朱子。

　　如果注視文義文勢，則將變得就各個的經文個別地進行解經。因此要求遂字逐句的理解，「考論文義，且只據所讀本文，逐句逐字理會教分明。不須旁引外說，枝蔓游衍，反為無益。」（《語類》卷五十二，二十九條）其強調以透過精讀熟思、咀嚼字句作為讀書的方法，正是基於此。因為透過這樣的讀書方法，可看出各經書的特殊個別文意。

　　　　讀《大學》時，心只在《大學》上；讀《論語》時，心只在
　　　　《論語》上，更不可又去思量別項。這裏一字理會未得，且理
　　　　會這一字；一句理會未得，且理會這一句。（同上，六條）
　　　　《大學》之說，自是《大學》之意；《論語》之說，自是《論
　　　　語》之意。《論語》（〈子罕篇〉「吾未見好德如好色章」）只是
　　　　說過去，尾重則首輕，這一頭低，那一頭昂（謂在批判衛靈公
　　　　與夫人同乘的經文中著重於後半「好色」之處）。《大學》只將
　　　　兩句平頭說去，說得尤力（謂關於誠意的「如惡惡臭，如好好

色」二句為同等比重的對句）。如何要合兩處意來做一說得！
（同上卷三十六，一百三十一條）

視文章在各經書中有其獨自意義內容的觀點，與在前一節所見，對現
象之多樣性的熱切關心有關。這樣的解經方法是徹底讀解吸收，如果
從這方面來說的話，很容易受解釋者的立場或經書觀所左右。因此儘
管主張不要參入自我，但最終還是不得不做出主觀的解釋。但是這個
方法，並未立即喪失其做為解釋法的妥當性。使用這個方法，不採用
附會哲理的解釋，查明了本為占筮書的《易經》研究；不採用主張道
德教訓的《詩》序，而就《詩》之本文解釋的《詩經》研究等，得到
很多成果是為眾所周知的。

　　如此理解經文雖是理所當然，但他發現上古典籍的經書中，有很
多地方是無法理解的。朱子經常說經書的難解，他說：「然六經亦皆
難看」（同上卷七十八，十七條），特別是《書經》「便是有費力處，
其間用字亦有不可曉處。」（同上，七條）等為難解而困擾著，又
說：「古書多至後面便不分曉，《語》、《孟》亦然。」（同上卷十九，
七條）

　　附會引伸解釋這些經書並不是不可能。被稱為經學的中國經書解
釋學，作為聖典的經書被視為是完全無謬地記載堯、舜、三代的制度
文物、聖賢之道的書籍，在透過附會引伸試圖理解之處，有其基本的
特徵。但是朱子站在合理主義的立場，否定了那樣的解釋。

　　　經書有不可解處，只得闕。若一向去解，便有不通而謬處。
　　　（同上卷十一，一百二十一條）
　　　《尚書》中〈盤庚〉、五〈誥〉之類，實是難曉。若要添減字
　　　硬說將去，儘得。然只是穿鑿，終恐無益耳。（同上卷七十
　　　八，十三條）

他認為，如果貫徹自己的合理精神，則儒學所依據的六經世界，將有因而崩潰的恐懼，所以朱子有著冷靜透徹的眼光。

> 《春秋》，某煞有不可曉處，不知是聖人真箇說底話否。（同上卷八十三，一百三十一條）
>
> 《書》中可疑諸篇，若一齊不信，恐倒了六經。（同上卷七十九，一百十八條）

如後所述，只要是先儒的註釋就想要繼承的朱子，在以膨大的註釋壁壘所堅守的六經（五經）的世界裡，要貫通合理精神，統一掌握，他感到極為困難。還有，如果身為儒者不想要讓六經的世界崩潰是理所當然的話，那麼，要把六經註釋體系化就不容易了。在代替六經而把《四書》置於自己的經書學核心的背後，無疑地有了朱子的合理精神。

朱子認為聖人是異於常人的、超人人格、理想的人類。被視為是孔子敘述自己生涯的《論語・學而篇》〈吾十有五〉章，「大概聖人元是箇聖人了，⋯⋯。它底志學，異乎眾人之志學；它底立，異乎眾人底立；它底不惑，異乎眾人之不惑。」（同上卷二十三，一百十條）的地方也出現了朱子的聖人觀。但是一旦成了經解，可不一定就會把這種聖人觀推到前面來。

《論語・雍也篇》中有一章說，孔子要去會見因淫行而出名的南子時，看到弟子子路不高興，孔子發誓說：「予所否者，天厭之！天厭之！」在《集注》解釋為：國主夫人南子請見，所以「不得已而見之」，對孔子而言，會見是禮，儘管夫人有不義，但這與孔子無關。然而因為這種事已超乎子路所能理解，所以重言以誓之，讓子路能深思。但是在《語類》則如下所言。

> 夫子似乎發呪模樣。夫子大故激得來躁，然夫子卻不當如此。
> 古書如此等曉不得處甚多。古注亦云「可疑」。……大抵後來
> 人講經，只為要道聖人必不如此，須要委曲遷就，做一箇出
> 路，卻不必如此。（同上卷三十三，四十二條）

所謂的「夫子卻不當如此」，是指孔子應該要像陽貨求見時，巧妙地
避開直接面對的逸聞那樣來避開南子才是呢？或是指對天發誓「發
呪」一語（發呪是根據孔安國所解釋的呪誓而來）的激昂情況與不為
已甚的聖人不符合呢？雖然很難理解，但是不管如何，朱子不是以聖
人的神聖性、無謬性為前提，而無理地解經，而是在另一方面持有保
留疑惑的合理的態度，這是眾所周知的。而對被列為比孔子低一層的
其他各聖人或孟子，更可見其批判性的相對化評價。當然想要像奴僕
般地順應經書、把聖人超人化的朱子並未完全脫離經書的束縛，但就
各個的解經來看的話，則不可看漏了其到處可見貫徹冷靜透徹的合理
眼光。關於可以援用自然科學知識的、作為比較自然論的純度高的記
述，經文的適當與否更客觀地可知，所以也有「畢竟古人推究事物，
似亦不甚子細。」（同上卷二，七條）的批判。

雖然如此地展開合理主義的、個別的實證經書研究，卻又從祖述
主義的立場集成了先儒的註釋。在此成果之上所著的《章句》、《集
注》，先儒之說被編輯到朱子所統一的註釋體系之中。

隆興元年（1163）朱子三十四歲時，採用二程及其門人、朋友數
家之說，著作了「補輯訂正」《論語要義》（《朱子文集》卷七十五
〈論語要義目錄序〉），進而刪錄此書，再合諸老先生之說，而著《論
語訓蒙口義》（同上〈論語訓蒙口義序〉）；乾道八年（1172）四十三
歲時，蒐集二程及九家之說，而著《論孟精義》（後改稱《要義》）。
承此諸儒之說，集成的成果在四十八歲時，《論孟集注》已大致完

成，而六十歲時《學庸章句》也已大致完成，而且也已經寫了序文。關於《學》、《庸》的《章句》與《論》、《孟》的《集注》的不同，將在下一節來敘述。《集注》大量採用諸儒之說，可謂與「集注」名符其實。

先儒之說的編輯與繼承，當然是根據祖述的傳統，但我們認為並不止於此而已，在前面所說的「事事物物莫非天理」，存在現象本身有其價值，所以他有一種想法，認為作為文化遺產的先儒之說裡面自有可以採用者。

> 大凡人文字皆不可忽。（《語類》卷六十八，七十三條）
> 莫據己見，便說前輩說得不是。（同上卷九十五，五十三條）
> 非若今人自看得不子細，只見於我意不合，便胡罵古人也。
> （同上卷二十，一百十六條）
> 大凡看人解經，雖一時有與經意稍遠，然其說底自是一說，自有用處，不可廢也。（同上卷七十六，十一條）

先儒的經書說，特別是在《四書》說，北宋諸儒中二程最受重視，這從編纂先儒之說而以二程為中心一事也可以知道。不限於經書說，朱子是北宋諸儒的最佳繼承者。就本文的主題來說，雖然有點成為餘論，但是我想就「性」說來談談這一點。

關於人類學上的基礎範疇——「性」，朱子繼承程伊川的「性即理」說是眾所周知的事。朱子說：「伊川『性即理也』，自孔、孟後，無人見得到此。亦是從古無人敢如此道。」（同上卷五十九，四十五條）而對「性即理」說大為讚揚。

「性即理」是就本然之性、天地之性而言。但是，朱子全面地專用這個命題來理解性論。一般認為他的性論是以「性即理」與另一個程明道所說的「性即氣，氣即性」為兩個命題。後者是就氣質（肉

體）的現實人性，亦即氣質之性而言。而結合這兩個命題的就是「論
性，不論氣，不備；論氣，不論性，不明。」（《二程遺書》六）也就
是說朱子的性論，昏明閉塞、剛柔強弱等多樣的人性是由氣質或氣質
之性所構成的，而此人之所以成為人的原理依據，是被賦予了普遍的
本然之性（本源之性、天地之性），這被視為氣質之「性」，在作為倫
理實踐方面，要把墮落氣質的（本然之）性的作用恢復回本來的狀
態，所以著重在陶冶氣質。因為，以本然之性為倫理實踐的根據，所
以第一個「性即理」的命題就成了性論的核心，然而倫理實踐是就氣
質的人類而言，所以是根據「氣質」之性與氣質之「性」（本然之
性）的「二」所構成的邏輯。這在前一節的論述中已經究明。因為如
此地關注於現實的人類，所以第二個命題雖然是從屬於第一個命題，
卻也因而成了性論的另一個支柱。

　　所謂的氣質之性是伊川或張橫渠的用語，朱子把「性即理」與
「氣質之性」的思想視為宋學獨有的學說。

　　　　孟子辨告子「生之謂性」，亦是說氣質之性。近世被濂溪拈掇
　　　　出來，而橫渠、二程始有「氣質之性」之說。（《語類》卷五十
　　　　九，四十三條）

而朱子利用這「本然之性」、「氣質之性」的兩個概念，把以往的性說
定位於相對的位置。

　　朱子認為孔子所說的「性相近，習相遠。」（《論語・陽貨篇》）
的性是「兼氣質而言者也」（《集注》），認為是說中了氣質之性，且
「唯上智與下愚不移」（《論語》同上）也是根據氣質之性的發言
（《語類》卷四十七，四條，九條）。他還認為這個氣質之性的思想本
身早在《書經》等書中可以看到，只是還不到明確地概念化稱為氣質
之性（「古人雖不曾說著，考之經典，卻有此意。」同上卷五十九，

四十三條）。

　　他認為本然之性的思想來自於與告子論性的孟子。「性，孟子所言理，告子所言氣。」（同上，六條）由此承認了告子得氣質之性的相對價值。一旦立於道統的觀念，告子被視為異端之說而完全被捨棄，但從性說的這個邏輯來說，告子的氣質之說，雖是屬於相對的價值，卻被承認的這件事是不可以被忽視的。當然孟子的性善說相反地得到很高的評價，這是在所謂道統線上對孟子的定位，但是朱子也說，如果只強調本然之性、性善的話，也會產生弊害。

　　　　孟子已見得性善，只就大本處理會，更不思量這下面善惡所由
　　　　起處，有所謂氣稟各不同。後人看不出，所以惹得許多善惡混
　　　　底說來相炒。（同上卷五十九，四十四條）

所以才說，「（論性不論氣，不備；論氣不論性，不明），二之則不是，須如此兼性與氣說，方盡此論。」（同上）亦即朱子認為究明了氣質與性的「二而一」的性格的程子之說「較密」（同上）。又說：「到周子、程子、張子，方始說到氣上。要之，須兼是（性與氣）二者言之方備。」（同上，四十一條）

　　雖然孔、孟已經達到把握性的本質，但是並沒有明確指示出氣質之性、本然之性的「二而一」的性概念（「從古無人敢如此道」），相對於此，到北宋諸儒、程子們則有功於性說的明確化。朱子如下說道：

　　　　大抵前聖所說底，後人只管就裏面發得精細。如程子、橫渠所
　　　　說，多有孔孟所未說底。伏羲畫卦，只就陰陽以下，孔子又就
　　　　陰陽上發出太極，康節又道：「須信畫前元有《易》」，濂溪
　　　　〈太極圖〉又有許多詳備。（同上卷六十二，九十七條）

　　在此不止是看宋學發掘繼承孔、孟以來的道統而已，而是應該要
注意有一種發展史觀。根據性有兩個面向，以往的性說被定位於相對
性。而把本然之性與氣質之性統一地概念化後的程子之說，被置於頂
點。

　　因此，在性說方面，朱子特別給二程很高的評價，而有意要繼承
他們的學說。但是就解經而言，也經常對二程指出其缺點，如「明道
說話，亦有說過處，……。伊川較子細，說較無過，然亦有不可理會
處。」（同上卷九十三，五十九條）之類，不少批判指出其作為經書
之說是有缺陷的。如先前所述，之所以會高度評價古註是因為在道學
方面解釋不夠之故，在提到以古註作為解釋是很優秀之後，接著又
說：「今人解書，且圖要作文，又加辨說，百般生疑。故其文雖可
讀，而經意殊遠。程子《易傳》亦成作文，說了又說。」（同上卷十
一，一百十六條）對這些道學者解經不滿的最大理由是，他們加上了
隨意的作文、增加註釋篇幅的結果，致使其遠離經旨。

> 今之談經者，往往有四者之病：本卑也，而抗之使高；本淺
> 也，而鑿之使深；本近也，而推之使遠；本明也，而必使至於
> 晦，此今日談經之大患也。（同上，一百二十二條）

如此看來，若一方面要保持對先儒的批判意識，一方面又要祖述既成
的經書說，則可說朱子在面對經書，大概有祖述與批判兩種要素在較
量吧！

　　眾所周知，在《大學》方面，大幅地更改編次而作成《大學》新
文本，更加上〈補傳〉，作成「初學入德之門」。在此可以看到確立自
我立場的批判精神。相對於此，《中庸》只是作修改分節而已，直接
使用舊文本。以常識性來尋求其中的理由，可以說這是因為認為《中
庸》沒有像《大學》般的錯簡。但是從下文可知，作成《大學》新本

的理由之一，是在於此書沒有被先儒之手垢所污染的新出之書。關於
《中庸》的編輯，朱子如下說道。

> 便是難說。緣前輩諸公說得多了，其間儘有差舛處，又不欲盡
> 駁難他底，所以難下手，不比《大學》都未曾有人說。（同上
> 卷六十二，三十三條）

一般認為如果有以往的研究累積的話，將有助於問題的處理。但是在
此卻是說既成的學說少，比較容易作成《大學》新解釋、新文本，而
《中庸》學說的累積反而造成無視於此的《中庸》編輯困擾。可以知
道在《學》、《庸》章句的文本中，也反應出祖述與批判的矛盾。

　　如上所述，朱子貫徹了既要根據祖述的傳統，而且又要保有批判
主義、合理主義的看法；雖然是要個別地註釋經文，但是又要統一理
解經文的態度。在前一節已經詳論過朱子學擁有以理氣為基礎範疇的
統一體系。朱子對經書也有個別實證的觀點，同時也有統一捕捉聖賢
精神的觀點。如果是那樣的話，那麼，這兩種觀點作為註釋方法將會
以什麼樣的形式出現？當然因應經文的形態，註釋也會有各式各樣的
種類，但是作為註釋方法而完成核心任務的，就是那表裏的觀點——
「一而二，二而一」的邏輯。這裡我要舉出《論》、《孟》最重要的觀
念——「仁」的解釋，來看解釋方法的特徵。

　　朱子關於仁概念，以《論》、《孟》集注為資料而言，以說明「心
之德，愛之理。」或是「愛之理，心之德。」的內容為多。這種說明
作為朱子自己的仁的概念縱然是正確的，但作為根據朱子《論》、
《孟》的仁解釋的說明，卻不見得有說服力。在此我們深入《集注》
來探討。

　　在《論》、《孟》集注隨著時地而有多樣性的仁的例子，其中就有
十幾例，或直接下定義，或以定義為前提而論述。列舉如下：

1　仁者，愛之理，心之德也。(《論語‧學而篇》「其為人也孝弟」章)

2　本心之德亡矣。(同上「巧言令色」章)

3　仁者，心之德。(〈雍也篇〉「回也其心三月」章)

4　仁以理言。(同上「如有博施於民」章)

5　仁，則私欲盡去而心德之全也。(〈述而篇〉「志於道」章)

6　仁者，心之德。(同上「仁遠乎哉」章)

7　仁，則心德之全而人道之備也。(同上「若聖與仁」章)

8　仁者，人心之全德。(〈泰伯篇〉「士不可以不弘毅」章)

9　仁者，本心之全德。(〈顏淵篇〉「顏淵問仁」章)

10　心德全。(同上「仲弓問仁」章)

11　愛人，仁之施。(同上「樊遲問仁」章)

12　不咈乎愛之理，而有以全其心之德也。(〈微子篇〉「微子去之」章)

13　仁者，心之德，愛之理。(《孟子‧梁惠王上篇》首章)

14　仁者天地生物之心，……在人則為本心全體之德。(〈公孫丑上篇〉「矢人」章)

15　仁主於愛，而愛莫切於事親。(〈離婁上篇〉「仁之實」章)

16　仁者，心之德。(〈告子上篇〉「仁人心也」章)

17　仁者，人之所以為人之理也。(〈盡心下篇〉「仁也者」章)

　　對朱子而言，天理宿於心為性（心之德），但是在現實人間，天理的作用因人欲（私欲）而被遮蔽，所以要以「存天理，去人欲。」作為實踐課題。在仁的解釋，以仁為「心之德」，要是除去私欲的話，就可以完全發揮仁之德，之所以這麼說，是因為《論》、《孟》的仁說已經指出了這天理人欲重疊論。在第5例很明顯地指出這一點，

而在第4例的引文之後也說：「有以勝其人欲之私，而全其天理之公矣。」

　　但是，仁、義、禮、智、信的五常之中，仁「偏言」則一事，「專言」則包含其他四者，這是程伊川想出來的（《易傳》乾卦註）。朱子繼承了此說，也認為除了信之外的仁、義、禮、智四德，偏言的仁是一事，而專言則包含四德。以仁、義、禮、智而言，與義、禮、智並置的仁是偏言的仁，這叫做「愛之理」。包含義、禮、智的仁是專言的仁，這叫做「心之德」。亦即朱子認為謂之仁、義、禮、智的人之德性是以仁為代表，所以仁是「心之德」，但是細分的話，「心之德」叫做「愛之理」。（「『愛之理』，是『偏言則一事』；『心之德』，是『專言則包四者』（《易傳》）。故合而言之，則四者皆心之德，而仁為之主；分而言之，則仁是愛之理，義是宜之理，禮是恭敬、辭遜之理，知是分別是非之理也。」《語類》卷三十，一百三條）

　　與例1有關的議論，可見如下：

　　問：①「孝弟為仁之本」，此是專言之仁？偏言之仁？
　　曰：「此方是偏言之仁，然二者亦都相關。說著偏言底，專言底便在裏面；說專言底，則偏言底便在裏面。雖是相關，又要看得界限分明。如此章所言，只是從愛上說。②如云「惻隱之心仁之端」，正是此類。
　　至於說③「克己復禮為仁」，④「仁者其言也訒」，「居處恭，執事敬，與人忠。」⑤「仁，人心也。」此是說專言之仁，又自不同。然雖說專言之仁，所謂偏言之仁亦在裏面。
　　⑥孟子曰：「仁之實，事親是也。」此便是都相關說，又要人自看得界限分明。（《語類》學二十，八十三條）

（附記）

②是《孟子・公孫丑上篇》第六章開頭的「人皆有不忍人之心」中的一節，《集注》的開頭有「天地以生物為心，而所生之物因各得夫天地生物之心以為心，所以人皆有不忍人之心也。」這也與第13例的定義有關，只是因為不是直接定義仁的句子，所以這樣的例子並不包含在所舉的例子中。在上面的引用文中①②是被視為偏言的例子。

關於被視為偏言的例子的④⑤，在《集注》中沒有與定義有關的記述。

其他舉例中的第2與9例也指出是為專言的例子。（同上卷九十五，八條）

因為專言的仁的定義是「心之德」，所以第2、3、5、6、7、8、9、10、16等例子顯然是被視為專言的仁。但是這些作為專言的仁的說明，被冠以「本心」、「全德」等形容詞是為什麼呢？從這裡來說，第9例的「本心之全德」可以說是最懂慎的、重要的定義。這也可以換說成第14例的「本心全體之德」。當然第9（③）例〈顏淵篇〉首章經文「克己復禮為仁」在以「去人欲，存天理。」為一大倫理實踐綱領的朱子學中，因其為此綱領的經書論據，故被視為極其重要的一章。又當現今論者如對症下藥般地定義出各種各樣《論語》仁的說法之際，從最重視的文章也可以知道是以包括的形式來說仁。朱子也承認與「夫仁者，己欲立而立人，己欲達而達人。」（《論語・雍也篇》）的仁比較的話，更有包含的語義（《語類》卷三十三）。由此可以說，就此仁而言，在所謂的「本心之全德」上放置了最重的比重。果真如此的話，則可以知道，「本心」、「全德」的形容詞是表現對應各個仁的例子的語氣。不過在這之前，經文與註釋文不密切，註釋的

形容詞加在各個的經文之上，極端地說，或許會產生是否隨便加上去的疑問。但是正如將在下一節所述般，看到朱子自負於自己的《集注》是不許增減一字的完美作品，不得不想到連形容詞都要細心地注意。又第13例是根據此包含性的仁的定義，以《四書》之順序，接在《論語》之後，論《孟子》的仁。

　　就以上可知，在《論》、《孟》中專言的仁有「心之德」→「本心之德」或者「心之全德」→「本心之全德」的微妙差別，而最重要的、包含性的是第7、14例的仁。雖然朱子祖述了以專言的仁為「心之德」的程子定義，但這並非一成不變地適用於經文，而應該考慮到例子的多樣性，再進行註釋才是。

　　一方面，偏言的仁是「愛之理」。因為在《語類》（卷十三，七十六條）的質疑中可以知道，他認為第4例的經文是在說「愛之理」，所以《集注》「仁以理言」的「理」是「愛之理」的意思。又，因為是在說仁的具體內容，所以到現在仍為人所重視的第11例，朱子為孔子的這句「愛人」註以「仁之施」是值得注意的。他是否已經注意到了這個註如果作為偏言的仁是抽象的話，將被稱為「愛之理」的道德性，但是如果這是作為具體行動的表達的話，就成了「愛人」的實踐呢？亦即他認為所謂「仁之施」是就「愛之理」的「體」顯現於外時的「用」而言。第15例的「仁主於愛」的註可以認為也是同樣的內容。體與用作為表裏是仁的兩端。這裡可以看到他既要順著所謂「愛之理」的統一定義，同時也要成就個別的經旨的態度。這毋庸置疑是證實了那「一而二，二而一」的邏輯。

　　上述的引文中提到，在經文中說偏言的仁時，專言的仁在其中；說專言的仁時，偏言的仁在其中。也就是說，經文的仁有偏言（專言）、專言（偏言）的語義，偏言、專言經常變成表裏。這在註釋上用以下的形式表現出來。

　　第1例的「愛之理，心之德。」是把此仁解釋為偏言的仁。確實
經文是說：「孝悌為仁之本」，所以在朱子看來，可以解釋為，就「愛
之理」（這裡是其發用）的孝悌而言「心之德」。亦即雖然「愛之理」
出現在前面，但是在其背後有「心之德」。由此而定義為「愛之理，
心之德。」同樣地第13例是孟子對梁惠王說，王者透過具備基於仁義
的道德可以實現富國強兵，所以此仁是「心之德」，但因為謂之仁義
而與義對稱，所以「愛之理」在其背後。由此而定義為「心之德，愛
之理。」這兩例各自是在《論》、《孟》的開頭，此外，因為在那背面
的語義比較明確地顯示出來，所以也把背面的意義表現在註釋的文字
上，而成了一邊是「心之德，愛之理。」而另一邊是「愛之理，心之
德。」各自的前句是表面意義，而後句則是背面意義。其他說「心之
德」的例子，背面也都隱藏著「愛之理」，只是不太明顯而已，所以
註釋上只以「心之德」表之。亦即仁的多樣性例子可以認為有，心之
德——心之德愛之理（以上專言）——愛之理心之德——愛之理（以
上偏言）的振幅，而把它表現在註釋上。進而如所論述的那樣冠上形
容詞，以表現各個用法的微妙語感。

　　如此看來，經文的仁，雖然在《論》、《孟》集注祖述程子的定
義，卻不是一成不變地適用，而是就多樣的例子個別地把握，而且可
以說作為一個仁的多樣性，統一地被解釋著。這個既個別的而且又統
一的解釋方法，很明顯就是表裏的觀點，即「一而二，二而一」的邏
輯。在此，如果也包括在第一節所見，解釋忠信的任何一方出現在經
文時，作為表裏，另一方也一定被隱藏而言的話，可以說這個「一而
二，二而一」的邏輯是朱子解經方法的核心。而透過一說之中賦予表
裏的雙重內容，仁成為心之德、愛之理的深奧概念，於是透過朱子的
解釋，經書變成了新的儒教哲學思想書。

　　仁另外有第14例「仁者天地生物之心」的定義。天地生生的功能

＝德把自然與人類一貫起來，而賦予人類，成為心之德。亦即把仁視為自然與人類共同的存在性格，這可以說是根據在程明道等顯著可見的生生哲學的想法。第14例《孟子》經文有「仁，天之尊爵也，人之安宅也。」站在天人合一觀點上而言，這可以視為把《論語》中作為人類道德的仁當作宇宙論的擴大，而擁有能夠與生生哲學結合的內容。朱子之所以會在《章句》中把《中庸》的經文「脩道以仁」註釋為「仁者，天地生物之心，而人得以生者。」也是因為在此哲學的分界之故。作為人類道德的仁，從《論語》到《孟子》，進而從《孟子》到《中庸》，被擴大成統合宇宙與人類的概念。如果要問朱子此事的話，他大概還是會說在於表裏的關係吧！開始於「初學入德之門」的《大學》，一度進到了聖賢日常世界的《論》、《孟》，進而到達哲理之書的《中庸》，這樣的《四書》學習途徑，也是從作為人類道德的仁晉升為宇宙人類哲學的仁的途徑。《四書》因朱子哲學而被賦予思想性，新的經書世界於焉誕生。

## 四 《四書》學的構想

朱子把他一半以上的生涯精力奉獻給了經學，而他的經學中絕大部分是《四書》學。《朱子語類》一百四十卷中有五十一卷是分給《四書》的，而且《論語精義》十卷、《孟子精義》十四卷、《中庸輯略》二卷等先儒之說的蒐輯、《四書或問》三十九卷、《四書章句集注》十九卷等，只舉專論就已經有龐大的數量了。透過這些工作，確立了《四書》作為擁有體系化內容的經典地位。在取代了以往的五經學而把《四書》學置於學問的核心的這件事上，我們可以看出怎樣的意義呢？我先舉出《四書》這個稱呼的問題吧！

把《禮記》中的〈大學篇〉、〈中庸篇〉獨立成一書的是在宋代，

雖然這已是常識，但此二書與《論》、《孟》合稱《四書》，而成固有
名詞的稱呼是甚麼時候？關於這一點，清代的翟灝說：雖然朱子經常
把《四書》二字掛在嘴上說，但是並不用於代替《學》、《論》、
《孟》、《庸》的總稱，確立《四書》為書名的是元代以降（《四書考
異》總考卷二十五〈合四書〉）。之後藤塚鄰《論語總說》、近年市川
安司〈四書的順序及其意義〉等各自重新從不同於翟灝的觀點加以論
述，而得到同樣的結果。

　　《四書》的名稱作為代替《學》、《論》、《孟》、《庸》的固有名詞
而得到共識，的確是需要等到朱子學普及，朱子學的學習法一般化之
後。因此，元代中期朱子學被學校教科所採用，在延祐二年（1315）
所實施的科舉以《學》、《論》、《孟》、《庸》為科目一事之後，是毫無
疑義的。

　　如此，元代以降《四書》的書名得到共識，朱子及後學把這《四
書》當作一獨立的經典來看，加以研究、討論、傳承時，避開列舉四
種書名的繁雜，而用《四書》的簡稱是妥當的。在第一節所引用的朱
子的話中也有提到「某自卅讀《四書》，甚辛苦。」因此從《四書》
學史的觀點來說，可以說朱子早已經把《四書》當作獨立的經典，而
實質上形成了《四書》學。此後，在其門人後學的文章中也多見「四
書」這個語彙，並且還有《四書》的註釋集成陸續完成。從宋末的周
密《志雅堂雜鈔》卷上引〈道學批判〉一文中有「其所讀之書止《四
書》、《近思錄》、《通書》、〈太極圖〉、《西銘》、及《語錄》之類。」、
「為州，為縣，為監司，必須建立書院或道統諸賢之祠，或刊注《四
書》，衍緝《近思錄》等文。」因此可知在宋末，一般人已視道學朱
子學派是根據《四書》的思想集團。

　　朱子認為要從「初學入德之門」的《大學》開始，依照《學》、
《論》、《孟》、《庸》的順序來學習《四書》。在市川的論文裡，詳論

了這個順序是從易到難的階段。〈書臨漳所刊四子後〉（《文集》卷八十二）中說：先學《四書》，後及五經（六經），也是依其難易、遠近、大小之順。

此處的問題在於朱子如何定位《四書》與五經？他認為把《四書》當作是易近、近小，把五經（六經）說成是難遠、遠大，所以從《四書》到五經是從低層次到高層次的向上過程，不難看出他把五經定位於《四書》之上。事實上朱子的確有說過那樣的話。

在宋學以前，的確以五經為學問的核心，相對的，因為朱子看重《四書》，所以用《四書》學取代五經學而成為學問的核心。之後，《四書》被傳承的情況，在序章中也已經論述過了。但是這裡須要注意的是：朱子並沒有只採用《四書》而放棄五經。《朱子語類》共計分配五十一卷給《四書》，之後分配共計二十八卷給五經，除了完成《周易本義》、《詩集傳》等之外，努力地繼續研究《書經》、《春秋》、《儀禮》等的五經，也有人肯定他在邁向晚年時，反而置重點於五經的研究。朱子之所以說先學《四書》，確實是考慮到難易的問題。他說：「《語》、《孟》、《中庸》、《大學》是熟飯，看其它經，是打禾為飯。」（《語類》卷十九，六條）因為五經要入口咀嚼之前，需要很多作業程序，所以說：「《語》、《孟》工夫少，得效多；六經工夫多，得效少。」（同上，一條）

雖然是遠大，但也並非不學五經學問就停留在初級的階段，而是承認其價值，同時有如「敬而遠之」般地把它置之高閣，反之，重新把四書置於核心。正因為把焦點放在四書，所以五經實質上被定位為四書的補充。下文的敘述可以得知，四書本身自成一個完整的學問世界。在此立足於「述而不作」的祖述傳統，因此把經書的權威視為一個整體，同時也選出適合自己的思想立場的經典，而以此為依據，如實地呈現出中國思想繼承的情形。

　　如此看來，則建立從四書到五經的階段，而且視四書為完整的學問世界的朱子學是四書五經學，同時可以說其實質上的核心是在《四書》學。

　　朱子因為需要得到學說的根據，所以傾注於《四書》的讀解，著作了註釋的《章句》、《集注》。在前一節引用了敘說與《大學》比較之下，研究《中庸》是較難的文章，但與此相反，朱子說：「某於《大學》用工甚多。溫公作《通鑑》，言：『臣平生精力，盡在此書。』某於《大學》亦然。」也說過「《論》、《孟》、《中庸》，卻不費力。」（同上卷十四，五十一條）關於《論》、《孟》，他極為強調那是他有自信之作，「某《語》、《孟》集注，添一字不得，減一字不得，公子細看。……不多一箇字，不少一箇字。」（同上卷十九，五十九條）雖然是隨著時空而說法不一樣，但總之，《四書章句集注》是朱子傾注「平生精力」的作品。

　　據說《四書》的學習順序是《學》、《論》、《孟》、《庸》。

> 蓋不先乎《大學》，無以提挈綱領，而盡《論》、《孟》之精微；不參之《論》、《孟》，無以融貫會通，而極《中庸》之歸趣。然不會其極於《中庸》，則又何以建立大本，經綸大經，而讀天下之書，論天下之事哉。（《大學或問》）

可知朱子是如此認為：首先透過「初學入德之門」的《大學》而知學問綱領；依據《論》、《孟》而知聖賢「因一時一事而發」，「應機接物之微言」（同上）；待其融會貫通，傳授「孔門傳授之法」（〈中庸章句序〉），回歸「聖門傳授極致之言」（《大學或問》）的《中庸》。關於《四書》之順序的記述隨處可見，但以上是其大綱。也就是說透過新作成的「大學新本」而知聖人學問的指針與內容的要點，一度依據《論》、《孟》而進入聖人的具體說教，進而到了直述道德的哲理書

《中庸》而得到普遍性的真理。

　　《中庸》是「其書始言一理，中散為萬事，末復合為一理，『放之則彌六合，卷之則退藏於密』」（〈中庸章句小引〉）的哲理書，「尤非後學之所易得而聞者」（《大學或問》）。因為是含有深度的內容，所以「須是且著力去看《大學》，又著力去看《論語》，又著力去看《孟子》。」其後才可以讀，又說：「看得三書了，這《中庸》半截都了。」（《語類》卷六十二，四條）這是說《四書》的內容有重複，《中庸》的大半在其他三書中都已經有了。在第二節看到了《中庸》的語義，庸被定義為「平常」，但是就《四書》而言，是否想到了在《論》、《孟》的聖賢日常言動上，背面有《中庸》所說的哲理呢？因為我認為《四書》是有機性的。

　　就以上而言，始於學問的入門，依從形而下的多樣性，而且同時想要得到形而上的一理的朱子學問，在《四書》的世界已經是足夠的了。在此，五經早已只是被看作補充的地位而已。朱子的《四書》學本身自成一個完整的學問體系。在此可以得知，對五經學而言，取而代之的朱子《四書》學，在經學史上，或是儒教教理史上的意義。

　　接下來要探討《四書》個別的註釋態度。《學》、《庸》的註釋取名為《章句》，而《論》、《孟》的註釋取名為《集注》。這兩者名稱本身都有先例，但是這名稱的不同，表現出其註釋態度也明顯的不一樣。

　　在《大學章句》開頭的地方，除了引程子之語，取程子之意附加〈補傳〉之外，在語義音註方面，只引用些許先儒之說而已。《中庸章句》與之比較，註釋中也有引數例先儒之說，但是與《集注》一比，幾乎不能成為問題。亦即兩《章句》有依據朱子的自說而註釋的特徵。相對於此，《集注》，特別是《論語集注》引用多數的先儒之說，甚至偶有嘮叨。有幾個地方看似把註釋的事委託給先儒，而自己

始終只做其調整的工作。《集注》之名大概是來自於此。他如下地說明，引用先儒之說的理由。

> 或問：「《集注》有兩存者，何者為長？」
> 曰：「使某見得長底時，豈復存其短底？只為是二說皆通，故并存之。然必有一說合得聖人之本意，但不可知爾。」復曰：「大率兩說，前一說勝。」（《語類》卷十九，六十六條）
> 大率意義長者錄在前，有當知而未甚穩者錄在後。（同上卷二十五，三條）

由此可見，併記異說雖然有各種的情況，但前說則是比較好的說法。《集注》在註釋之後附有〇的圓圈，甚至有記載眾說的例子，一般稱圓圈之前的為圈內說，圓圈之後的為圈外說（全祖望說圈內圈外說的說法，是明、清講章家所言《宋元學案》勉齋學案）。於是就成了圈內說比較好，而圈外說則是參考之說。除了這樣說註文前後有優劣的差別之外，也有前後註釋內容不同的情形。

> 《集注》中有兩說相似而少異者，亦要相資。有說全別者，是未定也。（同上卷十九，六十五條）

在第一節所見的〈子游曰〉章圈內根據自說敷衍經旨，圈外載有程子五條，這可以視為此大旨與餘論，或正說與補說的例子。由此可知（〈子游曰〉章程子第一條與自說一致，所以其他四條則是餘論），這兩說是處於表裏的關係。

《集注》記載了許多先儒之說，在此祖述的精神被有效地運用。在《論語‧子張篇》「子夏曰：百工居肆以成其事，君子學以致其道。」《集注》說：

①肆，謂官府造作之處。致，極也。工不居肆，則遷於異物而業不精。君子不學，則奪於外誘而志不篤。

②尹氏曰：「學所以致其道也。百工居肆，必務成其事。君子之於學，可不知所務哉？」

愚按：二說相須，其義始備。

作為經文的解釋，如果參照《語類》（卷四十九，二十九條），那麼，①是把重點放在前半的「居肆」、「學」，工人居肆，則做得成事情，若不居肆，則做不成事情。同樣地，君子若學則可以致道，不學，則不能致道，②是把重點放在後半，居肆一定要完成其事，學一定要致其道。這樣把重點各自放在前半、後半的兩種解釋，如果說只用一說不充分，而要結合二說的話，以朱子的能力，自己作出完整的解釋，應該是很容易的事，如此一來，根本沒有列記二說的必要。但他不敢如此，而只記述在尹氏之說不足的部分加以補充，這顯示出他尊重先儒之說的態度（「此二說要合為一，又不欲揜先輩之名，故姑載尹氏之本文。」同上，三十條）。在此若將這兩個學說視為表裏，則可以得知所謂結合這兩說的關鍵在於，這兩說是表裏的關係。經文的旨意只有一個，但透過表裏的二說加以論說，而歸著於一。在此也可以看到「二而一，一而二」的邏輯。由於使用這個邏輯，所以《集注》雖然採用了很多先儒之說，但同時也成為了朱子自己統一的註釋。

如上所述，始於以自說解釋的《大學章句》，一轉大幅地採用先儒之說，容許這解釋的振幅的同時，達於要究明多樣的、聖賢日常的《論》、《孟》集注。與《論語集注》比較，到《孟子集注》（雖然也有很少用先儒之說的情況），架橋渡過先儒之說的引用變得較少，註釋也變得簡潔，只說一理的《中庸》。最後到了《中庸章句》，與最初的一樣，是根據自說來究明聖賢的傳授「心法」。《四書》的註釋，恰

似與《中庸》的構成相同，始於一理，散為萬事，又合於一理，始於
單一，及於多岐，再度收斂於單一。朱子的四書學透過其《四書》
觀、註釋態度、註釋方法，可以說是擁有一貫體系的完整的學問。

　　朱子的《章句》、《集注》與他的思想構造緊密地結合在一起，是
一個完整的解釋體系。《四書》因朱子而得以確立經書的地位，於是
形成《四書》學。

　　朱子歿後不久，以朱子為對象的偽學之禁解除了，朱子學滲透到
南宋以降。進入元朝，也傳播到北中國，為王朝的文教政策所採用，
演變成學校、科舉都根據朱子學理念，加以運用。伴隨著朱子學在社
會地位的提升，篤實的朱子學者輩出，《章句》、《集注》得到幾乎與
經書同等重要的權威，成了金科玉律。但是儘管如此，所謂出奇忠實
的追隨者反而會產生思想形式化，這種思想史的諷刺現實也在此出
現，不久，朱子學的形式化現象擴而大之。被視為不許一字增減的
《章句》、《集注》在遵奉朱子之說的美名下，從《或問》、《語類》等
抽出《四書》說加以增補。甚至添加了門下後學之說的註釋集成書也
出籠了。這種作業在明朝永樂年間《四書》、《五經》、《性理》等三
《大全》的完成達於最高潮。《四書大全》在《章句》、《集注》中添
加很多學說，施以厚厚的濃粧，幾乎達到了面目全非的地步。但是這
個壁壘只會更加地促使朱子學《四書》說的形式化。在此情況之下，
早從南宋時，既已潛藏在伏流而針對朱子《四書》說的批判意識，即
將顯現出來。而以時代思想課題為背景的新《四書》學於焉誕生。

# 第二章
# 以宋元時代《四書》學為中心的政治思想狀況

## 一　從黨禁到從祀的朱子學黜陟

在南宋形成的朱子學，經過元明清三代被視為正統之學。在科舉方面，以朱子學的四書五經註釋為標準解釋。於是以《四書》為中心的朱子《四書》學乃至四書五經學，直到清末仍然既深且廣泛地影響著中國人的思想生活。在這裡，要就與思想有關的方面，來理解朱子學消長的政治背景及《四書》學的普及概況。

從孔孟時代中國思想學術活動就具有高度的政治性，這種政治性才是士大夫之學所應有的本來性格，而且這個傾向很明顯。佛教老莊的非政治性之所以多被視為致命性的缺陷，其論據也是基於學術上的這種性格。結果，思想學術活動常與黨派抗爭糾纏，有時被加以政治打壓，但也有因勢力領域的變化而被表彰。偶有伴隨戲劇性變化的黜陟好例子，可以在朱子學看得到。

逝世於慶元六年（1200）三月的朱子，其晚年正處於被稱為慶元黨禁的嚴厲政治打壓風暴中。從孝宗朝起排斥程朱道學的動向已經開始了，淳熙十五年（1188）兵部侍郎林栗提出劾奏：「熹，本無學術。徒竊張載、程頤之緒餘，以為浮誕宗主，謂之道學。妄自推尊，所至輒攜門生十餘人，習為春秋戰國之態，妄希孔孟歷聘之風。繩以治世之法，則亂臣首，所以禁絕也。蓋熹邀索高價，妄意要津，傲睨

累日，不肯供職，作偽有不可掩者。」（《建炎以來朝野雜記》乙集卷
七）這份劾奏批判朱子沒有自己的內容，只會遊走於黨派活動的虛構
學術，自始至終只想要錢要權的人格缺陷。如後所述，在此國的人身
攻擊上具備了必要的要件。

這時候有人說「士大夫譏貶道學之說，迄不可解，甚至以朋黨詆
之，而邪正幾莫能辨。」（同上，甲集卷六）與朱子講學之隆盛相
比，詆譏之聲也隨之高漲起來。

繼承孝宗之位的光宗紹熙末年，右丞相趙汝愚擁立寧宗，朱子也
得以侍講身分，講經筵，但就在即將抬出寧宗之際，身為與中庭間之
媒介的韓侂冑掌握實權，發動慶元黨禁。朱子想要打退侂冑不果，被
迫辭去在朝四十六日的名譽職務祠祿之官，慶元元年（1195）趙汝愚
也被罷去右丞，貶到永州，二年正月，在赴貶所途中仰藥自盡，於是
朝政盡為侂冑一派所掌控。此前後之經緯主要依據《慶元黨禁》，參
考《建炎以來朝野雜記》甲乙集、《四朝聞見錄》、《朱子行狀》等，
其他如《吹劍錄外集》、《齊東野語》等也有所見。又，在諸橋轍次
《儒學之目的與宋儒之活動》、衣川強〈以開禧用兵為中心〉（《東洋
史研究》三十六卷三號）中已詳論了事件的經緯。這裡要把焦點放在
有黨禁思想史意義上。

在得知趙汝愚遭罷斥而憂心局勢的朱子本想上奏數萬言封事，但
後來接受情同講友的高弟蔡元定之諫，以蓍占決之，結果焚稿更號遯
翁。這則記事載於《朱子年譜》慶元元年之條目上。同二年，由於侂
冑之徒劉德秀的上奏文用了「偽學」之語，因此朱子學終於被稱為偽
學，亦即虛偽之學。這一年正值科舉實施之際，上奏「偽學之魁，以
匹夫竊人主之柄，鼓動天下。故文風未能丕變，乞將《語錄》之類，
並行除毀。」（《慶元黨禁》）大勢所趨，「是科取士，稍涉義理，悉見
黜落，六經、《語》、《孟》、《中庸》、《大學》之書，為世大禁。」（同

上）引發了「語涉道學者，皆不預選。」（《宋史》卷百五十六〈選舉二〉）的事態。從當時刊載在《四朝聞見錄》丁集「科舉為黨議發策」的策問看來，像是在追求學術的評論似的，但卻是想要藉由答策以辨別應試者是否為道學之徒，因此常可看到假藉以客觀質問學術的思想性、學問性為名，實則是用於區別黨派立場的隱形墨水畫【譯者注：用火一烤即可出現之字畫】，但是這種情況也成了「當時場屋媚時好者，至攻排程氏，斥其名於策。」（同上）不用說，科舉的發策對道學朱子學造成更大的壓力。一般認為六經、《語》、《孟》、《庸》、《學》之書成為大禁是就程朱學的六經、《四書》註釋而言，這個即將實施禁毀的事，可以從朱子給黃榦的書信中得知。朱子轉述來自曾致虛的書信，說：「江東漕司行下南康，毀《語》、《孟》板。劉四哥卻云：被學官回申不可，遂已。」（《朱子文集續集》卷一〈答黃直卿〉）

　　慶元二年（1196）十二月，監察御史沈繼祖上呈胡紘所起草的一文，以乞奪朱熹之職，罷祠祿，貶蔡元定於別州（後述）。因此朱子遭落職罷祠，蔡元定被貶道州，翌年歿於該地。從那時起到慶元六年，朱子學處於最嚴厲的情況之下。

　　慶元三年九月之詔有「監司帥守薦舉改官，並於奏牘前聲說非偽學之人，且結朝典之罪，秋當大比。漕司前期取家狀，必欲書委不是偽學五字於後。」（《慶元黨禁》）審查官僚的升遷與科舉考試的資格時，非「偽學」之徒身分的保證成了必要的條件。所謂的大比是指宋代在秋天所施行的考試，所以也稱為秋試、秋貢的解試，亦即指地方考試，通常在中央考試，即省試的前一年實施。那時的省試是在慶元五年時實施（以上參照荒木敏一《宋代科舉制度研究》）。之後廣布宣揚朱子學有力的真德秀、魏了翁都在當時的科舉環境下成了進士，那時他們大概都已經自己保證過自己不是偽學之徒了吧！

學禁成為篩選分別真假道學之徒的最好機會。在朱子寫給既是女婿也是門人的黃榦信中說:「前此,嘗患來學之徒真偽難辨。今卻得朝廷如此開大爐鞴,煆煉一番。一等渾殽夾雜之流,不須大段比磨勘辨,而自無所遁其情矣。」(《朱子文集續集》卷一〈答黃直卿〉)門人度正說:「偽學之論,方熾。士怵於利害,畔而去者,往往而有。」(《性善堂稿》卷七〈任尚書伯起書〉)描述了所見曾經乘時流而投入道學之徒的離叛情況。

慶元六年三月,朱子終其生涯,十一月葬於建陽縣。《慶元黨禁》記載「時偽黨禁嚴,守則侂胄之黨,傅伯壽也。然會葬亦幾千人。」用「會葬數千」記錄會葬者的盛況是描寫偉人賢者終焉之時的常用筆法,在《年譜考異》裡考證了關於葬儀前後的異說,但不管如何「訃告所至,從遊之士與夫聞風慕義者,莫不相與為位而聚哭焉。禁錮雖嚴,有所不避也。」如〈行狀〉所說,朱子是在眾多哀哭之中下葬的吧!又傅伯壽是傅自得的長子,自得與朱子之父松有交誼,朱子撰有〈自得行狀〉(《朱子文集》卷九十八)。劉克莊說自得次子伯成從朱子學(《後村大全集》卷百六十七,伯成〈行狀〉),萬斯同把伯壽也列在朱子門下(《儒林宗派》卷十)。真德秀為伯壽的文集作序,說:「世以附會詆公者,亦豈盡知其中心之所存哉。」(《真文忠公文集》卷二十七〈傅樞密文集序〉)這雖是就政策而論,但也可以說在黨禁之際,要看準士人的向背確實是很困難的課題。

進入嘉泰元年(1208)後,事態好轉了。在這之前,黨禁政策的實務擔當者京鏜、何澹、劉德秀、胡紘,或去朝廷,或歿世,侂胄似乎變得用心於政策的緩和。於是在嘉泰二年,恢復已故的趙汝愚資政殿大學士之位,並為仍在世的黨人復官,削除薦牘中與「偽學」無關的資格證明。與朱子有關的,則是除華文閣待制,給予一子恩澤(《四朝聞見錄》丁集)。這時,侂胄正試圖攻打金國而留意於「開

邊」，但最後失敗，並於開禧三年（1207）十一月被謀殺。此事始末
除前述資料之外，《齊東野語》卷三也有詳述。與侂胄的突然失墜形
成反比，朝廷對趙汝愚、朱子厚加恩典。

　　嘉定元年（1208），詔悉復趙汝愚原官賜謚忠定，改朱子的革職
為致仕身分，加恩澤，翌年賜謚文。還有改正以前的姦言誣史、召用
黨禁諸臣。嘉定三年，詔追贈朱子中大夫寶謨直學士，特贈門人蔡元
定迪功郎。如此，曾經受難的朱子學，因此次的受難反而急速曝曬在
陽光之下。

　　嘉定四年（1211），李道傳上奏「至於人才盛衰，繫學術之明
晦，今學禁雖除，而未嘗明示天下以除之之意。願下明詔，崇尚正
學，取朱熹《論語》、《孟子》集註、《中庸》、《大學》章句、《或
問》、《四書》，頒之太學，仍請以周敦頤、邵雍、程顥、程頤、張載
五人從祀孔子廟。」（《宋史》卷四百三十六〈本傳〉）認定上奏的時
間為四年是依據《宋元學案》（卷九十七〈慶元黨案〉），而〈本傳〉
中則無記年次。

　　嘉定五年，國子司業劉爚，廢偽學之詔，上言於宰相，謂：「請
以熹所著《論語》、《中庸》、《大學》、《孟子》之說以備勸講」，「請以
熹〈白鹿洞規〉頒示太學，取熹《四書集注》刊行之。」《學案》（同
上）這上言是在嘉定五年的事。

　　又《四庫提要》指出《宋史》卷四百一〈本傳〉所見此文，並未
收錄在劉爚的《雲莊集》。但《雲莊集》所收的文章往往與真德秀
《真文忠公文集》所收的文章與要點相同。例如《雲莊集》卷六所收
之文，即稍作改寫後全被收錄在《真文忠公文集》卷三十八。鼎文書
局刊《宋人傳記資料索引》關於同一人物，記載這二種文集有傳記資
料存在時，文章相同的情形很多。兩人在任所好像有密切的關係，德
秀為爚寫〈神道碑文〉（《真文忠公文集》卷四十一）。德秀曾為爚代

筆，所以也可以推定他的文章在編纂文集時，也有都被兩文集所收錄
的情況，但即使如此，其重複也太多了。身為官僚所作的文章，特別
是應酬文章的真正作者很不容易判定，這在資料處理上是一個應該注
意的好例子。

根據《宋元學案》可知，不用李道傳的上奏，而用劉熵的上言。
在學校制度上，關於是否採用《四書》，雖然因為沒有明確的資料，而
不知道其實情如何，但是從寫於嘉定九年（1216）「余記教授廳（《葉
適集》卷十，中華書局版頁173有〈信州教授廳記〉）之明年，施君應
龍，大修學。君用學法，肄士。士初不便，已而出《論語》、《孟子》
書，交問更質，指《中庸》、《大學》為之歸，益以司馬氏《通鑑》，
士乃附悅，有躍於心。」（《葉適集》中華書局版頁184〈信州重修學
記〉）的文章敘述在學校採用這四部書的事；以及從嘉定十年到十一
年左右被招來知州，而在嚴州進行嚴陵講義（後述）的陳淳，在讀書
上比甚麼都注重《四書》；真德秀（1178-1235）就《論語》說：「今
《集註》之書，家傳人誦。」（《真文忠公文集》卷二十九〈論語詳說
後序〉）也是這前後的事吧！從這些事來思考，很明顯的在民間或學
校等等的教育機構都已經以《四書》為教材了。而到了繼承寧宗的理
宗時代，並在《四書》的學術性價值上給予政治的認定。

嘉定十七年（1224），據說繼承寧宗即位的理宗，愛好道學，寶
慶三年（1227）下詔「朕觀朱熹《集註》，《大學》、《論語》、《孟
子》、《中庸》，發揮聖賢蘊奧，有補治道。」而命令「可特贈熹太
師，追封信國公。」（《宋史》卷四十一〈理宗 一〉）紹定三年
（1230）改追封徽國公（《慶元黨禁》）。

淳祐元年（1241）正月詔，「朕惟孔子之道，自孟軻後不得其
傳，至我朝周敦頤、張載、程顥、程頤，真見實踐，深探聖域，千載
絕學，始有指歸。中興以來，又得朱熹精思明辨，表裏混融，使《大

學》、《論》、《孟》、《中庸》之書，本末洞徹，孔子之道，益以大明於
世。朕每觀五臣論著，啟沃良多，今視學有日（此月理宗幸大學《宋
史》卷百十四，〈禮志〉），其令學官列諸從祀，以示崇獎之意。」（同
上卷四十二〈理宗　二〉參照同上卷一百五，禮志〈文宣王廟〉），
擯棄本來被從祀的王安石，而從祀北宋四子與朱子。在這二詔中承認
了自北宋到朱子的道統與發揮孔子之道的《四書》（雖然當時尚未被
稱為「四書」）的經書神聖性。《學》、《論》、《孟》、《庸》依朱子所說
之順排列，《四書》與《章句》、《集注》成為一體而為人所論述。至
此朱子學成為正統教學，被視為經書的《四書》是正統註釋，《章
句》、《集注》成為政治上所公認的。所謂從祀在孔子廟，如後所述，
是有其重要的思想史意義，也就是思想的正統性、學術經學的有用性
為政治上所公認。到慶元的六年間，朱子學經常受到政治性反對勢力
所攻擊，但之後，進行了實質上的復權，朱子歿後，經過四十二年終
以聖賢之學為世所公認。

　　但其反面，即使到了宋末卻依然有人對朱子學採取冷淡的態度，
這是絕對不容忽視的事。隱居不仕的劉迂之所以要感嘆地說：「朱子
書年來盛行，立要津者多自謂嘗登先生之門，而趣向舛錯，使人太
息。」（《宋元學案》卷四十九所引〈回湯德遠書〉）是因為他在批判
把道學當作進取之具的人。《四朝聞見錄》丁集曾有一段記載「嘉泰
之間，為公之類者，已幡然而起。至嘉定間，偶出於一時之遊從，或
未嘗為公之所知者，其跡相望於朝，俗謂『當路賣藥綿』。臨安售綿
率非真，每用藥屑以重之，故云。夫誦師說而失其本真，雖孔氏之門
不能免，而其不出而仕者，僅顏、曾二三子。利祿之移人，雖賢者不
能忘。」這是說在滿嘴道學的一派中也有隱藏內在的拙劣如同好作誇
大廣告的商人一樣不正派。

　　還有周密《志雅堂雜鈔》卷上，曾引鄉曲的一先生之言說：「道

學之黨名起於元祐，盛於淳熙。其徒甚盛。蟠結其間，假此以惑世者，真可噓枯吹生。凡治財賦者則目為聚斂，開闔捍邊者則目為麤才，讀書作文者則以為玩物喪志，留心吏事者則以為俗吏。蓋其所讀之書止《四書》、《近思錄》、《通書》、〈太極圖〉、《西銘》及《語錄》之類。自詭為絕學，首於正心、齊家，以至治國、平天下。故為之說曰：為天地立心，為生民立命，為前聖繼絕學，為萬世開太平。為州、為縣、為監司，必須建立書院或道統諸賢之祠，或刊注《四書》，衍緝《近思》等文，則可錯不路頭。下至士人作時文，苟能發明聖賢之義蘊，亦不可負名教。」（《癸辛雜識》續集有異文）而此弊據說到南宋末的淳祐、咸淳達到極點。

朱子學在復權之後，宛如之前沒有黨禁似地開始活躍起來。相反的，隨著黨禁達於頂點的道學批判，之後仍然繼續流行著。然而如後所述的從祀事件使朱子學獲得正統道學的地位，之後，雖然這種批判潛藏於底流，但偶有出現對朱子的經說、《四書》說不表順從的人。這種伏流時而湧現，時而潛藏，不久後將再度匯聚為顯明的潮流。儘管現在我們想從復權獲得正統道學地位的客觀形勢變化中掌握朱子學，但是卻不能忘記這種伏流的存在。

但是，學術評價與政治權力抗爭糾纏常有激變，中國史上也不乏其例。例如在過程中一度被視為異端邪說，甚至被加以下流等所有的誣告，竟能丕變，反而高度受到好評。如前所說的沈繼祖對朱子的誣奏，其顛覆的程度即可作為一個典型的例子，頗為有趣。以下，稍微涉及餘說，且讓我具體地介紹一下吧！宋末的車若水認為這文章如果傳到後世將產生對朱子言行的不當言論，他說：「害理不少，害人心不少。」批判李果齋《朱子年譜》裡都是記載這些事（《腳氣集》）。之後的朱子學者也持同意的看法吧！今通行的王懋竑《朱子年譜》沒有記載原文，現在來看看《四朝聞見錄》丁集，原文有「慶元三年丁

巳春二月癸丑省劄」，但此依原註「蔡本作二年八月」，或許應該依照以彈劾為契機，《年譜》認為朱子被罷去祠祿是二年十二月，而且《慶元黨禁》也把這事記在二年十二月，文章如下記載：

「臣竊見朝奉大夫、秘閣修撰、提舉鴻慶宮朱熹，資本回邪，加以忮忍，初事豪俠，務為武斷，自知聖世此術難售，尋變所習，剟張載、程頤之餘論，寓以吃菜事魔之妖術，以簧鼓後進，張浮駕誕，私立品題，收召四方無行義之徒以益其黨伍，相與餐粗食淡，衣裒帶博，或會徒於廣信鵝湖之寺，或呈身於長沙敬簡之堂，潛形匿影，如鬼如魅。士大夫之沽名嗜利、覬其為助者，又從而譽之薦之。根株既固，肘腋既成，遂以匹夫竊人主之柄，而用之於私室。飛書走疏，所至響答，小者得利，大者得名，不惟其徒咸遂所欲，而熹亦富貴矣。」

據說朱子曾在朝時，韓侂胄諷伶優以木刻公像，為峨冠大袖，於上前戲笑（《四朝聞見錄》丁集），從自附於道學之名士人「褒衣博帶，危坐闊步。」（《齊東野語》卷十一〈道學〉）來看，朱子學派的服飾或許有引人側目之處也未可知。還有甘於粗食大概是暗諷意味著「喫菜事魔」吧！把他們當作是異於風俗的邪教來批判。施康年在朱子歿後上疏提言限制會葬者，就學派的異端邪教性說：「臣聞，偽師往在浙東，則浙東之徒盛，在湖南，則湖南之徒盛。每夜三鼓聚於一室，偽師身據高坐，口出異言，或更相問答，或轉相問難，或吟哦經書，如道家步虛之聲；或幽默端坐，如釋氏入定之狀，至如遇夜則入，至曉則散，又如姦人事魔之教。」（《慶元黨禁》）具體地描述了其邪教特性，因夜集曉散的特異集會、「事魔」教法的異端性這一點就把朱子學視為摩尼邪教。而擴及宋代各地的摩尼教被稱為「喫菜事魔」的相關史事，則在相田洋的〈白蓮教之成立及其展開〉（收入《中國民眾反亂的世界》）中有詳論。

　　沈繼祖以上文為總論，舉出以下朱子六條大罪，想要更具體地暴
露其罪狀。他說：「人子之於親，當極甘旨之奉。熹也不天，惟母存
焉。建寧米白，甲於閩中。而熹不以此供其母，乃日糴倉米以食之。
其母不堪，每以語人。嘗赴鄉鄰之招，歸謂熹曰：『彼亦人家也，有
此好飯。』聞者憐之。昔茅容，殺雞食母，而與客蔬飯（見於《後漢
書》卷九十八之語）。今熹欲餐龐釣名，不恤其母之不堪，無乃太戾
乎？熹之不孝其親，大罪一也。熹於孝宗之朝，累被召命，偓促不
行。及監司郡守，或有招至，則趣駕以往。說者謂：『召命不至，蓋
將辭小而要大；命駕趣行，蓋圖朝至而夕饋』。其鄉有士人連其姓
（同姓）者，貽書痛責之。熹無以對，其後除郎則又不肯入部供職，
托足疾以要君。又見於侍郎林栗之章（前述）。熹之不敬於君，大罪
二也。」如此地詳述著朱熹始於不孝、不敬、不忠、對朝廷的玩侮、
無視朝廷大義、對風教之害等六罪。

　　甚且「至欲報（趙）汝愚援引之恩，則為其子崇憲執柯要劉珙之
女，而奄有其身後巨萬之財。又誘尼姑二人，以為寵妾，每之官則與
之偕行。」朱子自己的行為不可謂之「修身」。「塚婦不夫而自孕，諸
子盜牛而宰殺。」有家人的行為不可謂之「齊家」。「知南康軍則妄配
數人，而復與之改正，帥長沙則匿藏赦書而斷徒刑者甚多，守漳州則
搜古書而妄行經界，千里騷動，莫不被害，為浙東提舉則多發朝廷賑
濟錢糧，盡與其徒而不及百姓。」他在任所獨斷專行，不可謂之「治
民」。「據范染（未詳）祖業之山，以廣其居，而反加罪於其身，發掘
崇安弓手父母之墳，以葬其母而不恤其暴露。」在鄉裡的橫暴，不可
謂之「恕以及人」。「男女婚嫁必擇富民，以利其奩聘之多，開門授
徒，必引富室子弟，以責其束修之厚，四方餽賂，鼎來踵至，一歲之
間而動以萬計。」這樣的貪心不足地蓄財，不可謂之「廉以治己」。
又說：「夫廉也、恕也、脩身也、齊家也、治民也，皆熹平日竊取

《中庸》、《大學》之書，以欺惑斯世者也。今其言如彼，其行乃如此，豈不為大姦大憝也。」列記以上諸事，以責其言行之不一。

　　沈繼祖如此地以不孝不忠、有害無益於名教、給治世帶來亂源的拙劣人格者，使用了極盡其所能的語彙彈劾朱子。這份劾奏的特徵在於所舉的不孝不忠之罪是最常出現，且極富具體感；在於詳細記載了從朱子的私生活到其母親的怨言，更赤裸裸地描述了朱子對於權勢、女色、金銀財物不滿足的欲望。這裡所說的朱子的言行不管是否有事實根據，並不是我們所要關心的，而且也沒有檢驗此事的資料。但也不是全為論者所創造出來的，就這樣真假不明，好像真的似地繼續在官界被竊竊私語的八卦，大概可以推測得到有其源頭吧！而要是有八卦的供給源頭，那麼，值得考慮的是有地理之便的同鄉人所帶來的鄉評等之類的來源，像這種不是同鄉人不可能知道的朱子母親之嘆息等，要是可以傳播開來，豈不是一種更具有真實性的傳播嗎？以士人應該要遠離權力、金錢、女色，嚴以律己，過著道德生活為家訓留給子孫，這種以墓誌和行狀稱讚道德生活的事，之所以常常可以看到，是因為並不是只有可以得到名譽、名望的積極意義而已，連以惡意流傳的風評，有時都可能給一整個家族致命的打擊，因為既然有聲望的社會限制存在，那麼，為了保身也是不可或缺的要件。這樣的誣告的特徵與明代所見的人身攻擊一樣。我們來看看與以上有關的吧！

　　因為致良知、知行合一的提倡而吹起明代思想界新風的王守仁（陽明，1472-1528）的學問，其晚年，從正德年間（1506-1521）末年到嘉靖年間（1522-1566）末年被視為偽學，而成為學禁的對象。陽明從祀孔子廟是在萬曆十二年（1584），至此陽明學獲得正統教學的地位，此事容後再述。嘉靖之後的隆慶年間（1567-1572）進行了陽明學的復權，屢次討論到從祀的可否問題。在此情況中，萬曆元年（1573）兵科給事中趙息【思】誠在上疏的文章中論及罷去從祀，因

為有徹底主張罷去的內容，所以暗藏了贊成與否兩論的激烈對立。

說：「守仁，黨眾立異，非聖毀朱（子）。有權謀之智功，備姦貪之醜狀。使不焚其書禁其徒，又從而祀之，恐聖學生一姦竇，其為世道人心之害不少【小】。」羅列了陽明異言叛道之狀八種，又描寫其醜狀：「其宣淫無度，侍女數十。其妻每對眾發其穢行。守仁死後，其徒籍有餘黨，說事關通，無所不至。擒定寧賦【賊】（謂平定宸濠之事）可謂有功。然欺取所收金寶，半輸其家。貪計莫測，實非純臣。」《神宗實錄》（卷十一）所收以上疏文，大概是節錄的吧，由此可知這種指出學術的異端性、人格的不道德性的論旨，與沈繼祖對朱子的劾奏有其共通之處。兩者都具體地描述了對權勢、女色、金銀財貨的欲望，因為這些都是人類容易陷溺的缺點，所以可以提高記述的逼真性。大概可以說是誣告應該具備的必要條件吧！陽明也被妻子告發，或許有關他的家庭的八卦被流傳開來了也說不定（參照拙稿〈王陽明的家庭與王家的運命〉）。在萬曆年間，思想對立最激烈之際，在萬曆三十年（1602）把李贄逼死獄中的張問達劾疏中，指出學術的異端邪道，甚而如下描寫漁色與誘惑婦人的情況：「尤可恨者，寄居麻城，肆行不簡。與無良輩遊於菴，挾【拉】妓女白晝同浴，勾引士人妻女，入菴講法，至有攜衾枕而宿菴，觀者一境如狂。」（《神宗實錄》卷三百六十九）又同年，彈劾紫柏達觀的御史中丞康丕揚疏中：「吳中極為無賴之繆慕臺者，鼓舞人心，捐財種福，一時收受，數盈三萬。」（同上卷三百七十）以量化來顯示達觀的貪欲情況，令人印象深刻。

陽明的好友湛若水（甘泉）之學也與陽明學一樣被視為偽學，身為南京吏部尚書於在職的嘉靖十五年（1536）上呈所著《二禮經傳測》卻不被上覽（《世宗實錄》卷百九十二），翌十六年與故陽明同時被彈劾為「學術偏詖，志向邪偽。」（同卷一百九十九）這時期，對陽

明、甘泉不懷好意的徐學謨，以甘泉同鄉之言，寫下「其貪財好色無所不至」的鄉評，進而以武陵貴人之言「其少時為諸生，嘗詣若水家訪道，見若水至，動以嬖妾數十自隨，而算計雞豚秋毫不爽。以是薄之，遂拂衣歸。」紀錄下這一段所接觸到的是完全沒有淡薄世欲道學者的樣子，更是好色貪財的甘泉見聞記（《世廟識餘錄》卷二十二）。在政治性的對立漩渦中，是否將此寫入誣奏的內容，不在論下，根據混雜這樣虛實的見聞所做的人物批判卻是官僚社會很好的話題。

言歸正傳。由於有政敵突然被謀殺的戲劇性發展，所以朱子學急速地復權了。從嘉泰初年起朱子學派的活動再度公然展開，包括北宋四子與朱子在內的五子等的祭祀在各地舉行，而帶來了朱子學的隆盛，當然這種盛況也有因趁機搭便車者而增加的情況，但是想到朱子宏偉的思想體系、以《四書》為首的學術研究高度，可以說這是必然的趨勢。但再從其壓倒性的影響力來看，朱子從祀孔子廟竟要拖到朱子歿後四十二年的淳祐元年（1241），需要經歷這麼長的歲月，可以說很令人意外。所謂的從祀與賜諡或追贈官位元不同，需要加以更慎重的研討，視眾論的趨勢才得以實現的，所以在思想史上也就有其重大的意義。關於可了解朱子從祀的討論內容、事情經過的資料幾乎未見。但是，歷代的從祀與政治糾纏的實現經過雖然各自不同，但是我們認為在討論內容、從祀的思想史意義上是有其共通性。現在我要從資料豐富的明代從祀討論來探求從祀的一般意義，溯及探討朱子從祀的意義。以下有關明代的大部分資料是根據《明實錄》。

從正德到嘉靖年間，王陽明展開活躍的講學活動，雖然獲得很多同好者，但是朝野排斥陽明的聲音也相對高漲起來。世宗嘉靖元年（1522），禮科給事中章僑奏言：「三代以下論正學者，莫若宋儒朱熹，近有倡為異說，以壞人心者，宜行禁革。」「自今教人取士，一依程朱之言。不許妄為叛經背道之書，私自傳刻，紊亂正學。」（《世

宗寶訓》卷五）於是下勅諭學校教育，科舉考試應遵奉程朱學。之
後，至嘉靖朝末期（末年是四十五年，1577），陽明學、與其同調的
甘泉學常常被加以限制，陽明死於征途的嘉靖七年前後是限制最為強
化的時期。翌八年，處於政治對立關係的吏部尚書桂萼等議論王陽明
之功過（《國榷》卷五十四，嘉靖八年二月甲戌條），他們雖然承認陽
明有平定宸濠之亂的武功，但仍以「放言自肆，詆毀先儒。號召門
徒，聲附虛和，用詐任情，壞人心術。近年士子，傳習邪說，皆其倡
導。」而判定其有邪說的性格，於是刊布停止世襲恤典，禁止學術活
動（《世宗實錄》卷九十八）。在這裡，在南宋時代曾經被視為異端邪
說的程朱學成為正學，陽明的邪說性是依據程朱為標準而加以判定
的，舉出學術頹廢的責任歸咎於陽明。之後陽明學、甘泉學成為偽
學，實行了禁止講學活動、毀壞講學據點的書院等措施。陽明死後，
持續活動的甘泉也在嘉靖十六年被彈劾（前述），同二十年，以人材
被推薦的陽明高徒王畿（龍溪）也以「偽學」之由遭到罷退，而推薦
者連帶處以謫居（《國榷》卷五十七〈四月甲戌〉條），如此堅決地持
續偽學之禁。

　　然而到了繼承世宗的穆宗隆慶年間，進行了陽明及甘泉名譽的回
復。對以平定宸濠之亂為首的種種軍事功勞，生前的陽明已多蒙恩
典，且一部分已在嘉靖三十九年回復，嗣子王正億補蔭錦衣衛左副千
戶。隆慶元年（1567）陽明從新建伯陞位為新建侯，諡文成，二年五
月許可新建伯的世襲，十月正億襲伯爵，歲給祿米千石（以上《實
錄》及《國榷》該條）。如此地，從隆慶年間試圖回復陽明名譽，這
是改善在前朝因有忌避者存在而妨礙表彰軍功的情況。然而以官僚評
定功績，並不見得就與學術的評價有關。

　　隆慶之初，討論了包括陽明在內的明儒從祀問題。元年六月上奏
了薛瑄、陽明的從祀，大致承認兩人有值得從祀的資格之後，經過百

年，輿論所公認的薛瑄在前朝已經有十數疏的從祀議，雖然贊成者十之八、九，但「猶公論久而後明，宜俟將來。」關於陽明則「世代稍近，猶恐眾論不一。」而決定更廣泛地加以檢討（《穆宗實錄》卷九）。之後，除了隆慶五年九月先於其他人被從祀的薛瑄（同上卷六十一）之外，吳與弼、陳獻章、胡居仁、陳真晟、呂柟、蔡清、羅倫、羅欽順、羅洪先及陽明的從祀議則不斷地反覆，甲論乙駁，不能決定。

即使到了萬曆十二年（1584）也依然是止於「守仁、獻章皆豪傑之士，但諸臣與者十三，否者十七。甲可乙否。請姑已之，以俟論定。」（《國榷》卷七十二〈十一月庚寅〉條）的情況。也有如此的延期到眾論確立之後的意見，後來根據宰相申時行的意向，採取得以從祀，於是得到「皇祖世宗嘗稱王守仁有用道學。並陳獻章、胡居仁，既眾論推許。咸淮從祀孔廟。」（《神宗實錄》卷一百五十五）的勅旨，胡居仁、陳獻章及陽明都得以從祀孔子廟。王世貞就陽明的從祀議，說：「今天下之為新建學者，大率十而七。諸不為新建學者以新建為異端，艷其勳者疑其旨，傳其跡者窺其衷。此議之所繇以參差也。」（《國榷》同上條所引）

贊成從祀者，在諸臣之中雖有十之三，然而在陽明死後五十六年，從祀才得以實現的背後，就此而言，無疑是有在野的陽明學派的擴張、影響力增大的事實。因此，從萬曆初期到十年在張居正政權時期，恐怕反映了不好講學的居正意向，從祀議一時給人有沉靜化的感覺。又有人說，之所以可以在從祀詔中看到世宗也稱讚陽明學術，這種令知道世宗朝彈壓陽明學、甘泉學的人感到意外的論旨是出於想要「借皇祖所稱，結天下之舌。」的申時行的意圖（《國榷》同上），即使時期的早晚，因政治勢力的關係而被左右著，但不待言，其關鍵在於從祀得以實現的趨勢。

　　從陽明的從祀議經過來看，與上面所述的政治利害糾纏，其結果是有搭乘議論之便，不少明儒因而被推薦。議論是錯綜的，在可從祀的論旨中，可以知道有兩個基本的論點：（一）是思想的正統性、學術經學的有用性。（二）是眾論的一致性。

　　就（一）而言，根據申時行等的說法，反對意見各立門戶，偏於一黨一派，以如佛老莊列一般離經叛聖的這一點為論據（《世【神】宗實錄》同上）。相對於此，贊成意見如從祀詔中所言，對道學的有用性成為論據。具體的說：「守仁言致知出於《大學》，言良知合【本】於《孟子》。獻章守【主】靜沿於宋儒周敦頤、程顥。皆祖述經訓，輔【羽】翼聖真。」就像在申時行等的意見中所見那般，以沿革道統的思想正統性、祖述經傳的學術經學的有用性為論據。既然可以祀於孔子的廟庭，宣揚孔、孟正學，對聖賢著述的傳佈有貢獻成為理由也就理所當然。這個論點在其他明代的從祀議中也同樣可見的。

　　在正德朝論及元儒吳澄的從祀時，吳寬說：「從祀亦觀其有益於經傳不耳，苟有裨於經傳，則揚雄、馬融（漢代訓詁學者），昔皆不廢，今獨得廢澄也？」（《王文恪公集》卷二十二〈吳公神道碑〉）贊成薛瑄從祀的唐順之（荊川），認為聖人之道有宗傳，有羽翼。宗傳者如顏淵，得孔門心授心傳者，這是很難得的。羽翼者如孔子門下的四科，與聖人成為一體，形成孔門者，認為這個觀點才是「孔門人物之衡也，亦後世論孔門從祀者之衡也。」而如果從祀宗傳者，則不過顏、曾、思、孟以下，濂、洛三四巨儒而已。認為羽翼者亦有功於孔門，而上言從祀羽翼者薛瑄（《荊川先生外集》卷一）。又嘉靖六年（1527）六月論及宋儒歐陽修的從祀問題時，首輔楊一清認為不可，上奏說：「但孔廟從祀，皆取其著書立言輔翼六【聖】經之功，其餘文章勳業皆非所論也。」（《世宗實錄》卷七十七）這些都可以說與申時行等的論旨相同。這「羽翼」、「輔翼」之語，常常被用在明代《四

書》註的讚辭，由此可知，這作為對註釋的正統性、有用性的讚辭是最高等級的了。

這裡要再次審視淳祐元年（1241）朱子的從祀詔，得到孔子宗傳的正統性與著有洞析《學》、《論》、《孟》、《庸》四部書本末的《章句》、《集注》，換句話說，可以知道以《四書》學為中心的經學，其有用性亦可成為從祀的根據。

就（二）而言，已如所見，在明代的從祀議中這一點反覆地被討論著。死後經過許久的歲月，異論少的薛瑄先被從祀，紛爭較多的陽明在詔中同樣可以看到「眾論推許」的記述。不管那是來自黨派看法的論爭，經過長期的審議，其結果可以說是慎重地斷定眾論的趨向。

雖說具體的經過不明，但是就朱子的從祀情況而言，也是可以推論的。從理宗即位算起，也經過了十七年，而這期間沒有成為論題是很難以想像的。更近一步推論的話，或許是專權的史彌遠等政權的打算，或朱子歿後象山學派的楊簡、袁燮等與永嘉學派的葉適等之間，依然有思想的對立等阻礙從祀的要件存在吧！但是得以從祀的淳祐元年，眾論的歸趨幾已底定，至少不再是成為阻礙從祀的積極要件了吧！

如此，如果以思想的正統性、學術經學的有用性與眾論的一致性作為從祀邏輯的話，那麼，從祀的思想史上的意義就很容易知道。因從祀而其思想體系的正統性為政治所保護，學術的普及因政治而加速的同時，其反面就成了批判從祀者被視為是背叛祖宗之法、毀謗正學、違背眾論的「門戶」之見（參照次章所述對唐伯元上疏的處置）。就陽明而言，從祀議的過程也是一樣，如先前所述趙息【思】誠那樣可以徹底糾劾異端，但是在實現之後，這樣的論旨反而會被視為是針對正學的邪說。根據《實錄》所記，以此為界，朝廷中以陽明學術為議論的事不見了。諸家文集也專以陽明後生之弊為論題，其理由也正在此。

就朱子學而言，可說也是一樣。以《四書》為中心的朱子經學已
具廣泛的影響力，雖然已經產生了實現從祀的客觀條件，但是又透過
從祀使得《四書章句集注》、經註在政治上加速普及，對反對勢力產
生鎮壓作用。不久，進入元代後，學術界幾乎青一色傾向朱子學。

作為南宋朱子學所擁有的政治背景，其教學與科舉之關係是一個
問題點。宋代的科舉，起初雖然是繼承唐制，但因為王安石的改革而
統一進士科，考試內容規定如下：「罷詩賦，各占治《詩》、《書》、
《易》、《周禮》、《禮記》一經，兼以《論語》、《孟子》。每試四場，
初大經，次兼經大義，凡十道。次論一首，次策三道，禮部試即增二
道。」（《文獻通考》卷三十一，〈選舉　四〉，參照荒木敏《宋代科舉
制度研究》）之後細目稍有變動，南渡之後的建炎二年（一一二八），
定詩賦、經義取士，「第一場詩賦各一首，習經義者本經義三道，
《語》、《孟》義各一道；第二場並論一道；第三場並策三道。」（《宋
史》卷百五十六〈選舉　二〉）恢復詩賦，與經義為兩大主軸。之後
則基本上繼承了這個規定。如果就經義而言，王安石刪去《春秋》，
相對的，依據元祐舊法黨的改革已經採用了《春秋》，而南宋時代用
了「《詩》、《書》、《易》、《周禮》、《禮記》、《春秋》」。從這稱為本經
的六經中選擇一經，就本經與《論》、《孟》二子問經義。從六經選擇
一經稱之為本經是這時期以後的共通想法，關於這一點即使是現在也
不一定有被理解，所以我想喚起大家的注意。

關於經義，依據的註釋是什麼呢？就這一點而言，我想應該區分
為制度上的規定或原則與實際情況吧！

從規定面來說，北宋初期用帖經墨義的考試方法，從沿革來看，
無疑是用《五經正義》的古注疏。所謂帖經是隱藏經文一行中的幾個
字令人作答的一種考試方式；所謂墨義，且引《文獻通考》（卷三十
〈選舉　三〉）中的實例說明，如有「作者七人矣（《論語・憲問

篇》），請以七人之名對。」則對云「某某也。謹對。」又有「請以註
疏對」者，則對云「註疏曰云云。謹答。」這是課以記經文、背注疏
的考試方式。據說在景德二年（1005）的親試中，指出有【李迪】犯
落韻之文與【賈邊】異於注疏之說二文，【王文正認為】落韻之文只
是不詳審而已，但是「若舍注疏而立異論，不可輕許。恐從今士子放
蕩無所準的。」結果賈邊被黜。關於這事在馬端臨所說的：「當時朝
論，大率如此。」（《文獻通考》卷三十）中可以知道北宋初期是注重
古注疏的。

　　熙寧八年（1075）根據王安石所實施新法，「頒《詩》、《書》、
《周禮》於學官，謂之《三經新義》。」（同上卷三十一）據說之後依
據《三經新義》的人變得多了起來。從「今之治經，大與古異。專誦
熙寧所頒新經字說，佐以莊、列、釋氏之書。試者累輩百千，概用一
律。其中雖有真知聖人本指，該通先儒舊說，與時尚不合，一切捐
棄。」（同上所引「侍御史劉摯」語）「王安石不當以一家私學欲蓋掩
先儒，令天下學官講解，及科場程試，同己者取，異己者黜，使聖人
坦明之言，轉陷於奇僻，先王中正之道，流入於異端。若己論果是，
先儒果非，何患學者不棄彼而從此。何必以利害誘脅，如此其急
也。」（同上所引，司馬光語）所說之中可以知道科舉是用《三經新
義》說。但從以上的文章中也可以知道雖然學官採用了《三經新
義》，但並沒有正式地被採用作為科舉的經義所據註釋吧！

　　關於南宋所據註釋雖然沒有明證，但是嘉定十五年（1222）秘書
郎何淡的上言以論時弊，「祖宗舊制，諸科舉人問大義十道，能以本
經註疏對，而加之以文辭潤色者為上。或不指明義理，但引註疏及六
分者為麤。其不識本義，或連他經，文義乖戾，章句斷絕者否。夫經
本註疏則學有源流，文先義理則士有器識。」希望詔有司，革去舊
習，「使士子去機巧而深義理，考註疏而辯異同，明綱領而識體要，

則實學之士出矣。」（同上所引）由此可知，所依據的註釋是古注
疏。在南宋，從前代的沿革來看也可以認為，在規定上，至少在原則
上所要依據的註釋基本上是古注疏。

　　這事對朱子經註的普及而言，是為一負面的重要因素吧！真德秀
指出以場屋科舉之業為緊急事務的士人，認為朱子的《大學》、《中
庸》章句、或問、《論語集注》為迂緩之物而不顧（《真文忠公文集》
卷四十〈勸學文〉）。虞集（1272-1348）回顧南宋往事，「百十年前，
吾蜀鄉先生之教學者，自《論語》、《孟子》、《易》、《詩》、《書》、《春
秋》、《禮》，皆依古注疏句讀授之，（中略）及稍長，而後專得從於周
程之學焉。」（《道園學古錄》卷五〈送趙茂元序〉）說四川地方先授
六經、《論》、《孟》古注疏本，成長後從宋儒之學。

　　那麼，若就依據的注釋實際情況，又是如何呢？從北宋時代已經
有不遵崇古注疏之說而為科舉所用之事，從馬端臨所引用的地方也可
以看出來。但是在說「當時朝論，大率如此。」的地方可以知道，與
建國初期比較，可以想像得到後世不遵崇古注疏的風氣很盛。據說與
王安石也有舊交的劉恕，應「能講經義者」之試，以《春秋》、《禮
記》對，「先列注疏，次引先儒異說，末乃斷以已意。」而為主司所
認同，擢為「第一」（《宋史》卷四百四十四〈本傳〉）。如前所述，王
安石時代確有依據《三經新義》的傾向。

　　南宋初期，據說：「自神宗朝程顥、程頤以道學倡于洛，四方師
之，中興盛于東南，科舉之文稍用頤說。」（《宋史》卷一百五十六
〈選舉　二〉），而把科舉的答案中有用程氏之說視為問題，曾經禁止
過。不管如何，根據這樣的政令暫時蒙受影響，由於有必要採入新說
作為嶄新的答案（參照第七章），所以在南宋也呈現出自北宋以來在
科舉文章中使用新解釋的必然趨勢。這一點，除了經義之外，可以想
到的是經史策的文章。在經史策方面，有問學術評論的考題，因為此

評論不得不帶有時代性，所以有直接反映思想立場、經書觀的可能性，據說慶元二年（1196）因策題而想要黜落道學者（前述）。說到策問與經義合在一起，南宋時代，特別是從顯彰朱子而舉行從祀前後，大概已公然地使用了程朱學說吧！關於從這裡所衍生的弊害也已如前述，被任命為點校官的高崇（1173-1232）說：「士之涉獵淺浮者，掇拾關洛方言，竄入舉文，以阿時好。最後學膏盲之疾，宜痛除以救文弊。」（《鶴山先生大全文集》卷八十八〈行狀〉）。四川隆州教授譙仲午（1167-1225）批判地說：「不本之踐履，不求之經史，徒勤取伊洛間方言，以用之科舉之文，問之則曰先儒《語錄》也。《語錄》，一時門弟子所傳鈔，非文也，徒欲以乘有司之闇而紿取之。陸氏之學，尤為乖僻，宜速止之。」（同上卷七十六〈譙君墓誌銘〉。根據《宋元學案》卷六十〈譙仲午傳〉而正錯簡）。模仿北宋儒者的文癖，甚者聽說連象山學都竄入科舉的文章。

　　科舉中援用程朱學說的例子，在陳高華的〈陸學在元代〉（《中國哲學》第九輯，頁272）文中也有舉出。只是陳氏依此認為：在南宋末「儒生進身的門階科舉考試，也以朱熹注疏儒家經典為準。」視為準據於朱子的經註則是不正確的。我們認為如上所述，雖然以古注疏為準據的原則持續存在，但是經常公然地援用北宋諸儒及朱子經註的則是實際情形。

　　南宋時代已經把北宋諸儒的書視為基本教材，加以學習了。陳傅良（1137-1203）跋胡文定公（安國）帖，說：「余記為兒時，從鄉先生學。同學數十兒，各授程《易》、胡《春秋》、范《唐鑑》一本。是時三書，所在未鋟板，往往多手抄誦也。」（《陳文節公年譜》所引）陳亮（1143-1194）之所以說：「世所傳有伊川先生《易傳》、楊龜山《中庸義》、謝上蔡《論語解》、尹和靖《孟子說》、胡文定《春秋傳》。謝氏之書，學者知講習之。尹氏之書簡淡不足以入世好。至於

是（伊川、龜山、文定的）三書，則非習見是經，以志乎舉選者，蓋
未之讀也。」（中華書局版《陳亮集》卷十四〈楊龜山中庸解序〉）換
句話說，這表示了關於在科舉被選的各個經書，有需讀的北宋儒者之
著述。在朱子〈學校貢舉私議〉裡羅列了，在經義方面，六經以注疏
為主，兼採北宋諸儒的註釋名（後述），我們認為這是因為他想要把
注疏與北宋註釋定位為主從關係，而一方面根據當時的科舉實況，同
時想要更明確地制度化的關係。

　　在朱子從祀的前後，朱子的經註與北宋儒者的註釋一樣，或較之
更常被使用吧！雖說《學》、《論》、《孟》、《庸》沒有以《四書》為一
整體的形式被用於經義，但是《論》、《孟》自古以來就已經是被稱為
二子的重要經書，而且《學》、《庸》也被視為是獨立的經書而為人所
學習。羅大經（寶慶二年，1226年進士）的《鶴林玉露》（中華書局
版，丙編卷三〈聖賢豪傑〉）書裡可以看到所謂儒生就是指愛好
《學》、《庸》者的笑話。「臨安優人，裝一儒生，手持一鶴。別一儒
生，與之解后，問其姓名。曰：姓鍾，名庸（鍾庸的發音與中庸
同）。問：所持何物？曰：大鶴也（大鶴之發音與大學同）。因傾蓋懽
然，呼酒對飲。其人大嚼洪吸，酒肉靡有孑遺。忽顛仆於地，群數人
曳之不動。」於是有一人乃打他的臉頰，大罵說：「說甚《中庸》、
《大學》？喫了許多酒食，一動也動不得。」邊笑邊離開了。

　　朱子學廣為普及，如果《四書》及諸經註被刊行的話，那麼，文
本也將成為依據朱子學吧！真德秀就《論語》說：「《集註》之書，家
傳人誦。」之事先前也已經引用過了。《大學章句》大幅地改編了
《禮記》的〈大學篇〉，黃震（1213-1280）傳下了《章句》的流行情
況說：「今舉世之所誦習者，惟《章句》也。」（《黃氏日抄》卷二十
八〈大學〉）

　　在朱子從祀之後並沒有把朱子的《四書》諸經註用於科舉的制度

上，這是因為有反對勢力存在之故，同時在現實上激進的根本變革需要花很長的時間，當然也會對準備考試的學生帶來不利的事。但或許可以想像成：實質上，在南宋末，朱子的《四書》諸經註已經為科舉所用，在教學上已經採用朱子的改訂文本。而朱子學的四書五經註釋，在鼎革之後的元代科舉程式中則正式被採用。

## 二　四書學在宋元思想界的地位

宋元的思想界如何處理朱子的《四書》學，亦即朱子的總體《四書》觀、《四書》解釋態度、解釋內容的呢？如果把前一節所說的處理黜陟政治面視為《四書》學受容的外在條件，那麼，處理思想界就可以說成是內在條件。以下就這一點加以論述。

在這裡如果概括朱子的《四書》學的話，就成了下面的樣子。首先關於《大學》，此書是「古之大學所以教人之法」，為孔子傳給曾子。而朱子訂正錯簡再構成，進而補足了在傳承過程中遺失了的傳第五章。如此得經一章與傳十章，經「蓋孔子之言，而曾子述之。」傳則是「曾子之意而門人記之」，認為是孔子之遺意而曾子與其門人祖述而成（《大學章句》）。關於《中庸》，朱子認定《中庸》是孔子之孫得曾子之傳的子思之作，說（子思）「推本堯、舜以來相傳之意，質以平日所聞父師之言，更互演繹，作為此書。」（《中庸章句》序）《中庸》是子思之作，古來無異論，相對於此，關於《大學》的作者，自古以來就很少為人所論，程子也只說是孔門之「遺書」，而不去特別指定作者。儘管朱子門下有異論，但在《大學章句》用「蓋」字加以限定，當作是曾子及其門下之作，一般認為這是因為要確立所謂道統，而有賦予《大學》符合經書神聖性的目的之故（參照山下龍二《大學、中庸》）。至於《論語》，即使有是要視之為孔子門人所編

纂呢?抑或是要視其為「七十子之門人纂錄成書」(《朱子文集》卷三十七〈答韓無咎〉)的後生編纂呢?等關於編纂者、編纂時期及文本傳承的問題,但是視之為孔子的言行錄卻是古來無異論,朱子也是以此為前提。關於《孟子》,朱子摒棄孟子門人記錄的說法,而支持《史記》所說的是出自孟子自作之說(《孟子集注》序)。

朱子把《四書》當作是聖賢的著述,以確立其作為經書的價值,從自己的思想立場宏揚《四書》,著《章句》、《集注》,規定經書的內容。特別是把《大學》視為是「孔子之言」,定位為「初學入德之門」,明確地指示《學》、《論》、《孟》、《庸》的學習順序。關於這一點,在前一章已經有所敘述。

朱子歿後二十一年的嘉定十四年(1221),由立於學派中心位置的黃榦之手著成的《朱子行狀》,傳達了朱子的事蹟、學問的全貌,是學派正式的紀錄。《行狀》中關於朱子的教育方法,敘述如下:「先生教人,以《大學》、《語》、《孟》、《中庸》,為入道之序,而後及諸經。以為不先乎《大學》,則無以提綱挈領,而盡《論》、《孟》之精微,不參之《論》、《孟》,則無以融會貫通,而極《中庸》之旨趣,然不會其極於《中庸》,則又何以建立大本,經綸大經,而讀天下之書,論天下之事哉?」(《朱子行狀》佐藤仁譯,頁199-200)樹立倡說《學》、《論》、《孟》、《庸》學習順序的朱子《四書》觀,可以說已經要約在這段文章裡。前一節所見寶慶元年(1225)的詔中「《集註》、《大學》、《論語》、《孟子》、《中庸》」、淳祐元年(1241)的詔中「《大學》、《論》、《孟》、《中庸》」,之所以是依照朱子所說的順序而舉四種書,可以知道這並不單單只是整體地顯彰朱子學而已,更意味著承認朱子《四書》學吧!

但是,在南宋的學術界,並不見得就如朱子那樣地列舉這四部書。這裡微妙地投射了各人對四部書的看法。關於《四書》的排列,

已經在翟灝《四書考異》（總考卷二十六〈四書次第〉）中論述了，這裡則要檢討本章的論旨。

在前一章已經敘述過《四書》的稱呼由朱子及門人後學所用，另外還有很多用例可以檢索得到。不必細引就可以知道在南宋末期《四書》的稱呼已經一般化，但是關於這個起源，在王梓材認為：因為張橫浦有《四書解》、喻玉泉有《四書性理窟》，所以《四書》的名稱不可說是始於朱子（《宋元學案補遺》卷四十八）。下文首先就這一點加以論述。

《經義考》（卷二五二）裡記載著「張九成《四書解》　《宋史》六十五卷　佚」、「喻樗　《四書性理窟》」。張九成（1092-1159）、喻樗（？-1180）的歿年都比朱子要早。《宋史》卷二百二十、〈藝文志〉中舉九成之著有「《論語解》十卷」、「《中庸》、《大學》、《孝經》說各一卷」、「《四書解》六十五卷」，《同》卷二百五十舉「《孟子拾遺》一卷」、「《語錄》十四卷」。《同》卷二百二十舉「《大學解》一卷」、「《玉泉論語學》四卷」為喻樗之著，沒有舉《性理窟》。兩位的著作都已佚失，沒有辦法知道關於他們的《四書》著述內容。只是即使是與朱子的《四書》一樣和《學》、《論》、《庸》、《孟》有關的著作，但也沒有確實的證據說明書名就是張、喻自己所命名的。因為也很有可能是《四書》的稱呼一般化之後，在進行《四書》說的編纂時，後人所命名編纂的。而且就算是他們自己所命名的，也應該與朱子所規定的《四書》性格不一樣才是，所以從《四書》學史的觀點來看，梓材說是沒有意義的。不會成為在朱子身上尋求《四書》稱呼、《四書》學史起點的障礙。

《學》、《論》、《孟》、《庸》的四書，有時會分別採用《學》、《庸》、《論》、《孟》，一般認為這是與朱子的四書站在不同的見解上。《論》、《孟》或《語》、《孟》的稱呼，不用再舉例，那是古來就

通用的，在科舉時稱為二子與六經同用之事在前一節也已經有所敘述。沒有把《論》、《孟》的順序相反而並稱為《孟》、《論》的事。

反倒是《學》、《庸》二書在南宋時，很多時候是被寫成《庸》、《學》。這很明顯是依照《禮記》的篇次，第三十一〈中庸篇〉，第四十二〈大學篇〉的順序而來。從北宋時代開始重視單行二篇之後，在彙集二篇而言時，也是依照原載的順序。這在前一節的引用文中也到處可見，即使是愛好二書的儒生插話中也是「《中庸》、《大學》」，朱子自己有時也是如此地列舉的。

雖然不清楚朱子《四書》順的觀點確立於何時，但是在他四十八歲所作，或四十五歲所作的《大學或問》、《中庸或問》（參照山根三芳〈朱子著作年代考　二〉《漢文教室》八十五號）已見此說，所以可以認為是來自相當早期的觀點。給呂祖謙（東萊，1137-1181）的書信，雖然年代未詳，但就《四書》順的觀點而言，不可以認為是朱子思想未定時期的看法。他說：「《論》、《孟》、《中庸》、《大學》乃學問根本，尤當專一致思，以求其指意之所在。……愚意此四書者，當以序進，每畢一書，首尾通貫，意味浹洽，然後又易一書，乃能有益。」（《朱子文集》卷四十七卷首）主張《論》、《孟》、《庸》、《學》依序而讀。這個排列方法大概是在以往的二子之下附加《庸》、《學》而成的吧！又，將在後面敘述的〈學校貢舉私議〉中舉了《學》、《孟》、《論》、《庸》的順序。

對朱子門人後生而言，他們都知道老師的說法，《行狀》裡也明記了《四書》順序，這個順序很多時候是正確地被列舉著，但是朱門的度正卻說：「《中庸》、《大學》之道，不傳久矣。」（《性善堂稿》卷十二〈祭府學三賢門〉），從學於他而完成《四書》之業的楊枋告訴弟子說：「近來便看《中庸》、《大學》、《語》、《孟》否？向時已曉得的，今又不然了。」（《字溪集》卷四〈與誼卿姪昂書〉）。寫了《朱子

行狀》的黃榦當然知道,「四子之序以《大學》、《語》、《孟》、《中庸》為次」(《勉齋集》卷八〈復李公晦書〉),但有時卻「《中庸》、《大學》、《論語》、《孟子》」(同上〈與葉味道〉)排列。在《學》、《庸》二書方面,雖然隨著朱子學的普及,列舉為《學》、《庸》的變多了,但是,例如南宋末的朱子學者黃震《黃氏日抄》中排列成《庸》、《學》(《中庸》、《大學》)的情況卻很多。由此來看,不如說南宋時期列舉《庸》、《學》的古老記憶仍然頑強地保留著。

依目前所列舉的例子來看,四部之書全部列舉時,經常可以看到是排列成《庸》、《學》、《論》、《孟》,或者《論》、《孟》、《庸》、《學》。在以往的《論》、《孟》二子之下加入新成為單行經書的《庸》、《學》,就成了《論》、《孟》、《庸》、《學》,而把朱子所重,也是當時所流行的二書放在前面的話,就成了《庸》、《學》(《學》、《庸》)《論》、《孟》,但這並非一成不變的,魏了翁就列舉為「《中庸》、《大學》、《論語》、《孟子》」(《鶴山先生大全文集》卷五十四〈朱文公季譜序〉),還有列舉為「《語》、《孟》、《中庸》、《大小學》」(同上卷七十二〈知嘉定府宋君墓誌銘〉),像這樣同一個人卻也沒有固定的列舉。也可以看到像度正那樣重視《論語》而主張「明經之序,當先《論語》,次(《孟子》)七篇,次而《大學》,次而《中庸》。」接此而下則是「《詩》、《書》、《禮》、《春秋》、《易》」的讀書順(《性善堂稿》卷七〈通劉侍郎書〉),如此地明確定義出與朱子不同的排列的例子。

這樣地,由朱子確立《四書》學習順序,雖然是眾所周知的事,但是《四書》卻不一定依照此順為人所列舉,還有也不一定就依照這個順序來學。元代以降為了編纂的方便把短篇的《學》、《庸》放在前面,或合成一冊的《四書》解也多有所見。程端禮《讀書分年日程》,忠實地依照朱子之說,主張四書五經的學習順序,這本書作為

一種學習指南而廣為所用，但實際上大多是因為採用他先學習短篇的
《學》、《庸》再及於《論》、《孟》的學習方法之故，這件事情在序章
已經敘述過了。又，到了明代末期產生了新的《四書》觀，《四書》
的排列也成為論題，關於此事將在第三章來說。還有據說在清代科舉
考試上的順序是「《學》、《論》、《庸》、《孟》」（前揭《四書考異》）。

　　《四書》在後世的學習，當然是有根據《章句》、《集注》的，但
是《學》、《論》、《孟》、《庸》在朱子的學習順序不只是方便的問題而
已，如果考慮到可以演繹出《四書》觀這東西來的話，那麼，可以說
《四書》被列舉出與朱子所說的順序不一樣，進而學習順序也不一定
依照朱子之事，顯示了脫離朱子《四書》學是從一開始就已經產生
的了。

　　回到南宋時代來說，這四部書絕非朱子學派所獨占的東西，而是
各自在自己的學問上為四部書個別定位。在此，我們把視點放在對
《四書》的態度上，來概觀宋、元的思想界。

　　在與朱子活躍期重疊的十二世紀後半以降，除了朱子學派之外，
還有呂祖謙的東萊學派、張栻的南軒學派、陸九淵的象山學派（陸學
派）、被稱為永康永嘉學派的陳傅良、陳亮、葉適等活躍著。其中東
萊學、南軒學雖說學問傾向不同，但與朱子保持學派上的協調，且對
後世的影響也比較小。相對於此，象山學則是很明確地批判朱子學，
學派的思想性格不一樣，對後世的影響很大。永嘉永康學在道德性命
學這方面不同調，與朱子學、象山學成鼎立局面。

　　永康的陳亮（1143-1194）因對道學「鬥爭」的堅持態度，而得
到現代中國很高的評價。他說：「紹興辛巳壬午（1161-1162）之
間，……又四、五年，廣漢張栻敬夫、東萊呂祖謙伯恭，相與上下其
（道德性命之）論而皆有列於朝。新安朱熹元晦講之武夷，而強立不
反，其說遂以行，而不可遏止。齒牙所至，噓枯吹生，天下之學士、

大夫、賢、不肖，往往繫其意之所向背，雖心誠不樂，而亦陽相應和。」(《陳亮集》卷二十八〈錢叔因墓碣【誌】銘〉)關於陳亮這樣的性命道德學者所論的拱手於現今軍事危機而毫無用處的〈上孝宗第一書〉，當時的岳柯（1183-？）說：「意蓋以微風晦翁，而使之聞之。」(《程史》卷十二〈呂未發祭文〉)由此可知，陳亮與朱子的思想對立在當時既已為人所知。

　　從朱子去世的那年前後，永嘉學派的「集大成者」（中華書局版《葉適集》呂振詔文）葉適（水心，1150-1223）出現了。這時候，「乾（道）、淳（熙）諸老既歿，學術之會，總為朱、陸二派，而水心斷斷其間，遂稱鼎足。」(《宋元學案》卷五十四〈水心學案序〉)就如明初的宋濂對永嘉學指出其缺點在於看似尚經制攻禮、樂，而欲以辭章論議馳騁於當時（《凝道記》下〈段幹微〉）那樣，後世常把永嘉學視為文人之學，與宋學世界觀的動搖一起被賦予新評價。清初的黃宗羲批判把水心視為文士的舊看法，指出他的限界，說：「水心異識超曠，不暇梯級。」(〈水心學案〉)而評價其思想的獨自性。即使我們現在來看葉適的《四書》觀，也可以看得到他與經制之學密切關聯的獨特主張。

　　葉適不承認朱子所說的《大學》作者說法，不給《學》、《庸》道統上的價值。「《大學》之說備矣。……而孔氏未嘗以學語人，何哉？孔氏歿百有餘年，子思孟軻繼之。……而不如【若】此其備也。蓋漢之儒者，雜記禮、樂之言，始併取而載之，又太闊遠。而至今乃始光明盛大於世，以彌綸六經百氏之道，為聖人之遺書，天下之人非是則無以學也。」(《水心別集》卷七〈大學〉)這種把《大學》視為漢儒所編纂的闊遠的、抽象論的《大學》觀，要等到後世的明末、清初才有此邏輯的繼承者出現，而他認為是漢儒所編纂的想法在清代已經一般化了（參照後述）。讀者可以記住在宋代已經有過這樣的論題。

關於《中庸》的作者方面，葉適姑且承認作者是子思的說法，但是否定了此書經書的神聖性，不承認朱子的道統說法。他說：「案：孔子自言『德行顏淵』，而下十人（十哲）無曾子，曰：『參也魯。』若孔子晚歲，獨進曾子，或曾子於孔子歿後，德加尊，行加修，獨任孔子之道，然無明據。又案：曾子之學，以身為本，容色辭氣之外，不暇問，于大道多遺略，未可謂至。又案：孔子嘗言『中庸之德民鮮能』，而子思作《中庸》。若以為遺言，則顏（子）、閔（子）猶無是告，而獨閟其家，非是。若所自作，則高者極高，深者極深，非上世所傳也。然則言孔子傳曾子，曾子傳子思，必有謬誤。」（〈總述講學大旨〉《宋元學案》卷五十四所引）

關於《大學》的內容也不認為如朱子所言是「初學入德之門」。黃震指出葉適《大學》論的特徵，說：「《大學》講義，前後接續，皆講禮器，公蓋欲以禮為治者，……公之所以通連其講者，實歸宿於末章。欲稱財而為禮，不雜於人欲之流放，以禮從天下，而帝王之統緒接也。……公尚禮學而尤精究財賦本末，欲起而救之至切也。講義其微意所在乎？」（《黃氏日抄》卷六十八）。黃震指出葉適的主要重點在於《大學》篇末有論及財用，所以置重點於此處，而論述財賦問題。如果讀《水心別集》卷七〈大學〉的話，則可以十分肯定黃震的這個說法。

依據上述，可以說葉適的《學》、《庸》論是否定以這二書作為道學觀點的道統書，去掉性理學的粉飾，改以日用道德，或經制之書，重新理解的東西。可以說不是直接否定《學》、《庸》本身的價值，而是從道統切離之後再評價，放到自己的體系裡。葉適的《學》、《庸》與朱子學的《學》、《庸》是有其不同的意義。

《宋元學案》中舉了很多葉適的學派繼承者。但是一般認為他獨特的《四書》觀未必為後學所繼承。嘉定七年（1214）進士，官拜國

子監司業的陳耆卿（篔窗）被當作是水心門人，對「顏子，受道之至者也。」的顏淵評價與其師無異，但說：「學者未能如孔，則學顏可也。未能如顏，則學曾可也。」則給「獨無弊」的曾子很高的評價，這與道學的曾子評論沒有不同。還有學於耆卿，被說是迎合葉適攻擊道學的吳子良（荊溪）「合朱、張、呂、陸之說，溯而約之于周、張、二程；合周、張、二程之說，溯而約之于顏、曾、思、孟；合顏、曾、思、孟之說於孔子，則孔子之道，即堯、舜、禹、湯、文、武之道。」的言論，與道學的道統說沒有多大差別（以上《學案》及同《補遺》卷五十五所引資料）。葉適的後生，至少在《四書》觀的側面接近於朱子學也是理所當然的事吧！《經義考》（卷二百五十二）舉了師事葉適的葛紹體的著述「《四書說》　佚」，雖然佚著的內容無法清楚瞭解，但這情況應該可以認為是根據朱子所說的《四書》架構的著述。

如此，葉適的《四書》觀看起來好像為後世所忘似的。只有金末、元初，北方的儒者王若虛與批判熱中於深遠空疎的性命談議的當世學問的葉適共鳴，說：「可謂切中其病」（《滹南遺老集》卷三〈論語辨惑自序〉），以批判朱子之說為念頭而著《論語辨惑》、《孟子辨惑》，擺脫道學的先入為主，可受到水心學高度評價的例子，與前面所說的黃宗羲之例同樣值得注意。

與葉適相較，象山學的影響所及既深且廣。其影響從象山的故地江西廣及浙江，特別是在浙東慈溪的楊簡（1141-1226）、鄞縣的袁甫（嘉定七年，一二一四年的進士）等出現，其學風大振，因地域不同而有凌駕朱子學之勢。當時，朱子門下的陳淳說：「自都下時，頗聞浙間年來象山之學甚旺，以楊慈湖（簡）、袁祭酒（甫）為陸門上足，顯立要津，鼓簧其說，而士夫頗為之風動。」（《北溪大全集》卷二十三〈與李公晦　一〉）據聞王應麟曾說：「朱文公之學行於天下，

而不行於四明；陸象山之學行於四明，而不行於天下。」(《學案補遺》卷七十四所引，方桐江語) 象山學擴展到四川省，據說紹定元年（1228) 在四川成都府新都縣政舉辦科舉，被發現「時有為臨川陸氏之言者，往往假竊近侶，足以欺庸有司。」的傾向，所以魏了翁的徒弟嘉父控於提學司，改正此風。(《鶴山先生大全文集》卷八十一〈魏公墓誌〉)

陸九淵（象山）（1139-1192）說：「宇宙便是吾心，吾心即是宇宙。」、「宇宙內事乃己分內事」（年譜十三歲條）立腳於吾心之本性與天地宇宙的一體觀，主張主體的發揚。把重點放在這個主體性的象山學是「學苟知本，則六經皆我注腳。」(《陸九淵集》中華書局版，頁395）主張不依靠煩瑣分析考證的易簡之學。象山學之所以在後世沒有喪失共感的理由之一，在於與思辯傾向較強的朱子學比較之下，擁有主體性修養之學的簡明活力。這個很好的繼承例子，可以在得修養內容於象山，得學問方法於朱子，而加以融合的元代吳澄身上取得。吳澄的草廬學絕對不是單單地拼湊朱、陸的「折衷」而已。

這個以六經為吾注腳的象山學，有時會被不了解他的人批判他是無視經書，但是象山當然不是在否定經書的價值。他說：「向時曾說，將《孟子‧告子》一篇及《論語》、《中庸》、《大學》中切己分明易曉處，朝夕諷詠。」（同頁57）「《中庸》、《大學》、《論語》諸書，不可不時讀之。」（同頁63）認為《庸》、《學》、《論》、《孟》六經為必讀文獻。而關於讀書，曾有人問「讀六經，當先看何人解註？」他回答說：「須先精看古註」（同頁408）又說：「後生看經書，須著看注疏及先儒解釋。不然執己見議論，恐入自是之域，便輕視古人。」（同頁431）而主張遵崇傳註著實地學習。「六經吾注腳」是自覺主體性，從主體面理解六經的詞彙，這不是直接意味著象山輕視經書。反倒是他這種根據注疏或先儒的註解來讀《庸》、《學》、《語》、《孟》的

作法，乍看之下與朱子的教說沒有多大的差別。

　　但是如果根據已經敘述過的，即使只從《庸》、《學》、《論語》，或「《詩》、《書》、《易》、《春秋》、《論語》、《孟子》、《中庸》、《大學》」（同上，頁190）的經書列舉來看，也可以很容易地知道象山並沒有接受朱子的《四書》觀。雖然說不能夠看漏了《庸》、《學》、《論》、《孟》在象山所佔的重要經書定義，但是採取不同學問方法的他所定義出這四部書的方法卻是不必採用各個的解釋內容，可以說基本上與朱子學是不同的。如果根據《宋元學案》、同《補遺》來看的話，朱、陸門下後生互相來往，不久朱、陸合同的動向出現，特別是兩派末端變得已經無法區別了，但如果一定要做出學派區別的話，那麼，以對這四部書的看法如何作為判定標準，大概會有所幫助吧！看他是依從朱子所說的順序學《四書》呢？或看他是認為相互關係不一定緊密的四部書。象山的有力後學不認為《四書》是有機的相關體系著述，可以從除了就《庸》、《學》、《論》、《孟》各個的著述之外，也可以從看不到他們有「四書」的註釋一事得到旁證。

　　關於《大學》，象山的高弟楊簡（慈湖），說：「《大學》之書盛行於今，未聞有指其疵者。然似是而非也，似深而淺也，似精而粗也，知此非聖人之言。故篇端無子曰二字」。清代的翟灝《四書考異》（總考卷一〈大學原始〉）把《家記》的文章要約成上面那樣，雖然他認為這是應該廢棄的、誣經的失言，但就某種意義而言，仍可作為反面教育而加以補充記載。慈湖銳利的《大學》評價暫且在歷史的表面上消失蹤影，不久在明末以降新的《大學》觀中，出現了繼承者，此事留在次章再論吧！

　　慈湖的高弟錢時（融堂）有《四書管見》之著，以現在的這個論旨來看，值得令人注意。但是其內容是與《論語》、《古文孝經》、《大學》、《中庸》有關的著作，由於附了《四書》之名，反而讓人以為是

與朱子學《四書》觀對抗的書。置於《四庫全書》本卷首的提要，沒有看漏了它的特徵。舉例解釋說：「此編凡《論語》十卷、《孝經》一卷、《大學》一卷、《中庸》一卷，……俱先列經文，略加音訓，而詮釋其大旨於後。《孝經》用古文，《大學》但析為六章，不分經傳。蓋時之學出於楊簡，簡之學出於陸九淵。門戶迥殊，故不用程、朱之本。」關於《大學》方面，指出不從朱子「錯簡」之說。又，此書是在嘉熙二年（1238）時從嚴州所採進的錢時著作之一（《景定嚴州續志》卷三〈人物〉錢時條），眾所周知，這是從景定元年（1260）到景定三年為嚴州知州，錢可則在任時所刊行的（同上卷四〈書籍〉，參照卷二〈知州題名〉）。

象山學在浙江省西北部，宋代稱之為嚴州的富春江流域也很盛行。據說朱子的高弟陳淳（1159-1223）因嘉定十年特考而寓於中都，之後，應嚴陵知州鄭之悌之招，來此地講義（《北溪大全集》外集所收〈墓誌〉）。浙江省桐廬縣南的富春山也被稱為嚴陵山，嚴陵是指富春江及其上游的桐江、新安江一帶的雅稱，宋代宣和元年（1119）為建德軍節度，同三年改州，咸淳元年（1265）升為府，在嚴州置建德、淳安、桐廬、分水、遂安、壽昌六縣。在說嚴陵時，也有認為是在指淳安而言的看法（陳氏前揭論文），但是從當時的州治在建德，以及知州鄭之悌在嘉定十年二月七日任嚴州知州，同十二年二月除（《嚴州圖經》卷一〈知州姓氏〉）來看，陳淳的嚴陵講義是在嚴州州治的建德縣進行的，那時期可以認定是嘉定十年或十一年。

嚴州所見學問狀況，在陳淳的眼中是「覺士風尤陋，全無向理義者，纔有資質美志於理義，便落在象山圈檻中。緣土人前輩有趙復齋、詹郎中者，為此學已種下種子。趙、詹雖已為古人，而中輩行有喻、顧二人者，又繼之護衛其教，下而少年新進，遂多為董【薰】染。」（《大全集》卷二十三〈與李公晦　一〉）反映出被象山學所污

染。趙復齋諱彥蕭，字子欽，建德縣人，號復齋。乾道二年（1166）進士（《景定嚴州續志》卷三）。據說《學案》舉象山私淑嚴州陸學始於此人（卷五十八〈象山學案〉）。詹郎中指的是詹儀之，字體仁，遂安縣人，紹興二十一年進士登第，與朱子往復辯難，官至吏部侍郎的人物吧（《續志》同上）！與朱子門下的詹體仁為不同人，《學案》有引文說：「舊在嚴陵，體仁頗惑佛學。」（卷七十三〈麗澤諸儒學案〉）關於陳淳所說的喻、顧二氏雖然無法特定是誰，但在《學案》裡記載了很多這個地方的象山學者。前面所說的錢時（融堂）出於淳安，嚴州陸學迎接盛期大約就是這時期的事。《學案》謂：「嚴陵自融堂講學後，弟子極盛。入元，則夏自然為大師。」（《宋元學案》七十四，吳噭條）

　　早於嚴陵講義由陳淳所著的講義案（參照《大全集》卷二十四〈與嚴守鄭寺丞一〉）有「〈道學體統〉、〈師友淵源〉、〈用功節目〉、〈讀書次序〉」等四篇（陳宓撰〈墓誌〉多加了〈似道〉、〈似學〉二辨）。據此可知，他是想詳細地宣揚程朱學正旨。用「禪學宗旨」的象山學大為流行，然而「或讀書卻讀《語孟精義》，而不肯讀文公《集註》。讀《中庸集解》，而不肯讀文公《章句》、《或問》。讀河南（程子）《遺書》，而不肯讀《近思錄》。讀周子《通書》，而不肯讀〈太極圖〉。而《通書》只讀白本，而不肯讀文公解本。」儘管如此，卻仍然有人標榜「道學」的情況（同上卷二十三〈與陳寺丞師復一〉），亦即在遠隔朱子學的學問世界，不依讀書次序的氣氛中，他卻始於「為孔子之遺書，初學入德之門。」的《大學》，為「聖師言行之要」，應「操存涵養之實」的《論語》，從說仁義王道要「體驗充廣之端」的《孟子》，到「聖門傳授之心法」的《中庸》，提倡讀書最要緊的《四書》「讀書次序」（同上卷十五）。不用說他認為這四書要依據朱子的《章句》、《集注》來學習。這裡他沒有提到有時被認為應比

《四書》更先學習的《小學》書或《近思錄》（參照後述），這表示他認為要對抗象山學最有力的武器就是《四書》。

在象山學持續旺盛地活動之際，另一方面，朱子學派的狀況為何呢？被第三者概括為「道學」的朱子學派，朱子歿後，從微觀上來說，不一定在學問上成為統一勢力，作為學派的影響力，也不能說有壓倒對立的勢力。其原因之一是沒有出現全面繼承偉大師說的指導者，例如，在福建省閩縣，可以舉出，既是朱子門下的高弟，又是女婿的黃榦（1152-1221），雖然是為學派的中心人物，但是不一定對學派的統一能有貢獻；還有像官至權工部尚書兼太子右庶子的劉爚、官至兵部侍郎的劉柄等，雖然已到了樞要的地位，自有努力宣揚朱子學的門人出現，但是大多數的高弟沒有官位，在政治上的地位的影響力，與前述陳淳所說：「顯立要津」的象山門下相比顯有遜色。

根據《勉齋集》（卷八〈與葉味道〉）等，可以知道朱子歿後，在編纂師說的過程中有過關於各人所錄採用與否的討論。還有關於朱子著述中《近思錄》、《小學》書的定位，黃榦等與陳淳等之間見解既有所對立，而且關於老師的經書說之理解也是議論分歧。

陳淳（1159-1223）到二十二歲時讀《近思錄》，悟得濂洛之學而入朱門（《大全集》卷五〈初見晦菴先生書〉）。大概是以此為機緣吧！他特別重視《近思錄》。真德秀為泉州知時，朱門的李方子（公晦）為泉州觀察使推官，「以師友禮之」（《宋元學案》卷六十九），德秀刊行《近思錄》、《小學》，公晦為之作後跋。在那裡面說《近思錄》要比《四書》先學，而陳淳表示贊同，說：「其次第倣《大學》，其會趣準《中庸》，其規模效《語》、《孟》。」而認為是「後學迷途之指南，而入聖門之正路。」給予此書很高的評價（《大全集》卷十四〈李推近思錄跋後〉）。相對於此，黃榦寫給李方子的書信中則反對《近思錄》要比《四書》先學，說：「真丈（德秀）所刊《近思》、

《小學》，皆已得之。後語亦得拜讀，先《近思》而後四子，卻不見
朱先生有此語。陳安卿（淳）所謂《近思》四子之階梯，亦不知何所
據而云。朱先生以《大學》為先者，特以為學之法其條目綱領莫如此
書耳。若《近思》則無所不載，不應在《大學》之先。」（《勉齋集》
卷八〈復李公晦書〉）這裡所說的陳淳說法是指，讀了受贈《近思
錄》的跋文之後，表示贊同此意而寄給李公晦的書信中所見的文章，
陳淳說是從朱子那兒聽來的說法（《大全集》卷二十三）。這裡要作為
論據的是現行《朱子語類》（卷一百五）中著錄「《近思錄》好看。四
子，六經之階梯；《近思錄》，四子之階梯。」但是因為這一條是陳淳
自己所記錄的，所以從黃榦方面來說無法承認這種論據，李傳道所編
纂，有嘉定八年（1215）黃榦所寫的後序的池州初刊本《朱子語錄》
中，想當然大概是沒有收錄這一條吧！經過合纂、增削而成為現在通
行的《語錄》，綜合了門人對朱子不同的理解。如果想像：在師說中
包含了與尋求論據的各學派的各自勢力成比例的各種說法，是一件很
有趣的事。上面所說的是其中的一例，而元代的袁桷，在黃榦歿後，
朱、陸學說的差別因《語錄》的增纂而擴大，他說：「抑又聞之，當
寶慶、紹定間，黃公榦在（事實上先於嘉定十四年死去），朱子門人
不敢以先人所傳為別錄。黃榦既死，誇多務廣，有《語錄》焉、有
《語類》焉。望塵承風，相與刻梓，而二家矛盾大行於南北矣。」
（《清容居士集》卷二十一〈龔氏四書朱陸會同序〉）

　　陳淳不服從黃榦的批判，告訴各家，主張自己的說法。據此則支
持黃榦的有林夔孫（子武），另一方面李方子、陳淳，還有真德秀恐
怕也是支持先學《近思錄》的說法吧！如何看待此書的地位是學派的
一個對立點。

　　就《小學》書而言，陳淳認為《小學》書要比《四書》先成為入
門書，他說：「若分讀書之序，則須先《小學》以立其基址。次《大

學》……，次《論》、《孟》……，然後……《中庸》。」(《大全集》
卷二十六〈答陳伯澡　一〉)但是，另外卻又說:「讀書有次序，初學
入德之門無如《大學》。」接著是《論》、《孟》、《中庸》(同上
〈三〉)，有時把重點放在《大學》，前面所述嚴陵講義中也沒有論及
把《近思錄》、《小學》書列為讀書的順序。如此《小學》書的定位雖
然不確定，但是元代許衡則在重視《四書》的同時也重視此書，程端
禮則說《小學》書要比《四書》先學，元、明時代此書與《孝經》同
先於《四書》成為入門書，而為人所讀的事，在序章已經說過了。

　　關於經書內容的理解，朱子門下的見解也多紛歧，這根據《朱子
語類》也可以知道，而關於對經書性格之大要的理解也有異說。就有
關四書的來說，根據陳淳的說法，林虁孫的《中庸解》是參證《書
經》而成的，而中間的分章也與朱子不同(同上卷二百五十〈答郭子
從　一〉)。又，據說劉黻的《中庸就正錄》與師說有很大的不同
(《經義考》卷一百五十二所引，葉紹翁語)，而且度正主張以
《論》、《孟》、《學》、《庸》為明經之序，而重視《論語》的事情，已
如前述。

　　這樣，眼前只就以《四書》為中心的討論來看，也可以看到朱子
門下後學有各種各樣的觀點。更何況在之後集成編纂《四書》學說之
際，要旁證後學龐大的各種觀點，雖然持續努力要究明朱子的說法，
甚至經文的真義，但是很明顯的這原本就是一件難以有收穫的作為。

　　隨著降至二傳、三傳，該如何理解朱子經說、《四書》說的見解
不得不變的更加多歧。一般認為傳播朱子學說有力的魏了翁、真德秀
在理解上也有極限。魏了翁是四川省蒲江人，雖然也有像在四川，即
巴蜀之地，本是四川涪陵人，居襄陽，之後徙居故地的晏淵(《宋元
學案》卷六十七)那樣尊從朱子學的人。但是，在從以前就流行三蘇
(蘇洵、蘇軾、蘇轍)之學，與道德性命之學關係薄弱的這個地方，

朱子學得以傳播，一般認為是有賴於了翁之力甚大。因為服父喪而居家，說：「輔廣、李燔者開門授徒，士爭負笈從之。由是蜀人盡知義理之學。」（《宋史》卷四百三十七〈本傳〉）但是從經史學的側面來說，了翁是雜揉的，不見得是朱子學的忠實傳承者。還有真德秀是福建省浦城人，與鶴山並稱，被評價說：「德秀晚出，獨慨然以斯文自任，講習而服行之。黨禁既開，而正學遂明於天下後世，多其力也。」（同上〈本傳〉）與朱子門下的交涉也很頻繁，在完成朱子學傳播上的功績甚大。但他離朱子學說的全面繼承者仍然很遠。

如此地涉及細部來看，朱子學繼承者的立場是各自不同的，就《四書》說而言，師說並沒有被統一理解。但是，從宏觀來看，朱子學派，以《章句》、《集注》為文本、作為以《四書》為中心的《四書》五經之新經學，不用說在南宋末期以降佔有思想學術界支配地位的趨勢。而透過從顯彰到從祀來提高尊崇朱子的政治面的做法，使得此趨勢變得更不易動搖了。

在曾經流行象山學的四明之地，也出現了跟隨朱子學的人。黃百家說：「四明之學以朱而變陸者，同時凡三人矣：史果齋（蒙卿）也，黃東發（震）也，王伯厚（應麟）也。」（《宋元學案》卷八十五）全祖望說：「四明之專宗朱氏者，東發為最。《日鈔》百卷，躬行自得之言也，淵源出於輔氏。」（同上卷八十六）黃震（1213-1280）、王應麟（1223-1296）、史蒙卿（1247-1306），三個人都是從南宋到元初時代的人。

就黃震的《黃氏日抄》來看，在經書讀書劄記之項從《孝經》、《論語》、《孟子》到六經，《庸》、《學》被當作是《禮記》的一部而加以論述。《論》、《孟》雖然遵崇《集注》，但在另一方面，除了可以看到有不遵崇《集注》所引的先儒說之外，就朱子說也是，例如，把〈里仁為美〉章之語看作是「恐覺微重耳」；在〈有子曰禮之用〉章

的「知和而和」節把《集注》引范氏語說成「恐於本文有添」（卷二）等等，一旦涉及細部就大公無私地處理起來。認為此句有輕重、語意有多餘的添加之事，在朱子與門人的討論中也被視為問題，在以後明、清的講章性質的四書解中也被提起。

如此地在就《集注》討論解釋的妥當性的另一面，以能得到《集注》之書為幸運，而表明對《集注》的尊崇，說：「敬受熟誦，體之躬行，庶不負先儒拳拳之意耳。」（同上）就《大學》而言，先說《大學》是《禮記》之舊文，之後記載了「今舉世之所誦習者惟《章句》也」，「以便誦習」的《章句》文本（同上卷二十八〈讀禮記十五〉）。據此也可以知道在南宋末接受、繼承《章句》、《集注》的文本及朱子《四書》解釋的情況之一端了吧！

朱、陸在世前後，思想對立雖然激烈，但是到了南宋末，朱、陸會同的傾向變得顯著起來。在江西省鄱陽，被認為是「楊（簡）袁（甫）之後，陸學之一盛也。」（《宋元學案》卷八十四）的湯氏四儒中，三兄弟的大哥湯千（存齋1172-1226）、么弟湯中（息庵，寶慶三年進士）主朱學，而二哥湯巾（晦靜，嘉定七年進士）則主陸學，侄兒湯漢之後，獨出於晦靜，而形成所謂的朱二陸二。一說朱、陸和合的是大湯（湯千）。如果根據《宋元學案》的這則記述，可以知道一族中出現了兩派的學者，而且他們的範圍不清楚。如果去除學統學派的觀點加以考慮的話，朱、陸的後生中有不再重視朱、陸思想的相異而加以折衷的傾向，可以推測約在南宋末以降變得顯著起來。即使有主朱而折衷陸，或主陸而折衷朱的不同，在從南宋到元朝的《四書》尊崇趨勢之下，這些主張折衷或融合的人不可能對《四書》採取否定的觀點，在《四書》說方面也就變成了試圖要去折衷融合朱、陸。龔霆松《朱陸會同》的序中，袁桷於至治二年（1322）如下地寫著：「廣信龔君霆松，始發憤為《朱陸會同》，舉要於四書，集陸子及其

學者所講授，俾來者有考。」（《清容居士集》卷二十一）可以知道早
就已經有以《四書》的經書價值為前提，加以集成、折衷朱、陸的
《四書》說了。

　　依上述可以知道，在朱、陸以後的南宋思想界有思想對立，而關
於《四書》的經書性格也有異說，但不久發展成思想的融合，透過政
治面的尊崇朱子學而更加快速，雖然含有微妙的對立觀點，但確立了
《四書》的經書神聖性。雖然以《章句》、《集注》為前提，但是解釋
的融合調和、統一的理解已經指日可待。而給這個從南宋到元代以
《四書》為中心的思想界之狀況決定性方向的則是元代延祐年間所制
定的科舉程式。在敘述此點之前，本文擬先探討朱子學的北傳。

　　一二三四年滅金的元軍於翌年攻打德安（湖北省安陸縣）。江漢
先生趙復想要投水，不果。被與軍同行的姚樞勸說曉喻，而把程、朱
二子、性理之書交給他前往北方，到燕講學，據說：「北方經學自茲
始」。之後，隱棲蘇門的姚樞「以道學自鳴」，盡力於《小學》、《語‧
孟或問》、《四書》、諸經傳註的刊行。許衡聞樞之名，至蘇門盡錄其
書而歸，對其學徒說：「曩所授受皆非，今始聞進學之序，若必欲相
從，當盡棄前習，以從事於《小學》、《四書》為進德基，不然，當求
他師。」宣稱悟得程朱學，以《小學》、《四書》為基本。大家都說：
「惟先生命」，據此程朱學已北傳。

　　根據姚樞的姪子姚燧名著〈神道碑〉【全稱為〈中書左丞姚文獻
公神道碑〉】文所傳下來的這則史事，被收錄在《牧菴集》（卷十五）
及元代有名的文選常為人所讀的《元文類》，而廣為人知，可以說這
是成為關於朱子學北傳的定說。但是，如果想到：第一、經常被視為
是因個人貢獻的歷史現象，事實上很多卻是由多數人或集體之力所成
的，還有第二，如吉川幸次郎在〈朱子學北傳前史〉所解明的，姑且
不論南宋的朱子學不易滲透的政治上的、文化上的各種條件，存在於

北方的金朝，被政治撕裂而分割獨立的同一民族間，互有對熱情同朋的思念、對大同的願望，即使在民間也有互通消息，秘密地進行文化交流之事，並不是只有現今的世界才會出現的現象等等的話，那麼，朱子學北傳也應該有從這個觀點來思考的意義吧！吉川氏暗示，確實含有依據朱子《集注》而議論的王若虛《論語辨惑》、《孟子辨惑》，可能要比趙復的北來更早寫成。

很可惜我手中現在沒有可以論證這個問題的確實資料。但是，如果從我們對上述的關心來說的話，即使這不是否定趙復、姚樞、許衡的途徑是朱子學北傳最有力的定論的說法，但只要能夠旁證還有其他可以思考朱子學傳播的途徑，至少在金末積極接受南方的文化，因此也帶來了對性理學的關心，到了元代更急速地成為朱子學滲透的基盤也就可以了吧！

元初的大儒郝經為了記念楊惟中，而在燕都建立「太極書院」，說：自北宋傳到南宋，到朱子而盛，江淮間燦然興起洙泗之風的學術，而「金源氏（金朝）之衰，其書浸淫而北。趙承旨秉文，麻徵君九疇（諱知幾，《歸潛志》卷二有傳），始聞而知之，於是自稱為道學門弟子。及金源氏之亡，淮漢巴蜀相繼破沒，學士大夫與其書，遍於中土，於是北方學者始得見而知之。」（《陵川集》卷二十六〈太極書院記〉參照同卷三十五〈楊公〔惟中〕神道碑銘〉）。太極書院請北來的趙復為師儒，戮力於程朱學的傳播，特別要注意的是：郝經寫〈太極書院記〉，並沒有把程朱學北傳的功績全數歸於趙復這個途徑。所謂金朝之衰退，一般是指從貞祐二年（1214）為躲避元的壓力而把京都由燕京遷到汴京的前後而言，那時剛好是朱子學在南方復權的時期，可以認為上述文章也是就這一時期而言的吧！趙秉文親近程朱學而自稱道學弟子之事，從留下來的遺作來看無法首肯。或者在朱子學流傳的元初，好意地溯及而評論也說不定。只是朱子的書已經在此時

傳到北方的指出，似乎值得注意。

　　在金末，朱子的書傳來一事，從以下的資料也可以知道。金軍的一名勇將，以小字陳和尚而為人所知的陳彝（良佐），在貞祐之後入軍中，王渥教他讀朱子的《小學》書（《遺山先生文集》卷二十七〈良佐碑〉），以此「為治心之要」（同卷三十八〈良佐鏡銘〉）。據說天下三談士之一的王渥，曾出使南宋到揚州，應對華敏，為宋人所重（《歸潛志》卷二所收〈傳〉）。他以使節的身分被派來，收集情報成為其重要的任務，或許《小學》書也是在這時期收集的一個資料也說不定。跟隨王渥習得《小學》書之事，之所以在劉祁《歸潛志》的〈陳和尚小傳〉中看不到，這是因為作為與南宋對立關係的金國文人的著述之故，這反倒是成了理所當然的事，據此元初的元好問所說的話，無損其可靠性。

　　在金朝也被研究的性理學，吉川氏曾經指出其內容與程朱學不同。的確，例如，被評為「欲著書專與宋儒商訂」的王鬱（飛伯），他論經學，「以為宋儒見解最高」（同上卷三所收〈傳〉）。而他所說的宋儒，應該是指當前的北宋儒者而言吧！但是南北的學問性格差異，不見得就意味著對南方的學術漠不關心。即使文獻的缺乏使作業中斷，但只要得到文獻，立刻可以進行南方儒學的吸收檢討，這事從趙秉文的例子也可以知道。可以這樣認為，亦即北方對南宋學術的關心是成為元初朱子學快速傳播的基盤。

　　元代初期北方招聘南宋的學者，還有北方的學者南下吸收南方的學術，這事由《宋元學案》可以得知，還有孫克寬《元代漢文化的活動》中有詳述元初儒者的活動。前揭姚燧的文章即是他仰慕許衡而以為師，為了顯彰叔父姚樞功德而寫的。即使趙復的途徑是元初最早且最有力的，但也不可以把朱子學北傳的功勞專歸於此途徑。

　　但是，關於朱子學在元代的普及，許衡所完成的貢獻透過如上的

敘述，可一點也沒有減少。從集賢大學士、國子祭酒晉升到集賢大學士兼領太史院事，在政界得勢的許衡，「一以朱子之言為師」（《魯齋遺書》卷二姚燧語），授子弟「《小學》、《四書》」，還有因為他的後生占據了國子學的教職，教授朱子學，所以朱子學成為文教政策的支柱，這是因為在上位者也在推動朱子學的普及之故。

於是隨著歲月，朱子學滲透到中國各地，而四書五經、《章句》、《集注》成為必修之書。在這樣的情勢之下，科舉復活了，而四書五經也被採用了。

（附記）

在《經義考》卷一五三裡有記載關於朱子學北傳的有趣資料，亦即「黎立武《中庸指歸》　一卷　存」，有趙秉文的序。文中說：「自考亭《四書》出，學者奉持信受如讀成律。或莫知其何為而出，何為而入，誦言終身。」《宋元學案補遺》卷二十八，黎立武之項摘錄同序載有「趙瀅水序先生《中庸》、《大學》曰云云」。如果把序文視為是趙秉文（瀅水先生）所寫的的話，那麼，就成了在金朝末期朱子學北傳時《四書》的名稱也被使用的明證。

但是根據《宋元學案》（卷二十八）所載，黎立武，字以常，新喻人。馮雲濠引《江西通志》說：「先生咸淳四年進士，累官文華閣待制。考試臨州，得吳澄」。因為咸淳四年是一二六八年，所以是屬於宋末元初之人。《宋人傳記資料索引》作卒年六十八歲。趙秉文（1159-1232），以年代上來看，為立武之著寫序的可能性是很小的。

《四庫提要》舉「《中庸指歸》一卷、《中庸分章》一卷、《大學發微》一卷、《大學本旨》一卷」，有「此四書，本合編。前有大德八年趙秉政序。」此書現在收《四庫全書》，但還沒有機會親眼目睹（《學海類編》所收《大學發微》卷首序文缺末尾，遺失了署名的部分）。但是，在年代上趙秉政（1242-1308）符合序文的作者。《提

要》的記述大概是正確的吧！序的內容也符合《四書》普及而被信奉的元代，只是作為金朝的文獻則是太唐突了。

一般認為是以諱來表記著者名字的《經義考》誤記為趙秉文，而用字號表記的《補遺》則改為趙滏水加以轉載，可知在《補遺》所據的資料中有《經義考》。從以上看來，這份資料在現在的論述上是不能用的。

翟灝《四書考異》（總考三十三）中引用此文，作「趙秉文滏水《文集》曰」。如今就《滏水先生文集》來看，當然不可能收錄此文章。大概是翟灝轉寫《經義考》的吧！在重複地轉用中錯誤越擴越大。

皇慶二年（1313），中書省上言實施科舉，此年定條制，隨之在延祐二年（1315）舉行廷試。從金滅亡算起八十幾年，從南宋滅亡算起則三十幾年的期間有中斷過，這是大大地改革舊制的大好時機。為什麼呢？正如前一節所說的，因為急速的根本改革對花了長期準備的考生帶來不利，所以在歷代改革的議論中這一點成為很大的障礙，相對地，長期的中斷，幾乎可以不管那些依據舊制準備考試的事。從元代初期就常有復活論，但之所以不見實施，是因為他們認為順著思想界實情實施改革是可能的。

此時的考試程式有「蒙古、色目人，第一場經問五條，《大學》、《論語》、《孟子》、《中庸》內設問，用朱氏《章句》、《集註》。其義理精明，文辭典雅者為中選。第二場策一道，以時務出題，限五百字以上。漢人、南人，第一場明經經疑二問，《大學》、《論語》、《孟子》、《中庸》內出題，並用朱氏《章句》、《集註》，復以己意結之，限三百字以上；經義一道，各治一經，《詩》以朱氏為主，《尚書》以蔡氏為主，《周易》以程氏、朱氏為主，已上三經，兼用古註疏，《春秋》許用三傳及胡氏《傳》，《禮記》用古註疏，限五百字以上，不拘

格律。第二場古賦詔誥章表內科一道,古賦詔誥用古體,章表四六,參用古體。第三場策一道,經史時務內出題,不矜浮藻,惟務直述,限一千字以上成。」(《元史》卷八十一〈選舉志 一〉)

這個程式的特徵,除了蒙古、色目人征服民族與漢人、南人被征服民族間所設的差異之外,還可以舉出:宋、金時代所重視的詩賦,只是第二場的一部分,而把經義放在第一場;首次採用以《四書》為科目;除《周禮》之外,以《詩》、《尚書》、《周易》、《春秋》、《禮記》為五經;除了《四書》用《章句》、《集注》之外,《詩》、《書》、《易》也用程朱學的註釋,古注疏只是兼用的地位等以上各點。

在內容上,雖然是根據朱子的〈學校貢舉私議〉(《朱子文集》卷六十九)的具體方法,但卻可以知道其試圖給予考生方便而加以修正,在此上大幅地採用朱子學的精神。朱子的〈私議〉論及科舉制度的改革,建言(一)削除詩賦。(二)把諸經子史分成四部門,每三年的科舉依順出題使通曉經史。(三)定所據經書註釋據此課以作文。就(二)而言,定每年的六經「《易》、《詩》、《書》為一科,而子年、午年試之。《周禮》、《儀禮》及二戴《禮》為一科,而卯年試之。《春秋》及三傳為一科,而酉年試之。」認為必定要用《四書》「諸經皆兼《大學》、《論語》、《中庸》、《孟子》」。就(三)而言,以注疏為主,詳細地列舉了以北宋學者為主要兼用的註釋。而令考生就各經選擇二說以上,明記於答案卷的開頭,以本說為主,而旁通他說,以辨其是非。

與此比較的話,程式採用《四書》,令其依據《章句》、《集注》。而〈私議〉關於《四書》舉北宋學者之著雖是謙遜,而採用朱子內心所意圖的是理所當然。就諸經而言,不採用所定各年的經書之說,而繼承選擇一經,雖然沿用以古注疏為主及於諸儒之說的〈私議〉,但卻改變成以程朱學說為主的方向。這是因為就當時學問的狀況大幅地

採用朱子學，且要減輕經書的學習困難，考慮到考生的方便之故。以上就是元制的科舉。

在實施科舉以前，例如說過「苟以科舉必遵朱氏之學」（《宋元學案》卷八十三）的龔煥；說過「科舉極弊于宋，廢必復，復則文公〈私議〉必行。」（同卷六十四）的韓信同，在科舉復活之際，早已預測了根據朱子〈私議〉的精神而加以運用。而此實施之後，更引發朱子學的隆盛，加速朱子學思考模式的滲透吧！據說預測猜中之後，韓信同門下「弟子日益進」（同上）。韓性說：「今之貢舉悉本朱子〈私議〉，為貢舉之文，不知朱氏之學可乎？《四書》五【六】經，千載不傳之學，自程氏至朱氏發明無餘蘊矣。顧行何如耳，有德者必有言，施之場屋直其末事。」（《元史》卷一百九十〈本傳〉），主張要人趁此時機體得程朱的真精神。

這樣的例子已經不用舉太多了。因延祐的程式，而《四書》的稱呼已正式被使用，以《四書章句集注》及五經的程朱學的註釋為標準解釋，而為人所公認，這是接受了學術思想界的大勢，而且明確地決定了學術思想方向。以後，科舉在元末明初、明末清初雖有一時的中斷，但在明、清時代也使用四書五經，使用以朱子學的《四書章句集注》、五經註釋為標準的解釋。到明永樂年間，廢古注疏，成了專用上述的解釋，即使是清朝也在科舉上重視《四書》。到晚清，在科舉的改廢成為緊急的論題之前，在政治上厚加保護著朱子學。

在經過以上兩節所說的政治思想狀況之下，具體地來看《四書》學如何地被受容、繼承？又如何地完成新的展開？則是以下的課題。

# 第三章
# 朱子以後的《大學》觀變遷

## 一　朱子的《大學》觀

　　相較於自古以來即以單行本而被重視的《中庸》，《大學》的發展較晚，一直到了北宋之後才成為單行本，並開始有文本的更訂、註釋，朝廷也開始重視此書而賜給臣下，頗有與《中庸》並為經書，而給予高度評價的趨勢。[1] 到了南宋朱熹（朱子）將此二書與《論語》、《孟子》合而稱之為《四書》，且定《學》、《論》、《孟》、《庸》之順，以為學者應學的系統之書。尤其是對作為「初學入德之門」而被置於最先的《大學》進行了改訂文本，亦即著作了《章句》本。他根據自己的學問觀加以註釋，而確立了作為思想書的地位（參照前章）。當時的論敵陸氏兄弟中的一人——陸九齡（1132-1180）曾對朱子的著作能傳至後世的和不能傳至後世的做了以下的預言。

> 朱元晦（熹）之《論語集解》已脫槁，此言必傳於世，若《詩集傳》、《中庸》、《大學》章句則殊有未安，恐不能傳之遠。（《黃氏日抄》卷四十二所引《陸復齋文集》）

---

1　關於《大學》的顯彰，可參照麓保孝〈大學を中心とした宋代儒學〉（收錄於《近世儒學變遷史論》）。又本篇整體上參考了翟灝《四書考異》總考（《皇清經解》本省去了總考），山下龍二《大學・中庸》（集英社，《全釋漢文大系》）及此書中所引各書。特別是關於第四節則參考了荒木見悟《明末宗教思想研究》、《陽明學の開展と佛教》。

與《論語》之註釋（實為《集注》）相較，其他三書的註釋，因為極其嶄新，所以謂之傳承之遠近。但是與在《詩經》解釋上《集傳》仍是屬於基本文獻相較，對《學》、《庸》章句的預言或許有效，然而作為思想書的意義因為與朱子的意圖相異，相對地其意義不大，所以預言只能說是說中一半而已吧！就《大學章句》而言，隨著朱子學權威的確立，雖然以神聖的經書傳承，但是對《章句》本的疑問早已潛在著，例如：文本、教義內容，亦即經書的性質成為論題，而經宋、元、明、清各代成為學術史上的大問題。

關於這樣的《大學》觀的繼承與發展，前人已多所論著，資料上也很完備，雖然我為這些論考所引導著的同時，我想就以下幾個論點重新論述。

首先概述一下朱子的《大學》觀

〔文本論〕　朱子認為《禮記‧大學》篇的本文中有錯簡、逸脫，於是加以補訂而分「經一章」、「傳十章」。朱子認為「格物致知」的傳第五章在傳承過程中散逸了，所以加以補了〈補傳〉。這個〈補傳〉成為後世的大論點，陸續有人嘗試新的改訂。關於這一點山下龍二的《大學‧中庸》以簡明的圖做了歷史性的敘述，雖然沒有什麼問題，但是我想有必要借用上述的方式轉載後世議論較多的《大學》文本前半段（即《章句》本到傳第六章止）。

A1大學之道　在明明德　在親（新）民＊1　　在止於至善

　2知止而後有定　定而後能靜　靜而後能安　安而後能慮　慮而後能得

　3物有本末　事有終始　知所先後　則近道矣

B4古之欲明明德於天下者　先治其國　欲治其國者　先齊其家　欲齊其家者　先脩其身　欲脩其身者　先正其心　欲正其心者　先誠其意　欲誠其意者　先致其知

5致知在格物

6物格而後知至　知至而後意誠　意誠而後心正　心正而後身脩
身脩而後家齊　家齊而後國治　國治而後天下平

7自天子以至於庶人　壹是皆以脩身為本

8其本亂而末治者否矣　其所厚者薄　而其所薄者厚　未之有也
（經一章）＊2

C9此謂知本＊3　此謂知之至也　（傳五章）

　　補　傳

　　（右傳之五章　蓋釋格物致知之義　而今亡矣　間嘗竊取程子之
意　以補之　曰　所謂致知在格物者　言欲致吾之知　在即物
而窮其理也　蓋人心之靈　莫不有知　而天下之物　莫不有理
惟於理有未窮　故其知有不盡也　是以大學始教　必使學者　即
凡天下之物　莫不因其已知之理　而益窮之　以求至乎其極　至
於用力之久　而一旦豁然貫通焉　則眾物之表裏精粗　無不到
而吾心之全體大用　無不明矣　此謂物格　此謂知之至也）

D10所謂誠其意者　毋自欺也　如惡惡臭　如好好色　此之謂自謙
故君子必慎其獨也

11小人閒居為不善　無所不至　見君子　而後厭然　揜其不善　而
著其善　人之視己　如見其肺肝然　則何益矣　此謂誠於中　形
於外　故君子必慎其獨也

12曾子曰　十目所視　十手所指　其嚴乎

13富潤屋　德潤身　心廣體胖　故君子必誠其意　（傳六章）

E14詩云　瞻彼淇澳　菉竹猗猗　有斐君子　如切如磋　如琢如磨
瑟兮僩兮　赫兮喧兮　有斐君子　終不可諠兮　如切如磋者　道
學也　如琢如磨者　自脩也　瑟兮僩兮者　恂慄也　赫兮喧兮者
威儀也　有斐君子　終不可諠兮者　道盛德至善　民之不能忘也

（傳三章前半）

15詩云　於戲　前王不忘　君子賢其賢　而親其親　小人樂其樂
　而利其利　此以沒世不忘也　（傳三章後半）

F16康誥曰　克明德　大甲曰　顧諟天之明命　帝典曰　克明峻德
　皆自明也　（傳首章）

G17湯之盤銘曰　苟日新　日日新　又日新　康誥曰　作新民　詩曰
　周雖舊邦　其命惟新　是故君子無所不用其極　（傳二章）

H18詩云　邦畿千里　惟民所止　詩云　緡蠻黃鳥　止於丘隅　子曰
　於止　知其所止　可以人而不如鳥乎

19詩云　穆穆文王　於緝熙敬止　為人君　止於仁　為人臣　止於
　敬　為人子　止於孝　為人父　止於慈　與國人交　止於信
（傳三章前半）

I20 子曰　聽訟吾猶人也　必也使無訟乎　無情者　不得盡其辭　大
　畏民志

21此謂知本　（傳四章）　（以下省略）


＊1　《禮記》本作「親」。《章句》本依程子之說「當作新」，經
　　　文雖然沒有改，但是在《章句》註及一般的議論時則改為
　　　「新」。

＊2　以下的括弧中表《章句》本之編次。

＊3　《章句》本引程子說，認為此句為衍文，在下句之前補以下
　　　的文章，一般稱之為〈補傳〉。


　　《章句》本改原來的《禮記》本編次而編成，如括弧內，經一
章、傳首章——傳六章，在傳五章補入〈補傳〉。揭載文以下省略的
部分，則依《禮記》本之編次，分傳七章——傳十章。

　　稱經一章的「明明德」、「新民」、「止於至善」為三綱領，「格
物」、「致知」、「誠意」、「正心」、「脩身」、「齊家」、「治國」、「平天
下」為八條目。從傳首章到傳三章是三綱領的傳，傳四章是經B3的
「本末」之傳，傳五章至傳十章是八條目之傳。

　　《章句》本的改訂參考了程明道、伊川的改訂版，因此有其使之
更完善的目的在（山下前揭書）。同時以A－B－F－G－H－E－I－C
－D（以下續「I」的與《禮記》的編次同）的排列比之於《禮記》
本，可知只移動了CD和E的二處本文而已，可以說這比二程的改訂更
接近《禮記》的原貌。如此一邊重視原貌，而且一邊補入原文所沒有
的長文〈補傳〉，正如在第一章所指出的一邊祖述、繼承傳統，一邊
貫以合理批判的朱子經書解釋法，也可以適用於文本的改訂。

　　〔作者論〕　關於作者，朱子一面繼承程子所認為的《大學》是
孔子學派傳承的記錄，亦即「孔氏之遺書」，除此之外，別無其他特
定作者的看法。一面說經一章「蓋孔子之言，而曾子述之。」認為是
曾子祖述孔子之語，又說傳一章至傳十章是「曾子之意，而門人記
之。」認為是門人記錄曾子的遺書，視為是曾子及其門人傳孔子、曾
子教義之書。

　　〔性質・內容論〕　關於《大學》的教義內容，朱子在其〈章句
序〉寫道是「古之大學所以教人之法」，古代八歲入小學，學習「灑
掃、應對、進退之節，禮、樂、射、御、書、數之文。」十五歲入大
學，學習「窮理正心，脩己治人之道。」他敘述了在教育機關的大學
教育理念。又《章句》也說是「初學入德之門」，經一章的註也說是
「大人之學」。有人說如以朱子學的述語「精粗」來看，則在小學所
學的教育內容則相當於「粗」，而在大學所學的道則是相當於「精」。
又「大人」含有相對於小子（小孩）的「大人」，同時也有人格卓越
者之義。因此即使被稱之為「初學入德之門」，其價值也絕非是低層

次的。就教義而言，從士大夫脩己的個人道德到為政者治人的政治道
德，儒學和政治全體都在此有了指示。

　　但是，之所以規定以《學》、《論》、《孟》、《庸》之順序學習《四
書》，而將《大學》視為「初學入德之門」，是因為三綱八目的教義內
容既具體又切實，續《大學》之後，可從《論》、《孟》而知聖賢「應
機接物之微言」，待其融會貫通，則「傳授聖門極至之言」，換言之，
亦即指學說自成「一理」的《中庸》（參照第一章）而言。朱子視
《學》、《庸》為授受道統的聖賢之書，如果認為兩書的教義內容本質
上一致，那也是理所當然的事。但是，他卻把兩本書的性質清楚地區
分開來，相對於《大學》的平易具體，而《中庸》則是難解的哲理
之書。

　　關於三綱領的「明明德」，朱子「人之所得乎天，而虛靈不昧，
以具眾理而應萬事者也。」（經一章註）把天所賦與之理視為性（道
德之本性），如果依此立場，則可以認為「明德」被解釋成「性」。其
門人就這點提出「恐明明德便是性」的問題，但是朱子堅持認為明德
是心，他說：「心與性自有分別。靈底是心，實底是性。」（《朱子語
類》卷十六，五十一條）但是相對地卻在《中庸章句》的首句「天命
之謂性」的註中展開性論。就此而言，後世註釋者提到「《大學》言
心不言性。……《中庸》言性不言心。」（胡炳文《四書通》中庸序
註）的說法，就朱子《學》、《庸》二書的整體觀來看，可以說是很恰
當的（關於後世對此說的竄改，請參照第四章第二節）。朱子如此地
以一百八十度不同的態度理解《學》、《庸》的性質，對此，後世把這
兩書看成有密切關連，或認為應該以《庸》、《學》為順序時，可以預
言，對理解兩書的性質將會出現很大的變化。

　　另外，如根據《章句》本，則《大學》的教義內容在經一章首論
三綱領，認為應先弄明白具於自心之中的「明德」，以細目言相當於

八條目中的「脩身」以上，即「格物」、「致知」、「誠意」、「正心」、「脩身」，也就是「本末」中的「本」。完成「明明德」的修養之後，進而指向「新民」。《禮記》本的「親民」被改成「新民」，把「明德」擴及他人「去舊染之汙」，革新人民，相當於八條目中「齊家」以下，即「齊家」、「治國」、「平天下」，也就是「本末」中的「末」，得「本」及「末」。而「止於至善」則是指「明明德」的修養、「新民」的實踐都「止於善之地而不遷」而言。雖然「明明德」、「新民」和「止於至善」在概念內容上並非並列，但是由於在文章表現上採取「在……」的構文，而分別並記此三項，所以分成三綱領來看。

次說八德目，最先的「格物」、「致知」之義在〈補傳〉中指出了「格物」是經驗性地窮盡事物之理，「致知」是因「格物」而心之全體大用變明，心的能力可以完全發揮。等到「格物」、「致知」則「誠意」，待其「誠意」則「正心」，待其「正心」則「脩身」，以至於以下的「齊家」、「治國」、「平天下」，從「格」、「致」到「治」、「平」，從「本」到「末」漸次地階段性地修得。

在這個《大學》說中，「持敬、窮理」可以說是用於朱子學門弟子教育的兩大綱領。窮理說常為人所論述，所以眾所周知；而另一方面也不能無視於持敬說與《大學》的結合。《大學或問》說：

> 蓋吾聞之，敬之一字，聖學之所以成始而成終者也，為《小學》者不由乎此，固無以涵養本源，而謹夫灑掃、應對、進退之節，與夫六藝之教；為《大學》者不由乎此，亦無以開發聰明、進德脩業，而致夫明德、新民之功也。

以透過《小學》、《大學》的根本心態而強調敬虔的重要性，進而說「然則敬之一字，豈非聖學始終之要也哉。」

《大學或問》在朱子四十五歲時已完成，相對於此，早就著手而

到了四十五歲時完成草稿的《大學章句》中有六十歲時所寫的序文，
而在此前後持續更定，「誠意」章到死前都還在更定（山根三芳〈朱
子著作年代表〉（二））。結果，與《或問》比較，《章句》多採晚年的
學說，兩者之間可以看出其相異則是眾所周知的事。就「敬」而言，
在《章句》中雖然沒有直接在註釋上作解釋，但是到了後世，合纂了
《章句》本與《或問》及《文集》、《語類》之關係論說，透過這種論
說來理解朱子的《大學》說，而變成了「敬」與《大學》相關而很受
重視。元代致力於朱子學普及的許衡說：

> 天下古今之善皆從敬字上起，天下古今之惡皆從不敬上生。在
> 《小學》便索要敬，在《大學》便索要敬。為臣、為子、為
> 君、為父，皆索要敬，以至當小事、當大事，都索要敬。這一
> 件先能著力，然後可以論學，學先要窮理。（《魯齋全書》卷四
> 〈答丞相問論《大學》明明德〉）

意即要論《大學》「明明德」之際，根據《或問》，為學先求持敬，然
後才能窮理。

還有，明代初期篤實的朱子學者陳真晟（剩夫）重敬而推演《或
問》學說（《陳剩夫集》卷一〈推朱子兼補之說〉），認為讀《大學》
而知為學之次第，讀《大學或問》「始知敬者大學之基本」（同右卷首
〈行狀〉）。

如此地對持敬的重視，在把持敬窮理與《大學》扯上關係的傾向
中提出問題的是王守仁（陽明），他說：「舊本析而聖人之意亡矣」，
主張還原《禮記》舊本的陽明重視初期的「誠意」，視不務「誠意」
而重「格物」的朱子學為支離，說：「合之以敬而益綴，補之以
〈傳〉而益離。」（〈大學古本序〉）在批判《章句》本的改訂、〈補
傳〉的同時，更認為導入持敬想救支離的朱子解釋，反而變成了擴大

支離的結果，而加以非難、排斥其隨意改經補經。[2]關於這一點，他認為想要「明明德」就要先確立「誠意」的心態，之後再用「格物」、「致知」的工夫，則此工夫才能穩定（始有下落），如依《章句》本先「格物」、「致知」，則因此工夫達成的方向不定，所以不得不添加以「敬」字貫穿《小學》、《大學》的態度，如果敬是如此重要的字的話，為什麼《大學》文本中不寫這個字？所以這個添加充其量只不過是畫蛇添足而已（《傳習錄・卷上》〈蔡希淵問〉）。

陽明銳利地指出朱子解釋《大學》是脫離本文，其結果是不得不導入原文中所沒有的敬。因此《大學》的持敬說論據就此消失了吧！雖然常常有人指出陽明解釋經書的主觀性，但是至少可以清楚地看出其意圖在於再發掘經書的真正本義，透過經書提示學說。

朱子的《大學》觀，如上所述，極為完整有次序，是有系統的、新鮮的，但正因為是革新的，所以到了明、清時代受到了多方面徹底的批判。清代考證學者之一的汪中（1744-1794）認為《章句》本的經傳分看、孔子、曾子作者說是失去暸解釋方法的東西，認為這只不過借孔子、曾子之名以表示自己的權威而已，而宋儒的《大學》說把孔子多面的教育方法統一化了，改變孔子之義，試圖借此逐漸地滲入自己的學說，他論述了宋儒的虛偽性（《述學》卷四補遺〈大學平議〉）。對《章句》本的批判更波及了《大學》本身，清初的陳確、姚際恆早已想要去除此書的經書神聖性，如果到了這階段，那麼，長久

---

2　〈大學古本序〉有陽明四十七歲的舊序和五十二歲的新序，前者以「誠意」為《大學》的核心，相對地，後者則在前面提出致良知說，此事山下前揭書已有詳述。現在本文所論的附加「敬」之蛇足批判朱子的地方，新序也沒有改。〈大學古本序〉以批判朱子解釋方法為重點，相對於此〈大學問〉則直陳己說。

武內義雄《學記・大學》（岩波文庫）對於〈大學古本序〉的「合之以敬而益綴」，把「合」讀成「分」，把「敬」讀成「經」而訓成「分之以經而益綴」（山下前揭書）。此訓譯則是忽略了陽明對持敬說的批判。

以來被視為經書而有其系統的、著述的《四書》將會解體而成為四本書，特別是《學》、《庸》，其作為聖賢書的價值將會被否定掉。如此以《四書》為中心而建構起來的朱子學思想依據也將因而消失。關於圍繞著《大學》觀變遷的各種問題將在下文作敘述。

## 二　朱子以後的《大學》改訂

朱子以後，《四書》成為神聖的經書，一般相信《章句》、《集註》的無誤性，但是在這時期，特別就《大學》文本改訂而言，有不依從《章句》本的暗流的存在，而不斷出現新的改訂本。

有人說完成改訂文本的是始於南宋董槐（號渠堂），嘉定六年（1213）的進士，學於朱子弟子輔廣等人，後官至右丞相兼樞密院使。這個改訂說被記述在〈行實〉上，所以為人所知。黃震（1213-1280）謂於景定五年（1261）已知道此事（《黃氏日抄》卷二十八），而王柏於咸淳五年（1269）得到車若水的書信時還不知道此說，之後得知此說而寫了〈大學沿革後論〉（《魯齋集》卷二）。

根據《黃氏日抄》的說法，董槐說是否定格致傳散佚的看法，認為本文沒有闕落，只是有錯簡而已。以前揭本文為編次則是A1、B（經一章）。F（傳首章）－G（傳二章）－H、E（傳三章）－A2・3、I21・20、C（傳五章），（不立《章句》本中所謂本末傳之傳四章），以下則與《章句》同。與《章句》本比較，則刪除了傳四章與〈補傳〉，視A2・3、I21・20、C為格致傳。黃震之所以記錄此說，大概是認為有其一定的價值吧！

車若水（號玉峯，黃巖人）在咸淳五年時，寄給王柏的書信中論說格致傳不亡。王柏（號長嘯，更號魯齋，1197-1274）得此書信而受啟發，確信其說無誤。車若水、王柏的改訂本為合A2・3「知

止……則近道」和I「子曰聽訟……此謂知本」，而將之放在D「所謂
誠意者」之前，而作為格致傳。因此如果與董槐本比較則可知I20．
21的順序是依照《章句》本（也同於《禮記》本），是以A1、B4為
經，以A2．3、I20．21為格致傳（同上，卷七〈答車若水〉、卷二
〈大學沿革論〉、〈大學沿革後論〉）。

如果車若水、王柏本除了以上的改訂之外都依《章句》本的話，
那麼將會是I20－C，而成為「此謂知本，此謂知本，此謂知之至
也。」「此謂知本」的重複大概是依據《章句》的程子說而視為衍文
吧！對此董槐本認為並不一定要把這句視為衍文，之所以倒置I20和
I21，顯示其不認為是衍文。由此可見，在董槐改訂本和車若水、王
柏改訂本中仍有細部地異同存在，但是以前的研究都沒有注意到這個
異同，而視兩本為相同[3]，而且就改訂說的前後繼承關係而言，也作
了不正確的論述，一般認為這大概是淵源於明初的方孝孺。

方孝孺（1375-1402）舉出董槐、葉夢鼎、王柏為朱子以後的改
訂論者，認為他們都否定闕文，只承認有錯簡，把A2．3放在I之前作
為格致傳的論者，而謂車若水贊成此說（《遜志齋集》卷十八〈題大
學篆書正文後〉）。方孝孺是在永樂帝篡位時抵抗而殉難的忠臣、碩
儒，其文集為後世所好讀，所以此說廣為所知，而常被引用論述。但
是，如上所述，則應訂正為：董槐本和車若水、王柏本是不同的，而
且車若水並非贊同改訂說，而是比王柏更早自作改訂本。在此，就被

---

3　本書所用的《黃氏日抄》是根據影印立命館大學藏本的中文出版社版。此書一如
　　本書般地刊載了董氏本的編次。但清代胡渭《大學翼真》則舉〈董氏改本〉的順
　　序為 A2．3、I20．21、C。這與車若水、王柏本一樣。胡渭也看《黃氏日抄》，但
　　根據影印本，則此書引用《章句》本於〈補傳〉註中注記了董氏本的編次，而且
　　也刊載了根據董氏本的改訂文本，這兩個地方都與本稿所述編次一樣。我不認為
　　《黃氏日抄》裡存有與這部分相關的異本，所以不得不以為或是胡渭誤寫，或是
　　與王柏本混同。

視為改訂論者之一的葉夢鼎而言，他是咸淳年間身為參知政事的人
物，其說雖不傳，但因為與方孝孺同為寧海人，所以方孝孺所說或有
根據吧！

　　根據上述，則可知在南宋時已有不依《章句》本的多種改訂說的
存在。

　　元代也可以看到試圖改訂，但是，其中一名大儒吳澄（草廬先
生，1249-1333）之名被舉出來，則是有疑問的，其起因一般認為是
在於吳澄的弟子袁明善的《大學中庸目錄》。葉盛（1420-1474）認為
其說與董槐相同，但是，對照以上所述，則應該是和車若水、王柏說
視為相同才是。景星（號訥菴）的《大學集說啟蒙》（至正二十三
年，1362序刊）中所舉吳澄改訂說是A2‧3－Ⅰ－C 的順序，所以和
車若水、王柏說是相同的。明代鄭曉（1449-1566。嘉靖二年之進
士）把吳澄列入改訂論者之中（《端簡鄭公文集》卷一〈說經　大學
說〉），山下前揭書也舉其名。但是吳澄的《大學》說全貌不明，然而
謂《大學》經一章（A、B）的二百多字為「謹嚴簡古，真聖筆也，
與傳之文體全然不同。」故強烈地反對將此經一章析破而構成格致傳
（《臨川吳文正公集》卷三答問〈答海南海北道廉訪副使田君澤
問〉）。由此可見，難以想像他會採用分經一章而構成格致傳和如上述
般的改訂。葉盛也指出袁明善記錄了吳澄的改訂說，而且以上述文章
為論據，論述了其持疑的論點（《水東日記》卷四〈大學經傳次
序〉）。

　　把吳澄視為改論者，雖然稍有保留，但是上述吳澄的文章是批評
王申子（字巽卿，皇慶二年，1313，充武昌路南陽書院山長）改訂本
在本文中重構格致傳，又把不同於程子更定過的改訂加入「平天下
章」。同時，可以由此文章得知：提醒「學者亦不可不知」要注意改
訂動向的前述景星之事與元代中持續有人關心文本改訂之事。

　　到了明代改訂仍然被進行著。初期的宋濂、王褘、方孝孺等，浙江省中部的金華學派的人們採用改訂說，可以推測是王柏以來的傳統。學於宋濂的鄭辨（濟仲）以篆書刻刊王柏本，題為《大學篆書正文》，洪武十四年（1381）方孝孺「蓋聖賢之經傳，非一家之書，則其說，亦非一人之所能盡也。千五百年之間，講訓言道者迭起不絕，至於近代而始定。而朱子亦曷嘗斷然以為至當哉，故亦以待後之君子爾。」（前揭《遜志齋集》）公然言及朱子《大學》說中也有缺陷的可能性。在辱罵宋儒為腐儒，指出其學術誤謬的洪武帝時代下，這可視為是自由進行批判朱子學說的一個例子。

　　永樂年間，改訂的議論因為頒布編纂《四書》、五經、性理三大全作為科舉用標準學說，而給人一時沉寂的感覺。但是，到了十五世紀後半，議論再度高揚起來。

　　楊守陳（1425-1489）的改訂內容雖然不詳，但是他認為程朱的更定是「義之至善，求心之所安。」進而自己也進行了「足全吾心之所安」的改訂（《楊文懿公集》卷二〈大學私抄序〉）。關於程敏政（1445-?，成化二年，1466年的進士）、王鏊（1450-1528）、蔡清（1453-1508）、劉績（弘治二年，1490年的進士）的改訂說，詳於翟灝的《四書考異》。王恕（1416-1508）也有改訂說，以A3－B7・8－A2－I20（21刪除）－C為格致傳（《王端毅公文集》卷八〈石渠意見〉《大學》）。崔銑（1478-1541，弘治十八年，1505年的進士）的改訂編次是A－B－C－E－F－G－H－I－D，而把B的後半及C、E、F、G、H、I放在D（誠意章）的前面，作為格致傳（山下前揭書）。雖然目前不能目睹《四書考異》所引用的崔銑《大學全文通釋》自述，但是在他的文集《洹詞》（卷九〈松窗寱言〉）中也有同樣的說法。

　　雖然這些改訂說在內容上有異同，但是就格致的傳文而言，在朱子《大學》觀的範疇內是不可或缺的想法（山下前揭書）。暗批陽明

為霸儒的崔銑也有所改訂，只是移動了D（誠意章）而已，其他的則依照《禮記》本，這個改訂很明顯是為了對抗陽明彰顯《古本大學》之後而提出來的。雖然著重於古本的編次，但是在樹立格致傳這點上則是繼承了朱子。雖然這些在樹立格致傳上繼承了朱子，但是從其否定〈補傳〉，認為《禮記》本沒有缺漏來看，大概是想在保守方面超越朱子的吧！

　　只是要附帶一提的是，可以說這些改訂議論在實質上是為了陽明以後的《大學》議論而準備的東西。其理由：第一、因為改訂論完成了保存《禮記》本舊本記憶的任務。永樂年間的《四書大全》用了《章句》、《集註》本，而《五經大全》的《禮記》又刪除了〈大學〉篇、〈中庸〉篇，所以就《大學》而言，在書籍普及度低的、離中央越遠的地方，除了《章句》本之外，《禮記》舊本的存在已不為人知。關於這一點，毛奇齡說：「明嘉靖間王文成公（陽明）刻《古本大學》，當時文士在官者，自中（官）及外（官）稱明代極盛之際，尚相顧眙愕，並不信《大學》復有此本。」（《大學證文》）但是說古本的傳承完全斷絕則是毛奇齡獨特的誇張表現，對照《禮記》本與《章句》本，如果不知道《章句》本作了大幅度的改訂的話，那麼，應該就不會有重新作移動本文改訂本的事。因為二程、朱子改編次已成前例，所以才有後世再度加以改訂。這些在與《禮記》本的校對上是不可或缺的，因此透過對《章句》本起疑的改訂議論，其結果是《禮記》本得以傳承下來。

　　《黃氏日抄》同時刊載了《章句》本與《禮記》本《大學》，另外有獨特《大學》觀的黎立武（咸淳四年，1268年的進士）《大學本旨》、《大學發微》是依據《禮記》本的結構，其內容則為「明明德」、「親民」、「止於至善」的三要和八條目 →「格物」、「致知」、「誠意」三條目的傳釋 → 三要的傳釋 → 三條融貫性的敘述 →「正

心」以下五條的傳釋。這些論者和改訂議論共同喚起了對文本的關心，而保存了古本的記憶。

　　第二、因為認為《禮記》本沒有缺漏，而著重於再組織的改訂議論，雖然沒有要否定朱子《大學》觀，但其結果卻致使在解釋因〈補傳〉而把「格物致知」置於中心教旨的朱子《大學》實質地頓失根據，而不得不尋求新觀念來解釋《大學》。

## 三　王陽明的《大學》觀

　　被流配到貴州省龍場邊境，體驗了身心極限狀況的王陽明，某夜大悟「聖人之道吾性自足，向之求理於事物者誤也。」而得到「格物致知」的根本意義，這是正德三年，三十七歲（1508）的事。據說陽明根據這個徹悟，把所有的信賴寄於心之能動性、自律性上，而展開精力過人的講學活動，在《學》、《庸》的新解釋中尋找經書的主要依據，對初見面的士人藉《學》、《庸》之首章，開示聖學之全功（錢德洪〈大學問〉序）。就《大學》而言，從《禮記》中取出《古本大學》，視之為孔門傳承的舊本，超越依據《章句》本的朱子《大學》觀施以新解，再度賦予《大學》成為思想書的生命。

　　與傾注精力於《四書》註釋的朱子不同，陽明不好註釋，認為此《大學》之說應口耳相傳，到了晚年才勉強同意筆錄了〈大學問〉。〈大學問〉不致力於語義、句義的訓詁，而是綜合地把握《大學》的整體，在解釋態度上與《章句》大為不同。但是就細部來看，可知他慎重地根據朱子的解釋，批判地想要超越朱子的解釋。在此要根據〈大學問〉來論述陽明的《大學》觀。他回答設問「《大學》者，昔儒以為大人之學，敢問大人之學何以在明明德乎。」時說：

大人者，以天地萬物為一體者也。其視天下猶一家，中國猶一
人焉。若夫間形骸而分爾我者小人矣。大人之能以天地萬物為
一體也非意之也，其心之仁本若是，其與天地萬物而為一也。
豈惟大人，雖小人之心亦莫不然，彼顧自小之耳。……是故苟
無私欲之蔽，則雖小人之心，而其一體之仁猶大人也。一有私
欲之蔽，則雖大人之心，而其分隔隘陋猶小人矣。故夫為大人
之學者亦惟去私欲之蔽，以自明其明德，復其天地萬物一體之
本然而已耳。非能於本體之外，而有所增益之也。

朱子說《大學》是「大人之學」，「明德」是「人之所得乎天而虛靈不
昧，以具眾理而應萬事者也。但為氣稟所拘人欲所蔽，則有時而昏，
然其本體之明則有未嘗息者。故學者當因其所發而遂明之，以復其初
也。」（《章句》註）透過私欲的去除而顯現「明德」這點，一看就知
道陽明承襲了這個解釋。而「明德」之本體的「天命之性粹然至善，
其靈昭不昧者此其至善之發現。」（〈大學問〉）雖說他把重點放在至
善之性，但是在虛靈（靈昭）不昧的「明德」之本質理解上卻是與朱
子一樣。以去私欲之蔽的道德修養「明明德」為本，以社會實踐的親
民（新民）為末，兩者也一致。「格物」、「致知」的解釋正如眾所皆
知般，有其重大的對立，陽明認為「格」有「至」、「正」二義，定義
為「正其不正以歸於正之謂也」是表明了雖然把自己「正心中之事
物」的解釋放在前面，但也包函了朱子「格，至也」的定義。

我們很清楚地可以看出陽明承襲、包攝朱子的解釋，及順著朱子
所言三綱八目的大框架，掌握大學的教義內容。在《大學》指的是
「明明德」以下的三項及「格物」、「致知」以下的八項，這在本文的
開始已有明記，所以既然要講到經文的解釋，則朱子與陽明之間，有
其理解上的共通性，也是理所當然的事。但是相反地，我們也可以認

為是在共同的架構下，透過經文的解釋，可以表現自己的思想，正意味著陽明是立足於與朱子學共同陣營上，所發展出來的其中一種形態。

雖然承襲朱子的解釋，但是陽明的《大學》理解有其獨特之處。首先，就關於此書的性格而言，陽明去除了朱子把《大學》拿來和小學教育機構比較，而敘說其教育理念是作為「初學入德之門」的定義之後，再提出另一個「大人之學」的定義，因此不再是與小子（小孩）相對的大人，而是成為賦與擁有人格完成者的大人之學的性格。在陽明的後半生強打出的「萬物一體」哲學，《大學》被附會成終極真理的書。當然在朱子也是把這本書的地位看得很高，但是陽明門下後學對《大學》的尊崇，如後所述，有明顯增加的樣子。

接著就教義內容的理解來看，陽明繼承了根據《章句》的「明德」解釋，而在「親民」方面，則批判把「親民」改成「新民」的宋儒說把本來一事析為二事。他說：「明明德者立其天地萬物一體之體」、「親民者達其天地萬物一體之用」、「故明明德必在於親民，而親民乃所以明其明德也。」接著他具體的說：「親吾之父以及人之父，以及天下人之父，而後，孝之明德始明矣。」亦即「明明德」的道德修養是在「親民」的對外實踐行為中達成的，反過來說，如果沒有在「親民」之中被檢驗，則不能說已經「明明德」了。對父之孝，如果只是單純地當作知識，則不能謂之孝，透過從吾父到人之父，進而及於天下人之父，與之成為一體後，才能成為孝的「明明德」，完成「親民」的實踐。

陽明學的特色，知行合一、體用相即論，在此也可以看到。「明德」的知，或者萬物一體的本體，不待「親民」之行、或萬物一體的作用，則不能成為知、本體。因為本體和作用本是一件事，體用相即就是事物的存在狀態。朱子採取知先行後說，認為「明明德」是透過

「格」、「致」、「誠」、「正」、「脩」，所得到的「本」，在「本」完成
之後，才邁向實踐「末」的「齊」、「治」、「平」。但是陽明說「明德
為本，親民為末，其說亦未為不可，但不當分本末為兩物耳。」雖然
他承襲了以「明明德」為「本」，以「親民」為「末」的朱子說，卻
又導入了體用相即、知行合一的看法，而賦與了「親民」新的概念
內容。

關於「格物」，如上所述，雖然包攝了朱子的定義，但因為是
「意所在之事」，所以作為「正其不正以歸於正」而指向心內在的修
養方向。

關於「致知」，認為並非要「充廣其知識」，而是要「致吾心之良
知」。此良知被稱之為「明體之本體」、「天命之性」，雖然承襲了以
「明德」為心，以「明德」之本體為性的朱子解釋，卻把重點移到良
知的發揮上，而結合了陽明學的中心命題致良知說與《大學》的「致
知」。

由於把「格物」、「致知」視為專言精神作用的概念，所以從
「格」、「致」到「誠」、「正」、「脩」的德目都成了精神內部的修養德
目，內容上有重合，所以視為同一個修養的別稱也沒關係。在〈大學
問〉中「明德」、「親民」被視為一事，同樣地「身、心、意、知、
物」是一物，「格、致、誠、正、脩」是一事，朱子作為階段性的修
養德目的各個觀念，用萬物一體渾然的大人之學加以統一。

關於「止於至善」，朱子給與三綱領之一的地位。至善是「一定
之則」，而仁、敬、孝、慈、信之「五者乃其目之大者」（傳三章
註），他如此說是有其具體的內容，是等同於朱子學中所謂理的世
界。從「窮至事物之理」的「格物」開始，到「治國」、「平天下」的
修養實踐，亦即達成「明明德」、「新民」的方向是可以預先朝向已被
預定好了的「一定之則」，定理之世界，這正是朱子《大學》的一貫

基本性質。但在陽明方面，至善的發現形態就是良知本身。吾心之良知如為至善之發現，則因致良知而所得到的「明明德」、「親民」、「萬物一體」的世界是沒有辦法把這種實現了的世界當作預先的「一定之則」來加以指示，不得不承認修養實踐的行為本身是有意義的。

如上所述〈大學問〉承襲了朱子，而且也在《大學》各觀念上附加了新的概念內容，超越朱子的主知主義，而明示了實踐主義的立場，在這裡面加入了陽明學的特色，如致良知、知行合一、體用相即、萬物一體等的命題。一邊傳承了《大學》，一邊透過依據自己思想立場的解讀，可以說，此書因作為陽明學的教典而得以重生。

先前我說過陽明學是朱子學的另一種發展形態，就這一點且讓我來補充說明一下有關被投射在《大學》解釋中的人類觀。

朱子解釋「明德」，認為得自天的虛靈不昧，具眾理而應萬事，說要使因氣稟、人欲而障蔽的「明德」明起來，恢復原始的狀態。若能如此回復原始狀態，則擁有天所賦與同樣「明德」的人應該大家都是平等的，朱子學中理論上是內涵著這種根本的人類平等的看法。當然從「明德」的共通性樹立人類平等觀，在朱子學而言，僅僅止於理論的可能性而已，事實上，稟清厚之氣的優秀人類和稟濁薄之氣的劣等人類，其自然差別和上下階級的社會差別重合，而承認人類之間的差別情況。一方面說天賦與之「明德」，而另一方面又說其功能因氣稟和人欲雙重障蔽。雖說朱子明示其「去舊染之汙」的學問，但是因為障蔽是起因於肉體構成要素的氣稟，所以，事實上是承認人類的差別性。

這種人類觀也廣為表現在其經書的註釋上。《論語》、《孟子》中的孔子、孟子的言行舉止，很多都被解釋成人格超越者，不同於常人的言行舉止。舉個例來說，關於孔子的「吾十有五而志於學，三十而立，四十而不惑，五十而知天命，六十而耳順，七十從心所欲，不踰

矩。」（《論語‧為政篇》）一文，在《集注》中註成：「愚謂聖人生知
安行，固無積累之漸，然其心未嘗自謂已至此也。是其日用之間，必
有獨覺其進，而人不及知者。故因其近似以自名，欲學者以是為則而
自勉。」亦即朱子認為孔子之語並非孔子敘述自己的精神成長事實，
而是與生俱來的完美人格者聖人透過此話而教育學徒的訓戒。從這層
意義上來看，則可視為孔子不自以為聖人而誇負的「謙辭」。把孔子
視為超人的人格者，在《論語》中解讀為「謙遜之辭」是《集注》的
基本註釋態度，而很多時候是以聖人不同於凡人的異質性為前題，而
加以註釋。

　　相對於此，視聖凡一致為現實課題的陽明學，也把人類平等觀、
聖凡一致觀反映在經書的解釋上。雖然陽明說：「古先聖人許多好處
也只是無我而已。無我自能謙遜，謙遜者眾善之基，傲者眾惡之
魁。」（《傳習錄》下　黃以方錄）而承認謙遜為聖人之德而繼承朱子
之說，但是《集注》視為謙德的「回也，非助我者也。」〈先進篇〉
（因為聖人是不必受啟發的完全者，所以助我云云者是謙辭。）關於
這一點，就文章表現理解為「亦是實話」（同上），是因為聖人偶而也
希望能受到啟發，而視為與常人共通的人性。如此地特意在經書中不
承認聖人的謙辭，從《論語》中解讀為孔子的「實話」，這已成為明
代末期的一般看法。偽托李卓吾所作的《四書評》理解《論》、《孟》
中孔子、孟子的「實話」而與大眾同感，俱有肉身的人性之事，將在
第五章加以敘述。

　　朱子學所認為的人類差別觀，一般認為到了後學有被擴大的現
象。其典型的例子可以在有功於朱子學的普及、在明代朱子學者中也
有影響力的元代許衡身上看得出來。他根據《大學》的教義內容，認
為仁、義、禮、智是萬人共通的天賦德性，但也強調氣稟的差異，而
認為「明德」的存量會因稟清美之氣而增加，因稟濁惡之氣而減少，

認為氣的清濁與「明德」的多寡是有其比例關係。而「明德存得二、三分則為下等人，存得五分（一半）則為中等人，存得七、八分則為上等人。」「明德」的多寡中有著人類「千萬般等第」。換言之，可以看出其差別性階級秩序的成立根據（前揭《魯齋全書》）。

對朱子及其後學而言，與其說是人類平等的觀念僅僅止於理論上的可能性，不如說是給人有差別觀出現在面前的感覺。但反過來說，在朱子《大學》的解釋上，指示出人類平等在理論上的可能性是不可否定的。這一點，陽明也批判性地繼承了朱子的《大學》觀，在同樣的《大學》解釋中，有其提示自己的人類平等觀的理由。

〈大學問〉中認為靈昭不昧的「明德」是萬人共通，由天所賦與，這是繼承了朱子「明德」的解釋。而且，提出以天地萬物為一體的大人，和為私欲所蔽而不能回復天地萬物一體之本然的小人的存在，而提倡去除私欲之蔽。這與在氣稟、人欲雙重要素中，尋求人類差異的朱子有所不同，大人和小人的差別不在先天的氣稟上求得，而只在後天的人欲、私欲上求之。雖然私欲以心之作用出現，但是因為出現在意念之所發的善、不善，因吾心之良知而能體認到，所以去除私欲之蔽在現實上是可能的。相反地，因為善、不善不斷出現在意欲上，所以雖說是大人也有可能為私欲所蔽，因為障蔽有害於萬物一體，所以「其分隔隘陋，猶小人。」大人有時也會轉落為小人。這可以說是他提出了批判性地繼承了朱子人類平等觀。

事實上，把聖人、凡人的差別固定化的朱子學的人類理解是靜態的，相對於此，視大人和小人之相是可變性的陽明的人類理解是動態的，面對可以行善，也可以行不善的人類應有的情況，加深了洞察。

## 四　明代末期《大學》議論的二、三問題

　　以藉由王陽明的興起為契機，《大學》的議論在明末發揚起來。在此以幾個點為中心來論述當時的情況，首先就作者論來看。

　　在朱子以後，雖然有認為《大學》是漢代儒者所編纂的葉適，有認為非聖人之言的楊簡等的看法（參照第二章），但是隨著朱子學普及成定局，朱子所認定的經一章是曾子祖述孔子之語，傳十章是門人記錄曾子之遺志的作者論，幾乎完全為人所信，採用《禮記》本為文本的宋代黎立武，在註釋曾經被用來作為以傳文為曾子門人之記錄的論據D12「曾子曰，十目所視，十手所指，其嚴乎？」的經傳中，指出「所引曾子曰，或曰曾晳之言。」（《大學本旨》）又，王柏以曾子門人之中沒有比子思更優秀的人為理由，而樹立了子思是作者的說法（前揭《魯齋傳》〈大學沿革論〉），這些只是少數為人所知的異論而已。朱子之所以會把經一章視為是孔子之言，只不過是「辭約而理備，言近而指遠，非聖人不能及。」的推測而已，他自己也認為有「出於古昔先民之言」的可能性。相對於此，雖然傳文引曾子之言，與《中庸》、《孟子》內容一致，而確實視為成於曾子門人之手（以上《大學或問》），但是不管如何，正如後世所批判而為人所知的，不得不說這種作者說的根據是相當薄弱的。而這種作者說之所以會有完全被相信的趨勢，則是因為朱子說的浸透所造成的固定先入為主的觀念。

　　陽明之所以會說「《大學古本》乃孔門相傳舊本耳」（《傳習錄·中》〈答羅菴整少宰書〉），是根據《章句》程子之語，並非特別要重問作者。但雖然舉出程子之語，也不一定表示就要遵崇朱子的說法吧！在不依據經傳分看的《章句》本，而以古本為文本的陽明門下，有脫離固定觀念重新再質疑作者，更直接把《大學》與孔子連結在一

起的傾向。

　　王畿（號龍溪。1498-1583）說：「孔門傳述古聖教人為學一大規矩」（《王龍溪全集》卷八〈大學首章解義〉），他給《大學》很高的評價，卻隻字不提作者，這作為陽明學風的繼承者是很符合的。王艮（號心齋。1483-1540）說：「《大學》乃孔門經理萬世一部完書，喫緊之處惟在止至善及格物致知之四字。……孔子之精神命脈具於此，諸賢就中會得便知孔子大成之學。」（《重鑴心齋王先生全集》卷三〈答問補遺〉）可知在其迸發出實現古聖人之道於現今的熱情之處，若就作者說而言，與陽明或王畿等相同的。只是值得注意的是他把《大學》解讀為孔子的教旨。蔣信（號道林。1483-1559）說：「此書，言簡意悉，非聖人不能為。」認為D12「曾子曰」一文是補孔子「慎獨」之言，而後世所添加的（《四書考異》總考一所引《道林子大學義》）。雖然接受了朱子認為經一章是符合聖人表現的內容，但更進一步地認為《大學》全部都是孔子之書。

　　到了後學，李材（號見羅。1519-1595。[4]嘉靖四十一年，1562年之進士）說：「《論語》蓋孔子平昔為教之書，而《大學》則老後垂世之筆。」（萬曆三年，1575年作，《觀我堂稿》卷一〈答甘乾齋〉。參照同卷二〈答徐魯源書〉、卷三〈答李同野丈書〉）最後終於明言是為孔子之親筆。關於《中庸》，李材認為是子思之作（同上卷四〈答李汝潛書〉）。相對於此，羅汝芳（號近溪。1515-1588。嘉靖三十二年，1553年之進士）則認為《學》、《庸》都是「非孔賢之親作則不能」，而且是孔子知天命五十以後之作，其寫作之順序是先《中庸》後《大學》（《一貫編》所收〈總論〉）。近溪的弟子楊起元（號復所。1547-1599）贊同《庸》、《學》的寫作順序（《楊復所全集》〈學解

---

4　李材的生卒是根據麥仲貴《明清儒學者著述生卒年表》（注十四）。

中〉），又從他說「孔子之《學》、《庸》」（《太史家藏文集》卷四〈開
元會簿題辭〉）來看，他是贊同《庸》、《學》都是孔子之作的。

《大學》被直接與孔子作連結，被認定是孔子親筆之作，而另一
方面，則再三地論述曾子為作者之說是沒有根據的。有關陸深（號儼
山。1477-1544。弘治十八年，1505年之進士）、陳耀文（嘉靖二十九
年，1550年之進士。《四庫提要》以為是萬曆庚戌三十八年之進士，
誤也）、李蓘（號黃穀。嘉靖三十二年，1553年之進士）、樊良樞（號
致虛，萬曆三十二年，1604年之進士）等曾子作者否定論的敘述，在
翟灝前揭書中有詳論。

如此的作者觀之變動，可以看成是：在《章句》本權威底下，對
論述孔子—曾子—子思—孟子之道統傳授的朱子學說的不信任，而其
反面，超越媒介而直接體會孔、孟之學的風潮高漲，也反映在《大
學》觀上。關於這一點，有所啟示的是：張履祥所指出的，世儒中有
分顏淵和曾子之學為二途，以顏子之學為頓悟而看重，曾子之學為漸
修而看輕的傾向（張履祥《楊園先生全集》卷三十九〈備忘〉一）。
在陽明方面，「見聖道之全者惟顏子。……顏子沒，而聖道之正派遂
不盡傳。」（《傳習錄·上》）而給予顏子高度的評價。相反地，雖然
對曾子的「反求」做出評價，但就其功績，卻不多言。在陽明門下後
學之中，所謂談論現成良知的人們也對曾子的評價不高。如此地對孔
子門人的評價不能說沒有受《大學》作者論的影響。

在採用《大學》是孔子親筆之作說法的羅汝芳身上，我們也可以
看到他對此書的性格、內容，擁有其特色的主張。他認為《中庸》比
《大學》更為深奧，他回答抱持朱子學《學》、《庸》觀的門人說：

> 先賢亦云《大學》者入道之門，但以鄙見臆度，則義理勿論，
> 其次第則當先《中庸》後《大學》。

又說：

> 《大學》之一篇敷衍《中庸》未言盡之意義，《中庸》說庸
> 德、庸言，而《大學》直指孝弟與慈，天生之明德。……《中
> 庸》說身心處，省略家國，說家國處，省略身心等項目，《大
> 學》本末為一物，終始為一事，直指其間無間隙。（前揭《一
> 貫編》）

　　陽明就《中庸》採用子思作者說，「子思括《大學》一書之義為
《中庸》首章」（《傳習錄・上》），認為孔門舊本的時代性、內容性其
先後是《大學》→《中庸》。掌握兩書在內容上的關連性，同時認定
為《學》、《庸》的順序，其門下也無異論，但到了汝芳，順序被改成
《庸》、《學》，認為《大學》亦含蓋了《中庸》的內容，是更高境界
的書。

　　雖然，汝芳此種獨創性的《學》、《庸》想法，源自何處，並不為
人知，但值得注意的是其門人指出《庸》、《學》的順序與《禮記》
第三十一篇〈中庸篇〉、第四十二篇〈大學篇〉的順序一致（《一貫
編》）。

　　就文本論而言，雖然因為陽明而使《禮記》古本得以顯彰，而以
其門下後學為中心，以古本為文本變多了，但《章句》本依然被用來
當作科舉的教材，而崔銑、季本等改訂教材的製作持續的進行著。如
此地以文本、作者、書籍的性格等為中心的《大學》議論進行到最盛
時登場的是石經本。石經本《大學》出現之初即被懷疑是偽作，不久
被論定是偽書能手豐坊的創作，因而失去了學術性價值（關於豐坊的
學術及其為人，詳見平岡武夫《經書の傳統》），但是對以《大學》中
心的議論，卻是有很大的影響。在此將論述石經本的意義。

　　雖然石經《大學》出現的經緯有很多曖昧之處，但是努力發揚此

書的其中一人王文祿（嘉靖十年之舉人），對此書所知的情況，大略作了以下的說明。

嘉靖四十二年（1563）癸亥年冬，淡泉鄭公（曉）聽潘樸溪（名璜，號樸溪）所示蔡邕石經《大學》說「止至善」之下接「古之欲明明德」之文（亦即A1－B4），但不久就把它忘了。嘉靖四十三年春，南禺豐公（坊）遊海上，口授《大學》謂家藏曹魏（三國魏）正始年間之三體（古文、小篆、八分）石經如是，於是謹而記之（《百陵學山》所收《大學古文旁釋》王文祿序引）。

潘璜，婺源人。正德十六年之進士，嘉靖三十四年（1555）歿，若鄭曉從他那裏得到石經本則應是嘉靖三十四年以前的事。可以推定兩人之間有官僚上的交誼。根據嘉靖四十四年載有石經本編次的《古言》（管見《鹽邑志林》所收本是題為《古言類編》）鄭曉自述刊序可知，由於是收錄了他年輕時的筆錄，所以很可能鄭曉在很早以前就知道石經本。他只說：「石經《大學》之次序有可玩味者」（《古言》），可知他雖然認為有其作為異本的價值，卻無積極地加以發揚。

鄭曉與王文祿同為杭州灣北岸海鹽人，而豐坊則是南岸鄞縣人。地理位置很近，一般認為他們有交往。《本朝分省人物考》（卷四十四）中有王文祿的傳記，謂「博學好名，屢上春官不第（會試不及格）。刻厲俞銳，以天下文章節義自命。居身廉峻，絕口居間。有不平，叱罵不避貴要云云。」頗為了不起的人物。雖然文祿從王畿之處得到陽明的《大學古文旁釋》，卻又懷疑古本的文氣不一，得到石經本而為其所吸引，讚為「聖門第一心學之正原」，急於隆慶二年（1568）收入《百陵學山》加以出版（《大學石經古文旁釋》序引）。

由王文祿所出版的石經本《大學》，雖不能說是唯一的文本，但對其流傳卻有很大的貢獻。只是一般認為從隆慶到萬曆年間之初，石經本的存在不見得為人所知。聽說歿於萬曆十六年的羅汝芳生前來不

及看到石經本。(楊起元《南中論學存笥稿》卷一〈管東溟公祖〉)。

　　使石經本之存在廣為人知的是，唐伯元於萬曆十三年三月上疏反對從祀陽明的同時，上疏推薦頒布採用石經《大學》。關於石經本的顯彰及其相關的明末思想，荒木見悟《明末宗教思想研究》所收〈石經大學之表彰〉及《陽明學之展開與佛教》所收〈唐伯元之心學否定論〉中有詳述。

　　唐伯元的上疏並未被採納，反而從原來的南京戶部主事署郎中事被降謫為海州判官。其理由如《明儒學案》(卷四十二)所言「劾其詆毀先儒」，此舉是追究其反對既已決定從祀陽明之責任，而非否定石經《大學》本身的價值。因這上疏而使得作為《大學》文本的石經本的存在廣為人知，信奉者續出。石經本之所以會流行是因為此文本具有自古以來《禮記》本、《章句》本、各修訂本中所沒有的特色，而且適時地出現的關係。以下將論述石經本的內容及其特色。

　　所謂石經《大學》是指三國時代，魏政和年間，詔虞松等考正五經時，衛覬、邯鄲淳、鍾會等用古文、小篆、八分三體，刻之於石，因為《禮記》也被石刻，所以《大學》、《中庸》因而流傳下來。虞松根據賈逵之言，謂孔伋(子思)以《大學》為經，以《中庸》為緯而作。又《大學》是《孔叢子・居衛篇》中所言《中庸》四十九篇中的第三篇，《中庸》前半的〈天命篇〉是綱領，說「窮達皆可學」之事，而「哀公問政」以下的〈誠明篇〉則是在「明率性之道」。因為〈大學篇〉在古代教育機構的「成均、大學」裡是用來「明脩道之教」的，所以把它置於第三(王文祿前揭〈序引〉)。於此提到石經本保留古代樣貌，《大學》是經，《中庸》是緯，以《庸》、《學》順序的教義內容等的性質論，及子思作者論。

　　就本文的編次而言，大幅地改換了《禮記》本的編次，此外增添了二十二個字。關於編次的全貌方面，山下前揭書中有明示，而全文

則在荒木《明末宗教思想研究》中有揭載,所以在此省略不談[5],但可知它去除了《章句》本經傳的區別,由三綱領的指出——八條目的指出——八條目的詳細說明——三綱領的詳細說明等順序所構成的。這個構成的編次,因為以陽明門下的改訂論者季本之說為原本,而更加接近朱子學的評價(山下前揭書)。與此同時,值得注意的是從此文本信奉者續出一事也可知其擁有繼承前人議論中的優秀內容。

第一、以《庸》、《學》為順序。雖說直接影響之關係不是很清楚,但視《學》、《庸》二書為《庸》、《學》之順的人以羅汝芳為先,而且與《禮記》編次一致,所以可說有其合理的根據。我在第二章也曾提出:在朱子的《四書》觀普及之前,很多都以《庸》、《學》的順序來稱呼。

第二、採用子思作者說。《史記》〈孔子世家〉有「子思作《中庸》」,《漢書》〈藝文志〉有「子思二十三篇」,與前述《孔叢子》所言合併思考,以子思為《中庸》的作者,至宋代以後未曾被懷疑過。若《學》、《庸》二書於內容上有連續性,則曾子作者說被否定,而為了彌補《大學》作者不存在的間隙,子思作者說的出現也就自然被想到。本文中有孔子的話「子曰」(I)和「曾子曰」(D)之句,因為對曾參用敬稱,所以認為是曾子門下後輩的編纂是一個很有力的想法,而選定門下最有名的子思,理由算是成立。即使在石經本已被確定為

---

5　山下前揭書中所載石經《大學》的編次為「A1、B4・5、A3、H19、A2、H18、I......」,其中劃旁線的部分是誤記。前者是 H18 的後半「子曰,於止,知其所止,可以人而不如鳥乎?」後者是 H18 的前半「詩云,邦畿千里,惟民所止。詩云,緡蠻黃鳥,止於丘隅。」H19 則被置於末尾部分。關於末尾部分的編次,山下前揭書中則含括 H19 正確地記載著。
　　《百陵學山》所收的石經本為「......I、B7・8・6、C......」的順序,而瞿灝、山下前揭書,及刊載了管志道石經本的荒木前揭書的順序都是「......B7・8、C、B6」。管志道、瞿灝所見本與《百陵學山》本為異本。

偽作之後的清代中，仍有江永認為子思是作者（後述）。

第三、用心於文章構成、表現。一般認為增添二十二字即是基於此觀點。若把增添部分（畫線的地方）的前後寫出來，則如下所示：

> 所謂脩身在正其心者……心不在焉，視而不見，聽而不聞，食而不知其味。
>
> 顏淵問仁。子曰：非禮勿視，非禮勿聽，非禮勿言，非禮勿動。此謂脩身在正其心。

被置於此文之前詳細說明「誠意」的部分有引「曾子曰」，而此文之後「齊家、治國、平天下」的部分有引《詩經》等文句。這些都是以先賢、經書之文為典據，論述各條目。但以上詳細說明「正心、脩身」的地方，卻沒有原載這些典據。一般認為為了補足此缺漏，整齊文章表現而用《論語》做典據，增添了二十二字。

雖然不明白把詳細說明三綱領的部分移到篇末的意圖，但依石經本的編者則認為這樣是很好的構文。為石經本的彰顯而盡力的管志道（東溟）就此構文認為：與《中庸》「始言一理，中散萬事，末復反無聲無臭之義。」論旨一致之處是其優點（《慯若齋集》卷三〈表彰石經大學序〉）。假託李卓吾的《四書評》雖然遵崇《章句》本的編次而進行論述，卻認為「傳三章釋止於至善」部分應該置於末篇。這表示贊同石經本的編次，其理由是此章引用五首《詩經》的「五引詩」與《中庸》末篇一樣，是文章家的亂體（文章結尾的收尾表現）。葛寅亮《四書湖南講》認為石經本把F、G、H19、E置於篇末與《中庸》末章的文體一樣，而謂「深覺有味」（〈大學湖南講〉卷首）。

除了以上的人們之外，另有周從龍《大學遵古編》、鄒德溥《大學宗釋》、吳炯《大學古本解》（以上《經義考》卷一百六十）等是根據石經《大學》而著述的。儘管被疑為偽撰，然而石經本之所以流

行，如上所見，是因為作為文本，有其優秀的內容之故。明知是偽作卻仍然酷愛石經本的大儒劉宗周（號念台。1578-1645）謂：「余謂言而是，雖或出於後人也，何病？況其足為古文羽翼乎！」（《劉子全書》卷三十六）而承認其價值。

從魏無政和之年號以及與魏石經製作有關的上述各氏的事蹟與史實不合（毛奇齡《大學證文》）等事來確認石經《大學》是偽作。後來的清代學者慨歎為偽作所惑的明人學識之淺陋，但是，明人所關注的，與其說是史實的客觀考證，不如說是對自己而言是否真實，如以清人的觀點而言，價值被抹殺的石經本，如所見劉宗周之言，對他們而言卻是真實的，這在明代思想史上，石經本所持有的意義是不可忽視的。

由於石經本的出現，加上《章句》本、諸改訂本、《禮記》本，多了一種新的文本，而以此為契機，顧憲成、高攀龍、劉宗周等進行了文本的改訂（山下前揭書），而《章句》本則成為對照用文本中的一種，地位越來越低落。再加上作者論以子思為作者，如焦竑（《焦氏澹園集》卷六）、假託楊起元的《四書眼》（〈大學一卷〉）、譚貞默（後述）、蕅益智旭（參照第五章）等人都採用子思作者說。有關明代後期的經書研究帶有尚古、復古的傾向，而實證學風的興起，則已有山本正一〈關於明代中葉以後的經學〉的好論文。若高度關心五經，則《禮記》原載的《學》、《庸》也將會被注意到是《庸》、《學》的順序。一般認為建立「石經本」《庸》、《學》順序的《大學》性質論，因與上述學風糾纏，所以終於引發更徹底的《大學》議論。

作者論與文本論重合，三綱八目的相互關連，對各個概念內容的看法變得多歧，以下將論述有關朱子以來一直受重視的「格物」、「致知」議論。

劉宗周認為「格物」說有七十二家，若要約來看，則有訓「格」

為「至」的程子、朱子，訓為「改革」的楊簡（慈湖），訓為「正」
的王陽明，訓為「格式」的王艮（心齋），訓為「感通」的羅洪先
（念菴）等諸說（《列子全書》卷三十八〈大學雜言〉）。若不限於如
何訓詁，而包括與《大學》教義內容扯上關係、如何理解「格物致
知」意義的各點，則諸說紛紛，可說幾乎各個都可以擁有一家之言也
絕不為過。因為原本就不是各有獨立的學說，所以相互影響、折衷的
傾向很顯著。如王廷相（1474-1544）認為「格物者正物也。物各得
其當然之實，則正矣。物物而能正之，知豈有不至乎？知至則見理真
切，心無苟且妄動之患。」（〈潛心篇〉，《王廷相哲學選集》，頁26）
一般認為他所說的「當然之實」、「見理真切」是繼承朱子學的觀點，
又釋「格」為「正」則是受陽明的影響。如上所述，暗批陽明為霸
儒，對抗古本而作改訂本的崔銑，之所以僅僅止於改訂移動D的一文
而已，正是因為無法否定古本之價值，而被視為是在古本上的折衷。
由於崔銑的此一改訂，已經無法與朱子一樣置重點於格致之上，所以
他說：「《大學》之道之要明明德而已矣，明明德之要誠意而已矣。」
（《洹詞》卷四〈講義〉）而與陽明一樣置八德目之中心於誠意。

　　若涉入細部來看，則議論的情況更形複雜，若就科舉用的主要注
釋書是依據《章句》本來看，則《章句》本的〈補傳〉幾乎是被否定
的，而多以《禮記》本、各改訂本、石經本為文本。而就本文尋求
「格物致知」的定義時，幾乎完全一樣把A2・3「知止而後有定，定
而後能靜，靜而後能安，安而後能慮，慮而後能得。物有本末，事有
終始。知所先後，則近道矣。」B7・8「自天子以至於庶人，壹是皆
以脩身為本。其本亂而末治者否矣，其所厚者薄，而其所薄者厚，未
之有也。」C「此謂知本，此謂知之至也。」I21「此謂知本」等以上

的各文內容當做是主要的問題。[6]因如何研讀以上共同的資料而看法
不同，以下舉數例加以論述。

　　王艮認為B7．8、C是解釋格致。他說：「身與天下、國家一物
也，惟一物而有本末之謂。格，絜度也（〈平天下〉章中所謂的絜
矩。用尺來量之意），絜度於本來【譯者案：應為「本末」】之間，而
知本亂而末治者否矣，此格物也。物格『知本』也，知本『知之至』
也。故曰『自天子以至於庶人，壹是皆以脩身為本也』。『脩身』立本
也，立本安身也。」（《重鑴心齋王先生全集》卷三）所謂的「本」是
指B7「以脩身為本」，脩本之身，安身，絜度最後的家、國、天下，
這就是「格物」。山下前揭書究明瞭這個有名的「淮南格物說」是從
脩身轉移重點到安身、保身，顯示出王艮自己的主觀意圖。對以安身
為前題的家、國、天下的社會性實踐的關心是繼承了陽明認為在「親
民」中完成「明明德」修養的實踐主義。

　　王畿以為：「物者，事也。良知之感應謂之物，物即『物有本
末』之物，不誠則無物矣。格者，天然之格式，所謂天則也。『致知
在格物』者，正感正應，順其天則之自然，而無我容心焉，是謂格
物。」（前揭〈大學首章解義〉）他認為順從感應良知的天則自然即為
「格物」。把日常的意識徹底空洞化，在此虛無至極中找出如同被比
喻為寂然地照應萬物的鏡子一般的良知的功能，而透過其主張依天則
自然感應萬物的人生良知哲學（參照拙稿〈王畿〉，收錄於日原利國

---

6　在陽明以前的議論，重新質問格致內容的並不多。但若否定〈補傳〉而就本文中
　　求格致的傳釋，則可依據的文章和明末議論所據的一樣。黎立武根據 A3 的本文
　　解格物之物為「物有本末之物」，解致知之知為「知所先後之知」（《大學本旨》）。
　　《四庫提要》就立武的《大學》說評論道：「要其歸宿，與程朱亦未相抵牾，異乎
　　王守仁等借古本以伸己說者也。」但不採用〈補傳〉的結果就產生了如上所述幾乎
　　與明末相同的格致解釋，《經義考》（卷一百五十七）指出此格致說與王艮的說法
　　一樣。

編《中國思想史》下卷，ぺりかん社刊），而得以明白他對「格物」
的理解。

　　聶豹（號雙江。1486-1563）說：「《大學》之功在誠意。……誠
意之要致知焉盡之，知者心之體，虛靈不昧即明德也。致者充滿其虛
靈之主體。」「格物者致知之功用，物各付物，感而遂通天下之
（故）。」（《雙江文集》卷八〈答亢子益問學〉）物之感應與王畿一
樣，卻反映了他以「致知」為體，以「格物」為用，而重視「知」，
以涵養寂靜本體為宗旨的立場。

　　關於「格物」的訓詁，若連考試用書的講章都算進去，則見解將
變得更為多歧，而在講學中，為了強調自己的存在意義更是非得樹立
一家之宗旨不可，此種情況，從對「格物」的解釋中也可窺知一二。
甚至連「格物之物字，舊作事物之物，近頃學者欲做物欲之物。」
（《國朝名公答問》〈大學〉十四丁）「格即訓為知」（《四書正新錄》
大學一卷七丁，王鳳州語）、「格物者通物也」（同上，黃葵陽語）等
幾近奇矯之說也可看到。

　　聶豹比「格物」更重視以「致知」為體，但就《大學》的教旨
上，處理「格物」的問題也是意見分歧。

　　李材認為《大學》整本書都在說格致，所以沒有特別的格致傳
（前揭《觀我堂稿》卷一〈格致說〉）。因為若就古本而言，關於「誠
意」以下，則有「所謂誠其意者……」的傳釋，但相對於此，「格
物」、「致知」之下，則無類似傳釋的文章。因此陽明重視「誠意」，
但李材則重視在B7中的「以脩身為本」，又因為他認為續A1的三綱
領，A2的「知止而後有定」以下在說定、靜、安、慮，故把知止當
作是到達「止於至善」的修養德目，而加以重視，他說：「其工夫之
要緊，全在一『止』字，入門之初，就先於知止也。」（同上卷一
〈書質釼浦學舍會友三條〉）把知脩身之本、知止，視為《大學》修

養德目的重心。李材重脩身、知止，以止、脩為宗旨之事，《明儒學案》中早已有所指出。

重「知止」的還有周汝登（1547-1629。萬曆五年，1577年之進士）[7]，他認為A1在說三綱領，A2‧3在說「知止……」，續而B4以下在說八條目，所以B4以下是反覆敘述A2‧3的文章，他說：「大學之道一知止盡之」、「格物致知四字即知止二字」（參照《四書宗旨》〈大學章〉及《東越證學錄》卷四）。

如此重視「知本」和「知止」，可以說是關注於心的修養、人本主義的明末思想，表現在《大學》的解釋上。一直對心性頗為關心的高攀龍（1562-1626）一邊說：「今人說著物，便以為求『心外之物』，不知不窮其理，物是外物，物窮其理，理即是心。」（《高子遺書》卷一，三丁）要使對事物存在的朱子學的關心復活起來，因此他給李材的「知本」說高度的評價。而另一方面，關於「格物」，他認為「程朱之言至矣」而採用「窮至事物之理」的解釋，說：「《大學》以知本為知至，正以物格而知本。」（同上卷三〈大學首章廣義〉）結合這兩個說法來解釋《大學》。

對《大學》的各種觀念，如導入以上所述的各人思想立場來理解，則其解釋一定會超出《大學》的本文。李贄（卓吾）（1527-1602）說：「此身原無物也，人唯以物視之，則見以為有身耳，既見有身，則見有我，既見有我，則見有人。人我彼此，紛然在前，為物象矣，如何當得其所以，使人七顛八倒者皆物也。」而在到達（改正）消除彼此人我對立差別的「無物」之處見聖人之教，「聖人欲人於有物之上通無物，不曰無物，但言『物格』也」（《道古錄》）。在此，解說超越人我彼此、有無相對的實相、真空妙有等佛教思惟被附

---

7　周汝登的生卒是根據麥仲貴前揭書。

會到《大學》裡。

如上所述，明末的《大學》議論從作者、文本、概念內容到書籍的性質，多方面地進行著，展開了附會當時思想課題的思想論。保住科舉標準解釋地位的《章句》本《大學》觀，在實質上已被拉下來，成為與其他各解釋中的一種相對地位，被換成自由的、徹底的議論。大言之，接受陽明學、心學之流的議論，因為沒有歷史性實證的論據，所以與清代所見的明代學術批判合起來看，很容易就被視為淺薄空疏。但就《大學》而言，透過自由議論，而把此書的含義發揮到最大限度，所以能作為反映時代思想課題的思想書而繼續存留下來。因為充分地讀通了，所以得到思想書的生命，而且正因為是思想書，所以明人才會繼續執著於《大學》。

## 五　清代的《大學》評價

關於《四書》的順序、性質，在明末也被當作論題。就《大學》、《中庸》方面，羅汝芳或石經本的論者以《庸》、《學》為順之事已如前述。而譚貞默（崇禎元年，1628年之進士）說：「六經無非孔（子）經，而《論語》為著。子思子之書，今名《中庸》、《大學》，實一《中庸》，統稱《孔經編》。《孟子》七篇則曰《孟經篇》」、「《論語》，子夏述也。《中庸》，子思繼《論語》而作也。《大學》即《中庸》之後小半也，《孟子》繼《中庸》而作者也。」（《四庫提要》卷三十七所引《三經見聖編》）亦即他把《庸》、《學》視為連續的書，使之合成一體而置《論語》、《庸》、《學》、《孟子》之順。蕅益智旭對《庸》、《學》二書的順序、作者等的看法與上相同。這些見解來自於石經《大學》。

顧憲成（1550-1612）為了要完備五經，而把由程朱所釐正的

《學》、《庸》還元於《禮記》而成《禮經》，認為應該把〈太極圖說〉
《通書》、《小學》、《論語》、《孟子》當作《四書》（《小心齋劄記》卷
九）。譚、顧兩人都對把《學》、《論》、《孟》、《庸》當作《四書》之
事重新質疑。

　　把這兩本書依序為《庸》、《學》之順很容易就可以發現他與《禮
記》第三十一篇〈中庸篇〉、第四十二篇〈大學篇〉的篇次一致。清
初的吳肅公就認為釋經是可以的，但是改經則不可。他指出如果根據
經與傳分看，訂正錯簡，補上〈補傳〉的《章句》文本，則《大學》
永為朱子之書，因此主張「反孔門之舊」、「遵復遺經」（《街南文集》
續集卷二〈孔門大學述序〉）。反孔門之舊者，大概是指採用古文為文
本吧！但從他否定宋儒說，指出《大學》「本小戴《禮記》第四十二
編」（同上）來看，此說理論上應內含了依《庸》、《學》之順序還原
《禮記》。

　　若採用《庸》、《學》的順序，而以《禮記》本為本文，則讓此兩
書從《禮記》獨立出來的理由就變得很薄弱。郝敬（1558-1639）主
張把二書還原於《禮記》。其理由在於若單行《學》、《庸》二篇，則
空虛而無實地，《禮記》少了二篇則浮華而無根柢（《談經》卷五《禮
記》）。亦即把《學》、《庸》還回《禮記》，而賦與二篇禮的具體性，
賦與《禮記》理論性。

　　關於《大學》的性質與《禮記》之關係，提出尖銳問題的是清初
的陳確（字乾初。1604-1677）。他認為「《大學》首章非聖經也，其
傳十章非賢傳也。」說是秦以後學者之作，混入禪學的無內容之書，
視為孔子、曾子之書是沒有根據的，否定了自古以來的《章句》本、
古本的議論意義（《陳確集》別集卷十四〈大學辨〉），而認為遽然廢
去經書將失其實情，所以應該把《大學》還回《禮記》，作為六經之
一存留下來（同上〈辨跡補〉）。陳確的《大學》論要旨山下前揭書中

有譯出。透過他明快且根本的批判，《大學》喪失了作為聖賢之書的神聖性，而只留住《禮記》中一篇的位置。

　　正處於明朝滅亡，及續之而起異姓王朝之建立的民族危機之中，正面討論以前只是零星被提及的《大學》性質的陳確學說，並未能得到他身邊學者們的認同，如他的學友張履祥認為《大學》的思想內容很符合孔子、曾子，而不依從陳說（同上卷十六，附、〈與陳乾初書〉）。受陳說之影響而著〈大學闕疑〉的查旦認為「聖經一章」是聖人之言而遵崇朱子之說，只疑有錯雜而作成改訂本（同上卷十七，附、〈大學闕疑〉）。之後，來自身邊的反論逐漸變弱，大概是張履祥的說明傳達了這件事的實情吧！他說這並不是大家都心服口服，而是知道要陳確改變自己的說法是太困難了。因為相對於視《大學》為經書的一般概念而言，陳確的說法實在太過於突出了。他的著述雖然有抄本傳世，然而直到近年，他的《大學》說全貌仍然不為人知。

　　陳確理論性地繼承了遠在南宋時代就已否定《大學》的經書性質的楊簡學說，而陳確的學說，不久也出現了繼承者。姚際恆（1467-？）說：「海冒（縣）陳乾初有駁《大學》書，惜予未之見。」又說《大學》的前半「全雜後世禪學，並用字義更有牽強失理處及鶻突處。」（《續禮記集說》為九十七〈大學〉所引）認為《大學》是部作者不明，內容與禪學有很多相同，且沒有價值之書。

　　否定《大學》與孔子、曾子之學有關連，把製作年代往下拉，把它放在諸儒書中的一本的位置等等看法，成為以後有力的見解。

　　閻若璩（1636-1704）推定為漢儒之製作，雖不定其年代卻認為是出自孔子門下七十子之後學（《馮明經解春集》所引，根據《皇清經解》所收本）。崔述（1740-1816）認為是戰國諸子之作，非孔子、曾子之言，乃傳承曾子之學者所選述（《考信餘錄》卷一〈曾子〉）。汪中（1744-1794）認為是孔子的支流餘裔七十子後學所記（前揭

《述學》）。阮元（1764-1849）認為是親受業於孔子的七十子所著
述，而不異於孔子之說的只有《曾子》十篇而已。他之所以如此認
為，大概是相對地把《學》、《庸》二篇看低了吧《揅經室集》一集，
卷二〈曾子十篇注釋序〉）。俞正燮（1775-1840）認為《中庸》非子
思之文，當是西漢博士之改稿，而《大學》則為漢代未知名者所雜纂
之作品（《癸巳存稿》卷二〈中庸大學〉、〈致知在格物〉）。這種從戰
國到漢代期間成於漢儒所編纂的見解，如眾所知，更精細地被論述，
而成為現代對《大學》成立的看法。

　　以上的《大學》觀，視為聖賢之書或其親筆的宋明《大學》觀被
否定，喪失其神聖性的《學》、《庸》，與《論》、《孟》切割，成了
《禮記》的二篇，因此《四書》學在實質上已經解體了。而此劃時代
的人物非陳確莫屬吧！

　　值得注意的是：即使是清代的科舉，也以朱子的《章句》、《集
注》為標準解釋，且在文教政策上，也以尊崇朱子學為清朝的基本方
針，所以朱子學依然持續保有強大的影響力。因此在另一方面，
《學》、《論》、《孟》、《庸》仍然作為《四書》而被尊崇，而且視為是
聖賢經書的《大學》論、《四書》論仍然持續進行著。

　　篤信朱子學的陸世儀（1611-1672）對言古本之妙者說：「儀於
《大學》只讀得聖經而已。……今本、古本尚未暇辨。」（《思辨錄輯
要》後集卷十一）一味地以聖經賢傳的《章句》本為準據，而放棄對
文本好壞的判斷。馮景（1652-1715）之所以說：「蓋孔氏之門，顏子
蚤夭，而卒傳聖人之道者曾子也。聖人之道者何也？曰，《大學》之
道也。曾子傳之子思，子思傳之孟子，則《大學》十傳皆出曾子平日
所講習，而為門人記之也。夫奚疑？」（前揭《解春集》）很明顯的，
他是輕鬆地把它依附在宋學的道統觀上來說。江永（1681-1762）與
石經本一樣，採取子思作者說的理由只是以「《大學》成於曾子之門

人」的《章句》作者觀為前提，因為曾子門人中無超過子思的人，所
以與《中庸》互為表裏的《大學》作者，除了子思以外，別無他人可
求（《群經補義》）。

　　如此，受先入為主的觀念所拘束的簡單《大學》論再度產生，而
另一方面，尊崇朱子學的基本方針，也給以此書的性質為根本問題的
前述議論微妙的影響。這一點，特別是在清雍正、乾隆朝時，顯著的
文化統制與學術矛盾，應該詳細研討，但現在要論述前面的敘述。

　　清朝隆盛時，如前所說地否定了非聖賢經傳的《大學》經書性質
的陳確說，不被公開刊行、流傳，姚際恆說也只由杭世駿所編的《續
禮記集說》，而部分被流傳開來而已。第一節所引用的猛烈批判宋儒
《章句》本的汪中〈大學平議〉（《述學》卷四〈補遺〉所收）在《皇
清經解》所收本中，後半部被省略掉了。如果有省略的理由的話，那
不外乎就是不喜歡那種太激烈的言論。乾隆三十四年序刊的《四書考
異》總考，雖然引了楊簡、陳確的《大學》否定論，但特別注記了二
說「頗涉誣經，理宜退棄。」然「楊為象山四大弟子之一，陳亦為蕺
山（劉宗周）高弟。」「其書流播既久」，因為擔心有學者看了此書而
產生困惑，「故雖知其失言，猶附於此。」刊載二說，很明顯的是考
慮到預防招來官憲及學界的指責糾彈。陳確、姚際恆之論，一般認為
是寫於尊崇朱子學說的文化統制不太強勢的順治、康熙年間（〈大學
辨〉為順治十一年，1654年之作）。續之雍正、乾隆年間則是尊崇朱
子學的文化統制最為強化的時期，之後，從乾隆末年起，國力的衰退
也是原因之一，統制在實質上，已經緩和下來了。[8]對照如此的變
遷，不管如何，打從根本質問《大學》性質的議論在乾隆、嘉慶以

---

8　降至道光年間，連以前為禁毀對象的明人之書或遭文字獄之書都開始被重刻了
　（劉乾：〈論道光年間的重刻禁書〉，收入《文物》總三六一期〔1986年6期〕）。

後，多了起來。這是隨著言論解禁的表現，而與陳確、姚際恆一樣的
想法早已浸透到學術界。儘管從學術性觀點研究《四書》一直都在進
行著，但作為冠超群書的經書的《四書》，《學》、《庸》變成了只是
《禮記》的二篇的地位，《四書》學為之解體，除了一部分篤信朱子
學者遵奉之外，可以說作為獨立書的《大學》，其歷史已在清代初期
落幕了。

　　在清代也有人持續試圖改訂文本，除了上述之外，聽說另有張履
祥（1611-1674）、胡渭（1633-1714）、張伯行（1651-1725）各自作成
文本，但似乎已經沒有必要介紹了。

# 第四章
# 《四書》註釋書的歷史

## 一　關於《章句》、《集注》的文本

### （一）現行的《章句》、《集注》

　　朱子終其一生不斷地思索，並與知己、門人反覆再三地討論如何把經書，特別是《四書》的理解方法、思想內容以「註釋」的方式再現。而其成果則是不斷地改寫註釋。就《四書》而言，正是現在呈現在我們眼前的《章句》、《集注》。由《章句》、《集注》而成的《四書》說，以及註釋文章的成立過程本身就是朱子一生的思想過程。此雖是個很有趣的研究課題，同時，可知從完稿到刊行流通的《章句》、《集注》中有幾種異本存在，朱子《四書》說傳承到後世時，成為爭論。以下要論述對《四書》學說史或者《四書》註釋史而言，是項重要問題的《章句》、《集注》本子。

　　現在一般所用的《章句》、《集注》大致可區分為吳志忠校訂本系統和通行本系統兩種。

　　吳志忠校訂本於嘉慶十六年（1811）出版，其中附錄了吳英的〈四書章句附考序〉、《四書章句集注定本辨》、《四書家塾讀本句讀》一卷、志忠《四書章句附考》四卷。（中華書局版《四書章句集注》〈點校說明〉）。我國（日本）以前有文求堂的影印本，中國在一九八三年所出版的《四書章句集注》（《新編諸子集成》第一輯）是以吳氏校訂本為底本，再依據宋淳祐年間刊本的清仿刻本而校勘的。一九八

四年所出版的中國書店版，宋元人注四書五經的《四書》雖然沒有說明，但可知是用淳祐本系統的本子。而臺灣從以前就出版了文求堂的影印本。

近年來在我國的註釋事業中，以介紹《大學章句》、《中庸章句》的註釋表現、思想體系結晶和達到結晶前之過程的島田虔次《大學‧中庸》（昭和42年，朝日新聞社）最稱善本，這是依據吳志忠校訂本。而金谷治的《大學‧中庸》（昭和46年，筑摩書房，《世界古典文學全集》）雖然以朱子的註為主，也參考了古注，但其文本也是依據前面的校訂本。

另一方面，《四書大全》本因《四書提要》而被稱為通行本，廣為大家所用。在我國《漢文大系》的《四書》中，初學者所常用簡野道明的《論語集註》正是依據此文本。中國在一九八三年刊行岳麓書社版的《四書集注》，也是根據此文本，而對於所依據的文本沒有加以說明，顯示近幾年來中國對書本的異同並非廣泛了解，或者不認為吳志忠校訂本是唯一的文本。

在我國的註釋事業中，試圖闡明宋明《四書》解釋史的山下龍二《大學‧中庸》（昭和49年，集英社）之所以使用此本子，是因為它是明清時的通行本，可說是很適當的選擇。

如上所述，現有的兩個《章句》、《集注》的文本系統，其來源如何？以往的註釋書又依據哪個？說明如下。

## （二）《章句》、《集注》的成立

與《四書》有關的朱子和其知友、門人的討論中，註釋的文章常常被拿來討論，從其中有舊說、舊本、未定本、改本、更定本等用語可知，註釋不止一次被改訂過。在《朱子語類》中關於《章句》、《集

注》的文章有施以「按：注是舊本」（卷14，86條）、「《集注》非定本」（卷24，82條）等原註。

　　關於註釋文章的討論，理所當然是手上拿著註釋文本來進行的。註釋在每次的改訂後，不管是片斷的或是全冊的，都分給知己、門人。所分發的文本有時是刊本，也有時是抄本。《中庸章句》序裡有「若吾夫子則雖不得其位……」其中有把「吾」字誤衍為「哥」字的寫本。因此，我們看朱子指示如果手上的書有誤的話請訂正一事（《朱文公文集》卷44〈答蔡李通〉第八書）；和對看了《大學》舊說的論者告訴他誰有修訂本的抄本；以及在另一封信上更說沒人抄寫改訂後的書等事（《文集》別集卷4〈向伯元〉第三、第六書），這些都顯示了朱子門人使用了《章句》、《集注》的抄本。

　　就刊本而言，朱子本身自著出版、坊間出版都有《章句》、《集注》。朱子從二十四歲到二十八歲間（紹興二十五年至二十七年）開始當同安縣主簿，到五十歲至五十二歲（淳熙六年至八年三月）任南康軍知事，接著到五十三歲（淳熙九年九月）任提舉兩浙東路常平茶鹽公事，六十一、二歲（紹熙元年、二年）任漳州知事等，經歷了在地方當官的官宦生活。其中除了著述尚未成熟的同安縣主簿時期之外，在江西的南康、浙江的浙東、福建的漳州三處任所都有過著述的出版或出版的計畫。此種官僚在任所從事書籍出版的事業，由在嚴州任知州的錢可則所出版的《四書管見》（參考第2章）及詹儀之在任所廣東、廣西出版了朱子的著述（後述）等事也可知。利用官僚的地位而得到相關人事的協助，以及像詹儀之那樣使用公帑是可能的。此點在了解當時的著述出版時期上是很重要的。朱子每次任官都策劃出版自己的著作，此意味著他積極地利用了廣佈學術的良機。

　　據說在南康軍知事的時期，把在建陽刻版的《語孟精義》改稱為《語孟要義》，「豫章郡文學、南康黃某商伯」非常高興，而「刻于其

學」。豫章郡是南康軍的雅稱，大概是經由任教於南康軍校的南康人黃某（商伯）而交給學校刻印的吧！（《文集》卷81，〈書語孟要義序後〉）。文中有「淳熙庚子（七年）冬十有一月，江東道院拙齋記」，在南康就任時的淳熙七年年記有轉任浙東後的「江東道院」，這雖然留下一些疑問，但無論如何，在南康軍知事的時期曾計畫出版，而且加以實現是確實的事。南宋時江西的吉安、撫州是一個刻書的重地（魏隱儒、王金雨《漢籍版本入門》日譯，頁17）。

　　此時期朱子自己的註釋也有可能被出版。「某所為《大學》、《論》、《孟》說，近有為刻板南康者，後頗復有所刊正」（《文集》別集卷1，〈劉德脩〉第二書）、「南康《語》、《孟》是後所定本，然比讀之，尚有合改定之處，未及下手」（同上，卷63〈答孫敬甫〉第四書）。但《朱子年譜考異》（四十八歲之條）將此〈答孫敬甫〉視為是丙辰年（慶元二年，1196）在南康時所刊，而非在任之時。

　　《語孟要義》以舊題《論語精義》、《孟子精義》被收入《朱子遺書》。若據此，則此書乃收集編纂二程明道、伊川及其後學的論說而成之著述，所以前面所說的《大學論孟說》、《語孟》大概不是指該書，而可認為是朱子自己初期的《章句》、《集注》。據悉，《學庸章句》早在四十五歲時已成草稿（山根三芳〈朱子著作年代考（二）〉，《論孟集注》在四十八歲時成書（同上，及《年譜》）。如《年譜考異》所說，確實難以限定南康的出版是在朱子在任時。但此時期《章句》、《集注》大致已完成，如上所述，有官僚的地位是出版的良機，所以在任期大幅縮短時，是難以想像能有出版的機會。由以上可推定在南康軍知事的五十幾歲時，出版了《中庸》以外的《章句》、《集注》。所謂的「《論》、《孟》二書甚恨其出之太早也」（《文集》卷62〈答張元德〉第一書）大概是指早期的出版吧！

　　朱子六十一、二歲任漳州知事時，刊行了《書經》、《詩經》、《易

經》、《春秋》等四經、及四子。除了《易經》中有淳熙九年夏六月的
〈書後〉之外，其他的三經中則有紹熙庚戌（元年）十月的〈書
後〉，而四子中有同年十二月的〈書後〉（《文集》卷82）。雖然〈書
後〉中沒有明記，但在前年的淳熙十六年，曾就經改定而完成的
《學》、《庸》寫過〈章句序〉，所以此次的出版可視為是廣佈自著的
良機，不只是經文的出版，而且也出版《章句》、《集注》。藤塚鄰的
《論語總說》，中華書局版《四書章句集注》〈點校說明〉也採取同樣
的看法。在信中有敘述自己的學問觀，然後要對方讀讀臨漳刊行的
《四書》的指示（同上，卷59〈答曹元可〉），此證明了不單只是經文
的出版而已。

　　朱子利用仕宦，積極的刊布著述，從諸經的〈書後〉也可得知，
則在臨漳出版的三經書後寫著「紹熙庚戌元年」，而《易經》的〈書
後〉卻先此而寫著淳熙九年，其間有八年的差距，為什麼呢？筆者推
論如下。

　　朱子在南康軍任官期間的淳熙八年，三月除提舉江南西路常平茶
鹽公事，與待次差遣，七月除直秘閣，但辭之。八月改除提舉兩浙東
路常平茶鹽公事，即日赴任地（《年譜》）。《易經》〈書後〉是翌年六
月在任所寫的。是年七月彈劾唐仲友、八月奪唐仲友之職、改除江南
西路提點刑獄公事，但又辭退，而於九月回鄉。其間的情形《年譜》
及三浦國雄的《朱子》有詳論。但由於任地方官是出版自著的良機，
所以不難想像在任官於浙東提舉時，也抱有此志。此時出版了
《學》、《庸》，可從下文得知，「《大學》當在《中庸》之前，熹向在
浙東刻本見為一編」（《文集》卷58〈答宋深之〉第一書）【譯者按：
實為第二書】。或許朱熹也想在浙東出版四經，因此可認為先在六月
時寫了《易經》的〈書後〉，馬上在翌月有彈劾唐仲友之事，其結果
是辭官而喪失機會，而在再度得到機會的漳州知事之任時，重新出版

四經四子、書寫其他的〈書後〉。從〈書後〉執筆時期的不同，可知
仕宦是出版書籍的良機，而朱子積極地利用了此種機會。

《章句》、《集注》也有不按照朱子的意向出版的時候：

> 《論語集注》蓋某十年前本，為朋友間傳去，鄉人遂不告而刊，
> 及知覺則已分裂四出，而不可收矣。（《語錄》卷19，70條）

文章的記錄者楊道夫在淳熙十六年（朱子六十歲）時，入朱子之門
下，到紹熙三年（1192）止，一直都跟隨在朱子身邊（田中謙二：
〈朱門弟子師事年考〉）。由此可知《集注》很早就有了民間刊本。

詹儀之（字體仁），紹興二十一年（1151）的進士，淳熙年間歷
任信州知事、帥廣東、吏部侍郎、知靜江府（《景定嚴州續志》卷
3）。儀之在吏部侍郎、靜江知府任內六年，歿於淳熙元年（1190）。
由朱子的〈祭詹侍郎文〉（《文集》卷87）可知，任廣東帥時，最遲也
在淳熙十年（1183，朱子五十四歲）以前。

儀之在廣東任所（廣東或廣西）出版了朱子的著述。收錄在《朱
文公文集》（卷27）裡的四封〈與儋帥書〉傳達了此事的經緯。朱子
雖然應儀之要求，筆寫諸經之說以贈，並提醒切勿示人，但儀之還是
打算把它刊刻出來。驚愕之餘的朱子，基於已使用公帑雇用工役，所
以無法中止，而強烈地希望由自己償還公帑以阻止此事，若報所用實
費則「破產還納所不辭也」（第二書）。大概是接到了已在進行的回信
吧！於是更進一步說，使用公帑來刻印私書是被人誣告的，而未定稿
的上梓，非朱子個人之本意，所以認為削去刻版焚毀是為上策，停止
刻版而藏之，暫時中止是為次策，若（採取下策）出版，則應重新改
正（第三書），緊急送去改正稿本（第四書）。

由此可知，在廣東的儀之，利用其地位以公帑刊刻朱子的著述。
此時的出版由〈第三書〉所述「《大學》、《中庸》舊本的改定尤多，

所幸還沒刻版，不敢再呈送新本，所以可停止刊刻，及因為貴眼沒有看破《論語》、《孟子》是未定稿，所以才生今日之憂」可看出是初期的《論語集注》、《孟子集注》。

如上，在朱子生前，已經過數次《章句》、《集注》的刊行。之後，也不斷地有所改訂，所以晚年的絕筆定本和各種刊本之間，產生了很大的差別。魏了翁（1178-1237）有如下地說法：

> 王師北伐之歲，余請郡以歸，輔漢卿廣以《語孟集註》為贈曰：「此先生晚年所授也」，今（按原文為「余」，又所曰之內容止於所授也，非如原著者之止於授之）拜而授之，較以閩（福建）淛（浙江）間書肆所刊，則十已易其二、三，趙忠定（汝愚）公帥蜀日，成都所刊，則十易六、七矣。（參見《鶴山先生大全文集》卷53〈朱子語孟集注序〉。又〈朱文公語類序〉）

所謂的王師北伐是指開禧二年（1206）金國企圖進攻北方，了翁為慶元五年（1199）之進士，因批判北伐之舉，三年後，被改為嘉定府知府。所謂的「請郡」即指此事。據此，則可知自朱子之歿年（慶元六年，1200）初期，除了上述各種版本之外，在福建、浙江、四川也有《語孟集注》刊本，而且其間有很大的差別。

嘉定十年（1217）間，被浙江省嚴州知州鄭之悌聘請講義的朱子高徒陳淳，見此地少有持朱子《大學》解者，而持有者之書也都是「久年未定之本」（《北溪大全集》卷24〈答趙司直季仁〉一），於是「得先生絕筆定本，因刻之嚴陵郡庠」（同上，卷14〈代跋大學〉）。所謂「刻之郡庠」的陳淳跋文，一般認為是當局的官僚（大概是鄭之悌吧）代筆，而且使用公帑出版。

沒有資料可知輔廣、魏了翁、陳淳所見之文本，是否確實即是絕

筆定本。關於文本的問題現在能說的只有如下兩點:

1. 朱子生前未定稿為抄本、刊本,與絕筆定本比,有大幅差別。曾
   有好幾種存在,總括稱之為舊本。舊本為未定稿,是眾所周知,
   所以在被視為晚年定本的書普及之後,舊本已失去其生命而幾近
   散逸,由《文集》、《語類》,及宋元的註釋書可部分地復原。

2. 雖無法確實知道傳說中臨終數日前也改定了《大學》〈誠意章〉
   (《年譜》,同〈考異〉)的絕筆定本情況,但宋代淳祐年間的刊
   本及當時興國軍治下所出版的興國本,其間雖有數處的差別,但
   比諸舊本,其差別則小多了,又從門人弟子、後學的言論來看,
   都是與晚年絕筆本很接近的文本。此淳祐本(及繼承與淳祐本同
   祖本的文本,稱之為淳祐系統本)與興國本,是傳之於後世的
   《章句》、《集注》的二支源流。

   以下論述關於文本傳承的問題。

## (三)宋元代的《章句》、《集注》

以前鐵琴銅劍樓有淳祐壬子(十二年,1252),識刊本,故宮博
物院有淳祐丙午(六年,1246)識刊本的《四書章句集注》。後者事
實上應稱之為元修補覆宋本,大概是因為年記是偽裝宋槧之故吧!於
清初影刻(仿刻)(叢塚鄰:《論語總說》)。還有,後者現藏於臺灣故
宮博物院(阿部隆一:《增訂中國訪書誌》)。

使用與淳祐本同系統本的註釋書,在宋代有真德秀《四書集
編》、趙順孫《四書纂疏》、元代有金履祥《論語集註考證》、胡炳文
《四書通》。故炳文把淳祐系統本視為是傑出的文本,明示了不依據
另一系統的興國本的理由(後述)。

依據興國本的註釋書,在宋代有祝洙《四書附錄》、在元代有陳

櫟《四書發明》、倪士毅《四書輯釋（大成）》等。陳櫟見《四書通》
而志於自著的改訂，但沒有完成，此工作便由其弟子倪士毅繼續完
成。但以底本來說則是依據祝洙本，謂：

> 祝氏附錄本，文公（朱子）之適孫鑑書其卷端云：「《四書》元
> 本，則以鑑向得先公晚年絕筆所更定而刊之興國者為據。」
> （《四書輯釋》大學經一章注所引）

到後世，經清末吳英重新探討上文的文意是：若依倪士毅，則朱子之
孫朱鑑說：「在興國所出版的《四書》是祖父的晚年絕筆。」（「文公
之孫謂：《四書》此興國刊者晚年絕筆所更定之本也」《四書輯釋》凡
例）。其師陳櫟當然也同樣地認為此文本是朱子晚年絕筆本，而就祝
洙本（興國本）與其他本的得失，加以詳辯，而著有《四書考異》一
卷（同上）。

　　所謂的興國是以現在的湖北省陽新縣為中心的地域，太平興國三
年時改永興軍為興國軍。興國軍是個出書很方便的地方。《黃氏日抄》
（卷91〈修撫州六經跋〉）裡有「六經之官板，舊惟江西之撫州，稱
興國軍為善本」。《四書》的出版在理宗時代（1225-1264）馮去疾任
知軍時（《宋元學案補遺》卷49「馮去疾」條）。根據《日抄》，六經
的官版在己未（開慶元年，1259）因虜騎之侵入而燒毀，所以假定那
時《四書》的版木也被燒毀，則可據此判定出版的下限。

　　朱子的長子塾（字受之），塾的兒子鑑，官至奉直大夫、湖廣總
領（《宋元學案》卷49）。朱子的母親是祝確的女兒，母親的哥哥是
莘，莘的曾孫是祝洙（確—莘—康國—丙〔穆〕—洙）。關於祝確的
事跡，朱子有〈外大父祝公遺事〉（《文集》卷98）。祝洙之父穆及其
弟癸，都從學於朱子，祝穆著有《事文類聚》、《方輿勝覽》。祝氏本
新安人（也是朱子的故鄉），之後，康國移居福建崇安。朱子在六十

二歲移住福建建陽之前也住在崇安,所以大概是康國請朱子移居的吧!建陽和崇安距離近,而且祝洙因父親從學於朱子,所以可想像得到他與朱家密切的關係,而與朱子之孫,謀求刊刻晚年絕筆,當然是有可能的事。

假設依以上所述,則以朱子的嫡孫,保證是祖父絕筆定本,即興國刊本為底本的祝洙《四書附錄》本,便可視為極有價值的《章句》、《集注》文本。

在此,就淳祐系統本與興國本列舉出兩者有顯著差別的部分。甲是淳祐系統本,依據《四書通》(《通志堂經解》本),乙是興國本,根據《四書輯釋》。

(1)《大學》經一章,關於誠意之註。

　　甲、欲其一於善而毋自欺也(胡炳文自注謂:「一於善而無自欺」。

　　乙、欲其必自慊而無自欺也。

(2)《中庸》首章,「天命之謂性……修道之謂教」註。

　　甲、蓋人之所以為人,道之所以為道,聖人之所以為教,原其所自,無一不本於天而備於我。學者知之,則其於學,知所用力,而自不能已矣。故子思於此首發明之,讀者宜深體而默識也。

　　乙、蓋人知己之有性,而不知其出於天,知事之有道,而不知其由於性。知聖人之有教,而不知其因吾之所固有者裁之也。故子思於此首發明之,而董子所謂道之大原出於天,亦此意也。

(3)同上「道也者……恐懼乎其所不聞」註。

　　甲、若其可離,則為外物而非道矣。

　　乙、若其可離,則豈率性之謂哉。

⑷同上九章「天下國家可均也……中庸不可能也」註。

甲、然不必其合於中庸，則質之近似者，皆能以力為之。若中
庸，則雖不必皆如三者之難，然非義精仁熟而無一毫人欲之
私者，不能及也。

乙、然皆倚於一偏。故資之近而力能勉者，皆足以能之。至於
中庸，雖若易，然非義精仁熟而無一毫人欲之私者，不能及
也。

⑸《論語》為政首章註。

甲、得於心而不失也。

乙、行道而有得於心也。

⑹同上，〈述而篇〉「志於道，據於德」章註。

甲、德者得也。得其道於心而不失之謂也。

乙、德則行道而有得於心者也。

淳祐系統本和興國本之間，及此二系統的各本間，除了上面所舉
之外，還有很多地方有文字上的差異，吳志忠（《附考》）有所校勘。
舊本與上面的二系統本間有更大的不同，淳祐系統本與興國本間的差
異與之相較要小得多，都可視為較接近晚年絕筆的文本。

胡炳文就⑸說明了不依據興國本的理由。定本（淳祐系統本）有
「得於心而不失」。是因為，舊本作「行道而有得身」（根據《禮記・
鄉飲酒義篇》之「德也者得於身也」），祝洙本（興國本）作「（行道
而）有得於心」，但祝洙沒有看到後來更改過的定本。「按桐原胡氏侍
坐武夷亭，先生執扇而曰：『德字須用不失訓。如人得此物，可謂得
矣。才失之，則非得也。』此譬甚切，蓋此句含兩意，一謂得之於有
生之初者不可失之於有生之後；一謂昨日得之者今日不可失之也。」
（《四書通》凡例）」「為政行德」的「德」字語義是後來改定本的
「得於心而不失」，由朱子的話，可得到證明。

　　桐原胡氏者,胡泳是也,字伯量,號桐原。在《朱子語類》中錄
有「戊午(慶元四年,1198)所聞」,為朱子晚年之弟子。上述之語
在所聞中看不到,所以一般認為是根據《四書通》的引用書,即胡泳
的《衍說》等而來的。

　　〈為政篇〉首章註的異文,自古以來即為人所知,而趙順孫在
《四書纂疏》舉舊本和淳祐系統本的文章,並採用後者,可推測趙不
知有興國本。但其後,金履祥(1232-1303)所寫的《論語集註考
證》中謂:興國本的文章是「集註之初本」,後來被改成如淳祐系統
本那樣。若合胡、趙、金三氏之說,則成了由舊說的「行道而有得於
身」到興國本的「行道而有得於心」,到淳祐系統本的「得於心而不
失」,而最後的定本。元末的吳程也以為此興國本是初改本(《論語輯
釋通考》)。

　　此點可由《朱子語類》得到論證。即「行道而有得於身,身當改
作心,諸經注,皆如此」,「舊說德者行道而有得於身,今作得於心而
不失,諸書未及改,此是通例」(卷23、14條、15條)。此處所言學說
之轉變,和胡、金兩氏一樣。依據淳祐系統本的真德秀、趙順孫沒有
明示底本,而胡炳文的文本論,之所以只有上述的一章,一定是因為
自信所依據的是定本,所以不覺得有更進一步論證的必要。

　　相對於此,陳櫟就三點來論證了興國本就是定本。他的《四書考
異》要點為《四書輯釋》所引用,為了方便起見,筆者改變它的順序
揭示如下。

　　(一)關於(5):朱子的德字之訓是根據《禮記》的「德者得
也」,訂正初本的「有得於身」為後改本的「有得於心」。若就淳祐系
統本的「得於心而不失」來說,則(6)的〈述而篇〉《集注》中,淳祐
系統本之所以有「得其道於心而不失之謂也。得之於心,若守之不失
則……」是依據經文而言,〈述而篇〉的註文不能作為把〈為政篇〉

當作「不失」的論據，因為在淳祐系統本的〈述而篇〉中「不失」的重出是幾近於贅文，所以興國本是正確的。

（二）關於⑵：「（Ａ）蓋人知己之有性，而不知其出於天。（Ｂ）知事之有道，而不知其由於性。（Ｃ）知聖人之有教，而不知其因吾之所固有者裁之也。（Ｄ）故子思於此首發明之，而董子所謂道之大原出於天（《對策》），亦此意也」的註文是分析經文的「天命之謂性，率性之謂道，脩道之謂教」三句，更進一步加以綜合。即（Ａ）、（Ｂ）、（Ｃ）是「剖析」，（Ｄ）是「融合貫通」。相對的，淳祐系統本經文與註的對應並不明確，所以是「含蓄未盡」的未定稿。

（三）關於⑴：臨終前，朱子的《大學》改訂是把「一於善」改成「必自慊」，前者尚缺「語意渾成的當」。

若就陳櫟所說的三點重新改問，則二本中何者才是絕筆定本？就（一）而言，陳櫟的反論雖也是一理，但從上述的《語類》來看，淳祐系統本似乎比較有利。就（二）而言，即使同意興國本整理上較合乎邏輯，但僅乎此，並不能作為絕筆定本之論據。關於（三），我們稍微詳細地探討。

若依看護朱子臨終的蔡沈所說，朱子在臨終的數日前改了《大學》的〈誠意章〉，令門人弟子謄寫，又改了幾個字（《年譜》所引《夢奠記》），就《夢奠記》、《行狀》等沒有明示臨終的改訂內容而言，到了清代江永、夏炘等所論，而認為把經一章註的「一於善」改成「心自慊」。近幾年，錢穆也持同樣的見解（《朱子新學案》〈朱子論誠〉）。在此議論中，沒有人對《章句》、《集注》書有兩大系統及陳櫟已經論定了有關臨終改訂等事感興趣，若要採用此見解，則先知先覺的陳櫟是不可忽略的。

後藤俊瑞在《朱子的倫理思想》中謂，朱子在六十五歲的「經筵講義」中為「一於善」，但在六十九歲時〈答孫敬甫〉第六書（《朱子

文集》卷63）中卻採「無自欺」即「自慊」的立場，所以「心自慊」可視為是朱子的絕筆（228頁）。島田虔次、金谷治在前面所提的書中亦採用「心自慊」。由以上問題來看，雖然筆者在舊稿〈四書章句集註テキストの原文書的問題性〉（《愛知縣立大學文學部論集》31號）中認為陳櫟說較為優越，但是再度思考時，發覺並非沒有疑問。

後藤氏以朱子寫給孫敬甫的書信為論據。書簡中指出孫敬甫的說法是「不自欺，方能自慊」，說「不自欺之實」就是「自慊」。乍看之下，後藤說似乎可成立，但在此的示教是根據《大學章句》傳六章的經文「所謂誠其意者毋自欺也，如惡惡臭，如好好色，此之謂自謙（慊）」。因為是根據經文的示教，所以朱子不能立即採取「不自欺」即「自慊」的立場。退一步，即使採取那樣的立場，也不能成為把經一章之註由「一於善」改成「心自慊」的明證。因為把後出的傳六章的「自慊」字眼回溯用在經一章之註的必然性並不一定存在。如此看來，不能斷定所謂「必自慊」就是絕筆定本。

蔡沈以為絕筆改定是〈誠意章〉。所謂的〈誠意章〉，一般是指傳六章而言，關於此點，視改定解釋經一章之誠意文章的錢穆認為《大學》的「誠意」可說是改了初出的註。但同時錢穆謹慎地指出，朱子常就傳六章的〈誠意章〉施加改訂，所以臨終就此章加以改訂是充分可以想像的事。如此看來，就（三）而言，未必就可說興國本即絕筆定本。

從以上來說，（一）淳祐系統本雖有點優勢，但包括（二）、（三）整體性來說，便無法定出淳祐系統本，還是興國本，就是絕筆定本。

陳櫟的《四書發明》是延祐四年（1317）所寫的（後述）。在此之前一般認為以淳祐系統本為有力，但因為陳櫟及其弟子倪士毅而使興國本得勢，倪士毅繼承師說而決心改訂重編。其著《四書輯釋》之

初，即以《重編四書發明》為題（後述），底本當然是取興國本記載陳櫟《四書考異》的要語，但關於《論語》〈為政篇〉註的異文也記載了前揭的胡炳文說，足見也有集成異說的想法。

此後的註釋書，詹道傳的《四書纂箋》（至正三年，1343序刊）是依據興國本。景星《學庸集說啟蒙》（至正二十二年，1362年序），⑴是依淳祐系統本，卻註記興國本的文章，⑷是依淳祐系統本，⑵⑶則依興國本。

吳程（生卒年不詳。若依《重訂四書輯釋》引用姓氏則為新安人，著有《四書音義》）採淳祐本，就⑴、⑷、⑸而辯之（⑴、⑸取自《三魚堂大全》，⑷取自《論語輯釋通考》），就⑷的文章而言，興國本是初本，與祖先幼時的讀本相同，聽說毅齋先生（不詳）認為是《章句》的初本，所以抹掉。

因此，宋元時代《章句》、《集注》有異本，廣為人知，所以文本的好壞便經常被討論。在朱子的《四書》說、《章句》、《集注》的傳承上成為人們所注意的爭論點！

## （四）通行本和吳志忠校訂本

到了明代，永樂年間所編纂的《四書大全》全面性地採用《四書輯釋》，其結果，就成了文本是採用了興國本。由於《大全》是用來作為科舉的標準解釋，所以有很大的影響力，四書的文本，依據《大全》本，所以《大全》本就成了通行本。

在《大全》本通行之後，文本的異同並未完全消失。宣德年間以前所出版的《四書章圖輯釋通考》，由書名也可知此是一部在《輯釋》上附加了諸說的作品，但著者劉剡就前揭⑴認為採淳祐系統本的吳程之說為是。又，蔡清（1453-1508）的《四書蒙引》雖是依照朱

子的穩健《四書》說而為人所好讀，但就文本而言，則再三地對陳櫟加以反論，而偏袒於淳祐系統本。

但就全體而言，《章句》、《集注》的朱子《四書》說透過《大全》本被傳承遵奉之後，已不見有關文本的議論。到了明代中期以後，變成越過《章句》、《集注》而直問經文本身的內容，對《古本大學》、石經本《大學》等經文文本感興趣之後，縱使偶而有對《章句》、《集注》的註釋內容加以重問，文本也只是依照通行本而已。想超過朱子而直問經書本義的清代學術界，其情況也是相同。在當時依然有勢力的朱子學派，也對於文本的異同幾乎毫不留意。

到了清末，吳英、志忠父子，為了得到《章句》、《集注》之定本而進行文本的選定、校勘。吳英自癸卯、乾隆四十八年（1783）起苦於科舉考試二十餘年。隨著母親之死，同時也捨棄了舉子業，而志忠也因為在學習帖括而不好修舉子業，在嘉慶十六年（1811）進行《四書》的校勘（〈四書附考序〉）。脫離科舉所據的興國本教科書，因而得到新的校訂文本。父子倆的事業既有祖父以來的豐富藏書，同時又有不得志於舉業的背景（關於吳氏參見藤塚鄰的《論語總說》）。

校勘是以淳祐本系統的文本為底本。朱子之子敬止【之】認為父親所未完成的晚年絕筆《儀禮經傳通解》裡所收的《學》、《庸》、親近朱子而受業的真德秀《四書集編》、父親受業於朱子門人的趙順孫《四書纂疏》、學問淵源於朱子的黃震《日抄》、朱註最好的疏解的胡炳文《四書通》，都是依據淳祐系統本的文本，所以認定淳祐本是定本無疑。

與之相較，坊刻通行本，雖是淵源於祝洙的《四書附錄》，但指出祝洙之父穆，雖是朱子的母方的人，且曾從學於朱子，但從其著書來看，並非是性理學的專家；且祝洙本有胡炳文的批判（前述）；及朱子之孫鑑已明說祝洙本並非興國本，而以此為論據的祝洙本信從者

有破綻。

關於最後的一點，就是前揭的「《四書》元本，則以鑑向得先公晚年絕筆所更定而刊之興國者為據」的讀法。認為所謂的「元」是指「以此為宗」，所謂的「則以」「所」「者」是指「別有所指之辭」，所謂的「得」是指「已亡失」而言。如此定好語義之後，如何解釋文章雖然不明確，但總之，可認為朱鑑明說祝洙本與自己所得的書不合，既不是興國刊本，也不是絕筆定本，所以很明顯地是強行解讀。

吳英更進一步地就不同的各處來論證淳祐本的優點。志忠承其父的遺志寫成了校訂本。經過此父子的校勘，而產生優秀的《章句》、《集注》校訂本，自不待言，但依吳英的論述，不能斷言論證淳祐本就是定本，是一看就明白的。

簡單地說，依據各自所根據之文本的論者，想要論證以下兩點：（一）所根據之文本是朱子的絕筆定本。（二）是符合晚年定論的註釋內容。就（一）而言，有朱子之孫鑑所證言的興國本為有利，所以吳英雖極力地想加以否定其證言之價值，但沒有說服力。另一方面，興國本雖有此證言，卻如吳英所指出的，在宋代很少有人把它拿來作為教科書的難點。因此，如前所述，就絕筆定本而言是無法確定的。因此（二）的論點被提出進行繁雜的論證。在此，沒有舉出其大部分的論證是因為無法成為判斷是否為好文本的材料，此論證，如在陳櫟論中可見般，認為註釋的進展就是從初本到絕筆定本的《章句》、《集注》的完成過程。吳英和錢穆的情況也可說是一樣的。一般而言，確實是有其理由，學說是終其一生地進展而達於完成之域。但實際上就《章句》、《集注》的文章來看，何者是優秀的注釋，還是難以判定。即使可就好壞下判定，也無法保證好的文章，確實就是晚年寫成的。舉例如下。

《大學》〈誠意章〉（章句傳六章）是朱子不斷地施加改定的地

方,此議論在檢視註釋的形成過程上是很有趣的。關於此點,門人沈
僩持〈誠意章〉「自欺」的註比「今改本」舊註好的見解來向老師質
問。依此,今註云「心之所發,陽善陰惡,則好善惡惡皆為自欺而意
不誠矣」,恐讀書者不曉,又此句《或問》中已言之,卻不如舊注
云:「人莫不知善之當為,然知之不切,則其心之所發必有陰在於惡
而陽為善以自欺者,故欲誠其意者無他,亦曰禁止乎此而已矣。」此
言明白而易曉(《語類》卷16,107條)。

　　沈僩的記錄是戊午(慶元四年,1198)以後所聞,是朱子晚年時
的弟子。現行《章句》不論上面二句中的哪一句,至少可知上述舊註
→今註→現行《章句》的註釋變遷。沈僩在老師以今註為佳的說明之
後,更進一步,也提出關於註的下文改訂的疑義,執拗地確信以舊註
為佳。直傳弟子沈僩認為與後改本比較之下舊註較好一事,提供了上
述不可忽略的問題。也就是說,在朱子的理解和門人眼裡,也不認為
《章句》的改訂一定會得到較好的內容。更不用說後世把《章句》、
《集注》的改變視為註釋達於完成的論法,並不一定就適合每篇文
章。從文章表現或者論旨的完成度來決定絕筆定本,就實際來看,可
說幾乎是不可能的。

　　如此,即使可高度評價各本的比較校勘之勞,也不能斷言吳英、
志忠的校訂本是最接近朱子的絕筆定本。

　　關於《朱子》《四書》說的形成過程,以晚年定本為到達點的諸
本定位,由以上所述,依然是個有更進一步多方面檢討的課題。但就
《四書》學史的觀點來說,當下無法判定朱子的晚年定論,並非什麼
嚴重的障礙。《章句》、《集注》從朱子學說的傳承出發點即存在著淳
祐系統本和興國本兩種文本,各自重覆論爭,同時流傳於後世,可說
是很重要的。本文將在下一節論述,一邊內涵著如此的文本問題,同
時《章句》、《集注》被傳承下來,進而被疏釋的具體情況。

# 二　註釋書的續成──關於集成書

## （一）《四書》說的集成

關於《四書》的論說，在各時代除了被收入很多的專著中之外，也片斷的被個人的文集、語錄所記述。雖此資料現在大多已不再流傳，但由各時代所編纂的《四書》說集成書，有時可知其一端，又因為集成書的編者收錄認為有用的學說或者正在流行的有力學說，所以集成書在了解《四書》學沿革上也可說是有益的資料。在以「述而不作」為傳統的中國，很多都是採用傳承先進學說的編纂方針，也有因應科舉苦讀的必要，於是可簡便地知道通行學說的集成書在各時代裡大量地出現。朱子編輯《中庸輯略》、《論孟精義》等，據此而著《章句》、《集注》，成為集成書之先例。其後重新編纂很多被視為是朱子所著述的《四書》說，及盛行其門下後輩的《四書》說的集成，更隨著《四書》學的展開而集成新的學說。由如此所集成的《四書》說，其性格、編纂方針、編纂過程、集成書的普遍利用狀況等，可明白當時《四書》學的趨向。在此選了幾本集成書來探討它的內容。此非由書誌學觀點寫成的書目解題，而是想藉由含有書誌問題的書籍內容、性格來闡明當時《四書》學的目的。

## （二）真德秀《四書集編》

雖然朱子的《章句》、《集注》，因來自政治方面尊崇朱子學的形勢，和來自學術方面門人後生的推動，而逐漸地提高權威。但當初即使是門人後生，對《章句》、《集注》的絕對權威也有認為未必不能否

定的傾向。如第二章所述，門人後生中也有不忠實繼承朱子《四書》
觀的人，如高徒蔡沈之子蔡模的《論語集說》是摘取古注疏、北宋諸
儒說、朱子說、張南軒說，再加上自說的書，《集注》只不過是諸說
中的一種而已。根據《通志堂經解》本，卷首有淳祐五年（1245）的
〈進論語集說表〉，卷尾有同六年的刊跋。同樣，蔡模的《孟子集
說》，雖以《集注》為主，但試圖引用朱子的其他著述來疏通註釋論
旨，有部分嘗試對《集注》作訂正。

　　如此，在朱子以後，也可看到《章句》、《集注》成為各種註釋中
的一種，而相對地被評價的傾向。但隨著朱子學的權威上昇，《章
句》、《集注》之正確性為人所信任，而得到神聖、絕對之書的地位。
真德秀的《四書集編》是與蔡模幾乎同時期的，在上述意義中的過渡
時期的作品。所見的《通志堂經解》本，雖非善本（《通志堂經解目
錄》），但是否另有其他版本，則不得而知。

　　真德秀（1178-1235，人稱西山先生）於慶元黨禁最激烈的慶元
五年舉進士，其生涯與朱子直傳弟子，在時間上重疊，與他們的交流
也很親密。

　　由《四書集編》卷首的諸序（大通書局影印《通志堂經解》中錯
把謝侯善的後序置於《四書通》卷首）可知以下的著述時期、刊行
情況。

　　〈大學章句序〉的德秀後記有「寶慶三年（1227）八月丁卯，後
學真德秀編於學易齋」，德秀的嗣子志道，於咸淳七年（1271）的序
文說：拜受《大學》、《中庸》的《集編》之後經過了三紀（一紀為十
二年）。所以《學》、《庸》之《集編》毫無疑問的，最遲也在一二三
〇年代完成。

　　但就《論》、《孟》而言，由志道所言「雖已點校而《集編》則未
成」，及咸淳九年（原文為咸寧九年，今從《四書提要》之說改正）

的劉才之序言：劉（樸羖）承彙集了德秀的遺著《讀書記》及《文集》、《大學衍義》。可知《學》、《庸》的《集編》刊行之後，在很短的期間內由後人編纂成書，合刊成《四書集編》。《四書提要》也認為《學》、《庸》是德秀的自著，《論》、《孟》是劉承補輯成書，並無爭論的餘地。

但若依志道所言，則德秀也已經點校了《論》、《孟》，所以有幾分視為低估了補輯作業的意義，而保持幾近於自著性格的可能性。有人注意此點而試著想從《論語集編》中掌握德秀的思想觀點（吉原文昭〈真德秀の的論語集編〉、《藝林》19-1所收）。在此把焦點放在檢討《論》、《孟》之《集編》的資料價值上，同時以《論語集編》〈學而篇〉為例，探討其編纂之態度。

現在就〈學而篇〉和《讀書記》作一對比，則《集編・學而篇》的經文(1)(2)(3)(4)(5)*(6)(7)(8)(9)(10)*(11)(12)(13)(14)(15)*(16)*的各章中，除了＊印以外的各章可在《讀書記》中找出相符的《論語》說。如下所示。

| 《論語集編》 | 《讀書記》 |
| --- | --- |
| ⑴學而時習之…… | 卷二十「學」 |
| ⑵有子曰…… | 卷六「仁」上 |
| ⑶子曰，巧言令色…… | 卷六「仁」上（續上文） |
| ⑷曾子曰，吾日三省…… | 卷十一「忠信」 |
| | 卷二十八「孔子顏曾傳授」 |
| ⑹子曰，弟子入則孝…… | 卷二十「學」 |
| ⑺子夏曰，賢賢易色…… | 卷二十「學」 |
| ⑻君子不重則不威…… | 卷二十「學」 |
| ⑼曾子曰，慎終追遠…… | 卷十一「父子」 |
| ⑾子曰，父在觀其志…… | 卷十一「父子」 |
| ⑿有子曰，禮之用和…… | 卷八「禮」 |

⒀有子曰，信近於義……　　　卷十「禮義信」

⒁ 子曰，君子食無求飽……　　卷二十「學」

《讀書記》以學術用語為分類，以朱子說為中心，配以諸儒之相關文章，由於有類書的性質，所以也收錄與《論語‧學而篇》有關的論說，比如在「學」的項目中收錄了論及朱子、諸儒之學的相關論說。其中也包含了和《集編》文章相對應的論說。

對校《集編》和《讀書記》二者，即可知，《讀書記》並沒有全如原文般地引用《集注》的朱子說。對不以注釋為目的的本書而言，是理所當然的事。在記載《集注》的朱子說時以「朱子曰」來引用。

相對於此，《集編》大多把《讀書記》所省略的《集注》改回原來的文章，(1)(2)(3)(4)(7)(9)(12)中可看到此事（(6)(11)(13)(14)《讀書記》也全文記載）。例外的只有(8)，《集編》就《集注》的圈內說改採原來的文章，同時採圈外說的前半而省略了後半。此理由雖然不明，但一般認為由於《集編》的文章是合《讀書記》卷二十和卷十的文章而成的，所以收錄卷十中的謝氏語，因此視圈外說的後半為不必要。如此《集注》的省略在《集編》的全篇中到處可見，吳志忠的〈四書附考〉對此省略有詳細的指出。

儘管如此，與《讀書記》比較，則《集編》揭載了《集注》較多。除了《集注》揭載的繁簡之外，二書一致的地方很多，續《集注》而記載的《或問》、諸儒之說(1)(2)(3)(6)(7)(9)(12)(13)(14)，大致是一致的。

從以上說來，可認為《集編‧學而篇》大部分採用了《讀書記》的論說，進而備置了註釋的形式。在右邊附有＊印的《讀書記》中無法檢出的各條雖未研討是否由德秀的其他著述所引用的，但是從〈學而篇〉的例子來推測，則可推定《論》、《孟》的《集編》正如劉序、謝跋所言是以德秀的遺著為主要根據，由後人編輯而成的作品。從以上說來，可認定由此直接來看德秀的思想觀點，是不可能的。

　　在此將討論確實為德秀之自著無疑的《大學集編》的註釋方法。就《章句》首章的「經一章」之註解調查，可知在《章句》之外還有由《或問》、《朱子語類》的文章所構成的。《語類》以卷數／條數號碼表之，條數依中文出版社版，是暫由己見而附上的號碼，如14/1則表示卷十四之第一條，前後則表示只有引用該條的前半、後半，未檢則是指《語類》中無法檢出之文。

　　　　○子程子曰……其不差矣

《語類》14/1 14/2 14/8（後）14/9 14/12 14/14 14/10 14/15 14/27 14/19 14/18 14/22 14/34未檢14/38 14/43 14/47未檢

　　　　○大學之道……止於至善

《章句》、《或問》
《語類》14/63 14/77 14/86 14/85 14/68 14/70 14/71 14/72（前）14/73 14/81（前）14/82（中）14/83 14/87（前）14/91 17/33 14/95 14/96 14/97 14/98 14/102 14/104 14/106 14/105 14/107（前）14/111 14/113（前）14/113（後）14/114 14/119 14/116 17/1 17/2 未檢 17/20（前）17/19 17/23（中）17/26（後）17/27（前）17/29（中）17/30（後）17/31（中）17/32（中）

　　　　○知止而後有定……慮而後能得。

《章句》

　　　　○物有本末……則近道矣。

《章句》、《或問》
《語類》14/129 14/130 14/133 14/134（中）14/137 14/149 14/150

14/147 14/138（前）14/139 14/143 14/164 14/144（前）14/161
（前）未檢 14/162 未檢 14/166 14/142 14/160（前）14/160
（後）14/169（前）未檢　未檢

　　○古之欲明明德……致知在格物

《章句》、《或問》
《語類》15/4 15/35*¹ 15/3 15/2 15/32 15/34（前）15/31（前）
15/7（前）15/22 15/12 15/13 15/14（中）15/15 15/19 15/67 15/26
15/28 17/40*² 17/43 15/48 15/53（前）15/52 15/41 15/50（中）
15/44 15/46 15/45（後）

　　○物格而後知至……而後天下平

《章句》、《或問》
《語類》15/68 15/72 15/80（前）15/84（前）15/84（後）
15/18*³ 15/96 15/94（中）15/93 15/89 15/112 15/111 15/86（前）
15/90 15/98 15/99 15/100 15/101 15/102 15/146（前）15/113
15/127（前）15/115（中）15/115（後）15/120 15/148 15/133
15/147 15/152（前）15/134 15/138

　　○自天子以至於庶人……未之有也。

《章句》、《或問》（前半無引用）
《語類》17/47（前）17/47（後）17/48（前）17/47（中）

　　○右經一章……為序次如左。

《章句》、《或問》

　　由此可推定《大學集編》的整體構成與「經一章」的部分有共通的傾向。同時，此書除了作為經文的註釋而大量地採用了《章句》全文之外，還有《或問》全文的大部分和《語類》相關的論說。

　　*2「問，知者妙眾理而宰萬物者也。何謂妙眾理⋯⋯」、*3「問，尋常讀《大學》，未有所得。願請教。曰，致知誠意兩節⋯⋯」的劃線部分是現行黃士毅編《朱子語類》中所看不到的文章。即使少了此部分，對於理解上也不會有障礙，而且其他的例子都很忠實於《語類》的文章，所以很難想像是德秀的加筆。在《語類》的編纂過程中，特別是對門人子弟質問的文章加以節略是理所當然的，例子雖少，但上述的句子很可能是現行《語類》成立以前的《語錄》文章。

　　關於「經一章」引用的《語類》涉及現行《語類》的卷十四、十五、十七等三卷（包括未檢出的文章），約引用了一五〇次。如果連分割一條而引用的都考慮進去的話，則引用約達三卷總計四〇二條的三分之一。《語類》因其性質所以也記載了重複的論說、卑近的譬語、朱子自己的感慨等。除此，則可說從《語類》中引用了可作為註釋用文章的大半。

　　而《中庸》也有採錄朱子輯集先儒之說的《中庸輯略》，若包括此點，就《學》、《庸》而言，則可認為由《章句》、《或問》、《語類》及相關論著等的朱子著述中，極盡能事地收集《學》、《庸》說，可說製作朱子的《學》、《庸》註釋定本就是德秀的編纂方針。關於此點，雖德秀自己的《學》、《庸》說沒有直接地表示出來，但就改變《語類》的排列而引用的地方，特別是論窮理*1的文章比論格物的文章先揭示此點而言，可認為是按照他的編纂方針。此是為了要對朱子的文章加以整理而得出較具註釋的形態，他對整體編輯的關心，在把宋學的述語彙集在項目別的《讀書記》，也可清楚地看出。

　　在《通志堂經解》本中，接續《章句》之後的《或問》、《語類》

以同樣大小的文字並列著，底本雖非善本，而有幾分保留，但可推定
原本恐怕也沒有在《章句》和其他的朱子說之間看出實質上的不同。
也就是說，可認為不是作為《章句》的疏釋而採用《或問》、《語
類》，而是試圖將朱子《四書》說彙為大成，此點可由書名「集編」
而得到旁證。如此，不把《章句》視為絕對而寫了網羅其他《四書》
說的《學》、《庸》注釋定本，雖絕大部分有基於德秀愛好著述類書的
傾向，另一方面也反映了此書完成時，《章句》、《集注》還沒有得到
與經書同等構成的《章句》、《集注》觀。

## （三）趙順孫《四書纂疏》

　　朱子以後，出現了很多《四書》註釋書。《經義考》（卷252）記
載的有黃榦（字尚質，長溪人）《四書紀聞》、葉味道《四書說》、劉
爚《四書集成》、劉炳《四書問目》、潘炳《四書講義》（《四書通》的
引用姓氏書目作《講讀》）、童伯羽《四書訓解》、江默《四書訓詁》、
黃士毅《四書講義》、程永奇《四書疑義》、胡泳《四書衍說》、王遇
《四書解義》，都是朱子門人的著述，雖亦知有其他很多註釋書，但
幾乎已成了佚書、未見之書。現存朱子門下的《四書》說資料，除了
為各人的文集、當時的隨筆、雜記等所引用之外，以趙順孫的《四書
纂疏》最有用。據說《通志堂經解》所收本是依據汲古閣之宋本（前
揭《目錄》）。

　　趙順孫（1215-1276），字和仲，縉雲（浙江省）人。嘉定十五年
（1222）賜童子出身，淳祐十五年（1250）賜進士出身。累遷為同知
樞密院事，兼參知政事、執政柄。據說受學於與朱子門下滕璘學的父
親（黃溍：《金華黃先生文集》卷30〈格菴先生阡表〉）。

　　根據寶祐四年（1256），牟子才的〈中庸纂疏序〉（《通志堂經

解》本所收，以下同），可知是續《大學纂疏》之後，寫成了《中庸纂疏》。《論語纂疏》及《孟子纂疏》大概是其後所完成的。雖因在完成後洪天錫所寫的〈四書纂疏序〉裡沒有記載年月而無法確定，但無論如何是在一二五〇年代以後，也就是南宋滅亡的一二七九年稍早一些時期的作品。此書之立場由以下的自序可知。

> 子朱子《四書》註釋其意精密，其語簡嚴，渾然猶經也。順孫舊讀數百過，茫若望洋。因徧取朱子諸書及諸高弟講解，有可發明註意者，悉彙于下，以便觀省，間亦以鄙見一、二附焉，因名曰《纂疏》。

接著附上謙辭以為自己勉強模仿孔穎達、賈公彥而為「疏」，將其刪削委於識者。

《章句》、《集注》有如經書般的正確性、神聖性的理解，一般認為是隨著朱子學的權威上昇而產生，之後，從元代到明代中期成為有力的潮流。

就《纂疏》的形式而言，接在經文之後，另起一行低一格刻《章句》、《集注》，再低一格刻《或問》，《章句》、《集注》和《或問》與經文字體同大。其次是疏，以雙行的夾註記載著朱子的《文集》和《語類》，《中庸》則加上《中庸輯略》、朱子的後學的論說及順孫的私見。可看出《章句》、《集注》（及《或問》）和其他的諸說之間，實質上的不同，而得知前者為註、後者為其疏釋的排置，此點在註釋態度上很明顯地與以集成朱子的《四書》說為目的的真德秀不同。書名之所以意味著集成對註做疏的「纂疏」也是源自此註釋態度，此書是《章句》、《集注》的神聖傾向逐漸擴大的南宋末期的產物。

關於被引用的朱子後學《四書》說，《四書提要》中為十三家。《通志堂經解》本裡沒有明示引用姓氏書目，又本文中的引用記載著

黃氏、陳氏、蔡氏的地方很多，出現如「三山陳氏（陳孔碩）」此種
特定人物的記述則很少。一般認為《提要》大概是根據胡炳文《四書
通》的記載。在《四書通》中「四書通引用姓氏書目」接在朱子的著
書之後，記載如下（字號、鄉貫省略）：

黃　榦　《通釋》《文集》《講義》

陳　淳　《字義》《文集》《庸學講義》

輔　廣　《語孟問答》

潘　柄　《講說》

蔡　淵　《易傳》《庸學思問》《中庸通旨》

蔡　沈　《書傳》

蔡　模　《語孟集疏》

陳孔碩　《講義》

陳　埴　《經說》《木鍾集》

胡　泳　《衍說》

葉賀孫　《講義》《文集》

黃士毅　《講義》

真德秀　《大學衍義》《讀書記》《文集》

趙順孫　《四書纂疏》

以上並依《纂疏》、《集成》引用。

　　《提要》除去趙順孫把朱子的直傳弟子十三家置於前面，而把真
德秀和蔡模放在後面刊載。此十三家之說是否全為《四書纂疏》所採
用，如上所述，很難判定，所以或許可視為是合纂了《纂疏》和《集
成》二書中所記載的。

　　《經義考》記載著朱子門人劉爚，他著有《四書集成》，但在他
的神道碑（《真文忠公文集》卷41所收）所列舉的著述中，卻看不到

此書。此處所言集成是指吳真子的《四書集成》。吳真子為傳記未詳的南宋末期人物，從他所著的《四書集成》在《四書通》中與《纂疏》並列而被大書特書；雖倪士毅在其《四書輯釋》凡例中斥為「甚泛濫」，但還是為該書特寫一番；汪克寬在倪士毅的《重訂四書輯釋》序上排斥此書，但是仍然在真德秀、祝洙、蔡模、趙順孫的書後以「最晚出」者列舉了此書；明代的《四書大全》以《四書輯釋》及此書為所據資料等事來看，可說是從南宋末到明初通行而有力的一種註釋書。現在有無完本不為人所知，聽說在臺灣、北平圖書館有《論語》卷六、七、《孟子》卷九至卷十二之殘闕本（阿部隆一《增訂中國訪書志》、王重民《中國善本書提要》）。

雖說前面所提的十三家，可視為《纂疏》和《集成》所引用之說，但所以由南宋末眾多的《四書》說中，只有引用十三家，是因為這些是對《章句》、《集注》的理解有助益的重要《四書》說，此亦可作為南宋末的主要《四書》說的大略名單。《纂疏》引用的大部分主要著眼於詳述《章句》、《集注》而謀求疏通論旨，由此亦可知朱子說法被祖述繼承之情況。

《纂疏》按照注而採用《或問》，和《集編》相同，但順孫似乎沒有見過《集編》，且前揭的真德秀項中也沒有提到此書。

一般認為此書在元代也有流通。黃溍（1277-1357）謂「童而習之」，順孫的著述中也說此書「行於世」、「今之四方學者既每家有其書」（前揭〈阡表〉）。如後所述，對後世的影響很大。

由於在《章句》、《集注》中加了《或問》，更進一步為此做疏釋，所以《四書纂疏》就成了大部書，不免給人冗長的感覺。由於不得增減一字的完美作品，朱子所自負的《章句》、《集注》其正確性、神聖性為人所信奉，因為加上疏釋，反而變得煩瑣不明朗。因此，更進一步謀求疏通，而加上註釋。

## （四）胡炳文《四書通》

在元代集成書的代表作中，有胡炳文的《四書通》。

胡炳文（1250-1333），字仲虎，號雲峰，婺源（江西省）人。至元二十五年（1288）江寧教諭，大德五年（1301）信州路學錄。任道一書院山長、蘭溪州學正等，至大年間（1308-1311）為建於婺源的明經書院所聘擔任教職。有《周易本義通釋》、《四書通》、《純正蒙求》、《雲峰集》等著。與後述的陳櫟同世代且有交流，在《四書通》的製作上也有徵求他的意見，據此，當初取名《四書通旨》是想訂正《四書纂疏》、《四書集成》的差謬（參見後述），而後改題《四書通》。在此想依據《通志堂經解》本予以檢討，前揭《目錄》沒有言及有關此書的底本。

卷首有泰定元年（1324）胡炳文自序，同三年鄧文原序，天曆二年（1329）張存中刊跋。據張跋是泰定三年受命刊行，經三年完成校勘付印。依據《雲峰集》卷三〈大學釋旨序〉可知是至順元年（1330）刊行的。

《四書通》的形式，《章句》、《集注》為大字，雙行的細字為註，採用《朱文公文集》、《朱子語錄》、《中庸輯略》及諸儒之說，而以「通曰」記述自說。特徵之一是刪除了《四書集編》和《四書纂疏》所採用的《或問》，而且也節略了諸儒之說，而成為較簡約的內容。由諸序、凡例可知，他所在意的以前的註釋是《四書纂疏》和《四書集成》，而更正此兩本通行書的差誤和煩瑣的地方，增補了元儒之說，疏釋《章句》、《集注》。另一個特徵是雖屬於《章句》、《集注》的書，卻不用興國本系統，而用淳祐系統本。關於此事容後再述。

在記述著此凡例之後，揭示了引用姓氏書目。在依朱子《四書》

引用姓氏、《纂疏》、《集成》的引用姓氏書目之後，更揭示了七十一
家的姓氏書目，而註明「以上並《纂疏》、《集成》外新增」。其中前
面的五十二家是北宋、南宋的人物，只舉姓名而無記書目，接著揭示
自南宋末到元代的十九家，姓名和書目記載如下（字號、鄉貫省略）。

| | | | |
|---|---|---|---|
| 祝　洙 | 《四書附錄》 | 王　柏 | 《批點標注四書》 |
| 程若庸 | 《字訓》 | 饒　魯 | 《石洞紀聞》《講義》 |
| 盧孝孫 | 《大學通義》 | 沈貴瑤 | 《正蒙解》 |
| 謝枋得 | 《文集》 | 齊夢龍 | 《語解》 |
| 許　衡 | 《文集》《遺書》 | 馮　椅 | 《論語解》 |
| 方逢辰 | 《中庸大學釋傳》 | 金履祥 | 《大學疏義》 |
| 杜　瑛 | 《語孟旁通》 | 薛延年 | 《四書引證》 |
| 黃仲元 | 《四書講義》 | 熊　禾 | 《標題四書》 |
| 吳　浩 | 《大學講義》 | 陳　櫟 | 《四書發明》 |
| 吳仲迂 | 《語錄次》 | | |

　　看到被認為是從《集成》所引用的五十二家姓氏，就可感受到一
個特徵，五十二家的細分是從胡瑗、曾鞏、張載、程顥、程頤等北宋
諸儒，到張栻、呂祖謙、葉適、陳亮等，其中朱子的同輩有二十九
名，朱子門人後輩及錢時、袁甫等有十三名（其他不詳）。與趙順孫
的《四書纂疏》專只引用朱子的門人後輩相較，則上述的舉例在學統
上頗不統一，他增補了朱子已加以取捨的北宋諸儒說，同時採用了在
學問上處於對立關係的張九成、陳亮、葉適及陸九淵之後學的楊簡、
錢時、袁甫、邵甲、顧平甫（原文誤作諱元常）。從所舉之例可知南
宋以後，學派間融合進展、打破學問上見解的異同，而集成《四書》
說。可說元代胡炳文繼承了此一傾向，更填補當時的新說而集大成。

　　在學界、政界都不為人所知的炳文，他的大部分書之所以能刊行

流通，是因為延祐年間以後所實施的科舉課目採用了《四書》，而為了得到與《四書》學說有關的知識，此種書籍的需求是有必要的。

## （五）倪士毅《四書輯釋》

與《四書通》同為元代的集成書，而對後世影響很大的作品，是繼承陳櫟《四書發明》的倪士毅《四書輯釋》。關於此書，筆者曾以〈四書輯釋の歷史〉（《說林》三十號）為題檢討過，但請容筆者訂正誤謬，加上其後所得見識，重新論述。

陳櫟（1252—1334），字壽翁，人稱定宇先生，休寧（江西省）人。傳說出生於休寧之西三十里藤溪之上有個叫陳村的村里（《定宇集》卷17，〈定宇先生墓誌銘〉）。休寧是朱子的故鄉，陳櫟以和朱子同鄉而為榮。《元人傳記資料索引》中有「延祐元年，鄉試中式。不赴禮部試，教授於家」。赴元代第一次鄉試之年是六十三歲，通常傳記中都以恬淡名聲、官位之類的事為美談而記載，但事實上卻有很多是執著於名譽權勢的。陳櫟也強赴鄉試而中舉，卻解讀成他毫無赴禮部試的意圖，事實上並非如此，陳櫟曾寫信給大儒許衡之子，也就是當時監督江浙鄉試的左丞相（許敬？），信中提及在赴禮部試途中因罹患感冒延遲了考期而放棄。陳櫟以其為朱子之同鄉，又披瀝眾多著作，因而詢問左丞相是再應試而赴京師呢？或是令其任紫陽書院山長或徽州路學的學正而以朱子之學傳朱子學統於後進呢？以此懇請許衡之子給予適當的意見（同上，卷18〈上許左丞相書〉）。許衡之子雖篤信朱子，對陳櫟所強調的訴求卻都沒有採納，於是，陳櫟就如此地在野終其一生。

對陳櫟而言，他相信《四書》五經、《章句》、《集注》的朱子學的學問世界就是真理本身，所謂的學問不外乎就是學習這些。

　　講學當於何下手，不出乎讀六經四書而已。六經非大儒不能盡
　　通，初學且先通一經《四書》，亦當讀之有次序，文公（朱
　　子）定法，先《大學》次《語》次《孟》未及《中庸》，今皆
　　當按此用功精熟，以看《四書》、窮一經，然後讀官樣典雅程
　　文，以則倣之，又求之古文以助其文氣，曉其文法。雖大儒教
　　人亦不過如此而已。（同上，卷8）

《四書》是元代的科舉課目，學《四書》而後學作文是準備科舉的一
般學習法。而此種學問正是大儒的教育內容。

　　若信奉科舉之學和朱子學，則《四書》、《章句》、《集注》應該就
成了金科玉律。他贊同對「妄改朱子之言以非朱」的朱子門人饒魯的
批判，指出饒魯在改朱子的《大學》格物致知章時是心疾發作的時候
（同上，卷7），此正顯示對朱子學說的批判幾乎無法正常思考的陳櫟
盲信朱子。在此態度下所著的《四書發明》，自然是一心遵守《章
句》、《集注》。隨著朱子學的普及和其權威的上昇，到了元代，《四
書》便成為科舉的科目，從此，《章句》、《集注》「如經」的神聖性、
正確性，便廣為人們所信仰。

　　在《定宇集》卷首的〈年譜〉中記述著「延祐四年（1317）六十
六歲。編《四書發明》」。但是胡炳文在《四書通》的編纂階段得知陳
櫟的事，所以切盼陳櫟之著能附在自著的《通旨》諸家之列，也表明
了借覽卷帙。（由此可知，胡炳文當初把自著命名為《〔四書〕通
旨》。《雲峰集》卷1，〈答定宇陳先生櫟〉第二書、第五書）。因此，
陳櫟贈送他四帙《四書發明》，其結果是《四書通》的「引用姓氏書
目」中記載了此書。由此可知，此書是在《四書通》刊行的泰定三年
（1326）以前寫成的。雖然刊行的時期不明確，但在「年譜」上有
「泰定三年七十五歲。胡容齋（名无），為先生作〈四書發明序〉（收

錄在《定宇集》卷17,〈別集〉)。由〈四書輯釋大成凡例〉(後述)中
有「先師,定宇陳先生,方編《四書發明》時,星源雲峰胡先生亦編
《四書通》,彼此雖嘗互觀其書之一、二,未竟也。既而因二書傳入
學者之坊中,皆已行板」來看,和《四書通》幾乎前後由民間的書
店,也就是坊肆、書坊所刊行。

胡炳文和陳櫟在各自集成《四書》說的過程中,交換消息和意
見。在陳櫟給炳文的書信中,提及「坊中四種(四書),《附錄》(祝
洙《四書附錄》)為最,《纂疏》多不滿人意,《集註》依樣畫葫蘆而
已,不堪視覽,故不得已而有《發明》之編,今蒙批論謂《纂疏》、
《集成》多有差謬,可謂先得我心,又報《集成》外添得數家亦難得
也,《大學》有盧玉溪《通義》最不易(至當之論),想亦在一家之
內,若夫北溪之《學庸講義》、陸坦之《木鐘集》,《纂疏》已略取
之,但未盡善爾。」(《定宇集》卷10,〈答胡雲峰書〉),對批判《纂
疏》、《集成》中有差謬的炳文說,表示贊同之意,而推崇祝洙《四書
附錄》是最為優秀的作品。

但此意見不為炳文所納,在《四書通》的凡例裡,具體地明示了
無法採用以祝洙本為底本的理由。對此,採用祝洙本的陳櫟公開認為
《四書通》雖有好處,但瑣末很多,更不該的是不採用朱子之孫鑑所
保證「先公晚年之絕筆」的祝洙本(興國刊本)(《定宇集》卷10,
〈答吳仲文甥書〉)。因此欲參照《四書通》,矢志改定《四書發明》,
但未果而亡,繼續他的遺志的是倪士毅。

倪士毅(1303-1348)字仲弘,休寧人,受業於陳櫟,因數十里
西方黟縣人汪泰初之招,偕同雙親來居,擔任了二十三年的教育工
作,大概是鄉塾的老師吧!沒後因貧窮而無法得到好地可葬,所以埋
葬在休寧的故里,由被認為是汪家子弟的汪志道和其弟存心等之力改
葬在黟地(趙汸:〈倪仲弘先生改葬誌〉、《東山存稿》卷7所收)。

　　代寫致謝函給陳櫟墓誌銘的執筆者（《定宇集》卷17,〈謝揭學士
撰定宇先生墓銘啟〉）表示,士毅在門人中有其份量,其師生前允許
他改訂《四書發明》,其師歿後,守完師喪,即著手改訂,而正式著
手編纂,則是在至元元年（1335）。此前後之記述是以《四書輯釋
（大成）》及《四書通義》卷首的各文章（內閣文庫著錄為《重訂四
書輯釋通義大成》、蓬左文庫著錄為《四書輯釋意圖通義大成》,關於
此書稱為《四書通義》之事容後再述）為資料,經兩、三年編纂而
成,在凡例序上記著至元三年（1337）,指出了初稿本完成的時間。

　　士毅在至正元年（1341）前後,把原稿交給建陽有名的書坊,劉
錦文的日新書堂。明代時也有位劉錦文,但兩者不同（張秀民:〈明
代印書最多的建寧書坊〉,《文物》79年6期,總277號）。關於此點,
若就士毅之學友、趙汸「閩坊（福建的坊肆,即日新書堂）購其初藁
刻之」（前揭〈改葬誌〉）則可知,科舉考試用的集成書,是以買賣營
利為目的而出版的。因為《四書》學的盛衰和科舉是有密切的關係。

　　劉氏很快地把原稿付印了。此對士毅而言,似乎是出乎預料。接
到送來的部分印刷樣本的士毅,寫信給書坊,「已嘗答墨中願俟執事
且後便具呈,然後鏤板（興版本）,想必未鳩工也。鮑六成復到,出
示教字乃知不待其書之全,其說之定而遽已刊矣。」他後悔原稿「發
之太早」（〈至正辛巳（元年）冬十月朔,答坊中劉氏書〉,《通義》所
收）。著述者和出版社的利害對立很明顯,也是個現代的問題,此書
信傳達了元代出版情況的一個寶貴的具體例子。

　　寫了意味著述完成的序文、凡例之後,經過五、六年,在把原稿
交給書坊之後,對付印的未定稿,仍然流露不滿,此在著者似乎也有
責任,但可知另一方的書坊也在上梓時,想在書物的性質上加以變
更,其最大的一點是書名、作者名的變更,書信中說:「承發至所刊
印之物,比元藁既改書名則凡卷首之朱子《章句》行後僅存賤名一行

極是也（原注：元薰先列五行，後欲存前二行）。但改《重編發明》
為《會極》，此二字未為的當」。

　　此處有兩個問題，一個是題名。原稿是題著《重編（四書）發
明》，但卻被改為《（四書）會極》。就此，士毅以為若用「會」字，
則「會釋」亦可，但「會極」無法表現出「解釋經註」之意，且近年
和朋友議定改稱「輯釋」二字，所以再次請求改題為《（四書）輯
釋》。定原題名為《重編（四書）發明》是意味著繼承先師之志，增
補改訂《四書發明》的著述，可知士毅當初的用意是在於重編祖述陳
櫟的著作。

　　隨著因書坊的改題而產生了另一個問題，參照了胡炳文的《四書
通》，重編祖述了陳櫟《四書發明》的原稿上，應該列記作者陳櫟和
胡炳文的名字，士毅自己的名字也應該以編者校訂者併記才是，此為
書信上所說原稿「先列五行」的著者名中三人的著者名，剩下的二
人，由凡例、《四書通》等關係來看，趙順孫、吳真子的可能性最高，
從內容上來說，可想像原稿上似乎是記載如下（姓名一般用敬稱）：

　　趙順孫　纂疏／吳真子　集成／胡炳文　通／陳櫟　發明／倪
　　士毅　重編

改稱《四書輯釋》的話，就成了士毅自己的作品，所以只要記載他一
個人的「賤名一行」即可。對於送來的印刷樣本改成如此，他同意
了。

　　書名由《重編發明》→《會極》→《輯釋》等三變是考慮出版情
況、書籍完成之後的啟發，可知在此時代裡，書籍也是由著述者的著
作意願和出版者的營利志向一致而出版的。以下所談到的王元善，即
藏身在博雅堂書坊，「終先師面命之言，酬博雅相成之美」（〈自序〉）
而著《論語輯釋通考》，大概是把受書坊之命，在其庇護下，而成的

著述，故以此種美辭來表現，可想像作品反映了以營利為目的的書坊意向。以《四書輯釋》來說，就算是購得原稿，書坊尊重作者的意向，由後述中也可得知。更改書名是著述者在以祖述為旨的傳統上，想把老師、祖先之名以著者名的身分傳下去，而相對的，在出版者方面，一定是明示作品為非祖述改訂版的創作，以引起購買欲。關於此事，士毅大概也想擁有自己獨立的作品，而將初稿改名為《輯釋》，再從事內容的改訂——此是對初稿擅自出版的不滿內幕——為書坊所觸發，而把《重編四書發明》改名為《四書輯釋》。此點為書坊所接受。

　　以下，就筆者所見版本論述：

　　　尊經閣文庫藏《四書輯釋大成》（元版）　後裝本　初冊；《大
　　學章句》　二冊；《大學或問》　三冊；《中庸章句》　四冊；
　　《中庸或句》　五冊～九冊；《論語》（一～三篇缺）　十冊～
　　十二冊；《孟子》（一～二篇、四篇、七～十篇缺）

現存雖為十二冊，但一般認為原來應是十七冊。至正壬午（二年）夏五（月），有日新書堂刊行的牌記（刊記）。

　　我國（日本）有文化九年（1812）的復原版。尊經閣文庫藏本有原裝的題簽，可知《大學或問》、《中庸或問》二冊並沒有被刊行。

　　根據凡例可知正確書名為《四書輯釋大成》，但如上所述，士毅自稱是《輯釋》，在此書刊行以前即已寫好了的〈重訂四書輯釋凡例〉中，也稱呼自己的著作為《四書輯釋》，所以「大成」二字大概不是基於他的意思，而是書坊所添加的吧！後世也常去掉此二字來稱此書。

　　隨著上述書名、著者名的變更，在內容上也產生了需要訂正的地方。關於此點，在書信上分條寫出要求校訂。從現存的版本來看，書坊幾乎完全接受了此意見而改訂「挑補」，不管是由填塞的部分改訂

或是重新刻版，都需要浪費大量的木版，但都真心誠意的順從了著者的意向。

要訂正的一點，本來的《重編發明》是以重編老師陳櫟之說為方針，凡例上記載了此點，而且本文中記述著「愚謂」、「愚按」的陳櫟之說，因為士毅為著者，所以改正凡例，又把「愚謂」、「愚按」改成「先師曰」。關於此點，他強烈地表明。元版本、和刻本在〈大學序〉初出的註文末尾上都有「上文係先師定宇陳先生之說，後凡無書名氏，載於註文逐節之下者同」的陰刻註記，還有，由於註文中陳櫟之說已成了「先師曰」所以可知已進行了「挑補」。但士毅的提議也考慮到了減輕書坊的負擔，比如說，把「愚謂」、「愚按」改成「先師曰」的訂正他就指示了若把原稿的「○愚謂」、「○愚按」的圓圈縮小而成「。先師曰」則可適用於該處。

但一般在引用先人之語時，並非原文不變地引用，而是常常可見以更改、節略的形式來引用。宋明的《四書》註釋書中，被引用的先儒之說，與原文有異的很多。清代的學者有鑑於此，主張引用古典應忠於原文。顧炎武說：「凡引前人之言必用原文」、「凡述古人之言必當引其立言之人，古人之述古人之言則兩引之，不可襲以為已說也」（《日知錄》卷20，〈引古必用原文〉、〈述古〉）。

原文的更改，其來源除了引用者因記錯或轉寫而發生錯誤之外，也有編纂者隨意改訂使用前人之說。《重訂輯釋凡例》上說：「今《輯釋》或融合二、三說為一段，或析一說附二、三處，亦有不及悉著其人姓名者，蓋取其依附經註本文，逐字逐節，發明義理易見而已。不然，則有破碎贅絮之弊故也，諸說語意或略有未安者，亦竊用朱子例，或其意本是，而語稍泛者，則纂節之」，積極地進行了原文的改正節略。但是，朱子在回答時人：「《集注》引前輩之說，而增損改易本文，其意如何」之問時，說明道：「其說有病不欲更就下面安注腳」

（《朱子語類》卷19，64條）。由此可知在《章句》、《集注》方面，諸儒說被朱子用來作為解釋《四書》的證據而改訂。試舉一例來看，在《中庸輯略》第二十章之條中舉呂與叔（東萊）說一節有：「愚者自是而不求，自私者①<u>以天下非吾事，儒者甘為人下而不辭。</u>②<u>有是三者，欲身之修，未之有也</u>。故好學非知，然足以破愚。力行非仁，然足以忘私。知恥非勇，然足以起儒。③<u>知是三者，未有不能修身者也</u>」。《章句》中引此說，而把①改成「徇人欲而忘返」（②③則省略）。關於改定的理由，被《中庸通》所採用的方氏（《通》引用姓氏中有方愨、方逢辰，不知何指）以為呂氏是從受用上來說，朱子則是從本體上來說。但不管如何，呂氏說因朱子為了與自己的說法一致而被改了。對於如此的先儒說的態度，雖然是由來於一面著重祖述傳承，一方面又要統一自己一向所採行的朱子經書解釋方法，但是受朱子方法的影響，在後世的註釋上，對原文的改編增易，則是寬大的，此事有必要特別地加以注意。從剛才的書信中可知，在《輯釋》印刷校正的階段，被加入一個更改的例子。

在《四書通》的〈中庸章句序〉末尾的註有：「《大學》言心不言性，故朱子於〈序〉言性詳焉。《中庸》言性不言心，故此〈序〉言心詳焉」。在士毅的原稿中雖然採用了此註，但在書信中卻說：《大學》的明德包攝性情，《中庸》的未發已發無非是心，所以此註並不適切，而希望把「言心不言性」挑補成「中不出性字」，把「言性不言心」挑補成「中不出心字」。此部分的推測已付印，本來是應該要削除的，但是為了減輕出版者的負擔，所以是合增刪字數的提議。此點也被採納，所以被《輯釋》引用的胡炳文說，才會被改變與原文不同的內容。

印刷樣本送到了士毅的手上，反覆寫信給書坊的是至正元年十月。書坊努力地繼續刊行作業，從原版的至正二年夏五（月）的刊記

來看，可知在此年全冊已刊行了，包括挑補在內，共花了五、六個月才完成。

在《日知錄》（卷18〈四書五經大全〉、《經義考》（卷255）的解題上謂《四書輯釋》在至正六年附載了汪克寬的〈序〉。由於尊經閣本中缺少此篇汪〈序〉，所以舊稿推定汪〈序〉附載本是續刊本。但再仔細想想，汪〈序〉為以下將提到的《四書通義》所收的《重訂四書輯釋》中所收錄，所以可能是《日知錄》、《經義考》沒有注意到初版本和重訂本的區別，而把《重訂四書輯釋》當作和《四書輯釋》相同的東西來解說。此點以前就可看到混亂的記述，但王重民的《中國善本書提要》（頁41）就文化九年的和刻《四書輯釋大成》明確地指出了原刊本和重訂本的不同。

如上，《重編四書發明》因出版時的情況，而被改題為《四書輯釋（大成）》，以倪士毅的創作作品登場。《四書通》現在仍然流傳著，相對地《四書發明》則至今不知下落。雖然此書透過《四書輯釋》而傳至後世，但因為以此種方式被傳承下來，反而可視為《四書發明》的版本本身結束了它歷史性的生命。

接著繼續探討《四書輯釋》的內容，首先在卷首接在凡例下的是〈四書輯釋大成引用姓氏書目〉，其中把朱子及趙順孫等十四家的姓氏書目列為「以上依《纂疏》、《集成》引用」，更把七十三家列為「以上依《發明》、《通引》用仍續增」。據了解，引用此姓氏基本上是依據《四書通》，而《四書發明》則沒有揭載獨自的引用姓氏書目。在此引用姓氏書目上，《四書通》所記載的姓氏書目中，曾鞏、孔文仲、林之奇、錢時、衛湜、葉適、陳亮、林虁孫、方愨、周諝、李閎祖、黃繼道、處氏，及理所當然作為底本的陳櫟《四書發明》的名字被刪除。取而代之的是孔穎達、蘇軾、陸九淵、程迴、陳傅良、晏氏、朱祖義、朱仲、張彭老、宣氏、汪廷直、張好古、歐陽玄、劉

彭壽、更新增了李靖翁《中庸圖說》、江炎昶《四書集疏》、鄒季友
《書傳音釋》。後面的三氏，雖以新說而被加上去，但一般並不認為
在其他的增刪上有什麼積極性的意圖。之所以如此說，是因為被《輯
釋》本文引用的程朱學派及陳櫟、胡炳文說占了大半，所以令人覺得
上記的姓氏書目，只不過是從其他的著述轉載而來，作為一種形式而
已。總之，《四書發明》增纂附加《四書通》的意圖明顯可見。

　　在《輯釋》上梓以前，士毅手上已有初稿，於是和朱允升等「議
定凡例嗣是更加訂正」（〈重訂四書輯釋凡例〉），增定先師的著作之
後，編纂了《重訂四書輯釋》作為自己的著述。

　　在給劉氏的書信中提到：「愚近所更定之本，名之曰《重訂四書
輯釋》，亦錄數板拜呈」，預定花兩、三年來做更定。在《重訂四書輯
釋》凡例中已註明至正元年九月，而且前文提到過的汪克寬〈序〉中
也寫著《四書輯釋》付印將要「兩、三年」，也就是至正六年。由書
信中續上文提到「今後此事且又放緩，庶得詳審，過兩、三年更定皆
畢，亦當謹藏於家，俟一、二十年更與執事議可刊則又刊之，決不便
發與坊中他人，以負執事相愛相信之盛心」。可知重訂本續刊的可能
性很高。重訂本的出版，定和你商議的誓約，據推測在當時，也是著
者和出版社之間的一種道德約束。而此信同時也否定了重訂本續刊的
可能性。為什麼呢？因為僅僅在數年之間，便需要莫大費用來籌辦新
版，對書坊而言是不划算的，所以從信中期待一、二十年後再新刊的
文章也可知。由於《四書輯釋》（《重編四書發明》）的刊行而使倪士
毅之名為世人所知，但此書的刊行，卻反而堵塞了讓世人知其作為自
己之作品，而注入精力的《重訂四書輯釋》的管道。

　　《重訂四書輯釋》的原稿到了明代的宣德九年才被發現。此年，
士毅的鄉里後輩儒生金仁本（名玆）在黟縣（可能是士毅的資助者汪
家的子孫汪士濂家中）得到了「至正丁亥（七年）之重訂，又用工十

年之善本」，而尋求曾經出版過《四書輯釋》的劉錦文的從姪孫書林
劉剡（字士章）的援助，把金履祥《疏義》、《指義》，朱公遷《通
旨》、《約說》，程復心《章圖》，史伯璿《管窺》，王元善《通考》等
對重訂有助益的書會粹成一書，將之總稱為《四書通義》，而由劉剡
的親戚書林詹宗睿（進德書堂）出版。因此，《重訂四書輯釋》見聞
於世（《四書通義》蘇大〈序〉及丘錫〈序〉、劉剡〈跋〉。在蓬左文
庫本中此〈序〉、〈跋〉被排在《大學》卷首。內閣文庫本中只有丘錫
〈序〉，放在《中庸》卷首，其他的二文則和蓬左文庫相同）。

　　《四庫提要》存目列舉了《重訂四書輯釋》二十卷。從解題內容
來看，和我國（日本）的內閣文庫中著錄著《重訂四書輯釋通義大
成》三十九卷、蓬左文庫中著錄著《四書輯釋章圖通義大成》三十九
卷，書名卷數雖然不一致，但可視為同種版本。內閣文庫本是明版，
而蓬左文庫則是朝鮮古活字本，兩者的《大學》內題都有「大學章句
重訂輯釋章圖通義大成」　倪士毅《重訂輯釋》　趙汸同訂　朱公遷
《約說》　程復心《章圖》　王元善《通考》　王逢《訂定通義》，
與存目的解題一致。卷首有〈序〉、〈重訂輯釋源流本末〉、〈四書章圖
檃括總要發義〉二卷等。蓬左文庫所藏的和版是寬文十一年的刊本，
則無此卷首。

　　此書由目錄或構成來看的話，雖然可稱為《重訂（四書）輯釋通
義大成》，但若依蘇大〈序〉而稱它為《四書通義》，似乎較為適切，
顧炎武的《日知錄》和朱彝尊的《經義考》都記載著此書名。此處亦
用此書名，《提要》存目另有著錄《四書通義》二十卷，但是從解題
內容來看，並非與上述書名有別，而是一種誤認。此作品如上所述混
亂不統一，其原因正如「存目解題」中所指出的，是由於雜亂無秩序
的結構所引起的。

　　內閣文庫本有正統二年（1437）的刊記，則可認為此為初版年。

原來內閣文庫本有正統八年的丘〈序〉和十年的蘇〈序〉，可知此是初版之後，得到名士序文的續刊本。

由於附刻了諸儒的著作，所以《四書通義》成為一部巨著。明版為二十冊，朝鮮本和和刻本都為二十三冊。此巨著在正統年間刊行實有賴於成為《四書大全》底本的《四書輯釋》的名聲之處甚多。而且諸儒之說被合纂一事，更顯示了此時期，除了《大全》以外，學術界對諸儒學說的關心並未完全消失。

回到《四書輯釋》和《重訂四書輯釋》來看，可發現二書有顯著的差異。重訂本中大量地加入了音註、語句義的註。諸儒學說及胡炳文、陳櫟學說的增刪也很明顯，由此可知，士毅超越了當初重編祖述老師著作的限制，而重新在前面推出自己的學說，相對地把陳、胡兩說的位置拉了下來，而編纂了《重訂四書輯釋》。

就引用姓氏書目而言，也有很大的不同。《四書輯釋》的引用姓氏書目是根據《四書通》的引用姓氏書目而補訂新增的，而相對於此的《重訂四書輯釋》則是除了陸德明、顏師古、周敦頤、邢昺之外，也加入了元儒的姓氏書目而以年代順序排列。此姓氏書目和《四書通義》引用姓氏上可看到的著者名、書名，及將在下面要敘述的《論語輯釋通考》凡例，都可用來作為元代通行的《四書》註釋書的大致目錄。

## （六）《四書大全》

元代很多《四書》註釋書的著作都因《重訂四書輯釋》、《四書通義》的引用姓氏書目及朱彝尊的《經義考》而為世人所知。此《四書》學說也為集成書所採用。元末王元善的《四書輯釋通考》雖沒有被記載在《經義考》或《四庫提要》中，但不久也被清代陸隴其的

《三魚堂四書大全》所採用。內閣文庫所藏的《論語輯釋通考》書皮
上雖然有「《（大）學》、《（中）庸》、《孟（子）》缺」的添注文字，但
是由此書具備了〈序〉和〈凡例〉來看，一般認為本來只是《論語》
的刊本而已（但，《三魚堂四書大全》中《四書》全面地引用《通
考》）。卷首自〈序〉中有「永樂歲次丙戌（四年，1406）博雅書堂新
梓」的刊記，所以可認為是在此年初刻的。

依據〈凡例〉，以《輯釋》為本，取捨黃勉齋的《通釋》、趙順孫
的《纂疏》、金仁山的《考證》、許益之的《聚說》、吳程的《音義》、
熊禾的《標題》、程復心的《章圖》、詹道傳的《箋註》、趙憙的《箋
義》、涂溍生的《四書疑斷》、董彞的《四書問答》、黃紹的《四書貫
通》、張師曾的《四書例證・音考》、黃四如的《六經四書講義》等附
載而成的作品。黃勉齋、趙順孫除外，其他都是元儒，主要依據元儒
學說來增補《四書輯釋》，是採用了先揭示《輯釋》而後附載諸儒之
說作為《通考》的形式。

永樂十二年（1414）十一月，明成祖下達了編纂《四書》、《五
經》、《性理》等三《大全》的敕命。一般敕撰的書其編纂過程實際上
的負責人等大多不太清楚，永樂的《大全》也不例外，因為沒有關於
編纂當事人的證言，所以詳細情形並不清楚。但以翌十三年九月即告
完成的此種快速作業的情況來看，引《國榷》（13年9月己酉之條）中
陳鏊常所說的「始欲詳而緩為之，後被詔促成。諸儒之言，無暇間間
精擇，而未免有牴牾」，大概是事實吧！儘管依賴既成之書，並非當
事者的意圖，但因有必要早日完成的關係，所以最後還是全面地依賴
既成之書了。根據〈凡例〉，在纂修官上署名的有胡廣、楊榮、金幼
孜等顯官，其下更達四十二名，但事實上，有人指出讓在纂修官上沒
有載名的陳伯載（名濟）此位徵士當任諸經。伯載在此用了簡易的方
法，訂立了各個依據的書，就《四書》而言，即採用了倪士毅的《四

書輯釋》而稍微地加以刪潤（全祖望《鮚埼亭集》外編卷41〈與謝石林御史論古文大學帖子〉）。

　　根據〈凡例〉，選擇採錄了吳真子的《集成》、倪士毅的《輯釋》的諸儒學說，再增入二書所遺漏者。關於此點，顧炎武指出《大全》剽竊的情形，謂《大全》比《輯釋》稍有增刪而已，《或問》則雖全依《輯釋》卻反而有舛誤（《日知錄》卷13，〈四書五經大全〉）。

　　〈凡例〉中也說，《大全》語句的訓義是根據《輯釋》的陳櫟說，大體採用了《輯釋》所收的先儒說，採用興國本系統的教本等來看，對《輯釋》的依賴度確實很高。

　　但不一定可說增補不多，特別是小註中增補了以朱子為首的宋儒之說是很明顯的。吳真子的《集成》由《輯釋》的〈凡例〉中指出「甚泛濫」的缺點來看，可認為它是因為集成了眾多的先儒學說，所以才成為《大全》增補所依據的資料。此點可調查現存的殘闕本加以確認，若以上的推論是正確，則顧炎武所說的剽竊說就過當了，《大全》的〈凡例〉上說的是《集成》、《輯釋》的合編，就符合實情。既然是合編，則與《四書輯釋》合纂了《四書發明》和《四書通》、《論語輯釋通考》在《輯釋》上附纂了其他諸儒學說，基本上有其共同的性格。

　　根據《四書大全》〈凡例〉來看，由《四書輯釋》的引用姓氏削除了十五家、新增補了二十二家，其中吳澄、歐陽玄力、胡炳文、陳櫟、張存中、倪士毅、朱公遷、許謙都是元儒，由〈凡例〉中所說的「凡諸家語錄文集內有發明經注而集成、輯釋遺漏者今悉增入」來看，也可知其有填補宋儒和《輯釋》以後的元儒代表性學說的方針。此姓氏依時代之先後排列，但《輯釋》正確地視為同一人的徽菴程氏和勿齋程氏，即程若庸，《大全》卻把他視為別人，則是越改越壞的一個例子。

　　《四書輯釋》之所以被採用作為《大全》的底本，由《論語輯釋
通考》依據《輯釋》也可知，此顯示了此書即使到了明初，仍被視為
最有用的集成書；和元末明初時期《四書》學沈滯，沒有出現取而代
之的集成書，明儒的《四書》說沒有被蓄積起來。不久，如楊士奇
（1365-1444）所說的「《四書輯釋》，倪士毅編。朱子集註《四書》
之後儒先君子著述推廣發明之者無慮十數家，而今讀《集註》者獨資
《集成》及此書為多，他蓋不能悉得也，《集成》博而雜，不若此書
多醇少疵也。」（《東里文集續集》卷17〈四書輯釋跋〉）、薛瑄
（1389-1464）所說的「《四書集註章句》之外，倪氏《集釋》最為精
簡」（《讀書錄》卷8）般，《四書輯釋》有其極高的評價。

　　因為被評價為有用的註釋，而成為《大全》的底本，所以《四書
輯釋》的評價更加高漲，劉剡編《四書章圖輯釋通考》在宣德年間
（1426-1435）刊行（參考前揭拙稿），又如上所述，《重編四書輯
釋》因被發現而合纂為《四書通義》加以刊行。《輯釋》本身就有其
一段歷史。

　　如上所述，從明代初期集成書的編纂、刊行可知，傾心於宋元儒
學說的吸收、遵奉的時代趨勢。

## （七）明代晚期的集成書

　　從明代初期的洪武到永樂年間，以朱子學的理念為基本的科舉制
度，順利地運用著，因為朱子學的思惟普及之故，思想界的對立抗爭
也稍微安定，而其反面，則是產生了沈滯的狀況。從《四書》學方面
來說，由於集成了宋元儒學說的《四書大全》，被視為是科舉的標準
解釋，所以從十五世紀到十六世紀初專以吸收、遵奉《大全》為志。
但在此期間也有不盲信朱子《四書》觀的伏流，特別是對《大學章

句》本教科書編製改訂教材的嘗試，始終不斷。而十六世紀初，正德、嘉靖年間，王陽明一出現，對朱子學的批判意識有明朗化的趨勢，終於到了十六世紀末的萬曆年間、明代晚期，爆發性地出版了很多《四書》註釋書，編纂了採用新說的集成書。在此舉《國朝名公答問》、《皇明百方家問答》、《四書微言》為其代表例子。

　　在明代有很多雖試圖部分地修正而基本上繼承《章句》、《集注》的《四書》說，其中因有裨益於朱子，而受後世高度評價的作品中，有弘治十七年（1504）發表的蔡清（1453-1508，成化二十年進士）《四書蒙引（初稿）》。嘉靖八年（1529）蔡清之子存遠表進其父之《易經蒙引》，因詔而令其發於建寧之書坊刊行（《世宗實錄》卷106），可知高度評價了蔡清的著述。可認為《四書蒙引》也以此為契機而廣為所讀（和刻通行本有嘉靖丁亥六年之〈序〉），晚明以後也常被清代的註釋書所引用，我國（日本）也有和刻本通行。繼承此書的作品有嘉靖二年（1523）原序的林希元（正德十二年，1517年進士）《四書存疑》，及陳琛（1477-1545）《四書淺說》。《靈源山房重訂四書淺說》（國會圖書館藏本）雖是崇禎十年（1637）序刊本，但有隆慶二年（1568）的原引。

　　希元於嘉靖二十九年，進呈上覽乞請刊布根據對朱子《大學》改定的前人批判而重新改定經傳的《大學經傳定本》和《四書存疑》、《易經存疑》，不料皇帝下詔焚其書，去希元之官（《萬曆野獲編》卷25，〈著述、獻書被斥〉）。《林次崖先生文集》卷四中收錄此時的上奏文〈改正經傳以垂世訓疏〉。但此書並未永久成為禁書，由萬曆年間之初合刊上述三書可知。人謂《四書蒙引》是朱註的孝子、《存疑》是《蒙引》的忠臣、《淺說》是其集成（《連理堂重訂四書存疑》方文〈序〉），此三書作為朱子學的註釋書而為人所尊崇。除此之外，也有作為科舉考試參考書而被使用，而遵奉朱子學的註釋書之繁眾，就更

不用說了。

　　相對於此，編纂明儒新說的集成書，要等到萬曆年間中期才出現，這是因為王陽明不好註釋，而求以心傳心的口承（參照第六章）；集積《四書》學說需要一些時間等《四書》學本身的條件，以及到了隆慶、萬曆年間，對陽明學的評價高漲，萬曆十二年因陽明從祀於孔廟；陽明學得以解禁，而思想統制較為緩和等外在條件，隨著那時出版文化的盛況，註釋集成書陸續地完成。

　　《國朝名公答問》在萬曆二十二年（1594）序刊（內閣文庫藏）。內題有「新鍥四書新說國朝名公答問　黃洪憲彙選／陳懿典詳閱／郭偉精校／葉世祿繡梓」，是蘇州吳縣（閶門）的刊本。國朝名公姓氏舉了以薛瑄為首，至姚舜牧（原文誤為受牧）等六十六名。沒有舉出引用書名。形式方面，不記載《章句》、《集注》，經文的每一章節都用問答的形式記載諸儒學說。不記載《章句》、《集注》，在晚明的註釋書中是常見的。此與截至明代初期，視《章句》、《集注》為準經的神聖性，而只著意於疏釋《章句》、《集注》的註釋書大不相同，此顯示出把《章句》、《集注》相對起來，超越《章句》、《集注》來闡明經書真義的時代風潮。從語義、句義到全文宗旨的指出，諸儒的引用，可說到了紛歧的地步，但明顯地帶著科舉用的考試參考書的講章性格。此在其他集成書、註釋書也可見，反映了當時即使是新說的知識也被視為必要的科舉動向。

　　作為《四書》的文本之所以用通行本的《章句》、《集注》本，當然是因為它擁有講章的性格，但就《大學》的部分來看，所引用的先儒學說，受王陽明的影響是很明顯的。在開頭的「大學之道」中揭載了陽明〈大學問〉的全文，就顯示了《大學》的理解是要遵崇陽明說的姿態。此〈大學問〉與現行《王文成公全書》所收的文章比較，除誤字，訛字之外，增添了約六十字。〈大學問〉是嘉靖六年，陽明遠

征之際所記錄，因為守益（人稱東廓先生。嘉靖四十一年歿）附刻在《古本大學》和被收錄在隆慶六年序刊的現行《王文成公全書》以前已有刊行，所以不能否定上述〈大學問〉是與現行本相異的可能性。

就《大學》的定義而言，否定了作為教育機關而與小學對置的大學學問的說法，而引用吳川樓的「大人之道」、〈大學問〉說，雖是繼承了《章句》、《集注》的一部分，但否定了把「親民」改成「新民」的《章句》，同時引用把作「親民」的陳白沙（獻章）說當作「新民」的諸儒說，而以陽明的所謂四無說作為正心誠意致知格物的宗旨的解答。就「知止」而言，否定了作「志有定向」的《章句》，而謂此知非見聞之知，而是物格知至的知，引用作「若超然覺悟則真見道體」、「非語言文學之間」的焦竑說等進行了不受《章句》拘束的自由解釋。

〈凡例〉中指出竊用諸名士姓名的坊刻本雜亂、剽竊的情況，在了解以營利為目的而出版的此種集成書的實情上，雖然令人頗感興趣，但此書籍本身亦無法免除此弊害，此事由上述所謂的陳白沙說，事實上就是王陽明《傳習錄》上卷徐愛錄的文章，而在「誠意致知格物」中所引的白沙說同樣也就是，陽明天泉橋上的問答（《傳習錄》下卷）中所見到的文章，可得而知。

同時期的萬曆二十三年序刊，焦竑等編的《皇明百家四書理解集》（蓬左文庫藏）舉了姓氏一百十一家、百家書目五十六筆。〈凡例〉中「茲集者備當代名儒碩言，可云續大全之遺」、「今自《蒙引》、《存疑》下近時所刻之《疑問》等書，及諸名公之語錄凡有裨聖賢之旨者悉加採集」，雖標榜輯集《四書大全》之後的明儒學說，以為「維世正心之助」，但由記載痛論宋儒《論語》解釋之誤的太祖洪武帝之語，稱讚因今上皇帝使陽明從祀於孔廟和登庸後儒一事來看，亦可知其有集成脫離《章句》、《集注》的明儒新說的意圖。

　　如本書第六章所記述，由於萬曆年間出現大量的《四書》註釋書，為因應此事，所以集成書也有必要耳目一新。《皇明百方家問答》、《四書微言》是萬曆年間後期的集成書。

　　如以前者的《大學》卷之卷首為例，即：皇明百方家問答大學卷之一（副題四書意）郭偉彙纂／柯仲炯・錢謙益・繆昌期・李維登同校・郭萬祚編次／金陵李潮梓行（內閣文庫、蓬左文庫藏）。根據郭偉的〈凡例〉：「甲午（萬曆二十二年）余嘗撰著《明公答問》一書，海內之士珍之如拱璧，蘇、杭、暨諸省郡邑處處板而傳之，時更加燁然而紙貴，第自甲午抵今越二十有三載，正有斯文大盛之日，添許多名世儁哲、增許多超拔講意、《名公答問》所不及輯者，是集臚列而輯之」。據此可知《皇明百方家問答》有作為《國朝名公答問》改編增訂本的性格，郭偉與此書有極深的關係。根據上述，由於眾所皆知〈凡例〉是萬曆四十四年之作，而且丘兆麟序記著萬曆丁巳、同四十五年，所以可確定是萬曆年間的末期作品。此書的卷首舉了姓氏一百四十七名，諸書總目一百五十一筆的作品，之外，也舉了郭偉的纂著五十五筆，他也是如第七章所述的《四書正新錄》的編著，可知是當時的多產著作者。

　　若與採取集成陽明學新說而有明確方針的《國朝名公答問》比較，則《皇明百方家問答》論說的性格相當不明確。此點可視為是萬曆後期集成書的一個特徵。儘管說沒有參入《大全》的諸儒學說，誇示高高地凌駕宋儒的明儒成果，但在繼續上述的〈凡例〉中說：「況當甲午之時，士習好異，爭倡新說。所纂之《答問》不免從俗，蓋亦新竟一時之耳目者，非所以為訓也。茲集有朱註解者，兢兢然如奉三尺遵而依之，且為暢其說，註無所解者則補朱註之所未備，發紫陽（朱子）之所未及發。新不涉詭，奇不悖正，如謂有意操戈，與紫陽氏忤，則吾豈敢哉」，以明其如三尺法律般地遵守《章句》、《集注》

的姿態。由採取同樣態度的萬曆四十年左右的《刪補四書微言》在〈例言〉述其理由，謂：「邇年欽降條約，首遵傳註。其創為新說，以標自異者，嚴為禁革，不列於學官」來看，可知是因為對王朝的文教政策的考量。

萬曆年間前半，自由化的思想表現，一到後半，其弊害已被發現，而再度對思想加以約束。作為發端，而影響最大的是，萬曆三十年因張問達彈劾李贄（卓吾），及採納馮琦之上言，下命尊聖學，仙佛和儒術不可混同的勅諭。同時發生了李贄死於獄中的實例（《神宗實錄》卷369，三十年閏二月乙卯。同卷370，三月乙丑之條。及參考《日知錄》卷18〈李贄〉）。在以營利為主的出版目的上，文教政策的影響是直接的，萬曆年間後半，對集成書中脫離《章句》、《集注》的慎重態度，可視為是受此影響。

《皇明百方家問答》避免了對朱註率直的批判。由《國朝名公答問》採用「親民」說，相對地，只是舉了遵崇朱子所改訂「新民」說的各家說法；及對於議論頗多的「格物致知」的解釋，一邊舉出解說格字字義的諸家說法，一邊又記載了唐士雅「皆非也，還依朱註為是」的說法等事，可看到其尊重朱註的態度。但只要一舉明儒學說為例，則實質上，脫離朱註是不能避免的。編者的意圖在一面保持尊重朱註的原則，另一方面，則集成當時流行的明儒學說。剛才說的唐士雅學說，也是一邊以朱註為是，而另一方面，在實際的內容上，則是如以下所述，把所有的關心都挪往傾注於心性涵養的方面。「註，訓格為至最是」「但不能清楚地認識此至字之人多矣。此至字者『止於至善』之至，言極至。極至者如言『知之極精』者，知極精，則知愈透，而心愈明。若不極其精，則識愈紛，而心愈窒。此格字之義」。此處雖肯定了訓格為至的朱註，但又說此至非朱子所言窮至之意，而是「止於至善」的「止」【譯者謂，疑為至之誤】，意即要使知極精，

才是格物的意思。以格物致知而言，並非要去認識客觀的、實際存有
的物質，而是提示了要依照言心性涵養，言正心應有之情況等明儒之
大勢來理解。因此，從上述文章中亦可感受到此時代之議論，已墮入
了煩瑣多歧的地步。

《經義考》（卷258）中記述了唐汝諤的《四書微言》（存），但筆
者至今未見。改編續刊的《刪補四書微言》藏在內閣文庫、蓬左文
庫，而《四書增補微言》則藏在尊經閣文庫、加賀市立圖書館。

前者的〈例言〉中有「余之輯《四書微言》，始於萬曆甲辰（萬
曆32年），行之於海內已經九稔」，後者萬曆四十二年潘煥文〈序〉
（潘氏為校訂者）中有「歲丙午（萬曆34年）余師唐士雅有《微言》
之輯。嗣又與余不佞謀所以刪之業」。因為書商要續刻，所以更在上
述〈例言〉中說：「因取舊帙，益以新裁，其間重覆者刪，缺遺者
補」，而潘〈序〉中說：「余偕師嚴加刪定，……刪成，走留都（南
京）、謁晏（文輝）老師，請正之，并丐以序，合之於《太史約文暢
解》，以播寰中」。根據上述，可知萬曆三十年代前半刊行了《四書微
言》，進入四十年代後，面目一新改題為《刪補微言》。前者的〈例
言〉中說：「幾別換一番之面目，觀者幸毋以故紙視之」。

此處將比較《刪補微言》和《增補微言》。前者卷首置唐汝諤的
〈例言〉，而後者相對的部分則置潘煥文〈序〉、晏安輝〈序〉、〈凡
例〉，其內題有「鐫彙附雲間三太史約文暢解四書增補微言」，在本文
之上段附刻了董其昌、張以誠、張鼐的「三太史約文暢解」之書，下
段則置微言。前者的〈例言〉當然沒有言及《約文暢解》，相對地，
後者從潘〈序〉到〈凡例〉都有提到此附刻。而採用姓氏二百九十七
名（蓬左文庫藏本有錯簡，置於第六冊），引用書目二百一十筆的書
名，則是兩書相同的，但後者在此記為舊刻，其他則舉了新增四十六
名的姓氏、四十九筆書名，由此看，似乎可認為《增補微言》是《刪

補微言》的改訂本，但根據到《大學》前半部為止的調查，則兩書的微言內容完全相同，《刪補微言》、《增補微言》都引用新舉的諸說。因此，可認為《增補微言》只不過在《刪補微言》中，加了《約文暢解》而已，而改書名令人以為是別種作品，則是實情。

不同名的書，但事實上卻是完全相同一本，相反的，冠上重編、重訂的同名書籍，也有幾乎為兩種不同的作品，可見註釋書其複雜的情況。以後者為例，有上述的倪士毅《四書輯釋》和《重訂四書輯釋》、明代的姚舜牧《四書疑問》和《重訂四書疑問》（拙稿〈明代四書解釋書の基礎的檢討（一）〉）。

《刪補微言》顯示採用尊重朱註的態度，舉了詳述朱註的各家學說，而新說則降低一格，置於其後的形式。但作為註釋，則大量地列記了以明儒學說為主的先儒學說，則可認為與其說是以闡明《章句》、《集注》為目的，不如說是以網羅諸儒學說為主要目標。

《微言》的改編本有《三刻三補四書微言》（內閣文庫藏）。因為缺少序跋，所以改編的情況不詳。所舉採用姓氏比上述二書的舊刻姓氏少了十三家。此雖可認為是加入了校訂整理，但比如，可看到在姓氏方面被除去的李衷一學說，實際上採入本文的並不統一。此姓氏增添了包括《增補微言》「新增姓氏」的十家姓名。就內容而言，除了抄錄收在二書的諸儒說之外，也收錄了很多此二書未收的《四書》說。與《刪補微言》卷一（《大學》）的前半對校後，可知補入了沈無回、董日鑄、管登之、顧朗中、莊長儒、姚承菴等學說。其中除了沈氏、姚氏之外，二書的舊刻及新增姓氏中並無記載。因此，可認為此書更加入刪補，採用新說，冠題為「三刻」，但也正因為採用的姓氏目錄是繼承二書的，所以沒有記載新補的姓氏書目。如上所述，二書中也已可看到不統一，這是因為三刻時更加增幅之故，可知晚明註釋書因加上改編校訂，反而帶來混亂的一面。

　　《增補四書微言》附刻了《約文暢解》，相對的《四書九鼎》在上段附刻了《刪補微言》。蓬左文庫、尊經閣文庫有藏本。

　　內題有「新鐫繆當時先生四書九鼎」，本文上段載「刪補微言雲間唐士雅輯／門人潘文煥補」，下段載「⊛大全　明江陰　繆當時　纂要」。卷首有陳繼儒〈序〉。《纂要》是摘錄永樂的《大全》。上段載明儒說，整體而言，是集成宋元明《四書》學說的作品。拿《微言》和單行的《刪補微言》來比較，則諸儒學說有增減。雖不清楚是基於九鼎所依據的《刪補微言》本身的異同？還是編者所增刪的？但可知集成書被換成各種形態印行。繆當時，諱昌期，字當時，萬曆四十一年進士，天啟年間因彈劾魏忠賢而死於獄中，以所謂東林黨名士而為人所知。但是否他自己撰著了《纂要》，則不清楚，因為講章很多都是假託名士之名，所以此可能性不太高。

　　在集成書的引用姓氏書目中，記載了很多當時的講章作品，可窺見現在已亡失大半的講章流行的樣子。只是各書的舉例很雜亂，所以要綜合性且不遺漏地整理是很困難。在此訂正了更有講章色彩，郭偉所編的《四書正新錄》（無窮會東洋文化研究所藏，萬曆二十四年刊）的姓氏書目，依科次年代的原排列，揭載在本書後，以為參考。

　　又，此書只能知道止於萬曆中頃的作品而已，所以本書整理了萬曆後期作品的《增補微言》「新增姓氏書目」，揭載於其後。

　　此外，更合纂了《刪補微言》及《增補微言》「新增姓氏書目」和《皇明百方家問答》的書目而排列之。

## （八）陸隴其《三魚堂四書大全》和王步青《四書匯參》

　　萬曆以後，天啟、崇禎的明代最末期出現了很多集成書，而其混亂程度越來越深。明代的集成書即使進入清代也有被續刻的，此由現

存版本中有清代之作品可知。此意味著清代初期所必需的《四書》說，其內容和明代有共同面。不久，從康熙年間起出現了由清人之手作成的集成書。眾所周知，清代進行了經書的實證性、歷史性的研究，其成集註釋書亦可算在內，但把《四書》湊在一起處理時，發現幾乎都是纂成應付科舉的講章，所以被採用的《四書》說，很多都是遵守詳解《章句》、《集注》，對現在的我們而言，缺乏知的興趣。幾本如此的《四書》註釋書、集成書在《經義考》、《四庫提要》、《續修四庫全書提要》等有解題。在此舉其中最為人知的陸隴其《三魚堂四書大全》和王步青《四書朱子本義匯參》為例加以探討。

　　陸隴其（1630-1692），字稼書，書室之名稱為三魚堂。其著作為了和明代的大全作一區別，故通稱為《三魚堂（四書）大全》。有康熙辛西二十年（1681）的自〈序〉，門人的識語中，有隴其就此書和集成明儒學說的《困勉錄》，說：「吾一生之學力，盡在此二書」。歿後為人所刊行，通行本中有康熙戊寅三十八年（1698）的〈刊序〉。因為集成明儒學說的《四書講義困勉錄》是全面地收集了依照朱註的《四書》說，所以欲知明代穩健的《四書》說，則是有其價值的。進入清代後，對明儒學說的關心並未消失，此從湯傳楫的《四書明儒大全精義》（康熙四十四年刊）可得知，其他的集成書很多都是以蔡清、林希元、陳琛、明代朱子學者為中心而集錄的。

　　《三魚堂四書大全》自〈序〉中說「去永樂《大全》之繁複與不適切者，附《蒙引》、《存疑》、《淺說》之要於其間」，由於《四書提要》中也同樣地解題，所以一般認為在《四書大全》中增纂了輔翼大全的明儒說法。但是從調查了《大學》和《論語》部分之後，得知幾乎完全採用了加上《大全》作為「通考」的王元善《四書輯釋通考》中的諸儒學說，而在此之上附纂了上述的明儒學說。可視為在《大全》中增纂了元儒和明儒學說，而能全面觀看《四書》說的作品。但

《四書提要》所指出的：陸隴其雖親自負責，校訂卻未盡心，則是正確的，其諸儒說只是附纂而已。書名中有用「大全」二字的集成書，以此書和汪汾的《增訂四書大全》為代表，可知《四書大全》即使到了清代也常被利用。《大全》、明儒學說在清代被使用，就使用《四書》說內容來說，顯示了明清時代的科舉有其連續的一面。

正如《三魚堂文集》侯開國〈序〉、〈四書朱子本義匯參發凡〉等所指出《三魚堂四書大全》的流通情況那樣，此書廣為所讀，我國（日本）也很重視此書，朱子學者頗為珍惜（豬飼敬所《書東集》卷六）。

王步青（1672-1751），字漢階、罕皆，號芑山。雍正元年（1723）進士，生於康熙十一年（1672）。以下依天保七年（1838）翻刻的和刻本《四書匯參》，內題《四書朱子本義匯參》來說明。卷首有乾隆十年（1745）的自〈序〉。

自〈序〉中指出了他讀書的方針，「讀聖賢書，不可不通本義，審也。步青嘗稟此以讀四子之書，四子書之本義，固以朱子為宗，而朱子書之本義，則必折衷於《章句》、《集註》以為斷」。據此，若要求得聖賢書的《四書》本義，只需求得朱子的本義即可，因為朱子的本義在《章句》、《集注》中已完全地表現出來了，所以此書是專以解明《章句》、《集注》為目的。書名《四書朱子本義匯參》也已顯示了此目的，卷首的〈發凡〉中詳述按此目的的編纂方法。

其重點在「與孔孟之言脗合無間的《章句》、《集注》」；而《學》、《庸》方面，因《或問》中亦有朱子晚年所修改的，故「章句」和「或問」以大字單行書之，《論》、《孟》則將「集注」也以大字單行書之；朱子《文集》、《語錄》及被懷疑是否真的為朱子自著的《或問小註》（參考《四庫提要》卷37）方面，與《章句》、《集注》同採發明之說；此外，《中庸輯略》、《論孟精義》等與諸儒學說同採雙行細註；諸儒說是從《大全》取朱子門下後學和張栻（南軒）說；

從蔡模、胡炳文、真德秀、趙順孫、朱公遷等上述之書取宋元儒說；從蔡清的《蒙引》、林希元的《存疑》、薛瑄的《讀書錄》、胡居仁的《居業錄》、羅欽順的《困知記》、《說統》、《翼註》取明儒說。其中《說統》是指天啟三年序刊本，藏於內閣文庫的張振淵《四書說統》；《翼註》是指王納諫的《四書翼註》（內閣文庫藏）而言。兩者都是以依據朱註的晚明集成書而有名，也有與他書合纂而續刊。

　　另外，也採用了步青的高伯祖王樵（嘉靖二十六年進士）《四書紹聞編》、曾伯祖王宇泰《論語義府》、族祖王澍（若林）《學庸困學錄》。

　　本書如此地根據宋元明儒及所謂家學論說，來闡明本義，其一大特徵在有關地理、制度、文物的考證方面，幾乎一概不取。其理由是因為汪汾的《增訂四書大全》是根據顧炎武《日知錄》、閻若璩《四書釋地》進行考證，並不一定妥當，所以以此懷疑朱子之謬是「尤難盡信」。在明代有薛應旂《四書人物考》、陳禹謨《經言枝指》、《別本四書名物考》等，從經傳中考證名物的動向，到了清代，即使在註釋上，考證名物的事也多了起來。此書不想採用如此的成果，是因為著者認為朱子的本義就是《四書》的本義，但另一方面也可認為是由於隨著考證研究的進展，使得《章句》、《集注》的錯誤不得不表面化，所以考慮到積極地保護朱子學的乾隆初期政治環境，更要避開名物的考證。

　　之後不久，也有對《四書》加以實證性地檢討，節抄陳禹謨、薛應旂的著述，而於乾隆三十四年序刊的陳宏謀《四書考輯要》；廣集有關《四書》的歷史沿革、《四書》說的變遷、諸本教材等諸問題的論說，而於乾隆三十六年序刊的翟灝《四書考異》；一邊依據《章句》、《集注》說，又時而糾正其誤謬，而有乾隆六十年自序的曹之升《四書摭餘說》等書出現。專門改正朱子錯誤的毛奇齡《四書改錯》到了嘉慶十六年才重新刊刻出版。

　　至此，專門集成朱子學《四書》說的步青之書、其他講章，其界限越加分明。但此等書只要以《章句》、《集注》為基本，八股式地詳加講說《四書》經文的科舉持續存在，縱使確實有考試參考書性格，也將會不斷地被續刊。明代的集成書中也有大量採用新說的，混沌中仍然可感受到靠緊當時《四書》學的活力，相對的，清代科舉之學和學術的乖離加深，《四書》大多是為了科舉考試才被誦讀，如此的時代變遷也反應在集成書之中。

　　檢討宋元明清各時代的集成書內容，可說有其反應各時代的歷史性格，因為此等書籍是時代的產物。

# 第五章
# 《四書評》的歷史

## 一　關於《四書評》

### （一）《四書評》的作者問題

　　冠以李贄（卓吾）名義的《四書》說，向來為人所知的有《說書》和《四書評》。單行本的《說書》，在本邦九州大學、尊經閣文庫、日光慈眼堂各有藏本，前兩處為四冊本，卷首存如真道人（李如真）序，估計是萬曆刊本；日光慈眼堂藏本據說為六冊本（未見）。臺灣有中央研究院藏本，標題頁有「卓吾先生李氏說書　王敬宇藏版飜刻者必治」的字樣（陳錦釗《李贄之文論》頁20），本邦上記兩種本缺此標題頁。而此單行本並非卓吾自刻的《說書》及續刻《說書》，而是由後人改竄、編輯而成，對此，早有岡田武彥在《王陽明と明末の儒學》中論證其偽。

　　相反，在中國《說書》很少被人論及，列舉李贄著述的侯外廬等著《中國思想通史》（第四卷下冊），亦稱此書未見，足以說明其書的難得一見。

　　另外的《四書評》，在本邦與臺灣所存尚不可知，只有中國本土現存。文獻可見寶曆四年（1754）舶來本邦的記載（大庭修《江戶時代における唐船持渡書の研究》），但如今不知所蹤。一九六〇年版《中國思想通史》（卷四下）論述此書的思想性格指出：㈠思想內容、文章風格與李贄其它作品相吻合，因而是李卓吾的作品（頁

1050）、㈡㈢具有反傳統精神，不稱注疏、解詁、訓釋而稱「評」，是針對聖賢經傳以自己的裁量做論斷（頁1077），從而對此書作出高度評價。

此書繼李卓吾眾多著述的影印本及排印本出版之後，一九七五年由上海人民出版社排印出版。卷首〈出版說明〉指示該書乃卓吾「尊法反孔」之真作，在繼承侯外廬等人的論旨同時，還指出書中尊法反孔的態度缺乏深度，因此為卓吾早年的著述。有這樣的關注點，是因為此書出版在文化大革命期間，當時打出的是尊法反儒的口號。

雖早有餘嘉錫《四庫提要辯證》稱此書是葉晝的偽作，還有容肇祖《李贄年譜》認同此說並加以徵引，但是使得向來少受關注的《四書評》變成熱門書，是由於侯外廬的指摘與排印本的出版。

筆者一九七七年曾撰寫題為〈晚明四書解における四書評の位置〉（《日本中國學會報》二十九集所收）一文對此書內容作過考察，推論其書為託名李卓吾的偽作。儘管如此，內容仍然具有優秀的思想性，對後世《四書》說影響深遠（以下略稱「舊稿一」）。

在中國崔文印相繼於一九七九年發表〈李贄《四書評》真偽辯〉（《文物》1979年4期，以下稱「第一論文」）、一九八〇年發表〈《四書評》不是李贄著作的考證〉（《哲學研究》1980年4期，以下稱「第二論文」），推論此書為葉晝（文通）偽作。

那期間，一九七九年出版了原來尺寸大小的複印本，筆者進而考察此複印本與崔氏第一論文，撰寫了〈影印本《四書評》について〉（《燎原》79年12期NO.9，以下稱「舊稿二」）一稿。

同樣是主張偽作說，筆者與崔氏論據並不相同，針對作品的評價，見解亦有分歧。以下，保存舊稿的綱要以及刪除由於研究的進展而不再需要的部分，並包括對崔氏說的檢討，重新論證如下。

首先考察《四書評》的成書時期。明末《四書》註解集成書的唐

汝諤《刪補四書微言》收錄本是將萬曆四十年的「例言」置於卷首，其云「四書評、四書眼等書之真贗，雖不能言，不必盡戾理趣，互有發明，今皆參入」，可知《四書評》為萬曆四十年以前刊行。進而這裡所言《四書眼》有萬曆三十九年蕭孟譽序，若作品完成之後蕭序寫成的話，《四書評》成書則先於《四書眼》，《四書評》的成書下限便可確定為萬曆三十九年。

那麼成書的上限又如何呢。考察本文可以獲得如下一點線索。《四書評》中可見兩處論及周汝登（海門）說的「評」。亦即有「老孟日日以道援天下，而淳於不知。是必手援天下而後知也。故曰，子欲手援天下乎。東越周海門最為得之」（《孟子》〈離婁上篇〉）、「周海門自養自生自送自死說極是」（《孟子》〈離婁下篇〉）的兩條。與此相應的周海門語收錄於《東越證學錄》中的「越中會語」。《東越證學錄》的會語有：卷一「南都會語」（萬曆二十年前後的記錄）、卷二「新安會語」（同三十年以後的記錄）。「東粵會語」、卷三「武林會語」、卷四「越中會語」、卷五「剡中會語」（同二十九年以後的記錄）。越中會語的記錄時期不明確，不過按順序整理會語中有年月的記事，分別為萬曆二十七年秋季、二十九年中秋、三十一年春、（二十八年秋）。其中包括回憶錄的年月，雖然未直接指示出會語進行的時期，但「越中會語」全部內容被整理完成在萬曆三十一年則不用懷疑。「越中會語」或者《東越證學錄》編纂出來以前，《四書評》的作者片段地見到或者聽到周海門的「孟子說」的可能性不能說完全沒有，不過還是抄寫本、刊本編寫成書傳播之後，「孟子說」才為世人所知比較合理。為什麼呢，兩條「孟子說」中，特別是前一條對海門的論述內容不加介紹而只是表明贊同，則說明海門的論說當時是能夠容易被人看到的，也就是說會語抄本刊本流通以後的狀況。由以上考察可以推論，《四書評》的作者看過「越中會語」，而徵引上述兩條評

語的時期，最早在萬曆三十一年以後，亦即為萬曆三十年卓吾逝去之
後的事情。

此處《四書評》對海門說表示的贊同，或許有後人補筆的嫌疑。
不過《四書評》引用他說為數並不多，與援引海門說相似的明人說
中，只見「有語已數語，楊復所說得極妙」（《大學》傳九章眉批）、
「許敬菴以為嘆人不能中庸，看極是」（《中庸》九章評語）、「吾其為
東周乎。言必為西周，不為東周也。本朝楊升庵得之」（《論語》〈陽
貨篇〉「公山費擾」章評語）三個例子。包括海門說在內皆文脈適
合，而且引用海門說這兩章還沒加作者自己的評語。而《四書評》中
的每一章皆有評語，即使看似缺評語的章節，其實是與下一章連在一
起的。綜上所述，「後人補筆說」不能成立。

在推定《四書評》的成書年代問題上，還有一個資料。《四書眼》
（靜嘉堂文庫藏）卷首楊起元（復所）序的年記為萬曆丙甲二十四
年。而缺少年記的「無知子」作的「凡例」中，凡有與《四書評》意
義重疊的部分皆被刪除，顯然是《四書評》之後的作品。因此楊序在
作品完成之後附加的話，則《四書評》便為萬曆二十四年以前成書。

如此，《四書評》以《東越證學錄》為資料，則為萬曆三十一年
以後的成書；以《四書眼》楊起元序為資料，則為萬曆二十四年以前
的成書，如此兩說便產生了矛盾。在這樣的狀況下，筆者認為應該依
據前者。其理由如下：㈠《四書眼》的序文是楊起元的真作，還有，
即使標目末尾的梁無知「序記」所云「題首多批判，係復所先師丙申
（萬曆）、戊戌（二十一年）之筆」為事實，接下來還有「後來增入
之處，文通（無知）為政耳」的記述。那麼，得到序文之後至完成
《四書眼》應該經歷一些年月的。㈡作品假託知名人士是明末屢見不
鮮的事情，特別是此書牽連到以偽作出名的梁無知，序文（年記）的
信賴性不高。應該考慮到以上這兩點。若刊刻者的蕭氏序的年記可以

信賴的話，《四書評》成書下限可能在萬曆三十九年。那麼綜合以上考察，可以推論《四書評》是卓吾死後萬曆三十一年至三十九年之間的偽作。

　　另一本《說書》，在《續焚書》所收〈與焦弱侯〉、〈與汪鼎甫〉、焦竑〈李氏續焚書序〉、張鼐〈讀卓吾老子書述〉等篇皆有被論及，其一冊乃至兩冊本上梓之際附有〈自刻說書序〉（《續焚書》卷二所收）。這本自刻《說書》只占全體的十分之二，卓吾死後經過十七年時間的萬曆四十六年，才由汪本鈳將剩餘部分續刻刊行（〈續刻李氏書序〉）。只是現存的單行本《說書》是與上述本相異的偽書，卓吾送給盟友焦竑兩條的四書說是原《說書》的一部分（《焚書》增補所收〈復焦弱侯〉），此說為現存《說書》所未見。

　　如此，原《說書》為卓吾的著述無須懷疑，而關於《四書評》則卓吾自身未曾言及，還有卷首的〈卓吾自述〉亦未見收錄於後人整理的卓吾著作集，因此其書為偽作的說法是確實的。

　　那麼，既然《四書評》為假託卓吾之名的作品，其偽作者又是誰呢。一般來說，只要存在一個有力的否定證據就可確定為不是作者，但是相反若想特定某人為作者，即使有多個有力證據而試圖定案亦是極其困難的。崔文印挑戰這一困難的課題，在上述兩篇論文，論證了《四書評》非卓吾自作而是葉晝（文通）的偽作。由於崔氏的力證而使《四書評》與葉晝的牽連變得極其濃厚起來。關於葉晝，有崔氏的介紹，還有從《四書眼》、《青雲堂四書評》所引用的論說來看，亦有針對《四書》的嶄新見解，是《四書》學史上應該予以重視的人物。將他視為《四書評》的作者，則會令人深感關注，但是即使現在來看，崔氏說還是不能成為定論的。筆者對作者問題並未持何種的定見，針對崔氏說，目前只能停滯在表述自己消極的見解而頗感遺憾，不過有鑒於《四書評》的重要性，仍期待今後有更深入的論述。那麼

以下開始檢討崔氏說。

崔氏在第一論文指出，周亮工云「如四書第一評、第二評、水滸傳、琵琶、拜月諸評，以卓吾之名亦皆出文通之手」，指出卓吾之書係屬葉文通（名晝，無錫人。自號葉五葉、葉不夜、梁無知）偽作，《四庫提要》亦以第一評、第二評為「葉不夜」撰述，《提要辨証》對此亦無異議，從而推論《四書評》為葉文通的偽作，並將之推斷為「第一評」。關於葉文通的撰述，崔氏指出文通從學顧憲成（萬曆二十二年）之事見於《顧憲成年譜》，並舉出《四書評》評語與憲成的思想相關聯的例子作為證據。立足如此觀點，於是否定《中國思想通史》以及排印本〈出版說明〉所主張的卓吾自作說。針對後者所主張的《四書評》為卓吾早期作品，崔氏指出卓吾始終對四書五經持批判立場，而《四書評》卻對《四書》文章多稱讚，如此則自相抵觸；還有〈卓吾自述〉未收錄於卓吾的著述，從而對排印本〈出版說明〉所主張的卓吾自作說加以否定。崔氏進而指出此書比起卓吾的著述思想價值低，呈現出刻板的假道學以及批判時政等傾向，以此作為《四書評》成於與東林黨有淵源的葉文通之手的證據。

繼而在崔氏第二論文補強此說，指出盛於斯《休菴影語》中有李卓吾名義的《四書眼》、《四書評》、《批點西遊》、《水滸》等皆出於葉文通之筆的說法，推論《四書眼》是文通託名楊起元和李卓吾編選的著書，於萬曆三十九年刊刻，亦即周亮工提到的「第一評」為《四書評》、「第二評」為《四書眼》。關於葉文通作者說，崔氏例舉顧憲成與文通有師徒關係、憲成說被「評語」引用等作為旁證，又新發現〈陽貨篇〉首章附「評語」與《樗齋漫錄》中以「葉文通亦云」名義徵引的內容相同，以此作為葉文通作者說的直接證據。順便一提，《休菴影語》如上記載在本邦已有森紀子氏作過論述（《東洋史研究》33卷4號「中國における李卓吾像の變遷」）。

　　那麼，在此考察一下崔氏將《四書眼》比定為周亮工所云「第二評」是否妥當。《四書眼》通常是被當作楊起元的作品，但是正如接下來要論證的那樣，有時也被當作李卓吾的作品，如此不能說沒有「第二評」的可能性。用「眼」的字樣作為書名，有摘抉經文眼目的含意，與評價經文的「評」在作品性格上是迥異的。即使後來出現《四書評》與《四書眼》的合纂作品《四書評眼（四書眼評）》，「眼」仍保留在題目中，因此難以將此比定為「第二評」。若將《四書評》比定為「第一評」，那麼同樣具有經文評論性格的後述《青雲堂四書評》，便有比定為「第二評」的可能性，若將「第二評」直接與《四書眼》看作同一作品，則顯然論據不足。

　　接下來檢討一下葉畫作者說。如前所述，有周亮工和盛於斯的論說，有與《四書評》相關聯推測成於葉畫之手的《四書眼》的存在，有葉畫從學顧憲成而評文引用憲成說，這些證據皆顯示葉畫與《四書評》之間有密切的關聯。但是，筆者在「舊稿二」已經指出，這些只能作為比定此書作者為葉畫的間接背景證據。而崔氏在第二論文進而舉出《樗齋漫錄》記載的下面一節文字，作為直接證據：

> 孔子時其亡也，而往拜之。蓋往拜時，適值其亡也。孟子乃謂亦瞰其亡，是非真知孔子為聖之矣。松江楊士修作頌曰，孔子時中萬古推，偶然往貨貨亡時。若云昔日曾窺瞰，何不途中預避之。快語也。無錫葉畫亦云，如說孔子亦瞰其亡，則孔子不獨貌似陽貨矣。

由於與此同旨的文章亦收錄於《四書評》的評語，於是崔氏因此視葉畫為作者。但是這篇文章比起《四書評》，與《四書眼》文章的關聯性更為濃厚（此處引文出自《四書評眼》）：

時適值其時也，乃時中之聖本來面目。何故孟子以為亦瞷其亡
也，而往拜之。分明只說得孟子自家語，原不會說著孔子。葉
文通謂，孔子若瞷亡，不獨貌似陽虎矣。固為快論。而青浦楊
長倩復作頌曰，當時若說曾窺瞷，何不途中預避之。尤為暢
絕。（《論語》〈陽貨篇〉首章註）

由於《四書眼》是《四書評》之後出現的作品，葉晝根據《四書評》
撰述《四書眼》主張自說，進而被《樗齋漫錄》的作者引用（崔氏提
及的《樗齋漫錄》，若依從實際是出自葉晝之手的一種說法，那麼葉
晝便在兩種自著記載了類似的論說），這樣的可能性不能否定，但不
能以此作為《四書評》作者為葉晝的確切證據。

這樣考慮的話，葉晝作者說雖然最為有力，但是還是需要今後深
入檢討的課題。

雖說偽作者尚不能確定，但是《四書評》所具有的優秀的思想內
容，對後世產生過極其深遠的影響。以下關於這一點加以考察。

## （二）《四書評》的特色

《四書評》即使在明代的四書註釋書中，亦是特異、且最為出色
的作品。首先考察一下其於體例及文章表現上的特色。

㈠是首尾一氣貫通寫就的作品。

無論在明代文集類所收《四書》講說中，還是在《四書》解釋的
專著中，對《四書》全篇作出體例一貫的註釋的例子實際上出乎意料
地少見。《說書》亦是採取章句的問答集成的體例，但仍有很多章節
缺少註釋。而《四書評》則以其獨特的經典觀及聖人觀，對全篇每章
每節幾乎都作出均等的批註。

㈡採取評批的形式。

採用對史書及小說的冷徹眼光來評斷經典，這是極其特異的。

㈢關注重點在於文章之佳疵。

諸如，「文字極有條理，極有格式」（《大學》首章評語，頁1。本稿頁碼依據上海人民出版社版本）、「此篇文字極精」（同上傳六章，頁5）、「絕妙文章」（《中庸》十六章，頁17眉批）、「絕世奇文」（同上三十章評語，頁25-26），「倒鮮矣二字在仁上，便令人骨悚。聖人文字真能醒醉覺夢」（《論語》學而篇「巧言令色」章評語，頁30）等，以上不過舉出數例。這種文章評論式的觀點，成為批判舊註的一種方法（參照後文）。

㈣批註簡潔且使用卑俗的詞語。

這個時期的《四書》註釋，一般傾向於詞語解釋與內容說明運用長篇大論，而此書不過少者用一字、二字短評，多者亦止於二、三百字的評語。還有，明末的《四書》解釋往往使用俗語寫眉批、旁批的狀況，其大多數是批判時人的解釋以及程墨文之類。然而此書則直接針對經文，隨處施加直白痛烈的短評，諸如「病」、「藥」、「說得痛快」、「淒然」、「正當」、「直截」、「真，真」、「真」、「好贊法」、「臭味極矣」、「畫」、「可嘆，可嘆」、「一幅畫，壯哉」、「字字活眼」、「和盤托出」、「平等」、「處處停當」、「不去安排」、「斬哉」、「老捕快」、「簡甚」、「痛快」、「老婆心切」、「好棒喝」、「罵得狠」、「方」、「說破」、「巧」、「具眼」等。這樣的措詞，與卓吾《藏書》、《初潭集》、《史綱評要》等書所見寸言打動肺腑的尖銳評語亦相類似。

接下來再看《四書評》的《四書》解釋的內容。就「大學評」而言，理解《大學》、《中庸》不再依從章句本的編次，特別在王陽明以後變得更為明顯。但是明末的《四書》解卻要面對被視為異端遭受禁壓以及供給科考的宿命，因此呈現出一種文本依準章句而批註卻採取

反程朱見解的傾向。《四書評》亦是在依據章句本編次的同時，以簡潔的評語展示出其全新的《大學》觀。

正如其所云「三綱領處駕鴦畫出，八條目處金針度人」，對三綱領八條目的朱子規定範疇姑且認同的同時，另有主張：㈠「至止善」的傳三章，適合於最終章所應具有的綜括式的文體（亂體），並以之與《中庸》末章文體相類來作為論據，從而將此三章作為《大學》的末篇。在此可見石經《大學》對他的影響（參照第三章）。㈡將傳四章作為「釋本末」並刪除傳五章朱子所加「格致補傳」的章句，從而將傳四‧五章作為「格致」的解釋，將朱子注以己意的補傳以「不必補」三字盡數捨卻。㈢「釋誠意」的傳六章附加以「大學樞要全在於此」的二百一十五字長篇評語，在此明顯繼承了陽明以來以「誠意」為核心觀念的《大學》解釋。㈣在傳七章否定將「身」解釋為「心」的程朱說，其反對宋學的《大學》觀變得愈發明瞭。㈤嶄新的《大學》觀念在傳八章至十章被具體化。亦即，所謂「大學之本在修身」，意在「修身之要在誠意，誠意又須格、致，方能明明德於天下」，指出誠意致知之外更說格物的目的是為了明明德於天下。這樣便改換著力於修身為本的性理學的《大學》觀，而將功夫的重點置於治國平天下之上。進而在傳十章，指出第一段總說「絜矩」，而絜矩完全在於「理財」，從而在第二段明確「理財」，而理財又在於「用人」，從而第三段講「用人」，並在最後綜述用人與理財。雖然沒有明示絜矩的概念依據，然而可以明確的是其並未把絜矩置於倫理道德的範疇，而是作為政治策略的關鍵來理解的。由此指出《大學》為：

> 真正學問，真正經濟，內聖外王，具備此書。豈若後世儒者，高談性命，清論玄微，把天下百姓痛癢置之不問，反以說及理財為濁耶。嘗論不言理財者，決不能平治天下。（頁10）

再如，評論孟子與公孫丑的問答云「國勢民情，如視之掌……今之大頭巾、假道學，漫然大言而已」（頁184），藉以批判觀念抽象的道學，云「致知必在格物，盡性必在窮理。孔子已身驗之矣。彼講心學者何如」（《論語》衛靈公篇「吾嘗終日不食」章評語，頁136），批判空疏無用的心學等，這些例子與解讀《大學》的觀點是相同的。可以說，《四書評》是將格物窮理從觀念上的形而上學範疇解放出來，換言之，是從性理學式的議論徹底跳脫出來，將關注點轉向形而下的經世濟民，從而發現其學問的立足根本的。

針對先儒，作者的批判意識亦是熾烈。

㈠宋儒……離間骨肉（頁102）。

㈡腐儒……可發一笑（頁129）。

㈢宋儒解書，病在太明白（頁104）。

這些並非都是單純的嘲笑謾罵，而是背後有著作者的人間理解及經典理解。第㈠句是針對將「四海皆兄弟」從形而上的萬物同質觀點來作解釋的《四書大全》所收雙峰饒氏說的批判，是基於重視自然的人類情感立場而發。第㈡句是針對《集解》所引謝氏語的批判，謝氏認為從孔子那裏得到「一貫」的回答卻不能當下理解的子貢不如回答以「唯」的曾子。對此，作者則捨卻既成的道統論式的價值觀，而以自己的觀察理解《四書》。第㈢句是針對《集注》所引將「子張問崇德辯惑」章末尾（《論語》〈顏淵篇〉）當成錯簡的程氏說的批判，認為《四書》經文自身已是「字字明白」的完善之作，顯示出作者尊重原典的態度。

這種態度表現為依據章句本同時又批判章句說，例如，否定朱子的「補傳」，以及針對《集注》變更「互鄉難與言」章（《論語》〈述而篇〉）末尾十四字的位置指出「後十四字不倒轉，文字更古」（頁70），從而主張保存原典舊貌。另外，〈學而〉、〈陽貨〉兩篇所見「子

曰巧言令色鮮矣仁」的共同文字，《集注》將此當作重出錯簡，對此
《四書評》作者則云「再說一番，更有味」（頁150），從而論述重出
的意義。這些例子，皆呈現出《四書評》在作出主觀牽強的批語同
時，對討論對象的經書原典則予以尊重的態度。

由此看來，《四書評》不是高調的評論而是充分結合了《四書》
的解釋史，有值得為後世所繼承的思想內容。再舉幾個例子：

> 子曰，吾有知乎哉，無知也。有鄙夫問於我，空空如也。我扣
> 其兩端而竭焉。（《論語》〈子罕篇〉）

關於「空空如也」，《集注》未作解釋。而《集解》舉出孔安國說
鄙夫之意空空然。邇來關於空空便有孔子之意及鄙夫之意兩種說法。
《四書評》云「這是孔子真話，亦把自家心體和盤托出」，認為「孔
子非鄙夫，安知鄙夫之空空」，從而對舊說一笑付之（頁81）。在此，
很明顯是將孔安國以來對空空如的解釋作為批判的對象。在晚明，宋
學的經書學權威趨於衰退，對漢唐訓詁學的關心，或是贊同或是批評
而日趨提高，十三經注疏的刊刻即是因應這種趨勢之便的事業，而在
此書中亦反映出這樣的時代趨勢。將「空空如也」解釋為孔子之意，
在卓吾盟友的焦竑學說中亦能看得到。（「學至聖人，則一物不留，胸
次常虛。故夫子曰，空空如也。」《焦氏筆程》卷一）

> 子曰，回也其庶乎，屢空。賜不受命，而貨殖焉，憶則屢中。
> （《論語》〈先進篇〉）

《集注》解釋「屢中」為才識明晰因此料事多中，並與貨殖相區
別，是作為一般事情意義的適中。《四書評》則云「憶則屢中，正貨
殖的本錢」（頁97），把屢中作為說明貨殖的用語。基於注重經濟生活
立場的發言，早有王充《論語》（〈知實篇〉）作過類似解釋，降至清

人的焦循亦作屢中貨殖解釋。(《論語補疏》)

　　顏淵死，顏路請子之車以為之槨。(《論語》〈先進篇〉)

　　《集解》對此解釋為顏路貧窮因而請孔子賣車作槨，《集注》亦從此說。而在《四書評》則評為顏路請象徵孔子身份的「命車」為槨，是想作為死者未果之「寵榮」的憑證（頁94）。降至清末有宦懋庸論賣車買槨之非，斷定車是作為殯棺之槨。其論據緻密合理，且符合歷史事實，程樹達評價此論為前人所未發之正論（《論語集釋》下，頁652）。程氏的評價是妥當的，但是並不是前人所未發，應該知道其大綱已經有《四書評》作出論定。

　　另外，侯外廬等認為此書的特色在於剝落了經典的神聖外衣嘲弄聖賢一點，〈出版說明〉更指出此書的庸俗化以及批判的矛頭直接指向孔孟。關於此點以下加以考察。

　　的確《四書評》在評點經典上如同批點野史、小說一樣，描繪出孔孟充滿人情臭的人物形象。如孔子回答子貢云「沽之哉，沽之哉，我待賈者也」(《論語》〈子罕篇〉)，此書評云「此見聖賢都急於渡世」（頁83）便是一個好例子。不過，如同李卓吾在《藏書》讚嘆項羽的超人式的英雄形象而稱「好漢」、「真好漢」，贊同卓文君不肯錯失佳緣良偶而寧願選擇道德上受到非難的「亡奔」行為那樣，《四書評》的作者亦是對孔孟飽含個性強烈的人情臭的言行表示讚揚，而非是嘲笑聖賢。在此姑且比較侯氏等以及〈出版說明〉舉出的例證：

　　孔子曰，君子有三戒。少之時，血氣未定，戒之在色。及其壯也，血氣方剛，戒之在鬥。及其老也，血氣既衰，戒之在得。(《論語》〈季氏篇〉)
　　《四書評》……酒色財氣，孔子之訓止戒其三。固知無量之

聖，不知酒之當戒也。（頁141）

侯氏等《中國思想通史》……這是用庸俗的人世格言來對比嚴
肅的經典教義，詼諧地嘲弄孔子是一個洪量的酒徒。（頁
1081）

〈出版說明〉……李贄根據《論語》中所述孔丘「唯酒無量，
不及亂」加以譏評，「『唯酒無量，不及亂』，大聖人，大聖
人。其餘都與大眾一般」（頁90）。就是說，孔丘除了酗酒之
外，別無高明之處。

這裡所說「與大眾一般」並不是貶義，因為「升車，必正立，執
綏」云云（《論語》〈鄉黨篇〉）所描寫孔子虔敬的行禮姿態亦被《四
書評》評為「與大眾一樣」。當然，由於大眾亦能實行這種程度的禮
容，因而可以讀成貶義，但是從「齋必有明衣布」云云章（同上）對
孔子禮容評價為「與大眾亦只一樣，所以為聖人」來看，所云「與大
眾一般」，則必須理解為「那樣才正是聖人」的褒讚之辭。聖賢一旦
回歸大眾層面，與其同時「百姓日常」便具有了價值。作者正是基於
這樣的明末普遍認同的人性觀，在與大眾相同處發現出聖賢的價值。
亦可以說他捨棄了陳腐的偶像式的聖人形象而賦予聖賢以富含人性的
義涵。將既成的聖人回歸大眾層面是一種找回自我的行為，由此獲得
的孔孟在他的手中變成真正的性情中人，正因為具現大眾常人所該有
的人情味，從而使孔孟重新受到讚嘆。

作者是把追求充裕的生活與肉體的快樂當作人性的現實而加以認
同的，因此他主張政治的關鍵在於理財用人，肯定急於渡世的聖賢，
對孔子嘆息「吾未見好德如好色者也」（《論語》〈子罕篇〉）評為「原
不望人不好色，只望人好德如好色耳」（頁84），從而認同人的真實性
情。侯氏等人把此評看做是說孔子為好色漢的貶辭，則完全不得當。

作者其實是在認同人的真實性情同時，亦指出欲望容易趨向放縱、是大眾人性的弱點，強調飲酒自由但不可流於放肆，其著眼點是落在保持「不及亂」程度的大眾聖人身上的。由於講給日用常人的訓辭當然只能是身邊日常的道理，因為飲酒適度的孔子沒想到應該戒酒，所以領悟到色、鬥、得三種才是人不能保持節度流於放肆的弱點，因此說此三戒。無須懷疑，這些評語皆不能讀成是嘲笑孔子的。

　　作者不是把孔孟擡高到聖人的偶像崇拜地位，而是作為大眾常人都能親近的有血肉的人。對孔子，除多稱呼「孔子」、「夫子」、「孔夫子」之外，有時用「仲尼」、「宣聖」，有時也用「此老」、「老孔」等稱呼。對孟子除稱「孟子」外，還用「老孟」、「孟老」、「此老」等稱呼，從而作者塑造出讓人都能感受得到的孔孟人物形象。茲舉兩例：

> 孟懿子問孝，子曰：無違。樊遲御，子告之曰：孟孫問孝於
> 我，我對曰：無違。遲曰：何謂也。……（《論語》〈為政篇〉）

《集解》、《集注》皆解釋為孔子恐怕孟懿子未能通曉「無違」之旨而間接透過樊遲轉達給孟懿子。對此，《四書評》則云「樊遲一段，偶然之事，今人都看做有心，便非聖人舉動」（頁34），認為這一段只是偶然發生的事情而非有意圖的舉動。

> 陽貨欲見孔子，孔子不見，歸孔子豚。孔子時其亡也，而往拜
> 之，遇諸塗。……（《論語》〈陽貨篇〉）

《集注》依據孟子說解釋為「亦瞰其亡而往拜之」，孔子趁著陽貨不在家而往拜謝。對此，《四書評》則說「陽貨都是有意，孔子一味無心」（頁145），陽貨有心底之意而孔子卻是無心的，並沒有故意趁人不在家的意圖。這兩個例子，都認為孔子是心底無私、舉止自然之人，而這正是《四書評》所主張的最為符合聖人的形象。

　　因此，作者認同的聖人形象是自然而然、沒有造作的，是毫無顧忌地暴露自我人性弱點、發揮冷酷苛烈個性的行動家。如評「空空如」說「這是孔子真話，亦把自家心體和盤托出矣」（頁81），而不是〈出版說明〉所云「嘲笑」，這段評點亦使作者那種認同赤裸裸人性表白的面目躍然紙上。對「二三子以我為隱乎。吾無隱乎爾」云云（《論語》〈述而篇〉）批語「和盤托出」（頁69），對「述而不作」（同上）批語「都是實話，何曰謙詞」（頁65），還有對「我非生而知之，好古敏以求之者也」批語云「實話」（頁68）等這些，皆呈現出《四書評》作者熱衷於批判《集注》中虔敬謙虛的聖人形象。

　　對以杖叩原壤之脛（《論語》〈憲問篇〉）的孔子逸話，作者批語「一頭罵，一頭打，孔夫子直恁慈悲」（頁128），這並不是如〈出版說明〉所說的那樣批判孔子冷酷又言行不一。還有，說孔子「夫子婆心直至此地」（頁81）、「此老直憑狠」（頁126）、「放條寬路，大慈大悲」（頁135）、「婆心」（146頁）、「老孔亦狠」（頁151），說孟子「孟老直憑狠」（頁217）、「老孟婆心，其切如此」（頁280），這些皆不是貶辭，不外乎是對孔孟直白苛烈舉動的讚美，就如同讚美臨濟德山的棒喝之類。這樣，作者把禪的棒喝與孔孟結合起來，屢屢引入禪語以及老子語進行批判的《四書評》，與其說是在主張三教一致，莫若說是打破了三教的框限。

　　雖然這麼說，並不是《四書評》完全沒有對聖賢的批判言辭。如批點「賢哉回也」章（《論語》〈雍也篇〉）說「臭味極矣」（頁60）便是一例。還有，重視孟子沒有達到孔子的程度，孔子趁著陽貨不在家時去拜謝的孟子說沒被採用便是一例。還有「議論甚中正，但……亦似太刻了些」（頁212）、「譬喻不妥」（頁233）等評語，亦顯示出作者並未把孟子當作是非的問題當作問題的姿態。當《四書》被視為與小說和野史同樣的著述時，其作為聖典的權威便被剝奪而成為可以用對

等的視線冷靜批評的對象，以至於經文處處成為論述的是非。但是，
從《四書評》整體來看，聖賢並不是受到嘲弄，而是作為活生生的富
有個性的人而寄予眾人的理解，這一點是明確無疑的。

　　透過以上考察可以瞭解，雖說《四書評》是偽書，卻是具有優秀
思想特色的作品。如同侯氏等人以及〈出版說明〉皆主張為李卓吾本
人作品那樣，《四書評》的文章表現符合李卓吾作品的個性，而且與
主張聖凡一致、於百姓日用追求真實的李卓吾的聖人觀亦相近似。因
此，此書雖為偽書，但必定是與卓吾的思想立場極其近似的人物之
作，或者卓吾自身的《四書》解釋直接被其吸收進去。正因為這樣，
萬曆末年以後此書被看成是李卓吾的《四書》說，從而乘「卓吾熱」
之便產生多種改編版本，並且被眾多的《四書》解引用參看。

## （三）在晚明四書解中《四書評》的地位

　　明末《四書》註釋書的思想傾向可分㈠尊重敷衍朱子學的註釋，
㈡反對朱子學而提出的新註釋，㈢目標成為科舉參考書的著述，等以
上三類。從《四書評》所發揮的影響來看，較為傾向第二類作品。

　　靜嘉堂文庫所藏《四書眼》（大來山房刊），常被當作明末《四
書》解中的楊復所《四書眼》或者梁無知（葉晝）《四書眼》來參看
引用。其卷首無知子作凡例云「此書凡與《四書評》同意者，已盡精
刪削，尚存百千之一二」，記述了其與《四書評》的密切關聯。再
如，上述《四書評》的《大學》傳九章眉批云「有諸己數語，楊復所
說得極妙」，《四書眼》的對應部分為「復所先師曰，此存之於心，如
此言。必有諸己而後可求諸人，不然何以求人。必無諸己而後可非諸
人，不然何以非人。蓋只求有諸己無諸己，非真欲求諸人非諸人也。
所以下文曰，藏乎身。不然，有諸己而真去求人，無諸己而真去非

人，露亦極矣。何以為藏，何以為恕也哉。其詳具答葉綱菴書中」。像這樣，《四書眼》是採取以楊復所的學說為主體，輔以葉文通‧無知子自說的體例。《大學》該當部分的楊復所說，還可見於《證道書義》證學篇以及附載的〈復葉綱齋書〉（依據內閣文庫所藏本）。概括其論旨，此章為發明「恕」之義、「未敢遽以求人」是為其主旨，意為覺悟到自己無法為善則不起心求諸別人，終身無有求人非人，長善而遠惡，那麼感化之心便會使人為善而遠惡。換言之，要注重己之存善而去惡，否定求人非人，這與《四書眼》的說法相通。由此看來，梁無知即便是偽作者，亦與復所及《四書評》作者一樣，皆是立足於共通思想基礎之上的人物。

　　《四書眼》與《四書評》合纂產生《四書評眼》（眼評），筆者根據所見到的幾種版本察看其底版磨耗狀況，可以推測此書曾被大量印刷流傳過。關於此書文獻上的問題點，筆者曾撰稿題為〈明末四書解釋書基礎的檢討㈠〉的論文進行探討。在此將所獲得有關《四書眼》的筆者新發現記述如下。

　　《四書評眼》是採取在四書各章以《四書眼》後排列《四書評》文句的方式，是將前書的原版分割作為版下，後書是另製的新版，這從前書罕有脫訛而後書頻出脫訛亦可瞭解其中狀況。書卷首無知子「引」的版心有「大來山房」的字樣，內閣文庫（目錄277-193號）本的《評眼》封面還題有「楊復所先生四書眼」的字樣，這些都指示出《四書評眼》是由來於《四書眼》（由此可以確定《四書眼》為梁無知的作品同時亦被當作楊復所的作品的原因）。不過，內閣文庫（目錄277-182號）另一本封面有「楊李二先生合纂」字樣的版本更為接近作品的實際狀況，可能是當初使用《四書眼》的封面，後來依據實際狀況改換成這個封面的。因此，這個版本明顯是後來的印本。

　　那麼，《評眼》引人關注的一點是，卷首的楊序和蕭序被刪除，

代之以無知子改竄《四書評》的〈凡例〉而成的〈引〉。〈引〉的前半
內容與「凡例」一致，但是「凡例」後半「先師與李卓吾不同道，而
亟稱卓吾」的語句，在「引」被改成「先師與李衷一……」，還有
「此書凡與四書評同意者，已盡精刪削，尚存百千之一二。則宣城
（未詳）之所最賞者云」，「引」改竄成「復取其評意，合載是編。使
世之知楊李二先生者，得此書如獲聯璧云」。「引」後半內容的改竄，
可以看成是為了與《四書評》合纂的方便之舉，但是完全沒有必要將
「李卓吾」改為「李衷一」。經過改竄的《評眼》，復所與衷一成為莫
逆之交，由於復所的論次與衷一的評意暗合之處甚多而合纂，因此本
文的「李云」都改成李衷一之語，卓吾的名則完全被塗消了。這樣的
改竄明顯是有意圖的，只能認為是由於卓吾的著述遭到禁止而作出的
變通考量。萬曆三十年，由於卓吾的死而強化的禁毀令，吳中卓吾的
書版皆廢。但是據說後年又再度盛行起來（錢希言《戲瑕》、陳錦釗
《李贄之文論》所引），如，張雲鸞《經世錄》卷首奏疏云，天啟年
間卓吾的《焚書》、《藏書》、《說書》以及諸書的批點本再次流行開
來。還有《刪補四書微言》萬曆四十年的例言記載，近期頒佈禁革標
新立異的新說而尊傳註的條約，傳達出當時《四書評》的遭禁與流通
的背景。大致可以說，正是由於對卓吾著述的禁止才產生出《評眼》
一類的作品。

　　另有兩種同樣題為《四書參》卻內容各異的作品。一本為尊經閣
文庫所藏《四書參》，書中存無署名的序，這與另一本的鍾惺序相
同。接著序後有鞏延張汝英作的「凡例」，云「義在尊經，理非黜
註」、「首明正學，摹倣考亭」、「次循程傳」而高唱尊經和尊程朱，又
云「章仍本文，評依卓老」，並採用《四書評》的大部分批語。其他
眉批還引用了侗初、霍林、復所、符九、季侯、慈湖、見羅、無知等
說的一部分，對舊來的傳註則完全不取。由此可以明確打著尊程朱旗

號的「凡例」，不過是考量禁絕異學而做出的假像。其中引用無知子語與《四書眼》所載是同一內容，可以認為是萬曆三十九年以後的作品。另外，《刪補四書微言》的萬曆四十年作「凡例」引用書中，亦有列舉《四書評》。

另一本的《四書參》收藏於內閣文庫。此書刪除《四書評眼》的「引」而附上鍾惺序，其本文全部用《四書評眼》的版，偶有增入頭批的「參」。像這樣只對序與書名作出改換，正是明末多見的掛羊頭賣狗肉的作品，則更不必贅言上述諸書之間相互所存在的密切關聯。

上記各書之外，還有一些斷片引用李卓吾《四書》說的《四書》註解。以下列舉筆者所見書目：

A 趙鳴陽《四書丹白》

B 申維烈《四書講義會編》（萬曆四十五年刊）

C 沈幾《四書體義》

D 陳天定《慧眼山房說書》

E 郭洙源《皇明百方家問答》（萬曆四十五年序刊）

F 張振淵《四書說統》

G 徐奮鵬《纂定四書古今大全》

H 馬世奇《四書鼎臠》

在《焚書》以及《李溫陵集》（〈道古錄〉）亦可見對這些書的引用，A是將《說書》的統論部分置於該書卷首、C對《四書評》與《說書》皆有引用。B除《孟子》（未檢）之外，《大學》、《中庸》、《論語》各篇引文二十三例中，有二十例是引用《四書評》，對《說書》未有徵引。D、G亦不見徵引《說書》。由此可以推測在明末《四書評》與《說書》同樣受到重視，或者對《四書評》比《說書》的評價更高。只是從文字的異同來看，各種《四書》註解所徵引的語句不是直

接從《四書評》而是多從《評眼》引用而來，儘管由於《評眼》的改竄而隱蔽了卓吾之名，但其中所包含卓吾的《評》應該為時人廣為所知（陳氏前揭書載《福建通志》將《四書評眼》作為卓吾的著述）。

解讀明末《四書》註解的困難之處，在於引用文的斷句與省略極其恣意且雜亂。茲舉一例：

> 李卓吾曰，冉有言二臣不欲有分過于子路夫子到底只說求求躲閃不得直陳供狀此與季氏之密謀可知也。（《四書講義會編》論語八卷）

這段文字，只有參看下面的《四書評》才能讀通：

> 冉有曰，吾二臣，有分罪于子路意。夫子到底只說求，求躲閃不得，無可奈何，只得直陳供狀……此求與季孫之密謀可知也。（頁139）

向來，明末《四書》註解所引卓吾說，有許多為《說書》等所不見而難以解讀。由於與原書校對成為可能，從而可以判明其中大部分是出自《四書評》的引用。這使得李卓吾自身或者被認為李卓吾作的《四書》說對明末《四書》註解所帶來的影響，今後有更為深入探討的可能。那樣的話，卓吾自著以及《說書》、《四書評》所不見的、在《四書》說中被當作卓吾作的徵引內容亦應該給予必要的關注。上述B的引用文中有未詳的一例記錄為「李宏甫曰」，與其它「卓吾曰」的記載方法不同（《增補微言》所採《四書》註解諸家中有李宏甫的姓氏。）若不是調查的遺漏，可以推測被當作卓吾作《四書》說還有其它的流通本，包括《四書》「第一評」、「第二評」的遺留問題在內，今後有必要進一步考察。

（補記）

張岱（1597-1683？）的《四書遇》是未刊抄本，收藏於浙江省圖書館，一九八五年其點校本排印出版（浙江古籍出版社刊）。在此書的「前言」中所指出被認為李贄語的十八條中，有十二條是出自《四書評》。而其書比周亮工還早上半個世紀，與李贄生年重合的張岱把《四書評》看作李贄的自作，算是對此書的真偽作出最早的具有權威的評論。其中有以「李卓吾曰」的形式直接引用的內容，行文中還往往可見包含《四書評》的論說。像這樣與《四書評》有關聯的作品隨著今後的發現，對《四書評》的作者問題、四書說的內容及其後世影響等探討，會更加深入下去。正如本稿已經論述的那樣，雖然《四書評》作為李贄的作品難以肯定，但《四書遇》對《四書評》的四書理解，哪怕是局部產生的共鳴，還是值得關注的。

## 二　關於《青雲堂四書評》

### （一）前言

有一種標題為「青雲堂」的奇異的四書解，由本邦人抄寫的寫本現存我國國會圖書館。因為是萬曆最後一年萬曆四十七年序刊本，自然萬曆末年所編纂的眾多四書註解的集成書未予著錄，即使之後的《四庫採進書目》、《四庫提要》、《經義考》等書網羅眾多書目，亦不見著錄。還有清人的藏書目錄、近年的書目和《四書》研究書亦不見其書名。只有林泰輔《論語年譜》可見列舉「青雲堂四書評」。

明末《四書》註解的革新趨勢中，《青雲堂四書評》作為繼承李卓吾名義的《四書評》及葉畫（梁無知）《四書眼》的思想作品而為人所知，是考察明末《四書》學的好材料。由於是新發現資料，存在

一些需要解決的疑問，本稿以下對此加以介紹與考察。

## （二）作品的概要

大本一冊　全112丁（表裏兩頁為1丁）
書題　青雲堂（字跡直接墨寫於封面紙之上）
序　萬曆己未（四十七年、1619年）新夏　錦翁（1丁）
記事　仲肥子（半丁）
　以下本文
大學（2丁）中庸（7丁末尾「中庸青雲堂終」）論語（62丁　末尾「終」）孟子（39丁、末尾「孟子終」）每頁14行　每行25字　無界　版心無字。

《孟子》末尾有本邦人的註記，為寬永十四年（1637，明崇禎十年）三月十七日「速終厥（書寫之）功」，並列舉出筆錄者的名字。一般明末的此類作品訛脫嚴重是通例，此書亦是倉促寫就，謬誤更為嚴重。還有，通常內題，版心會有記事，而此書缺少這些，其寫本是否忠實原書形態令人懷疑。除了依據《四書眼》對經文及《四書評》的訛脫能夠校訂之處以外，尚有許多的異同，頻見難讀的語句。

表題以「青雲堂」作為書名是一個特例，明末《四書》註解書中如同這樣只用筆名或室名作為書名的例子不見一個。國會圖書館的目錄將此書定為《四書評書》即是考慮到這一點，大概是依據「記事」中「青雲堂評書，竟有客謁餘……」的語句而來。然而，「記事」接下來論說四部（書）宗旨之際，云「客大笑而別，囑餘記之焉」，這是說以客的勸說為機緣才有此書的著述，那麼上述語句便應該讀成「青雲堂評書竟，有客謁餘」云云。還有，所評之「書」為《四書》，因

此用《四書》評書的重疊命名便不合理。不過,「記事」之外的本文中還有兩處「評」云云的記述,還有從內容上來看亦是以施加評論的形式,因此可以說用「評」的字樣作為書名的可能性最高。《論語年譜》所見為上述的抄寫本還是別種的版本不得而知,不過其記載書名為「青雲堂四書評」應該是正確的。本稿以下以此書名為準。

書名用「評」的字樣的明末《四書》註解書中,有被當作李卓吾作的《四書評》以及此書與葉晝(文通)《四書眼》合纂而成的《四書評眼》現存。其它還有文通偽作的李卓吾作《四書第一評》、《第二評》的書名有流傳。《青雲堂四書評》與《四書評》及《四書眼》有甚深關聯,因此與《評眼》亦不無淵源。這一點亦可旁證書名中使用了「評」的字樣的可能性。

接下來考察一下撰寫這篇「記事」的稱作仲肥子的人物。「序」的作者錦翁,就是前面言及的葉晝,字文通,號梁無知·無知子的無錫人。亦即被懷疑偽作卓吾著述的那個問題人物。鑒於《青雲堂四書評》有文通的「序」以及與《四書評》的密切關聯等作為考量因素,此書為葉晝作品的可能性極大。可是沒有可以證實這一推論的資料,目前只能認為此書是葉晝周圍有個筆名「仲肥子」的人物的作品。《青雲堂四書評》中列舉人物有十人程度,大多是列舉一次兩次而已。列舉葉文通有七例之多,並對其四書說表示贊同。以字而稱呼云文通,大概是把他作為同輩來看待的,看來與作者乃是交友關係。舉例最多的是無錫人顧憲成(嘉靖二十九年—萬曆四十年)八例,對顧涇陽、顧光祿、顧光祿先生使用敬稱,並對他們的論說表示贊同,稱為鄉人。還有文中多論及吳中的風俗,因此仲肥子是無錫人,又以顧憲成為長輩,葉晝為同輩,推定其人為萬曆末年前後活動的人物。

從與顧憲成的關係來看,可能與東林黨亦有關聯性。書中散見批判時事、批判官僚的言辭,這亦是明末《四書》註解共通的傾向,不

過在此書中的批判，不是站在官僚立場具有廣闊視野的政治論，而更接近鄉村基層士人的生活感慨。如所云：

> 今人自家戴了紗帽，便看得頭巾內無有聖人。不知頭巾之中，公侯之器不乏也。……嗚呼，到得頭巾上頭，又忘卻了頭巾時節，依舊一雙眼，不看見頭巾。雖然所云偉人，絕不如此。
> （《論語》〈雍也篇〉「季康子問仲由」章註）

在例舉的人名中，還有晉江張夏占、當湖張晉江學師。其人物不詳，稱作「學師」，大概是投身科舉考試過程中遇到的知己。作者恐怕是舉業不得志而嚐受挫折體驗的士人，挫折感使他打破常規，成就不拘束於經書注釋傳統的激進論說。雖不見其對東林黨活動抱以認同的明證，然而從對顧憲成的高度崇敬，推測其人為東林黨相關的在野人士。這一點也和前述的葉晝有著濃厚的牽連。

接下來考察一下，何以用仲肥子作筆名的理由。如果用筆名有理由的話，那可能是基於因為發表尖銳的評論會惹起論難的考量。「序」云「此為何書哉，吾不能識」，論述此書的性格，稱讚此書之說近似名理家、經濟家、滑稽家、禪和家、玄門家、俠烈家、間散家、道學家、文章家、舉業家、著作家、法守家、稗官家、諸子家、史學家等等。若說具備所有這些學說的性格則顯然是誇大之辭，不過此書的確是打破常規的作品，不是依據訓詁一字一句地作出忠實註釋，而是註釋之餘針對世象加以諷刺，將《四書》的文體等同於傳奇評話一樣地恣意評論，還對腐儒的《四書》註釋發出嗤笑。試舉一例，《論語·雍也》有一章云孔子探望病臥的冉伯牛，然後「自牖執其手」告別，還嘆息說「命矣夫，斯人也而有斯疾也。斯人也而有斯疾也」。對這一章《集注》引《集解》和《義疏》的說法解釋伯牛之病為癩疾，云「時伯牛家以此禮尊孔子，孔子不敢當，故不入其室，

而自牖執其手」。針對上述《集注》的說法，此書作出如下評述：

> ① 自牖執其手，謂在窗下執手，以作永訣。若說隔窗遙執，
> 夫子固有異相，安得有此一雙長臂乎。真可發一笑也。一友謔
> 曰：「還是夫子畏染癩耳。非君禮尊之之說也」。此亦宋人自
> 取，非後人口毒之。

雖說是間接形式地批判宋儒的註釋，但這已經是把經書當作講笑
話的話柄，說葉晝是「滑稽家」是指這一點吧。嗜好小說、稗史、諧
謔、笑話是明末一種富有特徵的社會現象，這種好尚亦與《四書》相
結合，天啟初年，出現了以《四書》為笑話題材的作品《四書笑》[1]。
但是從經典被視為聖典的傳統經書觀念看來，不難想像這樣的事態被
認為是一種的令人擔憂的頹廢。《四書疑問》、《五經疑問》的作者姚
舜牧曾經指出：

> 古人不讀非聖之書，今坊間將水滸傳、西遊記之類，皆雕鏤極
> 其工，巧務悅人目。而藏書焚書尤為嚆矢，此正所謂淫辭邪說
> 也。少年輩喜談樂道，人置一冊以為清玩。而四書笑之類，尤
> 為侮聖。如此好尚，如此流傳，將何底極。有世道之責者，當

---

1 我國內閣文庫現存寫本。封面有李卓吾先生評纂的字樣，有胡盧生的題記。刊年
不詳。明人對此有所論述者，據筆者所見只有本文引述的姚舜牧民《來恩堂草》。
姚舜牧，生於嘉靖二十二年（1543），卒於天啟七年（1627），浙江省烏程人。《來
恩堂草》卷末自敘歷年寫到六十七歲，續年譜記載到八十二年的記事，由此可知
包含了到他晚年的著作。
另外，此內閣本為林羅山的附點本，卷末有「羅山子莞爾考之」的字樣，為四書
為題材的笑話莞爾一笑地輕鬆附點之意。這與主張應該予以焚毀的觀念差異，作
為對比中日兩國經書所佔分量的差異，是一個有象徵意義的事例。還有，大塚秀
高〈〈絕纓三笑〉について〉（《中哲文學會報》第八號），推論《四書笑》的刊行
是先於萬曆三十九年以後至萬曆四十四年之間刊行的《笑府》。

一付之秦焰可也。(《來恩堂草》卷十五〈論事篇〉)

對於這樣的頹廢現象，萬曆年間朝廷屢屢加以管制，其中產生最大影響的事件是萬曆三十年的張問達對李卓吾的彈劾、以及馮琦上奏獲得採納而發佈應尊聖學、不可混同仙佛與儒術等內容的敕諭[2]。萬曆末年的四書註解，儘管內容上與程朱學有抵觸，但是還是標榜尊程朱以及更為徹底地刪除李卓吾名的作品的通行。這可以認為是由於這種文化管制的影響，作者使用筆名的理由由此可以求證。

最後，從與《四書評》的關聯來看，此書的成書時期在萬曆三十年代以降，以萬曆四十七年寫就的序作為成書的下限應該沒有問題。大致刊行年記明確的明末《四書》註解，大多是序寫成數年後出版。結合這樣的狀況來看，《青雲堂四書評》的出版，當在距離萬曆四十七年以後不久的時期，恐怕是天啟年間的出版。

## (三)《四書評》與《四書眼》的比較

《青雲堂四書評》(以下簡稱為《青雲堂》)與《四書評》(以下簡稱為《評》)以及《四書眼》(以下簡稱為《眼》)有密切的關聯。與葉晝交友的仲肥子如果知道後兩書的作者為誰，則是令人感興趣之處。但恐怕是沒有把書看作是卓吾、葉晝的作品。

然而，此書的作者在利用《評》、《眼》兩書之際，念頭中必定被兩書中的評論影響。《大學》是用章句的文本，與一般科舉考試用參考書沒有什麼不同，說不上有獨特的特徵。不過，《論語》、《孟子》的分章方式則三書幾乎是相同的，而與《集注》及明代四書註代表的《四書蒙引》屢見相異之處。

---

2　參看前章(二)「註釋書の續成」所引資料。

用語亦襲用了《評》的特異表述方式，稱呼孔子多用「夫子」之外，還用「孔老」、「宣老」、「老尼」，稱呼孟子用「老孟」。還襲用了「慈悲」、「婆心」、「滿盤托出」、「真情」、「實話」、「實事」等《評》的獨特用語。

內容部分，有些場合甚至會將《眼》列入評論的視野，這一點可從下面的例子加以明確：

> ②　《青雲堂》……只「焉知賢才而舉」之一語，便欲網羅俊
> 人，一無留良。此是何等心腸，何等氣魄。今之為宰者，亦會
> 一念乃此乎。(《論語》〈子路篇〉「仲弓為季氏宰」章註)
> 《評》……（夾批）何等心腸。
> 《眼》……直看仲弓是何等心腸，便欲舉盡一世，野無遺賢。
> 今之為宰者，有是心否。

然而，比較而言，對《評》的注意相對較多。其所依據之所以較多地選擇了《評》，是因為比起《眼》，以銳利的寸言片語便可點出經文眼目的《評》的水準更上一層樓，亦體現了作者選擇的眼識。

結合《評》的論說同時，《青雲堂》在《四書》解釋上具有獨特的見識：

(一)如上述②的例子所呈現的，比起《評》多用夾批頭批（《眼》亦同樣使用批語），《青雲堂》則吸收《評》、《眼》的批語採取只用評論的形式。

(二)《評》云「不用甚解」(「卓吾自述」)，從而排斥穿鑿，由此立場出發多用寸言寸評。對此，《青雲堂》一面云「何以他人有再下注腳必要」，一面卻又附加解說式的論述。因此，如同下面的例子所呈現出的那樣，多在解釋《評》的寸言：

③ 《評》……（夾批）並精神畫出。(《論語》〈憲問篇〉「蘧
　伯玉」章)

　《青雲堂》……只此「未能」二字，把千古聖賢精神滿盤托
　出。而老尼癢處，亦已瘙著。所以不勝嘆賞之至也。豈直為其
　無忝於使已乎。

　　　經文是講孔子向蘧伯玉派來探望的使者詢問蘧伯玉的近況而使者
答曰「夫子欲寡其過而未能也」，孔子對此表示讚嘆。對此，上述
《評》的關注點並未清晰，而《青雲堂》則指出正是「未能」二字將
聖賢的人格表現出來，這樣的解說是對《評》的意指做出更為明確的
補充。

㈢由上述③可見，《評》往往抓住整章精神一針見血地作出短評，
　但其論斷時常給人感覺唐突。比如《中庸》第十一章只拋出「中
　庸圖」三個字，而《青雲堂》則沿著文脈施加穩妥的註解。結果
　比起《評》的標新立異具備了更為接近註解書的性格。

㈣以上所論述的特徵是基於《青雲堂》作者獨自的意圖，其參照
　《評》的論說卻不盲從，有時還提出對立的解釋，甚至對《評》
　給予批判：

④ 子曰，博學于文，約之以禮，亦可以弗畔矣夫。(〈顏淵
　篇〉)

　《集注》……重出

　《評》……丁寧

　《青雲堂》……田畔也。界限之意。若「博學於文，約之以
　禮」，是化多為少，化有為無，消融渾化，略無痕跡。何復有
　界限耶。此所云「弗畔」也。

《集注》以此章文字為〈雍也篇〉復出,《評》以為重出有「丁寧」的含義,《青雲堂》則否定訓「畔」為「背」,認為應作「田畔」而衍出「界限」的派生義。

⑤ 子謂顏淵曰:惜乎!吾見其進也,未見其止也。(〈子罕〉篇)

《評》……字字痛哭。進,開場。止,結局。

《青雲堂》……顏子好學,只是一箇進而不止。夫子所以惜之,此言其功夫有進而無止也。或作學問結局看,噫學問何有結局耶。

⑥ 孔子在衛國擊磬之際,有荷蕢者過孔子門前聽到樂音對此批評,聽到批評的孔子說:「果哉!末之難矣」。(〈憲問篇〉)

關於⑥的語句,向來有不同的解釋。《集注》讚嘆荷蕢者果於忘世,若以那樣的生存方式則沒有什麼困難的事情,解釋孔子藉以表明以天下為己任的心情。

《評》云「此人亦奇,當是大有心人。一聞磬聲,遂動當世之想。既而參以後念,故作違心之語。夫子知之,以『果哉!末之難矣』挑之,又為此人增一擊矣」,認為荷蕢的有心人聞磬而想當世,既而反省還是決定過隱士的生活。最後一句的意思就是孔子得知之後,認為如果能想到這種地步就不是難事,從而導以當世的責任來鼓勵他。

與之不同,《青雲堂》舉方外異人說,將最後一句讀成「果哉」、「末之」、「難矣」。孔子結束演奏的擊磬,未能心情灑脫,使得磬殘餘音(磬亦自粘住)。這被荷蕢者看破而不留情面地加以批評,孔子聽到後感動地說「是那樣的。不留餘響地一錘定音真是不容易呀」,

從而認為是孔子當時的感觸之語，指出「今人把末句看成是說給荷蕢
者聽的話就毫無意義了」。

　　《青雲堂》上述⑤明顯是針對《評》的批判，而⑥的批判對象卻
不明確，然而如《集注》所說那樣，大部分註釋是將⑥的末句看成是
孔子的自言自語，非如《評》所解釋的孔子對荷蕢者的鼓勵言語。這
一方面還顯現出《評》已經具備作為接受批判對象的資格。

　　就這樣，《青雲堂》並非完全依從《評》的解釋而是具有作為獨
立的四書註解書的性格。那麼以上幾個例子所顯示出的共通的思想傾
向為何，以下結合這一點，繼續深入探討。

## （四）經書解釋的立場

　　在⑥的例文中，從在《論語》此章注重孔子經世責任感一點來
看，《評》並沒有完全拂拭掉《集注》的解釋，而《青雲堂》脫離
《集注》的觀點則更為徹底。試舉一例：

　　⑦　子謂子賤：君子哉若人！魯無君子者，斯焉取斯？（〈公冶
　　長篇〉）

　　《集注》解釋為子賤能「尊賢取友以成其德者」，孔子稱讚說魯
之多君子所以成就了子賤之德。《評》云「把子賤來做一尊賢取友的
樣子，非徒贊子賤已也。」《青雲堂》則把全文作為稱讚子賤的語句。

　　由此看來，《評》解釋的具體內容不夠鮮明，且沿用「尊賢」、
「取友」等《集注》的抽象概念，不能說是拂拭了《集注》的解釋。
對此，《青雲堂》將全文當作稱讚子賤的話語，且不穿鑿成就君子的
原因。從這⑥⑦兩個例子來看，《青雲堂》擺脫《集注》的程度較
《評》更增進了一步，批判宋儒的筆鋒更為激烈，乃至罵出「宋人說

至此，癡者亦極」（《論語》〈雍也篇〉「季氏使閔子騫」章註）。再如：

> ⑧ 子曰，質勝文則野，文勝質則史。文質彬彬，然後君子。（〈雍也篇〉）

> 《青雲堂》……子貢曰，「文猶如質，質猶如文。」乃是彬彬之正解。若云「七分質，三分文」，仍是野人之言，非君子之言。

這則批語顯然是針對《蒙引》放大宋儒的重「質」傾向所云「須用七分質，三分文，方彬彬」的批判。《青雲堂》是將《蒙引》與《集注》同列，乃至極言其書「此不尚與言古人之文矣」。（《論語》〈雍也篇〉「子華使於齊」章註）

前面已見葉晝對此書錯綜的性格所作的指摘。的確如同作者極端表現出時而冷嘲熱諷、時而慨嘆時局的那樣，此書並不是以忠實祖述經書為目的的註釋書，而是以《四書》為題材意欲表達作者個性的思想論著。明末出現眾多不以就經下註的手法註釋而是隨想評論式的《四書》解，《青雲堂》亦屬於這類傾向的作品。

然而，《青雲堂》具有明確的解釋《四書》的方法論，並且是以一貫的立場施註。其方法論在下面的語句集中體現出來：

> 凡作家相遇，傳心祕密都只從眼前口頭詮度耳。（〈八佾篇〉「子語魯大師樂」章註）

亦即，主張經只在按照所表現出文章文字的原意來理解，就是以所謂「唯原典表現主義」貫穿於經文解釋。結合之前的例文來看，在例文①中，「疾」不是被解釋為癩的惡疾，而是按照文字解釋為疾病；「自牖執手」不是從戶外隔窗執手，而解釋為在窗下執其手。在例文④中，「畔」按照文字原意看做田地的畔，從而衍出「界限」的

派生義。在例文⑥，認為表現的是音樂演奏場面的文章，按照場面理解文意，則不必解讀成場面不合的孔子面對「當世」的義務觀。對例文⑦的經文解釋引入「尊賢」、「取友」等抽象觀念亦給予了否定。

　　一眼看去，例文⑤或許是基於學問沒有「結局」為前提所做出的解釋，關於這一章，《集注》從《義疏》解釋為顏回死後孔子的嘆息，《評》用「開場」、「結局」等特別的用語（似乎是演劇用語），但仍然繼承了《集注》的解釋認為是顏回死後孔子的嘆息。《青雲堂》則解釋為此章為感嘆顏回學問精進之語，理由是並沒有見到證明孔子嘆息顏回夭折的經文。

　　綜上所見，此書的唯原典表現主義明確地運用於經文的解釋，對經書的理解方法亦繼承了主張不加穿鑿地結合經文理解《四書》的《評》的宗旨，對④⑤⑥⑦例所見《評》的解釋仍然殘存宋儒的觀點則不予採取而作出獨自的解釋。由此可以明確《青雲堂》的脫宋儒說較《評》更邁出了一步。

　　作為經書理解的方法論，唯原典表現主義與作者的經書觀念、聖人觀念是相應的。在例文①中，《青雲堂》作者以「疾」作疾病，孔子探望伯牛在窗邊執其手等，展示出嶄新的解釋同時，指出「記者記其實耳」、「解書最忌添足。何宋人善畫蛇哉」，屢屢批判宋儒的經書解釋如同在畫蛇添足。如此地解釋不是為了把《四書》當作聖人的聖典來看，而是當作聖人言行的真實記錄來看的，作者主張最為需要的是從經文中解讀出聖人的「實事」、「實情」、「實話」。這樣的關注點落在文章與記錄性之上，《四書》便成為可以在與文學、史學同一層面上加以評價的對象。〈鄉黨篇〉有描述孔子接受君命接待賓客時的起居舉止一章，可見《青雲堂》如下註釋：

　　　　竟是一齣傳奇，記者可稱妙手。文章至此，字字活、句句活、

節節活。直是眼前實事，不是紙上空談。千古文人如何到得。
（《論語》〈鄉黨篇〉「君召使擯」章註）

在此處的觀點，不是注重對聖人的敬虔，而是注重作為一個記錄
者對孔子言行作真實的描寫。這裡不是倫理訓誡，而是讚美文章表現
出來現場情景。毋庸贅言，如此地把經書與歷史、文學作為同樣性質
的作品來看的作者立場中，是從根本上否定了追求超越歷史的神聖的
經典觀念。再舉兩例：

> 似一幅畫，似一篇記，又似數齣傳奇，又似幾回平話。文章至
> 此妙矣，神矣。（〈微子篇〉「子路從而後」章註）
>
> 第如見兩齣傳奇、如一回平話。只見實事，不知為空言也。文
> 字之有生趣如此。（《孟子》〈梁惠王下篇〉「莊暴見孟子」章註）

如此將經書與史書、傳奇平話同樣看待的方式，已經見於
《評》。如在《論語・微子篇》總批云「讀此一篇，如讀稗官小說、
野史、國乘，令人不寐。其亦經中之史乎」。對這一點《青雲堂》加
以反復強調，則可以說是著力點放在此的。

然而這樣將經書與稗史小說同樣看待的方式，有學者認為是「對
儒家經典的蔑視」[3]。的確這樣的經書觀念在舊時代無須贅言是被作
為「離經叛道」、「左道惑眾」而遭到彈劾的，但是以思想史的觀點來
看，那樣的批判不僅毫無意義，而且是言不切要的。因為《評》與
《青雲堂》皆是將《四書》當作聖人的言行逼真地做出描寫的作品來
看，對《四書》的文章表現抱以盛讚。換言之，不是強調聖人的倫理
意義的完善性，而是將視點關注在聖人的人性以及言行的描述之上，
這不外乎將視角作了一下轉換。當然，由於做出這樣的視角轉換，小

---

3　《四書評》（上海市：上海人民出版社出版，1975 年）的〈出版說明〉。

說稗史被提升到等同於經典的高度的這一點亦重要。

那麼，由以上的經書觀亦體現出一定的聖人觀。《青雲堂》云「衣食之外無道」（《論語》〈里仁篇〉「士志於道」章註），於「百姓日常」發現道的具體表現是明末所特有的思想傾向，上述《青雲堂》所云，正是基於這樣立場的發言。立足這樣的立場，則於經書中讀出的是聖人的日常。由於視點置於日常性之上，常人與聖人的同樣性質便被凸顯出來。如所云：

> 大概亦無大異於人，聖人亦常人耳。但常人都皆看他做聖人。聖人果何所異於常人哉。（《論語》〈鄉黨篇〉「食不厭精」章註）
>
> 常人師賢人，賢人師聖人，聖人師常人。以常人為聖道之所寄也。（〈子張篇〉「衛公孫朝」章註）

這裡，若把聖人看做降格貶低到常人水準的話便不正確，而正是由於主張「衣食」是道之所居，常人的價值於是獲得承認。那麼就應該理解為《青雲堂》的主張，是使常人上升到剝去神聖外衣的聖人的水準。如其在上述例文③認為，蘧伯玉的使者云主人的為人是「未能」，由於那也是孔子自身的缺陷被指出來，因此孔子對其表示讚賞。例文⑥亦解釋孔子演奏音樂出現缺陷被指出來時，孔子亦坦率承認。這樣對聖人的完整無缺性、道德性予以否定而將聖人拉回到常人的層面，並不是對孔子的「嘲弄」，而是對聖人毫無掩飾地表現自己言行舉止寄予認同。關於〈述而篇〉首章，《青雲堂》承接《評》「都是實話，何曰謙詞？」之後，認為「述而不作，信而好古」是孔子的實話不是謙詞，解釋「生知」和「作」是「先天之聖」的事而不是孔子所能及，亦顯示出其對聖人的評價，不在謙讓美德的倫理性，而在坦誠表白這一點上。關於《評》的聖人觀前面已經詳述，《青雲堂》

亦指出孔子有「婆心（老婆親切）」、「大慈悲」，認為孔子的言行已經
毫無遮掩地被描述出來（滿盤托出）。在這些作品中，孔子的人性受
到讚美。

　　當然，此書對舊來的經書觀、聖人觀並沒有完全拂拭乾淨，在個
別章節的解釋中仍可以見到陳腐的論說。然而，根據以上所論可以發
現，此書無疑是宋代以降《四書》學史上極為個性激烈的作品。朱子
的經書解釋在元代以後被採用為科舉的學問，明代初期獲得幾乎匹敵
經書地位的權威。然而，現實正如聶豹對提問者講述的那樣，「文公
《集注》，從童習之，為先入固已深。及長疑之，必曰，朱註幼資此
以為學也，豈有誤哉。況吾質不逮古人，古人已有定見，故曰信此不
疑，何足恠哉」（《雙江文集》卷十〈答戴伯常〉）。若瞭解到有明一代
對經書理解的努力是這樣艱難地從朱子學的經書學的無謬誤信仰中解
脫出來的過程，那麼幾乎可以說《青雲堂》是居於最大程度達到這種
解脫位置的著述。在此書產生的背景中，體現出明末思潮的動向，與
朱子藉以《四書》為核心的新經學求證自我思想體系從而傾注畢生所
做出的努力一樣，《青雲堂四書評》在超越朱子的新經學理解中，可
以稱得上是經由自我經學求證過的明末思潮一個成果。

　　眾所周知，清朝對宋明理學的經書解釋往往以經解主觀恣意加以
否定，對漢唐訓詁學予以評價。明末的《四書》解，同樣沒有清儒的
可取之處。然而，明代《四書》學透過對《章句》、《集注》闡述的
《四書》觀念加以瓦解，從而創造出清儒對漢唐古註重新評價的前提
條件。不僅如此，明末已經逐漸產生對古註價值重新評價的風氣。

　　這裡的《青雲堂》，亦在對宋儒批判的另一面，涉及到對漢唐舊
注的再評價。如例文⑧中，在批判《蒙引》之後更進一步論述說「今
人不如前人每每如此。故讀漢註猶讀宋注勝者多」，這一定是念頭想
到「彬彬」釋為「文質相半」的《集解》所引包咸註。這樣向舊注的

接近相當顯著，再舉一例，《論語》〈八佾篇〉「周監於二代，鬱鬱乎文哉」，《青雲堂》否定《集注》主張「周視二代之禮對此損益」，註為「猶言此二代為文也」，認為是「二代文也，周視之愈文」，而這是意識到《集解》所云「周之文章比二代完備」的註而作出的解釋。

　　《青雲堂》還說過「我猶有漢人之說存胸中」（《論語》〈學而篇〉「信近于義」章）。雖然有如例文①所見到的那樣，《集注》吸收《集解》以來的訓詁而《青雲堂》卻對此加以否定，很多場合是其完全獨創的解釋，然而那並不是恣意主觀的論斷，在各個例子中更有對古註的高度評價，因此這可以說是在論述從宋明經書學向清朝考證學轉換的論題上所不能忽視的糾結問題。

# 三　《四書評》的餘韻

## （一）前言

　　晚明的眾多《四書》註解書中，除了以供給科舉參考作為主要目的之外，皆嘗試提出各自獨特的富有個性的《四書》學說。由於不存在如同程朱那樣具有絕對權威的《四書》說，價值觀的分歧導致晚明《四書》解說的百家爭鳴現象。然而並不是全部解釋都能打出獨創性的《四書》說，因此多數場合是依存先行的《四書》說，在個別的經文解釋中，或多或少地提出一些新見解，或者集成或者例舉以成自家學說。在這樣的晚明《四書》學的環境中，假託李卓吾名的《四書評》是具有相當重要地位的作品。關於此書的思想以及為《青雲堂四書評》所繼承並展現出新的局面，在前文已經論述。在本章，進而考察佛者《四書》說的「方外史《四書》解」及蕅益智旭的《論語點睛》對《四書評》的繼承與發揮。

## （二）晚明的佛者與《四書》

　　佛者出家以前讀四書五經，或者出家以後讀佛教內典之外的儒書並不是稀罕事。如萬曆三大高僧之一的憨山德清，《自序年譜》記述他七歲入社學，在母親的嚴格督促下讀書，即使在他十一歲立志出家以後仍然繼續投身舉業，十六歲完成了《四書》的背誦，十七歲開始講解《四書》，讀《易經》，學時藝、古文辭、詩賦等（《憨山老人夢遊集》卷五十三）。據說他之後在進行僧徒教育之際，對二十歲以下、八歲以上的徒眾，亦曾邀請儒師講習《四書》，三年學成為僧，然後學習出家的規矩、修行誦讀以及書寫經典等（同上卷五十〈選僧行以養人才〉）。在出家後用佛典讀誦書寫之前，憨山是課以《四書》考察僧徒的資質的。

　　晚明出現儒釋道三教合流的風潮，儒者往往援用釋老闡釋儒教教旨，並從釋老攝取思想營養，試圖對經典進行重新解釋及重構。僧人亦基於其儒學的教養，對僧徒以及士大夫進行教化之際講論儒學。如以下引文所云：

> 只玄居士問「格物、物格」意旨如何。師彈指三下曰，云云。（《湛然圓澄禪師語錄》卷七）

> 孔子沒，發揮孔子者，孟子一人耳。夫何故？蓋孟子得孔子之心也。孔子之心當如何求？求諸孟子而已。欲求孟子之心者，求諸己而已。自心既得，孔孟心得矣。（《紫柏尊者全集》卷五〈求放心說示弟子〉）

這當然是儒者為了訂正佛者的見識所進行的議論。從佛者一方來說，

這亦是融合儒者的方便之舉從而加以積極地活用。這一點從下邊的例子亦可以看出：

> 今日張華宇居士，命老僧冒登此座，舉揚大法。吾佛大法，以識心達本為宗極，以忘情默契為入門。若本分舉揚，必與諸君，大相柄鑿。今且借諸君尋常茶飯，就地輥將去，翼諸君得箇入處。(《永覺元賢禪師廣錄》卷二)

這是講永覺元賢登堂講經之際，借用士大夫尋常茶飯的《四書》來闡揚佛法。

當然，這樣的議論，從佛者一方來說，歸根結底是作為宣揚佛教教義的方便之舉，因為簡單的儒佛結合會招致儒對佛的滲透，因此當然是予以警戒的。雲棲袾宏僅限於「圓機之士」容許以這種方式涉獵儒學，而永覺元賢表現出更加嚴格的態度。他說：

> 如今日一二士夫家，借儒解釋，援釋談儒，非不自謂新奇度越。其於斯道，直是如醉如狂。而且廣煽邪說，誑誤後學，則其罪通於天矣。(《永覺元賢禪師廣錄》卷十一〈與李青郎茂才〉)

> 龍溪近溪二老，講陽明之學，而多用禪語。非有得於禪，乃以儒解禪也。以儒解禪，禪安得不儒哉。然自為他家語，無足怪者。至卓吾乃謂二老之學，可當別傳之旨，凡為僧者，案頭不宜少此書，此何異喚鐘作甕乎。昔人借禪語以益道學，今人反借儒語以當宗乘，大道不明，群盲相惑。吾不知冥冥之何時旦也。(同上卷二十九)

對王龍溪、羅近溪、李卓吾的是非評價，佛者見解各異。但是不管怎麼樣，對儒者所主張的三教合一論亦不會馬上贊同的。這樣，佛

者便有必要以自己的立場積極地表明對經書的見識。

晚明由佛者所作的經書註解，憨山德清的著述依據其《自述年譜》有萬曆二十五年五十二歲時作《中庸直解》、同三十二年五十九歲時作《春秋左氏心法》、三十九年六十六歲作《大學（綱目）決疑》等。《江蘇省立國學圖書館現存書目》（卷二、經部四書類）收錄《大學決疑章》一卷、《中庸直解》一卷的清刊本。藕益智旭所著《周易禪解》、《大學直解》、《中庸直解》、《論語點睛》等現存，還可知有失傳的《孟子擇乳》。若包括明清鼎革之際潛身釋老的諸多遺老，或借佛說儒、或彰顯三教一致、或援儒入佛，儘管視點各異，但是必定是存在諸多的佛者經解。本稿所舉「方外史《四書》解」，即是因為存於《論語點睛》而得以知其為佛者的作品。

## （三）方外史《四書》解與《四書評》

藕益智旭（1599-1655）作《論語點睛》各章註釋中可見徵引前人的論語說有：李卓吾九十二例，方外史三十一例，王陽明六例，陳旻昭四例，程季清、覺浪禪師、周季侯、吳因之、吳建先、袁了凡、程子各一例。徵引李卓吾說中，〈八佾篇〉「子入太廟」章所見引例，即使《說書》、《道古錄》等李卓吾名義的著述亦未能檢出，除此之外，引例全部出自《四書評》的評文。引例其次多的「方外史說」，由例舉的數量來看，其本應是一部首尾完備的作品。其成書年代應該在《四書評》成書的萬曆三十至四十年以降，至順治四年《論語點睛》完成之前的時期。透過後面的考察，亦證明這一推論並無疑問。

作者的方外史，是姓方叫外史的人物呢，還是號稱方外的史家呢，兩種說法皆有可能性。《丁氏八千卷樓書目》（卷三、經部《四書》類）可見著錄「大學綱目決疑章一卷 中庸直解一卷 國朝史德清

撰　刊本」一條。丁氏八千卷樓藏書後來收藏於江蘇省立國學圖書
館，館藏目錄《現存書目》中著錄此二書為「明方外史德清　清刊
本」。這是在收錄之際經過重新調查而發現之前的誤記所作的訂正。
因此原書的著者名應確定為「方外史德清」。而《夢遊集》的「大學
綱目決疑提辭」可見署名「方外德清」。佛者居於世俗法治管轄範圍
之外而稱「方外」是一般的解釋，署名「德清」亦是為了與寫給佛者
或者撰寫佛書序文所用的憨山老人、釋德清等相區別，此用名的用意
在於針對方內經典闡述佛者見解。方外史說是佛教中人，這從後述的
考察可以確實。由此可以認為「方外史《四書》解」是稱為方外的史
家的著者未詳經解。

　　在此或許產生德清本人為其書作者的疑問。確實，這位作者具有
一定的天臺學的造詣，這一點還成為智旭從其書徵引許多例子的一個
理由。但在另一方面，德清在金沙東蓮寺與同志結成青蓮社以持誦
《法華經》為業，並對入社者課以熟讀背誦此經。他曾經說「天臺因
之建立止觀妙門，發明百界千如實相之旨。向後依止觀而悟明一心
者，如永嘉而下，非一人也。是知此經為成佛之妙行明矣」（《夢遊
集》卷十〈示若曇成禪人〉），認為雖然天臺止觀為成佛的妙行，但禪
對出家人是「易為行」，而天臺的大小止觀則為「不易入」，因此推薦
在家者以西方淨土法門（同前書〈答德王問〉），從而主張「佛祖修行
之要，唯有禪淨二門」（同前書〈示凝畜通禪人〉），是將禪與念佛作
為修行的主要內容。由以上這些跡象來看，則很難確定把德清當作這
個方外史來看。

　　若推測方外史說的原型為何種形態的話，雖然智旭作品中《學庸
直解》未引用，只有《論語點睛》有引用，但是《學庸直解》所引用
前人說只有《中庸》引王陽明一例、《大學》引李卓吾（《四書評》）
一例，乃是專門闡述智旭自說的作品，這樣便不能草率斷定方外史說

的原形只有《論語》解。晚明的《四書》解多是遍及《四書》各章節的註解，並且方外史所依據本是《四書評》，所以本來便是《四書》解的可能性極大，因此本文暫稱其為「《四書》解」。

進而可以推測此《四書》解（《論語》解）是將《四書評》作為李卓吾說徵引，之後附加自說的形態。其理由如下：

㈠《論語點睛》的舉例，只引用方外史說的有五例，其餘的二十六例都是與卓吾說同時徵引。將這樣的兩說並列徵引形態看做是《點睛》從「方外史四書解」的原樣照搬，則較為自然。

㈡所引用的卓吾說中，十二例是以「卓吾曰」的形式，其餘的八十例是以「卓吾云」的形式，引用方外史以及其他諸說全部是用了「曰」的形式。晚明的四書註解直接引用一般用「曰」是慣例，由此可以看出卓吾說是從方外史說的轉寫而來。上述十二例的例外可能是轉抄以及翻刻過程中的脫誤，實際與《四書評》校對的結果，發現與《點睛》所引卓吾說有相當多的脫誤。

㈢方外史說多以卓吾說為前提。這可以認為是卓吾說原本便記載於方外史的文本中。為了明確這一點，茲列舉《點睛》的語句，頁數以新文豐版本為準。

> 微子去之，箕子為之奴，比干諫而死。孔子曰，殷有三仁焉。
> （〈微子篇〉）
> 卓吾曰，千古隻眼。
> 方外史曰，若據後儒見識，則微子之去，箕子之陳洪範于武王，安得與比干同論？嗚呼！仁理之不明也久矣。（頁139-
> 140）

這是結合卓吾評價，認為孔子將三子全部看作仁者是「千古隻眼」，

從而否定後儒對三子「去」「奴」「死」區分優劣的見解。可以看出，如果不記載卓吾說的原文在先，「方外史曰」云云便會變得論旨唐突。

> 子曰，志於道，據於德，依於仁，遊於藝。（〈述而篇〉）
>
> 卓吾云，學問階級。
>
> 方外史曰，雖有階級，非是漸次，可謂「六而常即」。（頁51）

就方外史說前半而言，將經文看作學問的階級是作為前提，但進而主張這種階級非是逐漸升級的。如果不列舉出卓吾說是無法把握其文意的。

　㈣更為明確的是接下來的文章。

> 子畏於匡，顏淵後。子曰，吾以女為死矣。曰，子在，回何敢死？（〈先進篇〉）
>
> 卓吾云，吾以女為死矣，驚喜之辭。子在，回何敢死，誰人說得出。
>
> 方外史曰，悟此，方知聖人不必慟哭，又知聖人必須假裝慟哭。（頁86）

> 子曰，德不孤，必有鄰。（〈里仁篇〉）
>
> 卓吾云，有一善端，眾善畢至。
>
> 方外史曰，此約「觀心釋」也。（頁32）

在前一例中，「方外史《四書》解」承接卓吾說，認為孔子預測顏回之死因而不會慟哭乃是由於「驚喜之辭」可知。與此同時，對孔子傾倒而說出「子在，回何敢死」的顏回臨死之際，可以預想孔子的慟

哭。「悟此」所指為卓吾說是很明瞭的。在後一例中,則把卓吾的經文解釋看成是天臺教門所云觀吾一心實相之理的「觀心釋」。兩個例子的「此」皆指卓吾說,由此可以明確方外史說中原本就有記載。

恐怕「方外史《四書》解」是將《四書評》作為「註」來徵引,進而以「疏」的形式對其敷衍補足的。如:

> 子曰,甚矣吾衰也!久矣吾不復夢見周公。(〈述而篇〉)
> 卓吾曰,壯哉。
> 方外史曰,人老心不老。(頁50)

> 柳下惠為士師,三黜。人曰,子未可以去乎?曰,直道而事人,焉往而不三黜?枉道而事人,何必去父母之邦。(〈微子篇〉)
> 卓吾曰,有見有守。
> 方外史曰,惟見得真,故守得定。(頁140)

《四書評》多以幾個字批點出尖銳的評語,有些文意難以理解。上述兩例中,可以看出方外史對卓吾說的進一步鋪陳。

> 子貢問曰,賜也何如?子曰,女器也。曰,何器也?曰,瑚璉也。(〈公冶長篇〉)
> 卓吾批問云,也自負(對「賜也何如」的批語)。
> 方外史曰,只因數貢自負,所以但成一器,不能到君子不器地位。(頁33)

> 子罕言利與命與仁。(〈子罕篇〉)
> 卓吾曰,罕言利,可及也;罕言利與命與仁,不可及也。

方外史曰，言命、言仁，其害與言利同，所以罕言。今人將命
與仁掛在齒頰，有損無益。（頁66）

上述舉例中，能夠看出「方外史《四書》解」試圖對《四書評》的敷
衍發揮且進一步完善註釋。當然，還可見並未直接承襲卓吾說的內
容，如下例：

子曰，知者不惑，仁者不憂，勇者不懼。（〈子罕篇〉）
卓吾曰，使人自考。
方外史曰，三個者字，只是一人，不是三個人也。（頁144）

子張曰，執德不弘，通道不篤，焉能為有？焉能為亡？（〈子
張篇〉）
卓吾曰，罵得狠。
方外史曰，弘字，篤字，用得妙！（頁144）

不過，上述前一例可以看成是解釋「自考」的結果，後一例是罵言的
內容說明，關注文體用語亦是繼承了《四書評》的特色，因此這些疏
解並不是與卓吾說對立的。這樣看來，可以明確方外史說是繼承《四
書評》並對此疏解的作品。

提及一個值得關注點，「方外史《四書》解」的註解往往附會以
佛教式的論述和教理。如，針對〈述而篇〉「二三子以我為隱
乎……」的經文，《四書評》批語云「和盤托出」，認為是此語顯露出
孔子毫無遮掩的姿態，方外史說繼承此說，進而發揮云：

方外史曰，正惟和盤托出，二三子益不能知。如目蓮欲窮佛
聲，應持欲見佛頂，何處用耳？何處著眼？（頁56）

附會孔子以佛的廣大無邊性。

還如,「子曰,我非生而知之者,好古,敏以求之者也」(〈述而篇〉)一章,《四書評》認為不是孔子的謙詞而「都是實話」,「方外史《四書》解」云「不但釋迦尚示六年苦行,雖彌勒即日出家。即日成道,亦是三大阿僧祇劫修來的」(頁55)。這些都是顯著的例子。附會以佛教式的論述及教理是晚明《四書》解的一個特徵,在前述引用文出現的「六而常即」,正如《論語點睛》補注云「一、理即,二、名字即,三、觀行即,四、相似即,五、分證即,六、究竟即」,亦即所謂的天臺教門的六即。天臺修行分此六階段,而且各個階段求證「同一理體」,論說「體一用異」。還有上述的「觀心釋」是天臺智者大師透過解釋《法華經》宣揚天臺教門之際所用天臺四釋之一,卓吾說中可見此觀心釋,則可知方外史具有一定的天臺學見識。

方外史具有佛者的境界從下文可以推定。

> 子曰,禘自既灌而往者,吾不欲觀之矣。(〈八佾篇〉)
> 方外史,禪自白椎而往者,吾不欲聞之矣。教自擊鼓而往者,吾不欲聽之矣。律自發心而往者,吾不欲觀之矣。嗚呼!古今同一痛心事,世出世法,同一流弊,奈之何哉!(頁19-20)

在這裡所闡述的顯然是如同作為儒者的孔子批判禘祭一樣,方外史在以佛者的眼光批判佛教的流弊。

那麼,他是從三教會通的觀點以佛教附會經書呢,還是像智旭那樣以儒學作為宣揚佛教的方便呢,對此難以確定。然而無論怎樣,作為佛者作品的「方外史《四書》解」,使其產生共鳴從而試圖加以疏解的對象為《四書評》,這一點的確值得關注。

## （四）智旭的《四書》解釋立場

藕益智旭「藉《四書》助顯第一義諦，遂力疾為拈大旨」以成草稿，復經十餘年，於順治四年（1647）述成《唯識心要》，進而「以餘力，重閱舊稿，改竄其未妥，增補其未備」，撰成《論語點睛》、《中庸直解》、《大學直解》、《孟子擇乳》諸書（「《四書》藕益解自識」）。降至清末《孟子擇乳》已經失傳，其它上述三書有慧空經房本傳世。南條文雄透過楊仁山得到三書，並於明治二十六年在本邦以表題《藕益四書解》刊印《中庸直解》、《大學直解》（同南條文雄序）。《論語點睛》是否同時刊印未能確定，現在有新文豐出版公司版本便於閱覽，此本有一九三四年江謙附加的〈序〉及〈補注〉。下面，首先考察智旭的《四書》解釋的立場。

關於四書的排序智旭作出如下敘述。《論語》是孔子之書因此置於卷首，孔子孫子思之書《學》、《庸》在其次。《禮記》第三十一篇列《中庸》、第四十二篇列《大學》，即已指示兩書的成書先後順序。而且，《大學》開篇「明明德」是承襲《中庸》所云「予懷明德」的觀點，由此否定把《大學》經文看成「錯簡」而分「一經十傳」的朱子的觀點。孟子學於子思，故《孟子》排序最後。這裡不採用朱子按照學習次第先後所排列的《學》、《論》、《孟》、《庸》的順序，而是按照成書年代而定的次序，顯示出智旭對《四書》所具有的見識。

智旭的《四書》註解，《論語》稱「點睛」意為「開出世光明」，《學》、《庸》稱「直解」意為「談不二心源」，《孟子》稱「擇乳」意為「飲其醇而存其水」，這些皆是以「助發聖賢心印」為目的。註解已經顯示出智旭基於佛者的立場，如《中庸直解》的篇首云「以圓極妙宗，來會此文。俾儒者道脈，同歸佛海」，明確其目的是欲將儒包

攝於佛法大海之中。由此《中庸》經文被分為五段，指示各段章旨
為：㈠「初總示性修因果。堪擬序分」（章句第一章）；㈡「詳辨是非
得失。擬開圓解」（章句第二至第十一章）；㈢「確示修行榜樣。擬起
圓行」（章句第十二至第二十章）；㈣「廣陳明道合誠。擬於圓位」
（章句第二十一至第三十二章），㈤「結示始終奧旨。擬於流通」（章
句第三十三章）；最後總結說：「章初天命之謂性，率性之謂道，是明
不變隨緣，從真如門，而開生滅門也。修道之謂教一語，是欲人即隨
緣而悟不變，從生滅門，而歸真如門也。一部中庸，皆是約生滅門，
返妄歸真」，從而論述儒佛的宗旨相通。不過他仍然提醒說「但此皆
用法華開顯之旨，來會權文，令成實義。不可謂世間儒學，本與圓宗
無別也」，指出「至孝」、「盡性」亦不過是局限於「六合」之內的現
象界的觀念，從而將儒包攝於具有至高優越地位的佛教之內。基於這
樣的立場，他在《大學》亦概括開篇至「國治而後平天下」部分的經
文為指示「性修旨趣」，剩下的經文內容為「詳示妙修次第」，試圖借
助經文宣揚佛教教旨。

　　這樣註解的方法，如同智旭意圖「用法華開顯之旨，來會權文，
令成實義」所明確的那樣，是以《法華經》為基礎會通融合諸種宗派
的天臺教學作為其依據的。

　　就這樣，《庸學直解》成為專門宣揚佛教教義的著作。那麼，《論
語》被置於《四書》之首的理由又為何？首先看朱子的觀點，其主張
「學問須以《大學》為先，次《論語》，次《孟子》，次《中庸》」，認
為「先讀《大學》，以定其規模；次讀《論語》，以立其根本；次讀
《孟子》，以觀其發越；次讀《中庸》，以求古人之微妙處」。主張這
樣的學習次第，是基於他所云「讀書且從易曉易解處去讀」的觀點
（以上引文參看《朱子語類》卷十四、一至三條）。當然，雖說是基
於學習上的難易觀點作出如上說明，朱子透過《四書》解釋以表明其

自身的世界觀亦是毋庸置疑。正因為這樣的緣故，他將《大學》規定為「初學入德之門」從而表明對此書「用工甚多」（同上，五十一條），並且透過改變經文順序、增加補傳等，作出富有創新的解釋，藉以定下其自身所主張的學問「規模」。智旭從成書先後的觀點確立《四書》的次第狀況與此相似，亦即，按照《論》、《庸》、《學》、《孟》的順序作出《四書》解釋，對他目的引導眾生投身佛法是最為合適的。正如上述所示那樣，他在《庸學直解》是直接展示出儒涵蓋於佛的論述宗旨，這也是將書名定為「直解」的理由。然而，毫無知識準備地馬上宣揚「直解」，不能保證一定能成功地將儒教教養者引導向佛教的世界。附會《庸》、《學》以佛學是為了發揮其引導作用，而能「開出世光明」，引發從儒向佛的契機，必須置《論語點睛》於最先。因此，此書與《庸學直解》相比，引用眾多的前人註釋，並且附加有根據經文所作的評論，採取了接近一般《四書》解釋書的形態。其引用眾多的前人註釋中，援引最多的是《四書評》。

## （五）《論語點睛》與《四書評》

《論語點睛》的經文總共約分五百章，與《集注》本相比較，特別在〈鄉黨篇〉有很大不同，而且與《四書評》的分章亦有很多不相一致。若單就其中所引九十二章的李卓吾說及三十二章的方外史說（除五例之外，其餘皆與李卓吾說並引）來說，大多數的狀況是只用這兩說作為該當章節的註釋而不再附加智旭的自說。

此外，《點睛》鋪陳《四書評》並且為之註解的場合亦可見數十例，茲舉數例如下：

> 《四書評》……「必也射乎」以下，正說君子無所爭。

《點睛》……「必也射乎」，正是君子無所爭處。（〈八佾篇〉「君子無所爭」章、頁19）

《四書評》……末二語有無限感慨。

《點睛》……無限感慨。（〈八佾篇〉「夏禮吾能言之」章，頁19）

《四書評》……子路癡。

《點睛》……正為點醒子路而發，非是歎道不行。（〈公冶長篇〉「道不行」章，頁34）

《四書評》……夫子造就子貢處，大有禪機。

《點睛》……子貢之「億則屢中」是病，顏子之「不違如愚」是藥，故以藥病對拈，非以勝負相形也。子貢一向落在聞見知解窠臼，卻謂顏子「聞一知十」，雖極贊顏子，不知反是謗顏子矣。故夫子直以：「弗如」二字貶之。蓋凡知見愈多，則其去道愈遠。幸而子貢只是「知二」，若使知三，知四，乃至知十，則更不可救藥。故彼自謂「弗如」之處，正是可與之處。**如此點示，大有禪門殺活全機**，惜當機之未悟，恨後儒之謬解也。（〈公冶長篇〉「女與回也孰愈」章，頁34）

上列最後的例子，還顯示出其所採用的富有特徵的用語。接下來看句子前半為《四書評》的語句，後半為《點睛》的語句：

一幅畫 → 像讚。（頁17）

說得痛快 → 罵得痛快，激動良心。（〈公冶長篇〉「道不行」章，頁34）

這些例子是針對同一經文所下評語。即便對不同的經文，《點睛》亦是沿用《四書評》那些奇特新穎的評語。如：

> 罵得狠（上海人民出版社出版《四書評》，頁157）→罵得痛快，激動良心。（前出）
>
> 用世熱腸（同上書，頁99）→此老熱腸猶昔。（頁68）
>
> 照妖鏡（同上書，頁149）→照妖鏡，斬妖劍。（頁68）

由這些例子顯示出智旭對《四書評》的《四書》觀抱持認同的態度，從而採取了與之相似的註解筆法。《四書評》的特色之一是將經文看成是孔子毫無遮掩的言行記錄，並將這些看成是「事實」，比如關於〈述而篇〉首章「述而不作，信而好古，竊比於我老彭」的經文，針對朱註認為是從中可以看出孔子的謙讓的說法而批判云「都是實話，何曰謙詞」。這一觀點被《點睛》所繼承，如其在〈子罕篇〉「子畏於匡」一章便加評語云「非謙詞」。另外，針對〈鄉黨篇〉末章《四書評》評語云「分明一則禪語。若認作實事，便是呆子」，《點睛》云「也是實事，也是表法」，這分明與《四書評》的見解相對立，不過亦分明有前者的見解才可能導出如此的評語。

　　晚明的《四書》解釋書大多具有一項共通的特性，即頻繁援引佛教、老莊的觀念以及用語，《四書評》亦是如此性格濃厚的作品。如下例舉一些特徵顯著的語句：

> 夫子造就子貢處，大有禪機（前出）。
>
> 大道甚夷，而民好徑（頁64）。
>
> 夫子婆心直至此地。（頁81）
>
> 亦勸人不舍也。與道家流水不腐之語同。（頁84）
>
> 分明一則禪語。（頁92）
>
> 露出本相。（頁96旁批）

負卻此老慈悲舌也。（頁117）

好棒喝。（頁124）

一頭罵，一頭打。孔夫子直恁慈悲。（頁128）

放條寬路，大慈大悲。（頁135）

卻不孤負此老一片婆心。（頁137）

五字便是談文秘密藏。（頁138）

婆心。（頁146）

作聖秘密藏一口道破。甚矣，智者吾身之牟尼珠也。（頁246）

老孟婆心。（頁280）

像如上以老莊佛教附會經文的狀況，繼承《四書評》觀點的《青雲堂四書評》亦可見同樣的狀況。前述的「學問階級」，是否如方外史所云具有天臺「六即」的含義雖不能確定，然而毋庸置疑方外史在進行《四書評》的疏解之際，必定是對此書抱持思想上的共鳴的。智旭亦繼承從孔子的言辭看出「禪語」的《四書評》的觀點，同樣對此書抱持思想的共鳴。可以說其理由之一，便是此書所具有的親近佛教的性格。

然而，對於意圖宣揚佛教教義的智旭來說，《四書評》的援佛疏解仍然是不充分的，這從他往往不用卓吾說而代之以開陳自說可以看出來。在這一點上最具特徵的是《點睛》與《庸學直解》一樣被附會以天臺教義，這從他對《四書評》將孔孟言行看成禪式棒喝或者婆心親切的評語幾乎不予承襲一點上，亦能體現出來。比如針對〈為政篇〉首章並不採用《四書評》「有穆然之思」的評語，而是自下批註云：

「為政以德」，不是以德為政，須深體此語脈。蓋自正正他，皆名「為政」。「以德」者，以一心三觀，觀於一境三諦，知是性具三德也。三德秘藏，萬法之宗；不動道場，萬法同會。故譬之以北辰之居所。（頁9）

這很明顯是援用天臺「一心三觀」、「一境三諦」、「性具三德」等觀念所作出的解釋。

就這樣，兩書的思想懸隔逐漸增大，兩者的不同很明顯地體現在圍繞生死問題的觀點之上。比較下文：

> 曾子曰：「士不可以不弘毅，任重而道遠。仁以為己任，不亦重乎？死而後已，不亦遠乎？」(〈泰伯篇〉)
>
> 《四書評》……今之號為士者，亦有「以為己任」者乎？亦有「死而後已」者乎？（頁74）
>
> 《點睛》……「弘毅」二字甚妙。橫廣豎深，橫豎皆不思議，但「死而後已」四字甚陋。孔子云，「朝聞道，夕死可矣。」便是死而不已。又云：「未知生，焉知死？」便是死生一致。故知曾子只是世間學問，不曾傳得孔子出世心法。孔子獨歎顏回好學，良不誣也。（頁62）

這裡《四書評》是結合經文宗旨加以評述，而《點睛》則一反生死如一之旨從而對曾子所云「死而後已」提出責難。

另外，〈里仁篇〉「朝聞道，夕死可矣」的經文，在晚明的三教一致論中往往被拿來當作孔子具有生死觀的論據。而《四書評》云「說不聞道不可以死，非說聞道即當死也」，並未把孔子生死觀當作問題點。智旭雖然承襲《四書評》的說法亦云「不聞道者，如何死得」，但接著說「若知死不可免，如何不急求聞道。若知朝聞可以夕死，便知道是豎窮橫遍，不是死了便斷滅的」，從而衍說出其佛教式的無常觀及生死一如觀。

這樣，智旭始終一貫以佛者的視角理解經文。在這一點上，可以體現出他對《四書評》未必是完全贊同的。就是說，智旭雖然對《四書評》的四書觀抱持認同，在經文解釋上亦往往援用《四書評》評文，

但真正貫穿於《論語點睛》中的立場，是「開出世光明」的思想。

雖說如此，並不是智旭把《四書評》單單作為宣揚佛教教義的方便而加以援引的，歸根結底還是對《四書評》所體現的四書觀所抱有的甚深認同。從下面舉出的例子來看，《四書評》不是將孔子看成是隱遁的聖人，而是作為政治理想、道德理想的實踐者加以把握的，可以認為這一點亦是使智旭感到認同的原因之一。

〈先進篇〉末章講述孔子尋問在旁侍坐的子路、曾皙、冉有、公西華四個弟子各自的志向，聽到曾皙回答說「莫春者，春服既成。冠者五六人，童子六七人，浴乎沂，風乎舞雩，詠而歸」，於是「喟然歎曰，吾與點也」。《四書評》認為這段是孔子面對四位英才弟子侍坐而「勃然動當世之想」，從而問弟子們「用世」之際的抱負。曾皙以眼前事回答使孔子心念一動，感到其他三子所追求的「富強禮樂，反屬空言，賭此春光，令人增感」，認為孔子聽到這樣的回答，其用世之心滋盛，從孔子與曾皙之後的問答中亦了然可知其所不忘當世之心。於這一章，《四書評》的作者是意欲讀出孔子之於政治道德上實現理想抱負的意願。朱註結合經文解釋為孔子對曾皙方式的隱遁處世表示贊許。然而曾皙的意見是否可解讀為忘世，對此存疑的論說自古有之，明代的楊慎對《集注》將曾皙當作遺忘世事而評價為妙道加以批判。楊慎說見於《揚升菴全集》（卷四十五〈夫子與點〉），《四書評》對〈陽貨篇〉「公山弗擾」章可見楊慎的解釋表示贊同。由此看來，在此亦有很大可能是結合楊慎說所作出的解釋。

另一方面，智旭將經文解釋為孔子「未嘗置天下於度外，雖遑遑汲汲，而未嘗橫經濟於胸中」，因為四子只看到孔子的一邊，因此在四子侍坐之際「巧用鉗錘，以曾點之病，為三子之藥，又以三子之病，為曾點之藥」。這是把關注點轉移到孔子點化四子的「執情」之上，是承襲了《四書評》認為孔子所見四子回答為同一層次的見解。

不僅如此，智旭還借助對《論語》的解釋，諸如「今之不敢犯君者，多是欺君者也。為君者喜欺，不喜犯，奈之何哉」（頁111）、「大丈夫生於世間，惟以救民為第一義，小名小節，何足論也……大丈夫幸思之」（頁109）等，披露其對政治的關心。還有在〈顏淵篇〉「子貢問政。子曰，足食，足兵，民信之矣」一章，「信」本可能附會以佛教觀念卻不予採用，而是引用陳旻昭、方外史的兵食論作出解釋。

　　由此看來，從佛教天臺的立場對《論語》作出重新疏解之際，可以說《四書評》對智旭的《論語》解釋給予了極為深刻的影響。《青雲堂四書評》、「方外史《四書》解」、《論語點睛》諸書皆基於親近佛教的立場或者直接從佛教的立場出發，給予《四書》解釋以各種影響，這是因為諸書所依據的《四書評》本身具備了佛教色彩同時，還以其內容富有說服力從而喚起讀者的共鳴。在晚明《四書》學所呈現出的各種各樣的試圖表明其獨特個性主張的眾多《四書》解釋書中，《四書評》的存在是足以值得注目的。

## （六）清代的《四書評》

　　頻繁徵引釋老用語的晚明《四書》解釋書，到了清代在社會表面上急速地消失，明代作品中只有以《四書蒙引》為代表的比較穩健的《四書》說還會被參照閱讀。不過，即使在這個時期《四書評》的餘韻亦未嘗斷絕過。一九七九年三聯書店出版此本的線裝影印本中，可見蓋有數種的藏書印以及多種筆跡相異的朱墨箋注，從而可知罕有傳承的此書在一部分愛好者中的流傳。江戶時期渡來本邦的《四書評》，據說也是「朱墨書入甚多」（〈寶曆四年舶來書籍大意書戌番外船〉、大庭修《江戶時代における唐船持渡書の研究》，頁286）。

　　另有清初王祚昌抄錄《四書評》與《四書眼》著述《四書唾

餘》。序文敘述他課以弟子《集注》節抄本亦不能懂得其中要旨，於
是感到比起以口舌講述文義還不如讓弟子理解《四書》言外之旨，因
而說「餘每好讀李卓吾先生《評》、楊復所先生《眼》兩書，謂其旨
在言外，可以思而得之。因復為錄其至者，並《園史》（同人著述的
《王氏園史》）中語，而兼以己意。今於言前言後、言左言右，自參
之自度之，當忽然有所得也」（《溫州經籍志》卷六所引），敘述了其
著述此書的原委。正如這樣，王祚昌認為兩書可以明確四書言外之
旨，對《四書評》與《四書眼》給予高度評價，用以對弟子的教育發
揮其作用。王氏門弟子的周天鏡愛讀《四書唾餘》，還將此書手抄，
並留遺言讓二弟珍藏以傳其子（同上「案語」）。

　　子弟教育的主要目的毋庸贅言是為了科舉的攻讀。清代作為科舉
考試用參考書中，就筆者所見引用《四書評》的並不多見，其中有於
光華《四書集益》在頭註中可見徵引《四書評》的評語。此書有乾隆
丁未（乾隆五十二年、1787）的序，不過所見本是嘉慶四年（1799年）
的鐫版（無窮會〈真軒先生舊藏書〉），恐怕是此年的初刻。本邦另有
明治十八年和刻此書的《論語》部分並題為《論語集益》的翻刻本。

　　明代的《四書》解釋書，多是增添佛老具有嶄新思想傾向的著
述，亦是作為科舉考試學習一環而當時廣受閱讀的著述（參照第七
章）。《四書評》對經文的文章字句加以論評，關於聖人的本旨以簡短
的評語加以褒貶取捨，亦是科舉參考書普遍呈現的特色（對明末的講
章《四書評》所波及的影響不能忽視，對此今後將更為深入地專題探
討）。《集益》所徵引《四書評》的諸說，與上述《點睛》等書所列評
語有許多相通之處。由此可以推論，即使在清代科舉考試以程朱學作
為表面上的依據，至少以《集益》的出版所呈現出的事實證明，對
《四書評》式的《四書》解釋的需求，在當時是曾經存在過的。

# 第六章

# 晚明的《四書》學

## 一　周汝登的《四書》學

### （一）汝登學的構成

　　周汝登（字繼元，號海門。浙江省嵊縣人。（1547-1629）繼承王畿（龍溪）的無善無惡說，成為萬曆朝引領蓬勃興盛的心學運動的重要人物。其學說[1]的核心是以「此時此地本具之吾心，即完全具現之我之本體」的主張作為前提，與其說如何去認識現實與本真之相即不二的狀態，毋寧說即於吾心悟出這個相即渾然。此種相即狀態於現前稱為「當下」，領悟吾心即相即不二之本質且陶然於其妙味之中者，便稱作「當下承當」、「當下受用」。闡述這樣的「當下承當」，成為汝登講學的中心課題。心學路線的主要倡導者王陽明，將宋儒所主張的具有本然性意義的天理內化於心之良知而提出致良知說，意欲透過良知的發揮而體認吾心與天理的契合。這在汝登學中，從其主張此時此地即已具現人之本來相的理論出發，使心學達到一個極致，從而成為專志於悟得、求證當下享受的學說。他說：

　　　　此所以不可不知喫緊，務求簡信領承當也夫，這一信領承當不

---

1　本稿針對周汝登思想性格的理解，乃是裨益於岡田武彥《王陽明與明末儒學》、荒木見悟《明代思想研究》等先行研究，並在此基礎上以筆者自己的觀察所作出的整理。

是意見不是伎倆，用多少忝求，須多少醒悟，所以講學力行全
是為此。（《東越證學錄》[2]卷四，頁258）

由此，可以歸納出汝登之學的幾點特色。第一，強調心或者身心作為
第一要義，其結果是，學術性文化性的前人成果都被與身心學說聯繫
起來，並從這一視點被重新過濾後加以詮釋呈現。如，當有人問周濂
溪的太極圖是形容天地間的大道理否？他回答說「乃是繪吾之心身之
影像者」（同上卷三，頁187）；又有人問：伏羲畫卦之義，他回答說
「吾心無非專形容萬事萬物者」（同上，頁191）。這些回答中，傳達
出他對學問的認識方式，皆是透過「身心」這一有色濾板加以過濾而
呈現的。

　　第二，以領悟當下性的「信領承當」追求近似宗教體驗的境界，
結果使其學術染上宗教化的色彩，特別是禪的色彩。汝登與許多明代
人一樣，具有遍歷各類思想的經驗。從他晚年的懷述可以一窺他思想
成長與深化的歷程。比如，他青年時期列席王畿的會講卻不能領悟理
解，後來入仕任官產生皈依佛教的念頭[3]（同上卷五，頁431-432），他
曾說「中年知有此事……，晚年於斯事頗能信入」（同上卷五，頁
699）。在與信奉內典甚深的叫繼實（《嵊縣誌》卷十三〈人物志・鄉
賢〉載：周夢秀，字繼實，震之子。）的人物的交往過程中，至萬曆
年間考取進士前後所不能領略的，從萬曆七年前後開始對兩人的談
論，則變得無不契合（同上卷九，「題繼實兄書後」，頁692以下）。由
此可以推論，汝登的遍歷，是其向心學與龍溪學靠近的過程，同時也
是攝取並深化佛教的過程。在他的後半生，簡直是迷上了佛教。他在

---

2　《東越證學錄》用文海出版社版本，並於引文後標出頁數。

3　參看荒木：〈前揭書〉，頁228。

會講中往往話鋒富含禪機，與學佛者的交往亦日趨頻繁[4]。不過，汝登並未就此變成佛徒，而是始終保持作為儒者的矜持，身處世間法之間。而他超越儒佛的框限大膽吸收吻合於他所主張的當下承當哲學的結果，亦導致其說近禪。因此，他是在保持儒佛各自獨立性的前提下，將佛教的明心見性與儒家的修養論結合，以佛教的生死觀為儒家本來所具有，藉以主張他的儒佛調和論的。

　　第三，關注於吾心之領悟的另一面，對社會秩序、文化價值等全盤認同。比如主張素位安分那樣，顯示出其學說所帶有的調和主義的傾向[5]。因此針對既成學說不是排斥否定，而是運用其獨自的有色濾板加以過濾，對可資闡明當下承當哲學的要素加以攝取。他編纂的《程門微旨》就是將程子的學說加以過濾而分類抄錄而成。根據書後汝登所附加的「論」，可概括八篇的主旨如下：亦即，自我具備一毫無所虧欠的完全性（第一〈在己篇〉）；其最高境界是超越情識詮索，因而可以直截了當以「此箇」、「斯」、「是」來表現（第二〈此箇篇〉）。這一萬用無方的當下境界從未離開過「此箇」，因此亦是不二的（第三〈不二篇〉）；學以「知」為本，故不能不知此一境界（第四〈本知篇〉）。不知這些便是冥行（第五〈冥行篇〉）；以知為本則言語自如而非我隨言轉（第六〈定性篇〉）。了然悟得此箇境界者便是聖人（第七〈聖妙篇〉），便有妙悟的情境（第八〈活潑潑篇〉）。如果以上各篇是這樣被編撰出來沒錯的話，那就無須贅言，此書是汝登試圖透

---

4　參看荒木：〈前揭書〉，頁 237。

5　汝登學主張無善無惡論，其作為實踐的德目以「改過遷善」為指標（《證學錄》卷十，頁 782-827）。具體所指大概是明末士庶階層廣為愛用的功過格之類的平常日用的道德實踐行為（同上卷九，頁 755）。在他為袁了凡「立命文」所作序文中亦有闡述，追求福壽的行善與無善無惡的宗旨並不抵觸，只要懂得禍福由己、造化由心的道理，求福壽、求子孫便可皆成妙用，從而肯定行善可以希求福壽。由此顯示出汝登學一貫穩健的性格。

過編纂程子的學說，來呈現其自身哲學的動機。他在第六篇「定性篇」的「論」中，就專門論說不可奉程子此說為要津而拘泥不放。定性篇乃是程子學說不可省略的重要部分，但是汝登針對程子的性論卻暗示了不能苟同的態度。由此亦可明確《程門微旨》只不過是汝登哲學的表達。像這樣，將先儒的學說以自己的觀點進行再次編寫，從而作為自己學說的論據，不言而喻這是於標榜「述而不作」的中國所獨有的思想表達方式。在當時不乏此類的事例，如程敏政的《道一編》、王陽明的《朱子晚年定論》，無不如此。汝登這種調和儒佛的姿態，即使在後來的《四書》學中，亦有發揮獨特的作用。

在標榜當下承當的汝登學中，對經書的字義文義的闡明並不是其主要關注的對象。萬曆三十年，他在新安講學的第一句話就說：「學問之道，不求他，各各在當人之心，千聖傳承，只傳此心而已」（同上卷二，頁145），隔天再次說：「昨說惟心之旨，已無第二義。各各便須從此信人，方有商量。若只要敷陳義理，講解經書，當下身心受用不來，有何實益」（同上，頁149）。本來，把「心」當作第一要諦的心學，與其說透過經書解釋來呈現思想，毋寧說對經書做創造性、主體性的解釋才具有思想活動的意義。心學也是廣義的經書解釋學的一個環節。汝登對「唯心之義」的闡述，亦始終以經書及先儒的論說作為媒介來進行講說的。

## （二）《東越證學錄》與《四書宗旨》

周汝登的經書學與宋明的大多數學者相類，都是相關於孔孟之學，亦即《四書》學佔據了其學術的主要部分。他說：「論語中具有六經，蓋其神也。得其神不必更讀六經，讀六經亦語語融通矣」（同上卷四，頁265），認為以《論語》為首的《四書》已經涵攝了六經的

精髓。

　　周汝登《四書》學的成果現存於《四書宗旨》一書，因其罕有流傳，歷來的相關論著中絕少言及[6]。近年有臺灣國立中央圖書館藏的影印本收錄於「中國子學名著集成」出版，使得閱讀上變得方便。我國有無窮會東洋文化研究所藏本，卷首載有前述影印本缺失的封面以及王業浩序（參看〈附記〉）。

　　據影印本卷首崇禎已己二年（1629）鄭重耀序的記述，嘉靖四十三年，鄭重耀建議將平日所受業師《四書》趣旨上梓刊印，並在師沒後的此年，將汝登生前完稿題為《四書宗旨》的著述，付諸上梓刊刻。據此可知該書是汝登平生《四書》學的集大成之作。其它還有作為汝登的文集及語錄的《東越證學錄》（以下略稱為《證學錄》），其書是萬曆三十三年（1605）的序刊本，其中包含三十年代後期的作品（本稿根據文海出版社影印本）。如果考慮到明末的《四書》解作者多有偽託的狀況，《證學錄》中並未發現有這些《四書》解言及的記事，還有不可忽略的是兩書序刊的時間間隔了大約二十年。從結論來說，兩書之於《四書》學的視角以及學說內容等大體一致，沒有理由懷疑是贗作。

　　兩書對經文理解有許多一致的地方。舉例來說，雖有男女授受不親之禮，但是孟子主張「嫂溺則援之以手者權也」，淳於髡卻反問孟子而云「今天下溺矣，夫子之不援，何也」，對淳於髡的詰難孟子駁斥道「天下溺，援之以道；嫂溺，援之以手。子欲手援天下乎」（《孟子・離婁上篇》）。針對這段經文，朱子《集注》的解釋為，淳於髡不能固守先王之正道，欲以權法援救天下，因此被孟子駁斥為枉道以援

---

6　《四書宗旨》為崇禎二年序刊，或許由於是明代最晚期的作品，即便是晚明的四書說集成書亦未見收錄。只有張岱《四書遇》以不記著者名的方式全篇引用。

天下就如同以手援天下。對此,《證學錄》全面否定《集注》的說法,
主張「孟子言道援手援不可分兩截,嫂溺援之以手獨非道乎……孟子
無一日不援,或明辨昌言或潛移默轉,只是援之以道。人人在拯援之
中而不覺耳」(同上卷四,頁275),認為孟子駁斥淳於髡的重點在
「使我手援而使之見乎(只有援之以手讓他看到,才算援救嗎)」一
點(同上卷四,頁275)。這是將經文理解為聖人已經在濟民(指聖人
的當下性),只有民眾覺悟才能實現援救(受用承當),由此可以明確
基於汝登哲學所做出的這種解說的特徵性。另一著作的《四書宗旨》
的該當章節中,亦能見到以幾乎同樣的論旨批判《集注》的語句。

雖然從整體上來看,汝登是立足批判《集注》的立場的,但是也
可以從上述兩書中看到部分經解肯定《集注》的地方。這是此後將要
論述的汝登《四書》學的一大特徵,也是兩書內容的共通特點。茲舉
數例。

《論語‧衛靈公》「人能弘道,非道弘人」,《集注》註釋中有
「人外無道,道外無人」一語。對此《證學錄》云「二語盡矣」(卷
四,頁270)而予以肯定,《四書宗旨》對這一節之後《集注》的註釋
給予否定而對這一節亦給予「兩語極透徹」(頁492)的肯定。

針對《中庸》三十二章經文的朱註,《證學錄》云「註云,此至
誠自然之功用,義亦自明也」(卷一,頁131)表示贊同,《四書宗旨》
也是稱「註云,此至誠自然之功用,是也」(頁275)同樣予以肯定。

像這樣,兩書之間的密切關聯隨處可見。比如,對《論語‧泰
伯》「禹,吾無間然矣」的解釋,前書云「無間然者,與我之間無異
也」(卷三,頁195),這句被原封不動地徵引在後書該當章節的一開
始。對《子張》「灑掃應對」章的前書解釋,也是同樣收錄進後書的
該章。由此可以明確,《四書宗旨》是由弟子之手參考《證學錄》編
纂而成,因此《四書宗旨》是作為汝登講學記錄而與《證學錄》具有

同等的文獻價值。兩書基本可以呈現汝登《四書》學的全貌。

## （三）《四書》學的立場

汝登將《四書》看成是聖人身心內省的記錄。他謂孔子云「聖人
倦倦只云己字」（《宗旨》，頁489）、「人字己字，是學問關鍵處，聖人
倦倦以此為訓」（同上，頁470），謂孟子亦云「孟子只重在我，故身
字己字隨處提撕」（同上，頁639）。

如果說《四書》是聖人身心的記錄，那麼從經文便只要讀出有關
身心的說教。他的根本立場是把「身心」當作一片有色濾板並透過它
來理解《四書》。結果是「視其所以，觀其所由，察其所安。人焉廋
哉」（《論語・為政》）的經文被詮解為「自視自觀自察」（《宗旨》，頁
301），「慎終追遠，民德歸厚矣」（《論語・學而》）中的「民」解作
「人」，整句解釋為「人能慎終追遠，（其人之）德即歸厚」（《宗
旨》，頁289）。還有，針對「養生者不足以當大事，惟送死可以當大
事」（《孟子・離婁下》）一句，汝登則認為舊說將之看成是闡述事親
之道之說是誤讀，認為是「自養自生自送自死」之意（《證學錄》卷
四，頁276-277）[7]。汝登就是如此的一貫性地視四書為身心之學的。

既然說《四書》是聖人身心的記錄，從哪些角度可以理解這一點
呢。汝登認為，《四書》中「有箇微妙處、有箇切實處、又有箇直截
處」，並作出如下論述：

> 知切實而不悟微妙則為俗學，知微妙而不知切實則為空談。然
> 切實微妙又非可以擬議而合。悟其直截則微妙即切實，切實即
> 微妙，不著言說心思。（《證學錄》卷四，頁276-277）

---

7　《四書評》對《證學錄》的此處解釋表示贊同的意見。參照上一章。

切實處的例證，可以舉出「不厭不倦」（《論語》）、「好惡」（《大學》）、「喜怒哀樂」（《中庸》）、「孝悌」（《孟子》）等。從這些例證來看，切實的意涵大致可以說成是針對具體對象而發的情感或者行動，在《四書》中可以看成是重點指導現實實踐的說教。

微妙處的例證，可以舉出「朝聞夕死」、「可使由之，不可使知之」（《論語》）、「在止於至善」（《大學》）、「不睹不聞」、「無聲無臭」（《中庸》）、「行之而不著，習焉而不察，終身由之而不知」（《孟子》）等。這些與切實相對而言，可以看成具有普遍、抽象意義的格言，是注重啟發體悟本體的說教。

與切實、微妙相類似的用語還有平實—微密（《證學錄》卷五，頁366），不過用於《四書》經句解釋的用法有些不同。「微」的用例有「於『過』與『不及』（《論語》）處，聖人勘破其微妙處理矣」（《宗旨》，頁426）、「『（君子）坦蕩蕩』（《論語》）乃極微之旨，功夫造詣全在其中」（《宗旨》，頁384）。可以看出來，「微密之處」、「極微之處」的說法與直截處有相互重合的部分。因此切實·微妙是具有相當彈性的觀念，很難以一定的涵義下定義。總而言之，汝登認為經書的表現依據各個事例而呈現多樣性，若拘泥於個別經文的文義便無法達到認識《四書》的整體，而要有超越個別性於相即不二的直截處來認識體悟。

直截處的例證，可以舉出「知之為知之，不知為不知」（《論語》）、「未有學養子而後嫁者」（《大學》）、「人莫不飲食，鮮能知味也」（《中庸》）、「徐行者豈人所不能哉」（《孟子》）等。直截處與「方便」對稱而作「直截根源」（《語學錄》卷六，頁436）、於上述《大學》一節被稱作「傳宗之旨」（《宗旨》，頁250）。還有「直接易簡之宗」（同上，頁539）、「直接本旨」（同上，頁551）、「當下直接……此父子傳宗處」（同上，頁315）等用例。由此可以明確直截處是指現象

與本體之相即不二的當下本身，因此可以定義為，聖人的當下承當顯現於經文者便是直截處，且這個直截處只有憑藉體悟才能夠把握。對此其闡述如下：

> 此等處，但可以心悟而不可以意識，可以默喻而不可以言宣。悟至此，方可謂得孔子、曾子、子思、孟子之神。（《證學錄》卷四，頁304）

由此可以瞭解，汝登《四書》學是在於體認現象與本體的相即不二狀態，其關注點在於當下承當的悟得。以這樣的視角進行經文理解極具有獨創性，從以上的分析已經看出這種特徵的一端，接下來，進而考察一番其對指示詞、助詞的解釋。

《論語》有一章內容是講，孔子贊成漆雕開仕進而漆雕開回答說「吾斯之未能信」，孔子聽他這麼說很高興。對上句中的「斯」字，《集解》釋其為「仕進之道」，《集注》則解釋為「指此理而言」。但是，汝登則指出「斯」是包含「中・極・性・德」的「千聖之心」、「信」則蘊涵「執・精・欽・止」的實踐德目（《證學錄》卷四，頁218）。而且，他認為「川上之嘆」章中的「斯」字，亦與此處意義相同，以程朱的解釋來說為「當下已是息了」（《宗旨》，頁410）之意。還有「曾點言志」章，汝登認為曾子之外的三子（子路、冉有、公西華）被問到的「何以哉」的「以」，亦與此處的「斯」同義，認為三子未能參透其中之義乃是「失卻當下」（同上，頁430）。就這樣，斯・以（「是」以及《程門宗旨》中的「此箇」亦同此義）成為體現聖人當下受用本旨之語，汝登為這些指示詞賦予了深遠的涵義。那麼，漆雕開的回答，便可由此解釋為「未嘗承當（相信）當下受用，所以想辭退仕進」。

據說汝登在講學中始終提倡曾子所云「夫子之道忠恕而已矣」以

及孟子所云「堯舜之道孝悌而已矣」。弟子領略其所指，認為汝登指
出經文最關鍵在「而已矣」三字，並認為這正是曾子、孟子信領承受
了堯舜之道的明證（《證學錄》卷四，頁256）。

## （四）對宋儒《四書》註釋的態度

明末對《集注》、《大全》所代表的宋儒《四書》學的批判意識適
值高漲，其奔放的《四書》解釋在本書第四章、第五章已有論述，在
本章接下來亦將述及。《四書宗旨》所見徵引歷代儒者之說中，對漢
注邢疏的評價高，對其中很多解釋亦多持首肯。其他宋儒陸象山、楊
慈湖以及張九成《論語絕句》、明儒除王陽明、王龍溪之外，對袁了
凡《四書刪正》、鄒南皐、李卓吾的《四書評》[8]等，亦以肯定態度引
用。相反，對《集注》、《大全》則云「大抵宋儒之學失孔子之旨者多
矣」（《宗旨》，頁325），從而明確表明其否定的態度。即使在經文解
釋中，亦是反覆針對《集注章句》的加以批判。比如，「天命二字孟
子注得分明，不必另下註腳。……朱註云『命猶令也』，那麼『窮理
盡性以至於令乎』？『天以陰陽五行化生萬物』，太極何在？既然
『以氣成行理亦賦』，那麼氣先於理，則理反而要附氣乎？這些說皆
非」（《宗旨》，頁253-254），從而對《中庸章句》所展現的朱子形而
上學論給予了全面的否定。另外，諸如「殊失本文之旨」（同上，頁
258）、「全非聖人宗旨」（同上，頁305）、「此註之所以不妙也」（同
上，頁325）、「昧其旨矣」（同上，頁400）、晦翁的「學問源頭已差」

---

8　《四書評》參看《證學錄》，之後的《四書宗旨》又參看了《四書評》。汝登是
　　透徹理解卓吾思想的人，他將《四書評》作為卓吾說加以徵引這一點，顯示出在
　　他眼中，此書已經名副其實地具有理卓吾作品的性格。這一點亦可成為論證《四
　　書評》與卓吾思想近似的一個有力旁證。

（同上，頁480）等論，不言而喻是針對疏解《集注》的《大全》而
發出的批判。

不過，值得注目的是，在汝登學還能看到，其對《集注》、《大
全》所記述的諸說一一檢討，並反過來作為自說的論據加以積極活用
的姿態。茲整理如下。

一、對朱注的部分肯定。「註云此至誠之功用，是也」（前出）；
「註中……極是親切」（《宗旨》，頁340）；「註中『無·心·有·意』四字
好」[9]（同上，頁455）；「『有心哉』之集注極其發得透，既深知聖人
之心，何得復行譏刺」[10]（同上，頁475）；「註中本『心』與『意』甚
透」（同上，頁489）；「註中『反求諸心』極是」（同上，頁513）。

二、對《集注》所引諸儒說及《集注》未採的朱子說的肯定。「尹
氏曰……。謝氏曰……。此皆極有肯綮之言。……而集註皆置之圈外
何也」（同上，頁285）；「程子總註極明，不宜置之圈外」（同上，頁
347）；「程子言……。範氏言……。此皆當作正註」（同上，頁358）。

三、對《大全》所引諸儒說的肯定。「（《大全》所引）朱子有
云……。此解極當，而集註不同何哉」（同上，頁379）；「雲峯胡氏
曰……。新安陳氏曰……。（皆為《大全》之說）；解此章最為肯綮」
（同上，頁295）。還有完全依據《大全》的解釋的狀況（同上，頁
314「媚奧」章）。針對其中諸儒的論說，作為《程門微旨》的編者，
汝登自然對程子的評價相對要高一些。

當然，對先儒說的肯定，正如此前再三論及的，是汝登透過「身
心」這一濾色板重新加以詮釋作為前提的，其解釋學本身，則由此而

---

9　《論語·子路》「君子和而不同，小人同而不和」一節，《集注》釋為「和者，無
　　乖戾之心。同者，有阿比之意」。

10　《論語·憲問》擊磬章中荷蕢者，《集注》解釋其人為深知孔子之心者，汝登對
　　此表示贊同的同時，批判《集注》所認為荷蕢者的話是譏刺孔子的觀點。

帶有了一種折衷主義的性格。比較前章論述的（專門批判前儒的）
《四書評》以及《青雲堂四書評》，這種學說結果是給人一種更為穩
健的四書詮解的印象。

汝登曾建議採集先儒舊說以及明儒說，另外編纂一部與《五經四
書大全》不同的大全書來羽翼《四書》，他說：

> 其（五）經（四）書大全，一切仍舊不敢議。更惟於大全之外
> 會集名儒，搜括漢宋之遺文及採取本朝諸儒之所發揮，編輯訂
> 正另一書，以羽翼大全。或有說宜兩存者，或有稍宜變通者，
> 務究孔氏之真宗期於不謬不惑，以之頒行天下傳示將來。(《證
> 學錄》卷四，頁253)

萬曆朝以後，《四書》解說的集成書陸續出版，其中還有以明儒說
羽翼《大全》《集注》的作品。雖說這些是特別提供給科舉考試的準備
手冊，不過從另一個角度來看，以明儒說為主或者僅採用明儒說的集
成書的出現（參看第四章），亦可以看作是一種為對抗宋儒而建立明代
四書學的志向。在《四書評》與《青雲堂四書評》中，宋儒說已經轉
化為專受批判的對象，而汝登的《四書》學則始終顧及宋儒說，並試
圖加以最大程度的融合折衷，這是晚明《四書》學中值得注目的一點。

## （五）《四書》學與佛教

明末思想界通行吾心即是當下良心（天理）的顯現，主張「滿街
皆是聖人」，從而樹立聖凡一致的人性觀。由此促使儒學與講述日用
現在即本體顯現的佛教、特別是朝向禪的世界觀的理論接近。另一方
面，隨著佛教信仰由縉紳階層向庶民階層的滲透普及，由於致力於擴
大佛教勢力的幾位高僧的出現，某種程度上帶動了明代佛教的興隆。

這樣的趨勢亦影響到《四書》學，對經文的解釋附會以佛教教理，嗜好標新立異的禪語形成風潮。即如汝登所提倡的直下承當的哲學中，亦是極其富含了禪的機鋒。這樣，在此有必要考察一下佛教於汝登《四書》學所具有的意義。

　　汝登認為，儒者將禪視為不合倫常而斥為異端，禪者認為經世宰事為儒的領域而棄之不用，這兩者都是錯誤的。他論說：佛教言說治生產業與實相不相違悖、包攝經世與出世，儒教亦是言詮達於本體論、且確立知生知死的微義的（《證學錄》卷七，佛法正論序）。儒佛正如江與河的河道不同而流水相同，乃是同一內容的不同表現，因此兩者具有同一性的。這樣的儒佛同一論，當然必須具有經書的證據。比如，針對「佛說放光現瑞謂何？」的發問，他回答說：「此是本有的，夫子溫良恭儉讓，堯光被四表格於上下，都是放光處」；針對「釋迦明說百千億萬劫事，何孔子不言」的發問，他回答說：「夫子言百世可知，百世以俟聖人而不惑，何嘗不言」；對如上的回答問者表示疑惑說「此似不同」，汝登則說「始終不離當下」，藉以提醒問者著眼於當下性來理解儒佛的相通[11]（（《證學錄》卷五，頁352）。

　　在晚明，像這樣的儒佛調和論隨處可見。有一種傳統的觀點，懷疑儒教缺乏佛教所言說的那樣的生死觀。針對這一點，汝登著眼孔子所云「朝聞道夕死可矣」，指出「此聖人之微旨，語不在多，只七箇字，佛經百千餘卷皆在其中矣」（《宗旨》，頁326），意欲將佛教的生死觀融進儒教的經書中。

　　一旦確立了儒佛具有同樣宗旨，便可以將佛教與禪機大膽地融入《四書》解釋之中。如，「不違仁即夫子之不踰矩。昔者祖師言四十年打成一片，不違仁打成一片也」（《宗旨》，頁347），這是將禪語融

---

11　與汝登同門的楊復所亦主張「止至善之學不離當下，宗門之學亦不離當下也」（《楊復所全集》卷七〈與宋五雲書〉），從而論述當下性通於儒釋二教的宗旨。

入經書解釋的例證。不僅限於這樣的個別引入禪語,即如他所主張的當下承當的體悟哲學,亦大膽地適用於佛說。當有人質疑他的體悟哲學為「儒釋無異,以悟為宗,竊恐於孔門道脈稍隔一指」,汝登則認為「悟之一字,前云即(《大學》之)『知』、即(《中庸》之)『明』,知『知止明善』為孔門道脈,則避卻悟字」(《證學錄》卷一,頁135),認為「悟」是由來於佛教(而與儒相通)。針對「不憤不啟,不悱不發,舉一隅不以三隅反,則不復也」(《論語・述而》)一章的解釋,他認為「與禪門不與說破之意同」、「學須自悟」(《宗旨》,頁367),不諱言其學說的宗旨近似禪說,結果使人從其《四書》學中讀出「大類佛門之禪機」(同上,頁400)、「大類禪機」(同上,頁415)的意旨。禪學是將「這箇」、「此箇」等指示詞作為超越言詮、蘊涵真知本體的詞彙來看的,而汝登從「斯」、「以」、「此箇」看出聖人微言的解經方式,可以稱得上是由禪的觀點來理解儒教經說的典型例子。

這樣的立足調和儒佛的立場、並將佛教教理大膽地融入經書世界的汝登《四書》學,從純儒的立場來看不外乎是極端謗瀆聖經的行為。不得不承認這種透過著色了的《四書》詮釋,其主觀性濃厚且極為奇矯。然而,如果拋卻護教式的立場對其做重新看待,則可以看出《四書》正因為被汝登詮釋為當下承當的哲學書,從而被賦予了一種新的生命。那麼,佛教理論為《四書》學的重生,無疑發揮了巨大的作用。

關於明末思想界佛教所起到的作用,同時期致力於闡明儒佛一致宗旨的焦竑,曾作過如下明確的判斷:

> 孔孟之學盡性至命之學也。獨其言約旨微,未盡闡晰。世學者又束縛於注疏,玩狎於口耳,不能驟通其意。釋氏諸經所發明皆其理也。苟能發明此理,為吾性命之指南,則釋氏諸經即孔孟之義疏也。(《焦氏澹園集》卷十二〈答耿師〉)。

　　佛教在中國思想史的轉換期，屢屢提供新的視點，為中國文化補充思想的營養。晚明時期，佛教再次發揮作用，汝登則是具體求證這一課題的實踐者[12]。

　　在汝登《四書》學中值得關注的一點是，他為數眾多地參照了《集解》以及《注疏》等被其總稱作「漢疏」的古註。其中偶有徵引「漢疏」卻云「今但從朱註可耳」（《宗旨》，頁351）的不加採用的例子，但總體上還是善意地意欲採古註於註解中的。正如他所說「漢時去古未遠，必有所本」（同上，頁643），較宋儒的註釋，他關注的重點是古註更為接近經書形成的年代。在明末對古註的重新評價逐漸顯著起來的思想傾向中，在禪學主觀色彩濃厚的汝登身上亦可以看到這一點則別有意趣。當然，對古註的解釋是透過他所特有的濾色板加以攝取的，與標榜不參雜主觀的考據學的古註評價不能視為等同。但是，明末《四書》學從程朱學的權威中解放出來，重新以自己的觀點取捨舊註，以至達到對古註重新評價這一點，不管如何受到考證學者的誹謗，都雄辯地指示出，明代經書學乃是承擔了清朝考證學先驅的角色。

　　（附記）

　　無窮會　東洋文化研究所所藏本《四書宗旨》，封面（舊衣）有「海門先生（右）／翻刻必究（朱印二行）寶綸堂藏版（中央）《四書宗旨》（左）」等字樣。第一頁記載如下的序文。

---

12　溝口雄三氏認為，明末佛教為，孕育出存人欲的天理的理論，並為引入不具備那樣的理論的儒學，起到了積極的作用（〈明末清初思想の屈折と展開〉，《思想》，1977 年 6 月，頁 84）。在傳統世界中，為了因應新的思想課題需要觀念架構的轉換以及視點的獲得，往往是不同性質的思想，成為帶動變化的契機。明末佛教是這一刺激的提供者，同時基督教以及西方文化也貢獻於其中。（參照宮崎市定〈四書考證學〉）。

# 四書宗旨序

士生髮未燥，即知誦習孔孟緒言。而訓詁封埋，靈明受錮，誦習自誦習，孔孟自孔孟，盲於摸象，能得象否。吾師海門先生有憂之。謂學者家孔戶孟，而靦面惘然，更安問六經津梁，百代閫閾也。徒沿成青紫之階梯，竟罔識祖禰之骨血，學術鹵莽，文章事業亦安從發生。於是出先覺之心靈，啟後賢之耳目，使不離鉛槧結習，坐證聖賢神髓。愚者躍然於文字語言之間，智者會心於引伸觸類之外。此四書宗旨所由作也。先生明道淑世，揭先文成之教於中天，裁成濂洛關閩之傳，以直接魯鄒之統。學士家獲聆片言，鯫如寐得醒。證學有錄，宗傳有書，王門宗旨有纂，助道微機有編。其餘著述種種，俱關妙義玄解，會三教之極則，集千聖之精微，機鋒迅妙，而一寓諸庸。造位玄妙，而一出諸遍。道雖未大行，然高難進易退之節，享五福無疆之年，秉木鐸一世之任，蓋超越千秋矣。是編又最晚出，幾稱絕筆。故闡性明心，說理論道，如教一二，如探家珍，不著一毫枝節脂粉。其沉著痛快處，宛轉遞露處，直令考亭稱千載知己，而洙泗鄒滕之講席，覺儼然未散也。籲盛矣。浩不敏，少而獲事先生，飫承耳提面命，二十年來，學業荒墮，深自媿恧。今先生往矣，遺言具在，羹墻見之。且編中已明把金針度與人，學者好自拈取，莫封閉在鴛鴦繡譜中也。

　　　　　　　　　崇禎己巳冬日門人王業浩百頓首書

以下與影印本同。繼劉垓序、紀事（鄭重耀）之後，載「四書宗旨 大學」。影印本卷首缺王序。

　　另外，關於王業浩，從上文中所云「先文成……」的字樣可知其
為王陽明的後裔。筆者撰「王陽明の家庭と王家の命運」（《愛知縣立
大學十周年記念論集》）一稿，關於王家後裔有詳細論述。

# 二　晚明的《四書》學

## （一）《四書》學的推移

　　朱子主張按照《大學》、《論語》、《孟子》、《中庸》的次第學習，
樹立由《四書》入門再治五經的學習法，並傾注畢生精力校定《四
書》文本為之作註，藉以建構《四書》學的觀念體系，從而使《四
書》逐漸成為居於經學中心地位的學問。降至清代，《四書》幾乎演
變成為科舉的學問，雖然其間或有消長，但《四書》學無疑成為宋代
以後經學的主要範圍，特別元明時期圍繞經書的議題，絕大多數都是
花費在《四書》之上的。

　　在此概觀一下降至晚明的《四書》學史。朱子以後至明代前期，
眾多學者關注對《章句》《集注》《或問》以及朱子門下後學的《四
書》學說的繼承，從而致力於對諸說的統合集成。真德秀的《四書集
編》、趙順孫的《四書纂疏》、胡炳文的《四書通》、倪士毅的《四書
輯釋》等，雖然間或附帶自說，基本還是以《章句集注》作為疏解前
提嘗試融合諸儒學說的集大成之作。從這些書中可看出他們對朱註的
看法，諸如「子朱子《四書》註釋，其意精密，其語簡嚴，渾然猶經
也」（趙順孫《四書纂疏》自序）、「朱子之《四書》註釋，格庵趙氏
（順孫）嘗謂，其意精密，其語簡嚴，渾然猶經者，斯言當矣」（倪
士毅《重訂四書輯釋》凡例）、「我紫陽子朱子，且復集諸儒之大成，
擴往聖之遺蘊，作為集註章句或問以惠後學。……而其詞意渾然猶

經」（汪克寬《重訂四書輯釋》序）等。這些都是認為朱註幾乎與經書具有同等的價值，面對朱註渾然一體的詞訓，他們進而加以疏解、祖述和遵奉。元末明初時期，朱熹《四書》註的文字是被刻成與經文同樣的大小，由此亦可一見時人對朱註的看法。元朝延祐二年實施科舉之際，要求科考主要依據程朱學的經註，亦是因應程朱學權威的提升，並寄予其權威的確立之舉。

明代洪武年間，更加強化了科舉依準程朱學，至永樂年間，伴隨《四書大全》的編纂公佈，程朱學的經註獨尊地位最終獲得保障。諸如「國初諸儒，則撤卻孔子而專一崇信紫陽」（《世廟識餘錄》卷四）、「弘（治）正（德）以前，天下之尊朱子也，甚於尊孔子」（《涇皋藏稿》卷十一〈日新書院記〉）等言論，是後來針對尊奉王陽明超過孔子的學術流弊加以批判為目的的發言，雖說明代前期對朱註為經的註釋這一點並未被人忘卻[13]、因此有接下來將要敘述的反程朱之流，但是無論如何，這些論斷把握住一點，即專於朱註的經書理解成為這一時期的主要思想動向。因此，《四書》學於明代前期的思想主調，便是對朱註的祖述與遵奉。

當然，這一時期並不是不存在對程朱學經註抱持修正、批評姿態的人物。金元時期的中國北方，還被認為是未被程朱學浸透的地域。據說王若虛非難《集注》，陳天祥亦附翼其說。被推定為陳天祥的作品的佚名氏撰《四書辨疑》中，可見堅持對朱註的批判意識[14]。即使到了明代，太祖朱元璋亦曾叱罵宋儒為腐儒，以《書經》與《論語》

---

13 雖然字音句讀依據朱註，但學習《四書》五經首先還是從經文的背誦開始。據說元末的劉商卿受到隱士的指點，接受依照「先經而後傳」、「執經以證傳」、「去傳讀經」的順序進行學習的讀書法（《朱楓林集》附錄所收劉夏「贈歸新安序」）。像這樣注重經文，或者只讀經文的學習法，從書中記載往往可見。
14 參照《四庫提要》「四書類」。《四書辯疑》收錄於《通志堂經解》。

二章的御制新解為例，要求諸儒重新疏解《四書》五經並賜書名《群
經類要》[15]，命令刪削《孟子》中被認為不恭的八十五條章句作《孟子
節文》等，插嘴干預學術。做為永樂皇帝謀臣的姚廣孝（道衍），從佛
者的立場著述《道餘錄》，批判程朱之學。永樂三年朱季友上奏訂正駁
斥周程張朱的書傳一書，亦是受到明太祖的文教思想觸發而至的一個
例證。針對朱子改訂《大學》章序經句的是非得失而考慮再行修訂的
討論，從宋代已然開始，至弘武年間方孝儒對此亦有論述（參照第三
章）。降至成化年間，周洪謨在供給皇帝御覽的《疑辨錄》（三卷）[16]
中，統計宋儒經解的疏失為：①先儒的經書訓釋中有害經旨者二十四
條、②錯誤解釋經旨者五十五條、③與經旨不相應者二十五條、④先
儒發明言外之意者一百零七條。就四書而言，包括①的《論語》一
條、④的《論語》十二條、《學》《庸》各一條、《孟子》四條。試舉
④的《論語》「伯牛有疾」（〈雍也篇〉）一例，針對朱子依據先儒說認
為伯牛之疾是癩疾的解釋，周洪謨認為，如果是患癩疾且瀕臨死期，
那麼「穢惡滿體，其手不可執」，與孔子執其手的經文原旨矛盾。周
氏的解釋是一種合理主義的說法，由此可以反映出他「寧為朱子忠臣
而毋為朱子之佞臣」（序）的著述意圖，主張對朱註要批判地繼承。

　　隨著時代的推移，批判的意志變得更加高揚。楊守陳（1425-
1489）居廬七年間所著《諸經私抄》云：「皆正其錯簡，更定其章
句，其諸儒之傳惟是從之，附之以己見，有不合者，雖濂洛關閩之
說，苟不從也」（《何文肅公文集》卷三十〈墓誌銘〉）。成化二十年，

---

15 宋濂《朝京蒿》卷五〈御製論語解二章後〉。另外參照本稿序章一所引《古穰雜
　　錄摘抄》。

16 在此前後的記述，參照筆者〈明代前半期の思想傾向〉。《四庫提要》當做《辯
　　疑錄》著錄，《瓊臺會稿》所收周洪謨墓誌、以及現存經學叢書本的表題作《疑
　　辯錄》，本稿據此訂正舊稿。

陳公懋一度進呈所刪改的《四書》的《集注》被毀，弘治元年再度進獻《書》、《易》、《學》、《庸》的註釋書亦被焚毀（足見其批判志向的高揚），且遭到押遣回鄉的處分[17]。王恕（1416-1508）《石渠意見》以自己的主觀作為判斷依據，針對朱註作出逐條批駁。弘治十七年刊行的蔡清《四書蒙引（初稿）》，被作為羽翼朱子的作品受到《四庫提要》的贊許，但實際上此書是為《大全》各章附加評論，不僅指摘諸儒說及《大全》所引的朱子說與《章句集注》的彼此矛盾，還試圖修正朱子所定《大學》的章節次第。

王守仁（陽明）的出現，使《四書》學迎來轉機。宋元至明代弘治年間，是以尊奉程朱學為主調的批判主義、修正主義活躍的過程，但並沒有提出一套自覺的體系化的反程朱學的《四書》學。王陽明則使向來的反程朱潮流一舉顯現，他立足自己的哲學思辨立場提出嶄新的《四書》學觀念（主要是《學》《庸》的新說）。陽明學形成以後，可以認為是新《四書》學的成立期和展開期。時期的劃定以陽明龍場頓悟的正德三年（1508）作為標誌。頓悟後的王陽明稱「此證五經，覺先儒訓釋之未盡」而為之疏解並命名為「臆說」。進而，表彰《大學古本》作為自我學說的論據，有四方從學之士來學，必然講授《學》《庸》首章，指示聖學的圓滿（參照第三章）。

值得關注的是，正如眾所周知的，陽明學是心悟主義、實踐主義濃厚的學說，從四書學的觀點來看，是口承主義乃至是禁止著述的。早在正德三年成書的「五經臆說序」中便指出「五經聖人之學具焉，然自其已聞者而言之，其於道也亦筌與糟粕耳」（《王文成公全集》外集四），認為如得魚之後的筌、得養分之後的糟粕，五經是獲得真髓之後的無用之物。筌與糟粕的比喻，是晚明《四書》註樂於引用的話

---

17 參照《萬曆野獲編》卷二十五〈獻書被斥〉。

柄，後面敘述的《國朝名公答問》序中便可見一例。王陽明正是抱著
這樣的立場，而將《五經臆說》秘不示人，面對徵求開示的高足錢德
洪，講授拘泥字句講求知識的弊害，還不准弟子將有關《大學》的講
說著錄成書，云「此須諸君口口相傳，若筆之於書，使人作一文字看
過，無益矣」，令弟子口口相傳。允許弟子筆錄「大學問」，則是在他
最晚年的時候了[18]。他的高足王畿亦主張「大學一書乃孔門傳授古聖
教人為學一大規矩」，只有悟到超越規矩的「法外之巧」，才得始入
《大學》的世界[19]。這樣的注重口承及心悟的方式是宋學以來的傳
統，可以說是心學學者所共通的傾向。陽明之前的陳獻章、莊昶、李
承箕等皆不例外[20]。從這個角度而言，在陽明心學中，即便有對四書
的觀念闡述，卻不存在《四書》的註釋。事實上，後面會敘述到的晚
明《四書》集成書的舉例中，至陽明學確立的階段，多數是文集、語
錄一類，像樣的《四書》註釋書數量並不多。不過，陽明的致知說，
王艮的淮南格物說、安身說，李見羅的知本說等，皆是藉以透過《大
學》的解釋而論述的。還有，陽明學派的講學主題，幾乎全部是以
《學》、《庸》為中心的。陽明心學於《四書》的觀點，對後世的《四
書》詮釋亦影響卓著。不過，從《四書》註釋的著述這一點來看，這
個階段不能說是成果豐富的。其背後的原因是由於正德嘉靖兩朝陽明
學一度蒙受學術活動的制約。

　　然而，隆慶萬曆以後迅猛增加的大量的註釋書的出版流通，則標
誌了新《四書》學的獨立。從此，新《四書》學迎來了一個發展的新
階段。

---

18 〈大學問〉錢德洪跋。陽明並不是對製作《大學》、《中庸》註不關心的（《全
　　書》卷四〈與陸元靜〉第二書）。
19 《王龍溪先生全集》卷八〈大學首章解義〉。
20 參照筆者〈明代前半期の思想傾向〉及《定山先生集》卷八〈大梁書院記〉、
　　《翠渠摘稿》卷四〈題嘉魚李氏學〉。

## （二）晚明的註釋書

　　《經義考》卷帙浩大，著錄了上古至清初的經學、《四書》學的目錄，其間或有年次排序的錯誤，其作品排列基準是依照作者登科順序的方式。對有未詳的人物則施以旁證，全書力圖呈現按照年代順序的記述。這種按照作者登科年代的排序基準，在後面介紹的《四書正新錄》亦被採用。一般來說，登科之後精神上時間上比較會有進行著述的餘裕，後面亦會論述到，這一類的作品大都是在登科之後由於作者的社會知名度而開始受到關注從而成為讀者的需求。若登科作為著述時期的上限，那麼這個基準，對成書或刊行時期少為人知的註釋書得以排列成序行之有效。林泰輔《論語年譜》為了對《論語》的記事（亦包含很多《四書》相關的書目）及著述等以編年通史的方式進行記述，卻由於成書、刊行年次的不明瞭，遺留下許多未解開的懸案。與之相比，前者《經義考》的排序方法更為優越。若順便論及近年的相關著作，傅武光《四書學考》收錄的書目超過《經義考》，運用根據內容分為理學心學進而再進一步細分的整理方法。不過，對尤其明代著述的整理很難看出劃一性的作品性格，則不能說是有效的方法，由此而產生大量不能分類的「不知宗派者」的目錄亦屬意料範圍。

　　《經義考》所收錄的《論》、《孟》、《學》、《庸》各自的書目，以及總稱「四書」的書目合計大約有一千二百條，其中收錄明人的著述達四百數十條。單看晚明的《四書》，四百數十條中有兩百條以上且半數是隆慶萬曆以後不到百年間的作品。以前的作品在這個時期刊印發行的著述亦很多。僅此便可以瞭解晚明時期註釋書的大量出現程度，但實際還存在很多《經義考》未收錄的作品。舉例來說，（1）雖然《經義考》將一般被認為是李卓吾作品的《四書評》，可能錯當成

楊起元的作品加以收錄，不過，楊起元的《四書眼》、上述的《評》和《眼》的合刻《四書評眼》、以及《青雲堂四書評》、朱斯行《四書小參》、袁小修《四書檠》、憨山德清《大學綱目決疑》及《中庸直解》、雲棲智旭《論語點睛》《大學直解》《中庸直解》等，這一時期具有思想個性的作品，卻皆未收錄。（2）有些書由於重訂、改訂幾乎完全變成另一種作品，但這些重訂改訂本，《經義考》卻未予注意[21]。（3）講章時文的作品收錄得不多。就最後一點來說，雖然可以認為基於考量學術水準原因，但是由於這些作品存在所呈現出的這一時期四書學盛行的真實狀況這一點，卻是不能忽視。萬曆二十四年刊作為講章的集大成之作《四書正新錄》，按照登科年次列舉出作者名及每人一條至數條的作品名。以作者計，洪武五、永樂三、宣德一、正統三、景泰二、天順二、成化七、弘治六、正德九、嘉靖十四、隆慶十七、萬曆五十八，引用的作者人數逐漸增多，僅僅隆慶與萬曆前期不足三十年時間內列舉的作者數量，便足以匹敵之前二百年間的人數（關於作者與作品參照卷末附錄）。講章多數出現在晚明，這可以從文集類所記載的序跋瞭解到。如這一類作品的高產著述家郭偉，在萬曆四十五年序刊《皇明百方家問答》中，列舉了他自己五十五條撰著目錄。

　　晚明時期《四書》解說的集成書，作為瞭解當時人們所使用的註解資料，於查閱之際具有可以補充《經義考》記載疏漏的便宜之處。萬曆二十二年序刊《國朝名公答問》集錄六十六人的《四書》說，二十三年序刊《皇明四書理解集》列舉出百十一人的姓氏以及五十六條的書目（姓氏多於書目可能是因為包含有從集成書引用的狀況）。這些都是至萬曆中期，不僅限於講章，而是被時人認為是權威的《四

---

21 參照本稿第四章以及筆者〈明代四書解釋書の基礎的檢討〉（二）。

書》說的基本書目。有《國朝名公答問》增補本性格的《皇明百方家
問答》,列舉出姓氏一百四十七人以及諸書總目一百五十一條。同樣
於萬曆四十年代的《刪補微言》中,列舉包含明代以前的作家作品二
百九十七人、二百十條的書目。增補本《增補微言》所追加的大部分
是當時的新作品,計四十六人的姓氏、四十九條的書目(姓氏、書目
參照附錄)。

　　從以上記述可以看出,隆慶萬曆以後晚明時期出現了大量的作
品,並且是以加速度增長的態勢進行著述與出版。可以說,這一時期
的顯著特徵之一,就是註釋書的急速大量增加。

　　這種狀況的背景,當然有印刷文化的進步,同時,隨著以陽明從
祀為指標的朝廷對思想統制的緩和,使之前蓄積已久的能量得以一舉
顯露出來(有關陽明從祀所具有的思想意義的論述,參照第二章)。

　　需要備述一點是,科舉考試用書的需求,亦是註釋書增加的很強
誘因。換言之,幾乎所有的晚明註釋書都期望是用於科舉用書。講章
時文的專著以外,如《四書蒙引》以《新刊舉業精義四書蒙引》的書
題刊行之類,很多是指明其書是供給科考學習用的。因為有依據程朱
學的經註來寫作八股文的需求,供給學習用書首先必須是程朱學的經
註及其註疏,這當然無需多說。這一類的作品幾乎全部是期待成為科
舉之用的。不過,正如在後面第三節所要論述的那樣,即便連批判程
朱學的經解,甚至以釋老牽強附會《四書》,乃至幾乎說不上是註解
的隨想劄記,都不能說與科舉無緣。

　　早在弘治二年(1489)的順天鄉試即已申明禁令,如「文內不許
用空、定、慧三字,以為涉禪語也」(《笑笑錄》卷五〈歇後篋〉),這
些即使不是晚明才開始出現的現象,可是簡直到了釋老用語都被寫入
科舉程墨文(考卷範例)而引發爭議的程度,可算是晚明的特有事
態。顧炎武指出,自隆慶二年科舉程文用《莊子》語句以後,「五十

年間，舉業所用，無不釋老之書」，即使崇禎年間禁令被重新啟用以後，仍是「士大夫皆幼讀時文，習染已久，不經之字，搖筆輒來」（《日知錄》卷十八〈破題用莊子〉）。晚明的這種風潮終於未能改變，這樣的事態引起當時有識者的擔憂亦屬當然。萬曆十四年（1586）沈鯉上奏（《明會要》卷四十七〈選舉一〉），同三十年馮琦上奏（《日知錄》卷十八〈科場禁約〉），皆進言指摘事態的深刻及懲罰原則（亦可參照《日知錄》卷十八〈舉業〉）。事實上，萬曆二十八年，引用佛語「無去無住，出世住世」的《四書義》被揭發，結果處以罰停五科的處分（《日知錄》卷十八〈科場禁約〉原注），崇禎七年十二月，論策中使用禪語的七卷的試錄被揭發，結果考官遭到撤職（《國榷》卷九十四）。像這樣，官方是採取「場屋中最禁禪家之語」（《朱文肅公集》「倪葵川經稿題辭」）的立場。針對引用老莊之言者亦然，萬曆四十一年序刊的《四書注意心得解》凡例中，指出當時酷好《莊子》者附會儒家聖經的傾向，云「夫南華與聖言本自冰炭，但累科嚴禁，此風稍息，有間用者亦不收錄」，可知對引用釋老之言，官方是屢屢發佈禁令的。

　　是什麼原因使得屢禁不止的釋老之言被帶進考場的呢？那當然由於當時嗜好釋老的風潮，還有可能是，所學習的時文中已經為釋老所浸潤而動匝「搖筆」便不自覺地帶出來。但是簡直到了希求僥倖的程度而狂奔於舉業的士人，是不會不經意或者明知罰規卻還科考援引釋老之言的。原因只有一個，就是使用釋老之言有獲得及第的可能性。顧炎武所指會試成文（「由誨女知之章」）用了五經不見的「真」字的人是主考李春芳，他向副考官以「知，只論真偽，不論多寡」的觀點論述《集注》的解釋未捕捉到《論語》的本旨（《四書刪正》序所引），所以明顯是撰寫了包含批判《集注》意圖的程文，或者是後人評價他的程文有批判《集注》的意圖。袁了凡便稱讚這篇程文是「千

古的絕唱」。考官及官僚的性向給與科舉取士業的影響之大毋庸贅
言。由於萬曆五年的會試程墨文而被指責為竄入「宗門的糟粕」的楊
起元（復所）[22]，就曾歷任南京翰林學士、國子監祭酒、南京禮部侍
郎；而主張儒釋本質共通闡述三教同旨的焦竑，是萬曆十七年的狀
元，任萬曆二十五年順天鄉試的副考官。還有以喜好佛教聞名的陶令
望，同樣是萬曆七年的探花，同三十一年順天鄉試的主考官。在這種
釋老嗜好流行、嗜好釋老的人物及第任官並主持科考的狀況之下，那
種抱持想靠援用釋老之言獲得高中及第的期待，就沒有什麼不可思議
的了。在焦竑擔任副考官的順天鄉試，有人告發「場中人俱用老莊
語」，由此焦竑被懷疑與舉子圖謀勾結，有所謂的賄賣「關節」之疑
而遭到撤職[23]。若賄賣關節有所不當，那也只能認為是舉子選擇適合
焦竑性情愛好的文體而意外地獲得答案的。

　　由以上事實可以明確，馳騁釋老之言近乎奔放地疏解四書，目的
是為了攻讀科舉之用，可以說釋老亦是舉業上的必修知識。而科舉上
的需求反而促進了釋老色彩濃厚的《四書》註釋的出版。關於坊間出
版的科舉用參考書，《四庫提要》云「案古書存佚，大抵有數可稽。
惟坊刻《四書》講章，則旋生旋滅。……雖隸首不能算其數」（〈四書
類存目〉後序），指出這些書如浮草一樣地生命短暫。可以推想本稿
所敘述的以外，晚明時期還有更多的此類書籍。這類書籍的生命短
暫，是由於科考從追求技術向追求新奇而導致的吧。程墨文的傾向隨
著時代的推移而不斷變化[24]，註釋書的內容亦隨著變化反復進行重
訂、增刪以及新編。

　　此類作品從學問水準的角度來看，多可以忽略。不過，正如時人

---

22　《日知錄》卷十八舉業。參照下一章。

23　《制義科瑣記》卷二。

24　《制義叢話》卷一記述了其變遷的狀況。

所云，「今之人無不讀經書者，率以為時藝之資耳。不為時藝則不讀經書耳。是知時藝為經書之餖飣也」（《制義叢話》卷一，冉覲祖語），時藝之於經書就如同促進食欲的下酒菜、美味佳餚，科舉正是促進對經書學習的契機，這一點毋庸置疑。因此，那些立足於對學問的關心或是對思想的追求的晚明《四書》論說，是在以上所論述的含義之上，由極為廣泛的經書知識背景作為支持的，這一點則不能忽視。而這一時期《四書》學盛況的背後，正因為有科舉的存在。

## （三）《四書》學的展開與傾向

　　註釋書與之數量的增加成正比，內容也多元歧出。晚明的張蔚然指出明代《四書》說歷經五變：①從蔡清的《四書蒙引》至林希元（次崖）《四書存疑》、陳琛（紫峰）《四書淺說》的羽翼程朱諸說。②從陽明至王畿（龍溪）、羅汝芳（近溪）的對抗朱子諸說。③從唐順之（荊川）《四書拙講》至李廷顯（貞庵）《四書達說》、鄒泉（嶧山）《四書折衷》等固守如①的羽翼程朱路線諸說。④從焦竑等編《四書理解集》、袁七澤《海蠡編》至袁了凡《四書刪正》、李卓吾《說書》的參雜諸子雜家、禪玄等，不僅矛頭朝向程朱並且無視孔子（洙泗辯髦）的諸說。⑤顧慮朝廷禁令，陽尊朱子陰存異端的諸說（《四書說統》序）。如此便存在程朱派及其亞流、陽明派、新陽明禪玄派、折衷派等。③④⑤主要呈現出晚明展開期的樣態，不過固守程朱的論說也會顧及新說而加以吸收，新說亦因應科舉上的需要而保持分章、考慮禁令而表面表明遵守《章句集注》等，不能做劃一的分類。這樣的彼此混同，正可說是當時的具體事實。

　　不過，還是有思想傾向的共同點，除對策科舉的著述之外，不管哪一種作品都有成為獨自的、個性化的《四書》說的目標。在晚明，

個性、獨創的價值受到尊重與認同。這種晚明《四書》學的理念，在萬曆四十年婁堅的發言中很好地表現出來，他說：「昔聞通儒之論，以謂聖人之經宜存眾多異同之說，以待讀者自得」（《學古緒言》卷一《重校四書集注》序）。

於是，對抗宋儒的眾多學說，開始主張自我學說的存在價值。《皇明百方家問答》（凡例）解釋不願加入永樂《大全》諸說的理由為：「皇明、洪（武）永（樂）迄今三百年，茲於德教融洽、文運日新也。名儒碩儒森然疊出，主盟經款，有厥真傳。豈非遠駕宋儒之上也哉」。周汝登亦認為，經書之學「至我朝諸儒始大著明，舊時窠臼翻卻殆盡」，並云「僕近擬輯本朝諸儒所解為一帙」（《東越證學錄》卷十〈與喻中卿〉），從而明確他意欲編輯對抗宋儒的明儒大全的意圖（參照前四節）。可以說在這一時期，哪怕是因應科舉的需求也好，在《四書》註釋之中，儒者都要主張獨自的存在價值，並持續不斷地將這些註釋的集成書匯合刊出。

這一時期陽明學的影響顯著。壓制官僚層對陽明從祀「與者十三，否者十之七（《國榷》）卷七二 萬曆十二年十一月庚寅」從而實現從祀的原因，是基於學界認同陽明學者有「十之七」的狀況存在[25]。與新本相比較，《大學古本》所具有的文本原典性、信賴性基本成為學者的共識。樹立心即理學說、於日用現在觀道體之具現的陽明學，在此獲得了廣泛的接受。那麼，與陽明時期相比較，可以指出這一時期《四書》學的幾點特徵：①口口相傳以及禁止著述的意識變得稀薄。這個時期雖然並沒忘記不可「為解經而解經」的警戒，不過，如李卓吾著述《藏書》及《續藏書》、對小說批點、作經解的

---

25 參照本稿第二章。欲找出萬曆末年固守程朱學的學者十分困難。參照《求是編》和刻本卷首的諸序。

《說書》及《道古錄》等，還有前面敘述的周汝登，在這些陽明三傳四傳的門流中，已經可見意欲著述的傾向。這一時期便是所謂的著述文化的時代，是《四書》學上產生大量註釋書的原因之一。②經書觀念、聖人觀念的變遷。原本王陽明闡述良知為人人所具備，在觀念上是將凡人提升到聖人的境界。可是到了這個時期，如以《四書評》為代表的聖人觀，是將日用現在的常人所具有的性格，反過來投射到聖人身上，從而為經書中的聖人像增添了血肉。③汲取釋老的奔放解釋。正如眾所周知，原本宋學自身就是對佛教老莊哲學進行批判地繼承而成立的學說，從中指出釋老觀念的殘存是件容易的事。如，跟從王龍溪學得端緒對三教合一論持批判姿態的張元汴，曾批判近來的講學使用「頭面」、「色相」、「業障因緣」等有「專用禪語」的傾向，（《張陽和文選》卷二）。在接受釋老的影響這一點上，宋儒與晚明的差距不過是量的多寡而已。不過還是需要指出，連篇累牘地羅列佛語，講學中生吞活剝地以釋老之語闡發議論等這些，正是晚明所獨有的特徵[26]。

　　這些亦被整個地帶入《四書》註釋中，從而使晚明的文章從序文、題記到本文無不驅使釋老觀念或用語為文章增添文采，這幾乎變成了常識。比如張蔚然在與上述③具有同樣傾向的作品《國朝名公答問》的項廷堅序，便有如下論述：「夫不法法，則事毋常。法不法，則妙不入。要妙入，則法可也，不法可也。魚得忘筌，柯得忘斤。華嚴經曰，世尊得三昧智力，雖超魔道而現行魔法，雖順世間而常行出世間法。知此可以知經義矣。傳註者，所由以通經之法也。其未得之也，惡得不法法，其得之者，忘□之後，心神觸發，惡得必法□法。心各有法，各具三昧。由法而入三昧，三昧忘法。其於聖經旨義，若

---

26 參照荒木見悟《明代思想研究》。

符契之矣」。大意是說，以對經解本身的疏解為目的是玩物喪志，恐失經書的義旨，可以明顯看出陽明心學對拘泥經解的戒備，乃至為了表達這樣的主張而借助佛教式的論說，則是為一大特色。如萬曆三十二年序刊的《四書最勝藏》所引用釋老書目，可列舉出《楞嚴經》、《華嚴合論》、《圓覺經》、《四十二章經》、《弘明集》、《法苑珠林》、《永嘉集》、《神霄經》、《真仙通鑑》、《雲笈七籤》、《仙林編珠》等，晚明《四書》註釋頻繁參引佛典的狀況，由此可以一見。

　　結合釋老的態度原本與理解的深淺是兩回事。《四書闡旦》儘管作為科舉用參考書的色彩濃厚，其《論語》旁評，卻頻繁地附會佛語，如「妙諦無多」、「君子是佛，小人是魔」、「九年面壁，一葦渡江」、「一串牟尼珠，聲聲佛語從珠中吐出」等。這是一個極端的例子，一般來說，結合釋老需要加以慎重考慮。葛寅亮[27]是一位佛教教理造詣深厚的學者，他的思想在《四書湖南錄》有所展現，他指出當時講說的兩種弊端云「以禪宗出世語入聖賢經世之旨，與本文相攙貼」（課語），後一句話，便是針對上面的那類作品有感而發。還有，萬曆四十五年序刊《四書解縛編》，比如解釋《大學》傳七章時，援用佛教將《大學》的「意」與楞嚴的心意識論相結合，說《大學》在「正」，與釋氏所說「無」有失之毫釐差之千里的不同，解釋「皆自明也」（克明德章）云「近時義中有以非待強迫解『自』字者，涉禪而非旨」，意欲為儒釋之間劃出一條界限。這樣的作者的態度中，複雜地牽扯到面對朝廷禁令的顧慮的一面。但是，無論怎樣都無法質疑，釋老、特別是佛教，為理解經書的視點與方法，都帶來了巨大的影響。那麼，是什麼原因導致了《四書》必須與釋老接合從而達到這樣深刻的地步呢？

---

27　參照荒木見悟：《明代思想研究》，第十章。

　　曾經在《章句集注》還保有匹敵經書的權威狀況之下，如同所云「文公集注，從童習之，為先入固已深。及長疑之，必曰，朱註幼而資之以為學也，豈有所誤」（《雙江文集》卷十〈答戴伯常〉）所述象徵的那樣，從先入為主的觀念中脫離出來是件極其困難的事。與釋老的結合，正是從如此習染深重的程朱學經解重壓下擺脫出來的一柄撬棒，至少是期待它能發揮那樣的作用。焦竑針對「學者為註疏惑溺，不得其真」狀況下佛教所具有的意義，指出：「釋氏直指人心，無儒者支離纏繞之病，故陽明偶偶得力於此，其推儒書始得其理」（《澹園集》卷十二〈答友人問〉）。陽明由此是否獲得了裨益有值得討論的空間，但佛教於晚明註解所應該擔負的作用，則被確實地傳達了出來。萬曆四十七年的《四書聞》姚文蔚自序中記載他曾著述《四書通》卻不合心意，之後「探索於二氏者有年。返取吾書讀之，為所有者皆吾家寶也。其所詮者為吾箋釋也」，透過潛心研究釋老才開始究明經義。大凡在思想轉換期，都會期待有不同的世界觀的激發，期待不同的文化會帶來視野的轉換、新的世界觀的形成，釋老思想在傳統的中國，不僅對宋學及清末思想的形成具有影響力，即使對晚明《四書》學為克服程朱學的經書理解從而形成新《四書》學，亦做出了貢獻。

　　從陽明至晚明，在新《四書》學的成立與展開的過程中，很多作品憑著奇特的主觀聯想而牽強附會、甚至說不上是經書的註釋。不過不能忽視的是，由此而產生的新《四書》學，使程朱式的《四書》學理解幾乎完全崩解了。這些為在克服程朱學或者對其否定繼承基礎之上成立的清朝考證學，無疑準備了前提性的條件。

　　道學權威的失墜成為契機，明代後期的經學與陽明學相呼應呈現出尚古、復古的思想傾向，從而朝向清朝學術過渡，相關研究已有山本正一氏的高論[28]。還有，關於晚明興起的重視四書的古註疏、注重

---

28　〈明代中葉以降の經學について〉。

考證學風的相關研究，宮崎市定氏亦有論述[29]。如本文前面論述的，新《四書》學將《章句集注》相對化的另一面，有復古及對古註疏的關心有所增加的傾向。如，《四書最勝藏》列舉出作為文獻的古注疏。《四書微言》的引用學者舉出孔安國、孔穎達，並在經文標有「（古注）勝注可從也」（《慧眼山房說書》之《中庸》「舜其大孝」章），對古註與朱註進行檢討比較。前述的《四書評》、《青雲堂四書評》皆對古註保有善意，其中周汝登《四書宗旨》在批判朱註同時，還可見屢屢肯定古注疏之處。不過，汝登只不過是基於他自己的哲學觀點評價古註，與從實證考證的立場評價古註是有懸隔的。另外，接續婁堅剛才的引用，「且漢人去古尚近，學有承受，其說決不可盡廢」，還有《青雲堂四書評》「今人不如前人每每如此，故讀漢註猶多勝讀宋註」，《四書宗旨》「漢時去古未遠，必有所本」等，從這些論說來看，皆可以瞭解到，新《四書》學對古註的評價所帶有的復古傾向。這不僅僅是對心學式的經書解釋所作出的單純的反動而產生清朝的經書解釋，還意味著具有積極繼承的一面。即於對各個經文的章句解釋，亦可認為具有同樣的事實（參照前章）。

經過遵奉祖述朱註的長久時間，明代中期以後終於迎來了《四書》學的新階段，並呈現出急速展開的景象。連奇特的假造佛典作品都出現的晚明的事態，足以讓後世篤實的經學者蹙緊眉頭。但是，新《四書》學的頑強生長，正具有為後世的經學奠定了基礎的一面。

---

29 〈四書考證學〉。

# 第七章

# 科舉與《四書》學

## 一 講章的《四書》學──圍繞滄溟的《四書》說

### （一）講章的盛行

　　《四庫全書》所收錄《四書》類作品、加上僅存於目錄的明清《四書》解的數量，明顯少於《經義考》書目所見以及現存明清作品。主要的理由是學術水準不高的作品、具體來說「講章」類的著述，幾乎皆被排除在其外。[1]《四庫全書總目提要》云：數量龐大的坊刻講章有若浮漚一般旋生旋滅，又旋滅旋生，「其存不足取，其亡不足惜，其剽竊重複不足考辨，其庸陋鄙俚亦不足糾彈」（〈四書類存目〉後序），指出這類著述追求新異、改竄剽竊的惡劣程度。那麼，此類講章，皆是些怎樣的作品呢。

　　在明代朝廷講筵經史之際，需要講官預先作成講章。按照正統年間的經筵規定：「是日早，司禮監官先陳所講四書經史各一冊，置御案。又各一冊，置講案。皆四書東，經史西。先期講官撰《四書》經或史講章各一篇，預置於冊內」（《大明會典》卷五十二），這是說講官需事先將準備好的講義草稿提交內閣審閱，並按照審定後的講義進行講授。[2]但有時也會出現講述超出講義內容從而醸成眾議的事件。[3]以

---

1　《續修四庫全書提要》收錄為數眾多的《四庫全書》未收的明清《四書》解，並指出這些書所具有的講章性格。

2　參照《棗林雜俎》智集「講臣」。

經筵講章為基礎成書的《四書》解,有張居正《四書直解》等現存。

然而,《提要》所指並不是這類的經筵講章,而是指隆慶萬曆朝以後隨著《四書》學的勃興而顯著發展的坊刻講章。《天蓋樓四書語錄》錢陸燦序中指出「隆萬以後,出俗師講章」。由於「講章」這一用語,往往被與「時文」、「時藝」相對應使用,[4]可知與科舉應試的備考有密切關係。《讀書作文譜》(卷二)有如下記述:

> 今人講章,將前賢發揮實理處,盡皆刪削,僅將作文留虛步,及摹擬間字、虛字與聯絡、欄貼,多方蔓衍。

出於時文寫作的立場對經註加以改竄,並將側重點置於間字虛字用法以及文章構成脈絡上敷衍經文,若這個說法可以作為講章的定義,則製作坊刻講章的直接動機便是因為可資製作八股文,這樣,講章成為科舉應試用的經書解說書。[5]因應科舉考試而產生的舉子業,由之導致人心頹廢以及學術水準低下是屢屢遭到批判的事實,由此而生的講章亦由於學問水準的低下而倍受指責。正因為這樣,大凡講章類作品,用講章的字樣作為書名的例子並不多見,這亦自然可想而知。如後文將介紹的《正新錄》列舉書目,除經筵講章之外,只見湛若水《講章》、習孔教《南遊講章》、袁宗道《廣文書院講章》三例。

---

3　參照《稗史彙編》卷十八〈世宗〉。

4　「俗學者,今之講章時文也」(呂留良《四書講義》卷一〈大學〉、另見《天蓋樓四書語錄》卷一「大學之道……能得」)、「二則曰,隆慶以後俗師之講章出,……三則曰,俗學之時文出」(同上錢序),「時藝講章」(王夫之《四書箋解》王之春序)、「時文評語,講章瑣說」(《提要》存目「四書經學考」的評語)、「不看時藝,不尋講章」(《制藝叢話》卷五俞氏說)、「講章時文」、「講章時文家」(同卷十三、江氏語)、「講章時藝」(朱梅叔《埋憂續集》卷二〈殿試卷〉)等。

5　乾隆五十四年上諭引翁方綱上奏「訪聞江西士子,有臨場習用新出小本講章,以希捷獲者」(《欽定科場條例》卷三十二)。

不過，與經筵講章由講述經書章句而成同樣，[6]無論「坊刻講章」的字樣是否被用於書名之中，後人對這類具有講論經書、闡明章旨意圖的作品，大致仍用講章統稱。

就可資時文寫作的角度而言，五經講章自然是存在的，[7]然而實際上有關時文的話題幾乎全部集中在《四書》類議題。與此相應，講章相關的資料亦多為《四書》類的作品，這是隨著舉子業中《四書》題目的逐漸受到重視而產生的現象。科舉的慣例是，從四書五經出題的首場比試論、策的二、三場受重視。[8]就明代而言，並無經書比論策需受重視的規定，然而由於考官受到採分時間上的制約，首場經書題的墨文於優劣判定之際就變得被看重。[9]結果使舉子對經書題更為傾注心力，這種趨勢的進一步發展，便使首場中開篇的《四書》題倍受重視。[10]降至清朝，在乾隆十四年上諭中明文規定，「國家設科取士，首重者在《四書》文，蓋以六經之精微盡於四子書」（《制義叢話》卷一），由此樹立起注重《四書》文的準繩。由此而言，探討講章的問題幾乎可與《四書》類講章相重合地進行論述。

---

6　參照《稗史彙編》卷十八〈世宗〉以及《湧幢小品》卷二〈經筵詞〉。

7　內閣文庫、加賀市立圖書館等亦有現存五經的講章。

8　「考官閱卷，惟是初場取中，方吊二、三場校閱」（《耿天臺先生文集》卷二〈申飭科場事宜以重選舉以隆聖化疏〉）。「閱卷者亦以初場為主也」（《五雜組》卷十五）。另外，參照崇禎三年，禮科給事中凌義渠上奏（《春明夢餘錄》卷四十）。關於科舉首場被重視的論述，《中國考試制度史》頁 340 亦可資參照。

9　參照前註耿天臺的疏。

10　「古取七篇相稱，今取首篇得力」（《舉業素語》卷一）。所謂七篇，為《四書》義三題、五經義四題的答案；所謂首篇，指《四書》義的第一答案（首藝）。艾南英獲知自己的墨文首篇只附有四行的句讀而遭受落第因而大怒，是出名的話題（《制義叢話》卷六李氏語）。對於閱卷受到時間制約的考試官員來說，出現這類事亦是不得已，這樣首場中《四書》題三篇受重視是自然而然的。關預考卷採分的簡便化方法，可以參照《中國考試制度史》頁 340 引楊士聰《玉堂薈記》（卷下），有關科舉的悲歡事跡，入矢義高《明代詩文》（受驗地獄體驗記）可資參照。

　　那麼，在此應該注意的是，正如在第六章已經論述的那樣，晚明
《四書》學所出現的盛況，依存於科舉因素的比重很大。晚明《四
書》解的幾乎全部著述，都是為了獲得舉子業所需的直接或間接知識
而被閱讀，並且因應這樣的需求產生大量作品。晚明佛者藕益智旭的
《四書》解以「助發聖賢心印」為宗旨，本是與講章無緣的作品（參
照第五章），但是智旭自己又說「若夫趨時制藝，本非予所敢知，不
妨各從所好」（《中庸直解》卷首），有這樣的並不否定用於時藝的說
法，正是基於上述的事實而論。如此，講章從狹義上來說，可以認為
是指書名標有科舉考試用參考書之類的字樣，並以提供時文寫作為直
接目的的作品，而廣義上來說，晚明眾多的《四書》解，皆或多或少
地帶有講章的性格。[11]即使至清代，亦大多是不專對《四書》某一種
而是針對《四書》整體作註的作品，則同樣是以科舉作為考量目標
的。所謂坊刻講章的說法，可以說是以舉子業的有用性觀點對《四
書》解的稱呼。這樣的《四書》學成果，是透過講章投射在時文的世
界，並借助八股文形式所作出的《四書》解釋加以表現出的。反過來
說，講章是順應了以作文為要諦的時文界的要求而投射於《四書》學
並作為講章取得了成果。因此，講章作為時文與《四書》學的接合
點，由之可以觀察《四書》學的發展動向以及以時文解讀《四書》所
顯現出的問題。基於以上的關注課題，以下藉講章性格濃厚的李滄溟
的《四書》說為例，加以論述。

## （二）對滄溟《四書》說的復原

　　萬曆二十四年刊行的郭偉（洙源）編《四書正新錄》（無窮會東

---

11 錢謙益稱憨山德清的《大學綱目決疑》為，憨山「現舉子身為說法」的作品（《牧
　　齋初學集》卷八十六〈跋憨山大師大學綱目決疑〉序）。

洋文化研究所藏），卷首列舉本文所徵引的一百四十七人的姓氏以及
每人有一種至三種合計二百三十一種的書目（參照卷末附錄）。所收
錄的姓氏中，除少數舉人以及傳記不詳的人物以外，全部是進士，基
本是按照登科順序加以排列記載。進而檢視本文，目錄中列出的五十
三人四書說並不見實際有徵引，相反在本文有徵引其說反而姓氏未列
於目錄者達三十九人。雖說目錄與內容不一致是明代坊刻本的通例，
但由於書中列舉了許多未見引用例的名士姓名，其欲顯示網盡當時的
進士、即舉業名士的自誇意圖顯而易見。書目中有諸多可以推定為狹
義上的講章書名，結合來看，此書可謂講章作品的集大成書，而編者
亦顯示期待此書作為講章利用的意圖。其中三十九人未列舉姓氏的
《四書》說，即便有郭偉取捨之嫌，但無疑是至萬曆中期舉子業所需
的《四書》說資料。其中所包含的大量著述，不僅《提要》，即便
《經義考》亦未予列舉書名。而這些正是考查有若浮漚一般的講章的
珍貴記錄，其編成形式為經文各章各句下有「一宗考亭」的字樣為
「正說」，進而下邊用小字附加「發傳注所未盡，補註釋所未備」之
類字樣的「新說」（參照「首言」）。

　　此外，郭偉參與編撰的同時期《四書》說集成書，還有萬曆二十
二年序刊的《國朝名公答問》（以下略為《答問》）。此書著眼於補備
傳註所未言者而集成新說，文體採取一問一答的形式，此書採錄的
《四書》說，可見列舉出六十六人的姓氏，其中有十人為《正新錄》
所不見，還有《答問》未列舉姓氏但本文有徵引文例者四人為《正新
錄》目錄以及本文皆未採者。由以上兩書合計來看，包括未見《四
書》說引用例者在內，可知共計二百名舉子業的名士。

　　若列舉《正新錄》中例舉數量較多者，為袁了凡（黃）[12]一八三

---

12 袁了凡的原典有《辯疑》、《中庸疏意》、《論語疏意》等。即使奧崎裕司氏針對袁

例、郭洙源（偉）一〇四例、姚承菴（舜牧）一二五例、徐巖泉
（爌）[13]一二一例、李廷機（九我）一一七例、蘇紫溪（濬）一〇七
例、焦漪園（竑）八四例、王荊石（錫爵）、王鳳州（世貞）七〇
例、黃葵陽（洪憲）六三例、李滄溟（攀龍）六一例、牛春宇（應
元）六十例，以下，六十至五十例之間的有五人，五十至四十例之間
的有八人。不過，由於有三十幾例無法判讀姓名，因此以上各數字是
為約略統計而已。

　　《答問》列舉徐巖泉一一八例、耿楚侗（定向）一〇七例、蘇紫
溪八七例、李滄溟七三例、郭青螺（士章）六九例、高中玄（拱）五
一例等。此書對徐巖泉以師敬稱，可知編者與徐為師徒關係，書中引
例最多亦可能是受此影響，而引例數居多者，則可以認為是編者關注
的權威《四書》說。其中，郭洙源、徐巖泉、蘇紫溪、黃葵陽、牛應
元等人的論說，主要是指示經文的要點與脈絡，屬於典型的講章。而
李滄溟與袁了凡等人的論說相類，保存了濃厚的講章色彩同時，皆是
較有特色的《四書》說。

　　《正新錄》所引用的滄溟說中，正說有二條，新說有五十九條。
這與郭偉徵引其他諸說幾乎皆採正新兩說的形式相同，顯示出經他甄
選後的諸說全體所呈現出的折衷性格，從講章所具有的性質來看，這
是自然的結果。

　　滄溟說的原典，根據《正新錄》的列舉，包括《四書正辯》和
《書院講略》二書。《答問》引用的滄溟說七十三條中，若忽略十二
條繁簡不同之處則與《正心錄》徵引相同。《答問》雖然並未記載引用

---

　　了凡著述文獻作出綿密的考察，其中亦不見《辯疑》。

13 徐巖泉（爌）成為嘉靖四十一年兩淮督學為諸生講義作《學庸初問》（《古今圖書
　　集成》理學彙編經籍典，二百七十九卷所引「張正位」序）。不過，《正新錄》、
　　《答問》所徵引的巖泉《四書》說遍及《四書》全體。

書名，從重覆的文章內容來看，其徵引所用原典仍是不出上述兩書。

此外，滄溟說在作為《答問》增補本的郭偉萬曆四十五年序刊的《皇明百方家問答》（以下略稱為《問答》）中另見徵引十七條，其中只有一條與《答問》一致，這樣通算起來，可知現存一百八十三條的滄溟《四書》說。在《問答》的目錄所列舉的姓氏以及書目中，不見記載滄溟的名字以及上述他的兩書，但目錄中卻列出一種《滄溟約旨》的書名，《問答》所引滄溟說從書名來看，極有可能是從《滄溟約旨》的引用文。這些書反映著《四書》學的推移以及科舉出題的傾向，與萬曆中期的集成書相比，後期的此類書中姓氏和書目以及舉例內容發生明顯變化，《問答》亦不例外。可以這樣認為，滄溟說曾被改竄及改編成《滄溟約旨》一書並重新被選編收入《問答》中。

返回萬曆中期，關於作為原典的兩書的彼此關聯狀況完全不得而知，但是可以推測兩書未必是經過內容整合而具有一貫性論旨的作品。比如，《論語》〈為政篇〉「吾十有五」章的《集注》解釋為「（所志之）學乃大學之道」，《答問》的滄溟說對此則提出是正，指出「聖人志學便是不踰志矩之學，以大學泥之則支矣」，從而否定將經文與《大學》相附會。與此相對照，《正新錄》引文云「細玩此章，與大學之道相發明，疑曾子見此，故作傳耳」，將此章的「志學」、「立」、「不惑」、「耳順」、「不踰矩」與《大學》的諸種觀念相結合。由此來看，《答問》所引與《正新錄》所引滄溟說應該是各據一書，則兩書可能並非為同一作者的《四書》說。

還有，不能認為現存的滄溟說忠實地轉寫了原典。比如，將《答問》所載姚承菴說，與其所依據的《四書疑問》原本對校結果，發現不僅文體被改成問答形式，即於文章表現亦有很多被修改的部分。與《正新錄》比較，《答問》的滄溟說文意直白易讀，這可以看作是業經修改的結果。這樣針對文章的具體細節愈深入檢討，便會愈發感到

無論於版本轉抄還是內容，皆存疑甚多，如被引入一片渾沌不清的局面中，可以實際感受到《提要》所批判的講章，經過反復剽竊改竄而變得雜亂無章的程度。

## （三）李滄溟及其《四書》說

《四書正辯》、《書院講略》到底是否為李滄溟本人的作品、或者是他的《四書》說的集錄呢。

李滄溟，名攀龍，字於麟，雅號滄溟。生於正德九年（1514），卒於隆慶四年（1570），山東省歷城人。比王陽明（1472-1528）晚生半個世紀，其活動的年代與陽明後學時期相當，大約在嘉靖朝的後半期。當時曾被時人與王世貞並稱「王李」、或者與同道之士被並稱「五子」、「七子」，以成為推動古文運動的重要推手而聞名。主要經歷為十八歲考取生員，嘉靖十九年考取舉人第二名，嘉靖二十三年三十一歲同進士出身。嘉靖二十五年出任順天府同考官、翌年出任刑部主事。之後歷任員外郎、順德府知府、陝西提學副使。居家十年之後於隆慶初年再度出任浙江副使，經左參政至河南按察使。[14]

這樣的任官經歷，在其獲得官職以及行使為官職責的過程中，無疑是要求具有經書的知識以及多次的表現機會。進而在其構建白雲樓與同道之士保持往來的居家十年期間，在鄉裡為子弟講授四書亦依照慣例來說是當然的作為。雖然在其傳記資料以及文集中完全不見有關他著述《四書》解的記事，但在當時不乏此類以著述時文講章而聞名

---

14 以上主要依據《滄溟集》附錄的殷士儋撰〈墓誌銘〉、王世貞撰〈傳〉。此外，《明史》、《明史稿》、《明詩綜》、《明詩紀事》、《明才子傳》、《陝西通志》、《皇明世說新語》、《皇明書》、《名山藏》等亦有其傳，內容大同小異，皆未言及有關其《四書》解的著述。

的人物有類似的狀況。《提要》指摘假託滄溟說的著述全部是文學類作品[15]，既然滄溟作為文學上知名的人士，則未必有假託其著述《四書》解的必要，那麼滄溟的《四書》講述被集結成上述兩書的可能性仍然存在。

但若積極作出這樣的主張，又缺乏十足證據。明末是偽書橫行泛濫的時期，如豐坊（約1492-1563）甚至寫出製作偽書的指導手冊。《正新錄》所列書目雖需要加以個別鑑別，但可以推斷其中包含多種的偽書。由於李滄溟的文集中完全不見有關《四書》的論說，並且沒有其它瞭解其《四書》觀點的方法，因此不得不暫時保留針對前述二書的真贋判斷。

然而，真贋如何的問題，從《四書》學史的觀點來看並不是一個重大論題。重要的是，二書作為單行本一度存在、並因其收錄於集成書而使滄溟《四書》說廣為人知。萬曆三十九年完成的張振淵《四書說統》（天啟三年序刊）是萬曆後期的《四書》說集成書，此書中所引用《論語》〈里仁篇〉「參乎吾道」章的牛春宇說，與《正新錄》所引滄溟說只有幾個字的不同。是作者名的誤記呢，還是改竄剽竊，雖很難分辨，但是〈子長篇〉「大德不踰閑」章所引姚元素說以及張振淵的數條自說中，可見與前記二書的滄溟說具有共通論旨的例子。這些體現出滄溟說在當時所具有的說服力，至少意味著其書作為一種《四書》說所應具有的時代共通性格。

當時的讀者並不是沒有懷疑其有贋作的可能。然而，明末即使學問水準未必高的經書以及諸子註釋的著述編纂亦可流行，明人乃是從這些龐雜的著述本身發現其價值（參照前述）。換言之，眾多主張不同的學說的流行皆被接受，是非判斷任由閱讀者，這樣即使在倫理立

---

15　《詩學事類》、《韻學淵海》、《古今詩刪》、《唐詩選》、《詩文原始》。

場上受到排斥，亦並不會由此而被作為偽書而遭到捨棄。如豐坊偽作的《石經大學》擁有廣泛的信奉者，但並不是為其假造的原初古舊形態所迷惑，此書的信奉者明末最後一位大儒劉宗周曾對此評述道：「近世又傳有曹魏石經，與本更異，而文理益覺完整，以決〈格致〉之未嘗缺傳彰彰矣。余初得之，酷愛其書。近見海鹽吳秋圃著有《大學通考》，輒辨以為贋鼎。餘謂：言而是，雖或出於後人也何病？況其足為《古文》羽翼乎」（《劉氏全書》卷三十六〈大學古本參疑〉）。如果真膺與價值優劣判定區別而論，那麼在讀透了滄溟說之後，便可理解作者問題乃是屬於次要的考察範圍。[16]

　　不僅如此，其實不必等到參照豐坊的例子，另有偽書最為可以亂真的理由，正因為可以亂真才能稱得上偽作。比如偽書的《四書評》和《說書》對後來產生的深遠影響，必定是由於內容上使人感到富有李卓吾那樣的說服力（參照第五章）。由此來看，滄溟說即便是假託之作，亦是明人將之寄託給李滄溟的《四書》說。滄溟所提倡的古文辭學是擺脫宋元明文學而歸復秦漢文章與盛唐詩歌的文學原型，這樣的觀點表現在對《四書》的理解之上，便自然而言地呈現出否定宋儒註解而傾向直接把握經文本旨真義的思維。如此看來，明人理解中的滄溟說，乃是包含了最為符合將滄溟作為上述《四書》說作者的要素。

## （四）滄溟《四書》說的內容

　　作為瞭解滄溟《四書》說的輪廓，這裡首先將篇幅較長的《大學》首章的滄溟說文徵引如下：

---

16 關於《子貢詩傳》、《申培詩說》，清初的任啟運認為有豐坊贋作的嫌疑，但是又認為作者的臆說亦並不完全沒有要領，而云「知其偽而存之可也」（《清芬樓遺薰》卷二〈申公詩說序〉）。

問：《大學》一節，舊說三綱領三件平看。世儒已悟其非矣。
乃又欲單重明明德句是否。滄溟李子曰：非也。重在止至善一
句。又問：止至善宗旨如何。

止至善，又不待泛求，只在各各自己良知。至善如何即是良
知。良知容不得一念自欺，可見吾心本體本來至善。天命流行
純粹無雜，不待疑議，自然發見。此理至微而顯，至動而寂，
是之謂至善。若著一毫疑議，便以參人。……至善之體至動而
神，至感而寂，合內外而一之者也。此聖賢立言之苦心、師門
設教宗旨。於此得徹，斯謂之真悟，於此得徹，行謂之實行。
（《答問》）

在上述這則論述中，作者將闡述的重點置於三綱領的「止至善」
而對經文加以敷衍。但即便是「便以參人」是「便以參入」的誤記，
文意仍然是不通，不可否認全體始終是平板冗長的「蔓衍」陳述。然
而，值得關注的第一點在於其闡揚陽明學的明確論調。原本，朱子提
倡以積累經驗知識達成豁然貫通的認識上的飛躍，並以對《大學》的
「格物致知」解釋作為其主張的依據。王陽明對抗此說，主張吾心為
至善的良知，為求得良知的發揮而提倡致良知說，並將「格物」重新
解釋為正吾心之物，從而以否定《章句》本而彰顯《大學古本》尋求
其文獻上的論據。由此陽明學顯現出優勢，至隆慶萬曆朝以降的《四
書》學展開期，達到陽明學四書說的盛行。可以認為滄溟《四書》解
亦是應運這樣的形勢而出現的產物，比如對「格物致知」的解釋，滄
溟說：「一念靈明無內外，無寂感。吾人只是不昧此一念靈明，便是
致知，隨時隨物不昧此一念之靈明便是格物。蓋良知本是無知而無不
知。原無一物，方能類萬物之情」、「故格物者，格其心之物，格其意
之物，格其知之物」（《答問》大學）等，這些表述幾乎可以看成是陽

明本人的學說。即使關於陽明最有特色的知行合一說,滄溟說亦云「知行原不得分」(《正新錄》《論語・雍也篇》「君子博學於文」章)、或云「知之真切篤實處即是行,行之明覺精察處即是知。無二心也。……應事接物知行合一,而後可以中道」(《答問》《孟子・萬章下篇》首章),這些主張幾乎是完全墨守陽明說。

值得關注的第二點是,使用諸如「清淨無染」、「寂滅種性」、「宗旨」、「真悟」等佛教老莊味道濃厚的用語。與《正新錄》所引袁了凡說、焦漪園說相比,這一特點雖不能說算是顯著的,然而如關於《孟子》〈梁惠王篇〉「齊桓晉文」章云「此篇文字,如老衲談禪,機鋒錯出」,在惠王與孟子的諸條問答以「直指真心」、「因真現前」、「真妄錯起」、「即妄縣真」、「真妄交際」、「徇妄喪真」、「從妄心生來」、「從真心發出」(《正新錄》)等語加以評述,則可知其說積極攝取佛老的思想傾向。

向佛老接近的結果,為其帶來具有以下特徵的聖人觀:「聖人之心體如鑑之空,如水之明。物來則照,物去則化。不逆詐,不億不信(〈憲問篇〉之語)。已往未來,都不著色相,空空如也」(同上、《論語・述而篇》「互鄉難與言」章)。亦即,孔子(聖人)超脫相對的色相成為空觀的體認者,換言之,成了佛教真理的體現者。再如,論述《中庸》「故至誠無息」章的經文云「是統說聖人功業,不費一毫聲色,自然而章著;不費一毫氣力,自然而變化;不用一毫作用,自然而成就」(《答問》),這是將聖人看成是「無心」的(《正新錄》〈述而篇〉「子釣而不網」章)、無為自然的老莊式的實踐者。

如此與陽明學論調一致並且接近佛老,便使其成為不盲從於宋儒的、《集注》的經文解釋並產生新的經文理解,這是值得關注的第三點。在此試看滄溟說關於《大學》首章的論述,與在設問中將「明明德、親(新)民、止至善」三綱領並列的朱子說法以及另一種注重

「明明德」的說法相對照，滄溟說很顯然是主張「止至善」的內容為
「明明德、親民」，從而將《大學》的宗旨歸結於「止至善」之上。
原本朱子並未將三綱領看成是各自獨立的德目，他亦云「止於至善，
是包在明明德、在新民」、「明德中也有至善，新民中也有至善，皆要
到那極處」（《四書大全》所引），這是將「止於至善」作為其它二綱
領的達成目標。早有人指出「後之人欲從事於大學，必先以至善為準
可也」（《三魚堂四書大全》所引《通攷》「吳氏李子」說），即已有將
三綱領重點置於「止於至善」的見解，因而不能說是滄溟說的新發
明，與滄溟同時期的王心齋和李見羅亦是將「止至善」置於他們各自
學說的重點。不過依然可以說滄溟說是針對只是將三綱領並列的學
者、以及主張「大學功夫，全在明明德」（《答問》所引蘇紫溪說）、
「大學止是明明德新民，而新民亦自明德中事」（高拱《問辨錄》卷
一）等注重「明德」學者的反論。正如前述那樣，編者的郭偉並未把
滄溟說全部看成是新說，實際進入本文內容進行考察，便會發現對
《集注》表示贊同、或是敷衍《集注》的一些論說的存在，由此可知
滄溟說的內容並不是全部提出新見解。[17]

　　然而，不能忽略的是，滄溟說的經文解釋未必是意圖隨文下注的
折衷說，當發現《集注》的解釋有穿鑿之嫌，其解說便會採取針對原
文作渾然整體的把握以及符合經文表現的立場。比如，《大學》（章句
傳十）「君子有大道」一節，《章句》解釋為承接前面的文王康誥之
文，對此，滄溟說則指出此一節並非單單是承接康誥之說，而是承接
前面文章全體所作出的解釋（《正新錄》與《答問》同文）。又如，
《中庸》（二十六章）「不見而章，不動而變，無為而成」三句，《章
句》主張此三句與前面「博厚配地，高明配天，悠久無疆」三句各自

---

17 除《集注》《大全》以外，作為明代穩健的《四書》說代表作《蒙引》亦成為其評
　述的對象，針對內容或是或非地表示贊否。

相關聯，滄溟說則對此反對，主張不應只看每句各自的含義，而是應該三句意義整體把握，從而批判朱子章句說為「執泥」(《答問》)。由此立場而發的言論屢屢可見，如「太拘泥」(《答問》《論語・學而篇》「君子食無求飽」章)、「以大學泥之，則支離也」(《答問》〈為政篇〉「五十有五」章)、「尤支離」(《正新錄》〈里仁篇〉「參乎吾道」章)、「(注重首章)看得太重，反覺上下節不相續也」(《正新錄》、《答問》〈先進篇〉「從我於陳蔡」章)等，皆在批判支離拘泥的朱註失去本旨。

其將陽明心學的、佛老的解釋，與支離拘泥的宋儒《集注》解釋作出對照，《集注》對《論語》〈子罕篇〉「吾有知乎哉」章的「空空如」解釋為「孔子謙言己無知識」，〈先進篇〉「回也其庶乎」章的「屢空」解釋為「數至空匱」。與此相對照，晚明的四書解則往往是把「空空」、「屢空」解釋為表現孔子、顏回的心境。滄溟說亦說出「孔子之空，至中無一物。即天載之空。顏子屢空，猶有空未盡處。使空得盡即孔子也」(《正新錄》「回也其庶乎」章)，而這不外乎為證實其前述的聖人觀而作出的解釋。

另外，〈公冶長篇〉「吾與女弗如」章，依照《集注》的解釋，為顏回聞始而知終，而子貢只能聞一而知二，並且孔子認同子貢「自知」、「自屈」的態度等內容。與此相對照，滄溟說則主張，孔子是在指摘以多寡與顏回相比較是子貢的缺點，就如同孔子說「汝所不及」那樣，是指出子貢在心上用功夫不及顏回，還說吾與女藉以提醒子貢(《答問》)。這是以此章「欲書夫子以心學覺子貢」作為前提作出的解釋，在此滄溟說反而引入其自身一直批判的畫蛇添足的過度解釋與分析解釋，所堅持心學陽明學解釋的意圖亦由此顯現出來。

正如已經明確的那樣，滄溟說的文體以及論旨的淺薄程度無可否認，對其所批評的《集注》的理解亦有不足之處，但就此卻不能說作

者是平庸之筆。《正新錄》的「中庸總旨」可見作者展開關於《中庸》作者與分章的論說。根據其說法，朱子分《中庸》為六大節，他則主張分為㈠章句第一章—第十章、㈡第十二章—二十章、㈢第二十一章—三十一章、㈣末章等四大節，這是立足他所主張的子思於《中庸》每節的開頭提出自己的見解、之後再以孔子之言作出論證的觀點。這種觀點的是非姑且不論，單單看能夠如此明確地提出自我主張便值得關注。子思若是作為自說的論據而引用孔子之言，則《中庸》作為聖人經典的絕對權威性便失去了，從而孕含跌落為諸子作品的可能性。作者當然對《中庸》的價值沒有重新審視的意圖，然而，若從晚明已經有關於《大學》思想性的議論來看，在這一時期持續進行過針對經書價值重新認識、重新編排的活動，因此可以瞭解到滄溟說亦參與其中的事實。

　　以上不揣淺薄，對於滄溟說所具有的不可忽視的特色作出澄清，大凡傳世之書不僅僅具有其應有之價值，滄溟說還是萬曆中期留存下來的一例珍貴的講章記錄。

## （五）滄溟《四書》說的講章性格

　　前文已然明確，滄溟《四書》說與陽明學觀點相通，並攝取佛老觀點和用語，雖然其中殘留仍未徹底的批判觀點，但是與宋儒式、《集注》式的解釋立場形成對立，其目的是指向作出重新的《四書》詮解。這樣的傾向在《正新錄》所收錄的諸多講章中儘管存在程度的不同，但是具有共通性。從講章為供給科舉應試的學習之用的觀點來看，這些都反映出當時科舉的《四書》解釋傾向。

　　元代已降《四書》作為科舉科目以來，由科舉試卷的答案顯示出的《四書》解答，包含其歷史沿革，在正式場合基本以朱子《章

句》、《集注》作為規準。故朝廷會屢屢發佈尊朱遵註的法令,並且對於悖經違註的時文施以罰則。然而實際上屢屢出現脫離傳註的科舉程墨文,而實施禁令、加諸罰則本身,好似在為持續不斷的脫離傳注事實從反面作出證實。

產生脫離傳註的原因可以考慮兩點。第一點原因是舉子精神上的、主體性的要求借助墨文加以表現。無論是晚明的心學、陽明學、佛老觀點,還是清代考據學式的經書理解,皆能在墨文上呈現出來便是因為這個原因。講章亦可以看成是應運這樣的需求而反映在時文界的精神所產,其背後是受時代思潮的大趨勢所驅使,事實上朝廷的規制變得弛緩之際,自由解釋便得到容許。崇禎六年的進士顧端木,曾針對從前的時文被要求參核聖賢而搜尋於經註的細枝末節,由於功令規制而不許使用奇想駁句的狀況,從而謳歌與之相對比的當今時文的自由奔放,他說:「今之作者內傾膈臆,外窮法象,無端無涯,不首不尾;可子,可史,可論策,可詩賦,可語錄,可禪,可元(玄),可小說。人各因其性之所近而縱談其自得,膽決而氣悍,足蹈而手舞,內無傳註束縛之患,外無功令桎梏之憂」(《制義叢話》卷一所引)。

然而,脫離傳註並不是單純基於精神的要求。第二點原因在於科舉、時文本身所固有的論理。原本,本質上作為一項應考技術的明清科舉文章、時文的論理與心理,存在複雜的曲折,在本章(二)還將論述,目前姑且能說以下幾點為核心。亦即,第一,代替聖賢、代替古人語氣,原樣再現經旨。可以說再現古人口氣、語氣一點,與單單客觀疏解註釋以及經義釋疑的宋元出題方式不同,具有明清八股文的特徵。[18]第二,將這樣的語氣以「對偶」的八股文文體再現出來。這樣的兩方面可以在論理上並存,但是還有經由主考官主觀判斷優劣的

---

18 參照《制義叢話》卷一所引管韞山說。

宿命，時文亦是考官與舉子發生心理糾葛之處，因此上述的兩點不得
不說還包含著必然的彼此相悖因素。如果不能密切結合經文語氣便會
被判定為脫離題旨，相反若始終密切結合經文敷衍的話又有膚淺俗套
之嫌而遭落第。這種場合下，正如學者所云「文章最怕是隨題敷衍」
（陳龍正《舉業素語》「為文」），陳腐老套的文章表現會被厭煩，若
考慮考官的心理因素便可知是當然的實情。作文最重要的是具有新
意，因此在解釋容許的範圍之內作出慎重考慮，沿著時代趨勢作出全
新的經文解釋並以八股文文體表現出來是最為必要的。

　　這樣，應運流行而指摘經文解釋要點的時文，便具有其存在的理
由。正如所云，「主司命題，各有妙義。有從上文來者，有從中間暗
伏者，有從下面含蓄者，有數句而結聚一句者，有數字而結聚一字
者，有字句中無有而結聚字句外者」（《四書從信》卷首、凡例擬
題），若必須確切地把握考官的出題意圖──即題面上的經旨所在，
瞭解經文何處為重點並寫就八股文（參照後文），其指針則在講章。

　　言歸正傳，滄溟《四書》說將《大學》三綱領中的「止至善」理
解為經文的重點，這一點從講章的觀點來看，可以說是在指出作文的
重點。而滄溟《四書》說中有關經文要點或者論旨的脈絡頻出，如下：

　　　這（中庸）首一章已括盡一篇大旨，中間發揮只在發揚其意，
　　　末復對此繳結。（《中庸》首章）

上述滄溟說的解經書方式，明顯可以作為寫作八股文的指針，可以說
滄溟《四書》說具備了作為講章的性格。

　　時文界永遠追求新奇的需求投影在《四書》學上，使《四書》解
陸續出版，而實際上帶來的是宛如浮漚一樣的存亡。原本講章的《四
書》理解的淺薄不可否定，但是應該注意的是，來自時文界的需求，
即便經書的整體形象受到歪曲，透過對經文的要點、脈絡的把握，已

然成為獲得全新的經書理解的推動力量。如果經書學史是依據獲得新
視點而保持經書再生的過程，可以說講章是使明清時代的經書與《四
書》獲得新生的珍貴記錄。

# 二 八股文的《四書》學

## （一）八股文研究的視角

中國明清時代廣泛使用的一種文章格式稱八股文，一般又被通稱
為時文。所謂的時文，是指參加當時高等文官試驗的科舉考生的考
卷、或稱試卷、墨卷、墨文等的考題答案以及主考官所作的解答範例
的程文，還有被稱作社稿的應考生的平時習作的總稱，其文體格式與
古文相對稱，或稱制義、時藝、制藝等。明清時代的科舉，是由地方
考試的鄉試（合格者稱為舉人）和中央考試的會試各三場構成，會試
合格者進而參加殿試（名義上由皇帝親自主持考試），合格後獲得進
士的資格，由此步入高級官員的仕途。鄉試和會試皆各分三場考試，
初場考試四書義三題（三道）、五經義四題（四道），第二場考試論、
判、詔、誥、表，第三場考試經史、時務策問等，這些試卷文章皆可
統稱為時文，但通常指四書五經義的文章。由於四書五經義的文中以
使用八次對仗排偶的股法為標準，因而被稱作八股文。查閱愛知大學
編《中日大辭典》，可見「洋八股——沉溺於醉心西洋風格的文章」、
「黨八股——服務於政黨的只有形式沒有內涵的指令、論文，或者形
式主義、教條主義的文章」等項目。這樣來看，八股或八股文等用
語，在現在已經轉化為只重形式而無實際內容意味的代名詞。

正為眾所周知，科舉成為一項明清國家重要的統治政策的支柱，
四書五經的經典內容以時文八股文來表現，使作為知識人精神基礎的

儒教在政治上獲得保護與扶持的同時，還致使知識人的精神營為被籠絡於王朝的文化政策之中。無法估計科舉以及八股文在中國精神史上所具有的影響。既然如此，瞭解八股文的結構與功能則無可置疑地成為把握瞭解中國文化史精神史特徵的重要線索。

　　然而，舊來的時文八股文研究，由於資料配屬於文章作品的部類，在四部分類中還有的置於集部，於是幾乎全部的論考是將關注點落在文章文體的文學研究視野。然而，不能忽視的是，八股文所闡述的四書五經義，不單單是以文章再現四書五經所記載的聖賢說教為目的，而是透過口氣上語氣上的文章表現，使聖賢重現於現在才是真正目的。在被稱作「場屋」的考場以及平素習作的場所，無數的小聖賢們倚靠自己的體證運用對仗排偶為重現聖賢的語調聲音而日以繼夜，而欲達到重現聖賢的目的，則只能憑藉典雅的八股文。因此，再現聖賢的語氣聲音以及八股對偶的表達格式，亦即內容與形式的兼備正是八股文的論理。內容與形式的兩個命題在理論上當然是兩個分立的狀況，然而一旦涉足八股文的世界，原本一句一節簡單平易的經文，以數百字乃至上千字的文章加以再現之際，便不得不產生逸出經旨以及畫蛇添足的經文解釋。同樣，將結構複雜的大段經文按照八股文特有的形式制約、無過無不及地再現出來，亦幾乎是不可能的。這一點可以容易地理解，因為追求完整的形式與完整地再現經旨之間存在難以克服的困難，而且，八股文在答案上，還有著考官的主觀判定極大地左右合格與否的宿命。而場屋則成為考官與欣求僥幸的舉子們之間的心理應酬之處，由這樣的心理而產生的八股文於是成為屈折的產物。八股文正是在這樣的限定及其特有的論理、心理因素下作出的聖賢重生記錄。換言之，亦可以說是經書解釋以及經書觀被裝載於八股文所固有的結構機能中，如同在第六章已經論述的那樣，明代的《四書》學與科舉發展趨勢有著深切的關聯，在本章還將從八股文入手，把握

科舉與《四書》學的關聯性,以另一種角度考察相關於《四書》學的問題所在。

依據這樣的關注點探討八股文,由於研究對象錯綜複雜,因此有必要先提出幾點研究前提。

第一,正如前面所述,八股文有《四書》義與五經義,本稿主要集中於探討《四書》義。不僅是因為時文相關的大部分資料為我們所知的《四書》類文獻,還由於明代科舉《四書》義事實上比五經義更為受到重視,而清代則是將重視《四書》義作出明文規定,舉子關心亦集中於此,因此可以認為時文的問題主要是集中體現在《四書》義上。

第二,統括明清八股文加以論述。這從本文所關心的問題來看,可以認識到明清時期的八股文基本上性質相同。當然,一些差異需要指出,比如,①科舉在明初和清初曾一度中斷、清初的答卷曾被一度中止使用八股文形式、清代初場的《四書》義課以明代科考所沒有的六韻或者八韻「試貼詩」一首,這些屬於科舉或學校制度的沿革。②因王朝統治政策的變遷而使時文內容與文體的禁忌發生變化,因應此種形勢,舉子的對應亦產生變化。比如明代因嘉靖帝所嫌惡的語句而出題受到制約、或者清代文字獄所引發的所謂政治上的影響。③更為一般化的出題傾向以及時文文體的變化。始終追求新異的考試答案,在文體內容上有流行性,特別是清代學術界的發展趨向與時文日益背離,正如幾乎完全集中於文章巧拙的爭論上那樣,時文觀念、學術觀念在此期間的變遷表現顯著。就文體的變化而言,八股文體儘管有起源於唐代詩律、宋代經義、金元雜劇等多種說法,但明代天順年間以前試卷中既有對偶亦有散句,沒有一定的樣式,至成化年間才始見固定形式(《日知錄》卷十六〈試文格式〉)。據此說,採取八股的文章格式是在明代中期以後,但即便已經規定了格式,亦隨著時代而有所

變遷。以樣式來說，比如明代八股文所用被稱作「落下」、「收結」的篇末第一、二句，由於容易成為考官與舉子私下勾結、即成為所謂的「關節」手段，因而至清代康熙朝被廢除，解說八股文作法的清人唐彪《讀書作文譜》便未論及這個項目。

從上述基於史實的觀點來說，應當討論的問題點很多，然而，可以認為聖賢的口氣語氣借助八股的對偶重現的八股文論理，至少從明代中期至清末是始終一貫的。不僅如此，眾所周知的史實是，以明代王鏊（守溪）、唐順之（荊川）、歸有光（震川）等為代表，晚明的著名時文作家的作品至清代亦是作為古典模範文例而受到推崇的。比如在康熙朝出現全部抄寫晚明崇禎元年進士金稀聲（正稀）的八股文而考中鄉試第一名解元的人（《制義從話》卷二所引《四勿齋隨筆》、以下簡稱《叢話》），還有即使到清代楊起元（復所）還被稱讚為得文體妙悟精潔者（同上卷五，俞氏語），晚明參雜禪學的空疏學風是為清代人屢屢批判的焦點，顧炎武便依據艾南英的說法批駁在舉子業竄入禪的張本人是楊起元（《日知錄》卷十八〈舉業〉），然而從宏觀立場上來看，難以否認明清時文基本具有等同性質。

第三，比較對八股文的歷史敘述，本稿更為注重的是澄清其所依據的論理及心理而構成的結構。對科舉以及時文八股文的制度史、文章特性等作出澄清的著作有，唐彪《讀書作文譜》[19]、梁章鉅《制義叢話》[20]、鄧嗣禹《中國考試制度史》、盧前《八股文小史》、商衍鎏

---

19 唐彪為清初康熙年間生人。《讀書作文譜》本稿依據偉文圖書出版社版本。從梁章鉅頻繁對之徵引來看，可以了解其書作為一直至清末時期十分有用的時文作文指南。

20 梁章鉅生於乾隆四十年（1775）卒於道光二十九年（1849），其著《歸田瑣記》（中華書局版）列舉四十一種他的自著，一說據其嗣子所云有七十餘種的著述（中華書局版「點校說明」）。《制義叢話》本稿依據廣文書局影印本，此書卷首載道光二十三年（1843）序二篇，根據梁氏「退菴自訂年譜」，同十九年編成。生前未上梓，卷尾附有咸豐元年（1851）的刊序。光緒三十一年（1905）廢除科舉，

《清代科舉考試述錄及其有關著作》等,我國有鈴木虎雄〈八股文の
沿革及び形式〉、橫田輝俊〈八股文〉(《中國文化叢書》所收)等,
筆者蒙受裨益良多。作為實際作品集錄的《欽定四書文》、《可儀堂一
百二十名家制義》之外,某個時期的程墨集成文獻亦可利用。若仔細
考察中國本土,應該有大量的基礎資料而因為現代的無用性而被束之
高閣,包含對這些資料的整理考察,建構科舉史、時文史的工作,由
於失去時宜而困難度增加,然而卻是有意義的課題。從本文關注問題
出發,針對時文文體的變遷、依據文體論觀點評價作文佳否、以及評
者所論是否妥當等課題,這些暫時不是本稿探討的對象,這些不僅超
出了筆者的能力範圍,還因為筆者認為澄清依照固有的論理與心理所
構成的八股文結構機能,是瞭解八股文世界整體狀況的一種方法。

依據上述關注點與方法,考察八股文的結構功能,接下來筆者意
欲探討的是,在八股文淪為競賽文章技巧的作文遊戲過程中,必定還
是具有一定的《四書》解釋以及《四書》觀念,而為八股文提供了這
些的是當時的《四書》學。

## (二)八股文的論理與心理

關於明代的制義,《明史》(選舉志二)有如下記述:「其文略仿
宋經義,然代古人語氣為之,體用排偶,謂之八股,通謂之制義」。

---

此書從八股文的沿革開始,廣泛網羅蒐集明清時文界的話題、時文評論等,若與
最後的科場體驗者商衍鎏之書相互參閱,可以全面了解明清時文八股文。以下所
徵引《叢話》之語,多非是梁的意見,而為其所蒐集各說。此書作為當時真實的
資料蒐錄,具有珍貴的資料價值,此書之外欲尋找直接性資料及其困難,學界有
關時文八股文相關的論考,事實上所據資料多出於此。本稿主要依據唐、梁兩氏
的資料探討時文八股文。從《歸田瑣記》所見實事求是的治學態度,亦可以相信
《叢話》所收資料的可靠性。

這段記述指示出八股文論理，需要兼備對聖賢古人語氣和口氣的重現以及運用排偶格式的兩項要求。首先關於第一項。

這種表現手法似乎始於宋代楊萬里（誠齋）的文章，在其敷衍題旨（點題）之後用「以為」或者「謂」的字樣作為陳述的開始，藉以代古人語氣立說。若依據此說（《叢話》卷一），則注重語氣和口氣重現聖賢語調聲音的敘述方式並不是明代所特有。朱子於解釋經書之際，如在後文第三節例舉的那樣，亦屢屢關注文章的體勢，另外，據說天順以後八股的格式才確定（前揭《日知錄》），由此來看，至明代中期的時文以敷衍傳註為眼目，未必意圖在重現聖賢的語調聲音。然而，即便有關於起源及沿革有商榷的餘地，從宏觀上來看明清時文，則再現古人語氣和口氣的敘述方式可以看作是其基本特徵。因此，「將聖賢口氣，代其人自說一番」（《讀書作文譜》卷七，以下簡稱為《作文譜》）、「做時文要講口氣，口氣不差道理亦不差，解經便是如此。若口氣錯道理都錯矣」（《叢話》卷一，李氏語）等說法，都指出在詮解經文以及寫作時文之際注重口氣的事實。以時文八股文詮解經文的一項特徵，在於這種「順口氣」。從這個意義上來看，從乾隆四十三年進士升至御史的管世銘下述論述中，將順經文口氣的時文形式作為一種經書解讀法並強調其意義一點，則令人饒有興趣。時文相應地有其自我主張，亦通於下一節將考察的明代講學的經書解讀法。那麼，管氏云「前人以傳註解經，終是離而二之。惟制義代言直與聖賢為一，不得不逼入深細。且章句集傳本以講學其時，今文之體未興。大註極有至理名言，而不可以入語氣，最宜分別觀之，設朱子之前已有文，其精審更當不止於是也」（同上所引），這段話是主張傳註以客觀論理性的經文疏解為目標，而不求與經文口氣或語氣相同，然而，為了體證經旨以求與聖賢合而為一的斯學，便會謀求重現聖賢的語調聲音，則時文的方法正是最為適合的。只是，清代興起的考據學以歷

史客觀地理解經書為目標，上述主張並非通行說法，因而對時文的價值評價不高是當時的一般傾向。

在此有必要敘述、討論關於八股文的格式。當初的八股文只規定全篇最少二百字或者三百字的字數下限，萬曆年間「場中所取多至千餘字者，即少亦不下七八百字」（《耿天臺先生文集》卷二〈申飭科場事宜以重選舉以隆聖化疏〉），篇幅逐漸增加，至清代規定上限不超過五百五十字或者六百五十字（《中國考試制度史》，頁289）。以下列示八股文的結構，不過需要事先提示的是，有關各部分名稱以及區分各書無一定說法，各部分的用法亦隨時代而有變化之處。

〈破題〉二句或者三句。開宗明義說明整個題目的字意。

〈承題〉三、四句或者四、五句。承接破題明確題意。

〈起講〉九、十句。句數不定。概括全篇綱領明確主旨。起講以降
　　　　順應經文口氣。

〈領意〉（入題、入手）一、二句至四、五句。出題文為經文一章
　　　　或一節的後半部分的場合，作為以下敘述的引領。

〈起股〉（起比、提比）

〈中股〉（中比、大比）

〈後股〉（後比）

〈束股〉（束比）

以上這些皆依照股法比法運用對偶，由於各股分別由兩個對偶構成（多有數個小的對偶構成全體兩個大對偶）共八股，因而稱八股文。特別是中比多為長文，字數上佔全篇的大半，有時會插入若干句稱作〈出題〉、〈過文〉的內容，作為各股的聯接部分。還有沿用至康熙朝的文章最後用稱作〈收結、落下〉數句作總結的格式。

那麼，在這樣的八股文中又是如何重現聖賢口氣語氣的呢。茲例舉至〈起講〉部分的商衍鎏所引清初著名作家韓菼的一篇八股文為例

（關於全篇文章的結構，參照下一節所引楊起元文）。

> 題　　子謂顏淵曰，用之則行，舍之則藏。惟我與爾有是夫。
> 　　　（《論語》〈述而篇〉）
>
> 破題　聖人行藏之宜，俟能者而始微示之也。
>
> 承題　蓋聖人之行藏，正不易規，自顏子幾之，而始可與之言
> 　　　矣。
>
> 起講　故特謂之曰，畢生閱歷，祇一二途以聽人分取焉。而求
> 　　　可以不窮於其際者，往往而鮮也。迨於有可以自信之
> 　　　矣。而或獨得而無與言。此意其託之寐於其際者，往往
> 　　　而鮮也。迨於有可以自信之矣。而或獨得而無與共，獨
> 　　　處而無與言。此意其託之寐歌自適也耶。而吾今幸有以
> 　　　語爾也。

　　《論語》原文還有接續上述題文之後子路和孔子的問答而成一章，但是這裡題文自成文意完整的一節，稱作「全節題」。其它，引用經文單句或者數句為題的稱「小題」，引用一章一節為題的稱「大題」、「長題」；還有一種稱「塔（截）題」，指無視經文原意截割其中若干字句捏合成一文以成題（參照後文論述）。經文依據文章上的位置不同而作文立場不同，《讀書作文譜》等書有作各種題目分類以及詳細論述，但是用語依各書而異，分類基準亦無一定。本稿以下所用稱呼適宜取捨諸書而定。

　　一般認為，加入口氣在〈起講〉以降，上述例文以「故特謂之曰」開始，另外還用「意謂」、「且夫」、「今夫」、「嘗思」等作為開始的。總之，目的為了重現孔子實際的說話口吻，因此自「吾今幸有以語爾也」以下頻用助辭代孔子口氣對顏回講述。按照股法，在起（領）股、出題開頭也是摹仿孔子平時對弟子稱名諱的口吻而云「回

乎」來再現題旨,所謂代古人語氣的作文手法大致如此。

總結代聖賢口氣語氣這一論理,在時文中的解經方式有幾個特徵。其一為重視關鍵詞、骨幹句。舉子業正如陳龍正所云「認題是舉業第一義」(《舉業素語》「用功」)那樣,首先要求正確把握題旨,《書香堂筆記》亦云「每題各有題之形貌,文義亦必與之相稱而後為肖題」(《叢話》卷五所引),在開頭的〈破題〉若有遺漏稱「漏題」、不合題意稱「罵題」,這些依據上述觀點衡量皆屬於逸失經旨。確切把握經文內容並於文章忠實地予以重現是時文解經的基本,但非時文所特有。時文為追求自身的完善,一般認為反而應避免始終忠實再現題旨,所以有云「文章最怕是隨題敷衍。篇中有一股敷衍,便一股厭人;股中有一二句敷衍,便一二句掃興」(《舉業素語》「為文」),在作文法上屢屢提示應該「以我馭題」亦原因在此。亦即,不是被動順從經旨而要以自我觀點主動發揮,以我代聖賢之口氣語氣表達,因而產生並不整體敷衍經義而從經文抓出重點以表現聖賢口氣的必要。如何發現經文上的關鍵詞或骨幹句,由於原則上這些經文重點含有出題意圖,於是成為舉子們最主要的關心事,有「文雖可觀,而於口氣未合。此題重在上二句,不重在下一句」(《叢話》卷十一〈從林暢園師學〉)之類的時文評論亦出於這個原因。大致上所謂的經文重點,大多是主觀性的,比如八股考題中有《中庸》二十九章「王天下有三重焉」的一題全節題,有分別以「王天下」、「有」、「重」各為重點的論說(同上卷,徐氏語),從而並不能確定哪一處為重點。因此來說,依考官的主觀嗜好以及時代傾向的變化,對經文的理解亦產生多樣性,於是舉子們結合這些觀點「以我馭題」,不斷尋求解經新義。由此可以瞭解前面所述的觀點,應試參考書的講章中屢屢提示要把握經旨重點和文脈,本是因應時文界的需求。而那些被學術界時文界譽為名士的講章,則成為時文撰寫的指導方針,並不斷為此提供避免俗套

的新說。

　　時文解經的特徵之二為注重助辭。若用口語重現聖賢的語氣，就必須重視語氣詞，而且為了行文的一貫流暢，聯結語（襯貼）亦多用助辭，從前述例文的〈起講〉表述形式亦可瞭解到這一點。《讀書作文譜》（卷六）將助辭用法作出詳細分類，分別為「起語辭、接語辭、襯語辭、歎語辭、歇語辭」，明清講章中亦有言及助辭的用法。這裡引述《制義叢話》（卷七）中錢士吉有關助辭的一段談論：

　　「君子胡不慥慥爾」篇（《中庸》十三章），〈中比〉的二股各自用「爾」字煞尾（唐彪所云的歇語辭），有人說全篇的神韻全在〈中比〉煞尾的此兩個「爾」字，卻是淺陋之說。聖賢之言摘錄為題目，不外乎欲使學子後徒探究其中義理，因此題目只一句而作文八股以敷衍，取能發明聖賢之意者，而非使模擬字句而已。若拘泥於字句則八股毫無用處，若如其所言題中只有「爾」之一字，則〈中股〉何以用出兩個爾字。更不用說爾字之後還有〈後股〉〈束股〉，以此煞尾則非文意已盡？如丁未年（年代未詳）「君子之仕也，行其義也」（《論語》〈微子篇〉）第一名答案（元魁）文中的〈中股〉亦用兩個「也」字煞尾而受到主考官大加讚賞，還受到時文論者的特別賞識，現在讀來，文中的兩「也」字與題中的兩「也」字果然相應否？……。

　　上述批判是針對經文中助辭在作文股末使用了兩次的問題。全文內容不詳，以作者的立場而言，將單句題末尾的「爾」字在〈中比〉二股末尾重覆襲用，若是單題的題旨能夠再現於二大股，亦可謂是合適的措辭。雖然評論者否定這樣模擬字句，但是如果目的是為了重現聖賢本來的說話語氣，正是這樣的反復襲用才算真正把握到題旨的要領。評論者指摘「爾」字之後另有〈後股〉、〈束股〉的問題，一般〈中股〉是要求發揮題旨精髓之處，但是在若在〈中股〉將題目全部經文講完，那麼在〈後股、末股〉只能重復〈中股〉的論述，然而，

按照作文格式上的要求，在〈後股〉「或發題中深一層意，或發題中下截意，或發題中未及發之字」（《作文譜》卷九）、進而在束股要求「總一篇之局而收束之者」（同上），因此上述例文把題尾最後的「爾」字在〈中比〉已然用盡的話，便有到此文意終了的危險性。然而，這亦不過是評論者身陷時文世界的批評，即便姑且如此，很多場合助辭實際上是以這樣的形式被應用在時文上的，至少修辭上多用助辭，便不可能對助辭的用法問題不產生關心。由此讓我們聯想到清朝學術的最大成果之一的闡明經書字義語義的小學。比如王引之的《經傳釋詞》是大家周知的詳細論述經書助辭用法的著作，達到清朝小學的一個巔峰。不能說這樣對助辭的關心與時文中對助辭的關心互不相關，這一點應另外設題論述，在此可以說的是，即便以經解經的考據學觀點及方法與時文的方法之間存在巨大懸隔，仕途上官至工部尚書的王引之絕對不是時文的門外漢，不會不瞭解時文中對助辭的重視。即便一向對學術界的動向敏感備至的時文，有關其吸收考證學成果還將在第四節加以論述，在此可以預先說的是，其成果實則進一步助長了時文界對助辭的關心。

在時文八股文，除了有重現聖賢口氣語氣的內容要求之外，還有文體上的運用對偶的要求。正如前文所討論過的那樣，內容與文體兩項關聯密切，而追求形式與內容的兼備自然還存在理論上的矛盾。然而，在現實的場屋中，越是切緊題旨越是要切忌「隨題敷衍」，即使逸出經書的本旨亦要重點落在追求作文的完善。前文曾論述有關解經的特徵之一在於把握關鍵詞、骨幹句，對這一觀點晚明陳龍正曾作過如下論述：

> 題有綱目，為文時，有宜以目為綱者。如「穆穆文王」（《大學》傳三章）節，「止」（穆穆文王，於緝熙敬止。為人君止於

仁，為人臣止於敬，為人子止於孝，為人父止于慈。與國人交
止於信）其剛也；「九思」（《論語》〈季子篇〉）章，「思」（君
子有九思：視思明，聽思聰，色思溫，貌思恭，言思忠，事思
敬，疑思問，忿思難，見得思義）其綱也。倘從中出一二句為
文，便應從本題實字發義，而「止」、「思」字帶見，方切當起
眼。若仍守常法，以「止」、「思」為主，帶出本題，則略換文
中字面，上下諸句題盡可移用，有同嚼蠟矣。（《舉業素語》
「為文」）

由以上所作出的建議來看，掌握關鍵詞的解經方法，會因應華麗的文
章要求而嚴重損害其有效發揮，這可謂是時文界的實態。接下來，進
而從文體的形式方面來考察時文的問題。

　　若列舉時文八股文的文體特徵，至少具備多重結構與流利兩點不
能缺少。首先看前者，前述例文的破承為，「〈破題〉聖人行藏之宜，
俟能者而始徵示之也。〈承題〉蓋聖人之行藏，正不易規，自顏子幾
之，而始可與之言矣」，對此商衍鎏解釋云「破題二句，明破行藏，
暗破惟我與爾。凡破題無論聖賢與何人之名，均須用代字，故以能者
二字代顏淵」，「承題四句，三句、五句皆可。承題諸人直稱名號，故
稱顏子。破承皆用作者之意，不入口氣」（《清代科舉考試述錄》第七
章第七節）。亦即，〈破題〉的「聖人行藏之宜」是直接用經文前半
「用之則行，舍之則藏」等字的明破，而「俟能者而始徵示之也」是
間接表現經文後半「我與爾有是夫」的暗破，唐彪具體指出〈破題〉
有「明破暗破、順破逆破、正破反破」等區分（參照《作文譜》卷
九、《叢話》卷二十三的梁氏語）。順便一提的是，這裡的〈暗破〉是
出自對應經文前半節的《集注》所引尹氏語：「顏子幾於聖人，故亦
能之」，接下來的〈承題〉使用助辭、一般以「蓋……矣」的句式來

承接〈破題〉加以敷衍。〈破題〉用聖賢為代用字,如上述例文不直
接稱孔子而稱「聖人」,不稱顏淵而稱「能者」,但在〈承題〉則要直
書「顏子」,孔子仍稱為「聖人」。對此商氏未予提及,《讀書作文譜》
(同上)所引說法為破承冒頭和結尾的數字相同者稱作「平頭」、「並
腳」,為〈承題〉最忌的狀況,上述八股文例便觸犯了這個避忌,由
此可一證避忌亦隨時代而發生變化。還有,例文中〈承題〉所用
「幾」字亦是基於《集注》。

　　如此強調作文上的規定與避忌,是為了保證文章完整同時,避免
同語反復及平板呆滯。〈破題〉破開題意,〈承題〉承接上文作具體的
敷衍,〈起講〉入口氣論述主旨,進而在八股中詳細敷衍經旨,整體
由抽象的表達向具體的表達、由簡潔的論述向詳細的論述展開。在股
比的各部分還要運用正反、順逆、開闔、正倒、緩急等照應行文,在
長文的〈中股〉有起承轉收之法,〈對股〉無此對比結構則有「合掌
之病」(《作文譜》同上)。晚明著名作家陶望齡經常云「時文之妙全
在曲折轉換之間」(《珂雪齋前集》卷十〈李仲達文序〉)者,蓋亦出
於這個觀點。總而言之,時文最為被看重的是具備多重結構的章法特
徵。

　　所謂合掌之病是指各比中的兩股內容或結構的相似。上述例文中
題目有「用之則行,舍之則藏」的對偶,關注到這一點,便能比較容
易地按照題旨對偶地作出兩股。〈束股〉部分列舉如下:

> 惟我與爾攬事物之歸,而確有以自主。故一任乎人事之遷,而
> 祇自行其性分之素。此時我得其為我,爾亦得其為爾也,用舍
> 何與後焉,我兩人長抱此至足者共千古己矣。
> 惟我與爾參神明之變,而順應無方。故雖積乎道德之厚,而總
> 不爭乎氣數之先。此時我不執其為我,爾亦不執其為爾也,行

藏又何事焉，我兩人長留此不可知者予造物己矣。

上述前股採「闡順」的手法順經文語氣觸及「用舍」，後股採「逆發」的手法以否定表現觸及「行藏」，組成彼此對偶的兩股。

然而題中並非皆能分出二項意旨。特別單句題、小題的經文，從中直接引出兩意便困難，而是「題情每比可分兩意者少，只一意者多」（《作文譜》卷九）。但是出於八股本身多重結構的要求，在兩股上依據經旨表達一意，就難免出現「合掌之病」。而有題旨一意引出兩意的必要，便有《讀書作文譜》所論「以一化兩之法」。無須列舉具體例，大凡由原本單層的經題化出兩意，八股式的敷衍勢必導致論述大幅逸出經文內容，追求形式與內容兼備的八股文的論理本身，已經孕含著不得不面對遺失經旨的窘境。

接下來考察有關八股文體的第二點特徵的流暢問題。當經文被認為是聖賢的講說，那麼在八股文對於聖賢語氣口氣的再現，則必須以首尾一貫的流暢行文來實現。以下探討有關作文方法上的貫通脈絡問題。在文體構成上，以前文的舉例而言，〈承題〉以「蓋……矣」的表述承接〈破題〉，繼而以「故特謂之曰」起講，有時還會用〈過比〉等前後文的連接句，原因如此。前文已然探討過的對助辭用法的關注，亦有很大部分是受到作文上需求的啟發。文章的流暢以及首尾一貫，是一般文章構成的基本，而在時文對此強調的原因，在於出題本身所潛藏的問題。亦即，塔截題、小題往往是無視經文原意的文字不通題目，但既然是經文就必須給予文意貫通的解釋。以下關於這一點加以深入考察。

明代中期，丘濬已經指摘科考出題中頻繁出現塔截題的現象：

> 祖宗時，其所試題目，皆摘取經書中大道理，大制定，關係人倫治道者，然後出以為題。當時題目無甚多，……近年以來，

典文者設心欲窘舉子，以所不知用顯已能。其初場出經書題，
往往探求隱僻，強截句讀，破碎經文，於所不當連而連，不當
斷而斷，遂使學者無所據依，施功於所不必施之地。顧其綱領
要處，反忽略焉。以此初場題目，數倍於前。(《大學衍義補》
卷九)

塔截題令舉子倍感困窘，即便小題亦有人嘆云「嗟乎，小題之難
為功也，蓋有十倍於大者矣」(吳應箕《樓山堂集》卷十七〈《四書》
小題文選序〉)。這類出題方式為清代襲用，「乾隆間會試鄉試多用塔
截及小題」(《叢話》卷二十二所引，黃氏語)。乾隆三年，規定即使
塔截題亦「必需意義聯屬，血脈貫通」，並對「恣意穿鑿，割裂語
氣」的出題傾向提出修正(同上)。追究這類出題流行的原因，丘濬
固然認為是考官為了炫耀學識而為難舉子，不過梁章鉅指出乾隆年間
多用塔截題的理由是為了避免舉子預測出題的「揣摩」，以及背誦解
答例文的「熟題」(同上，前引黃氏語)，這個說法較能認同。一旦產
生優異的答案，若無明證其作弊，即使是從平素學識衡量其不可能亦
不能給予落第處置，但如果給予及第，則又脫離不了依據考生平素學
行不佳可能賄考的懷疑。不管是否屬實，因為牽連科場舞弊的嫌疑而
多數場合是考官丟官罷職，正因為如此，考官為了避免舉子揣摩熟題
而不得不出塔截題以尋求保身。

小題以及塔截題之所以難以回答是基於以下的事情。小題的單句
題(數句題)，是指從經文的一章或一節中的開頭、中間或末尾摘出
一句(數句)的題目。比如《論語》〈為政篇〉「為政以德。譬如北辰
居其所，而眾星共之」的開頭一句為文意完成的一節，但是通常的狀
況是上下句文意相連構成一組句或一主題。但是，依據以出題經文再
現聖賢口氣語氣的時文的論理，論述提及題文未予提示的上下句的狀

況必須絕對避免。所謂符合題旨，是指不僅要詳盡論述題文的全部內涵，同時還不能涉及題文未包含的經文，按照這樣雙重的制約來約束作文，論及上下句便冒了「侵上犯下」的避忌。如《讀書作文譜》云「語涉上文謂之侵上，語犯下文謂之犯下」（卷九），避免犯下是由於「下文未經聖賢說出，我若先說，便是顛倒聖賢口吻」（同上），則侵上更是要避免。於是出於無過無不及地再現聖賢語氣的理由，便產生出這樣幾乎是毫無意義的禁忌，平增舉子困惑。據說康熙五十七年江南鄉試中便出現因犯下而被處以停罰一科處分的人（《叢話》卷二十三，袁氏語）。大致來說，上下句與題文文意的連續非連續，會因題文在全文的何處以及具有何種文法結構而形式多樣。比如《論語》〈先進篇〉「言志」章「安見方六七十，如五六十而非邦者」、〈述而篇〉「子曰，若聖與仁，則吾豈敢」各自的末句，由於前有接續助辭而與上文密切接合，這與前面如「為政以德」那樣自成文意完整一章的狀況當然作文法亦有所不同，於是詳細解說以上各種「題情」的作文法便應運而生。這種避忌的具體狀況亦隨著文體流行的變化而變化，一般是避免經文上下用字在作文上反覆，亦有主張避免論及上下文意旨的說法（《作文譜》卷八），無論如何，這樣的避忌對作文需要複雜的技術。由於這樣的避忌，即便上下文密切關聯的經題，亦必須以獨立的一文加以把握，從中尋找關鍵詞製成八股。

　　塔截題的困難程度更大。解答的手法主要用「鉤（弔）」、「渡」、「挽」等。要具體瞭解這些手法並不容易，概括來說，是將由文意互不接續的數節數章重組起來的經文銜接貫通的手法，「其作法全在鉤渡挽上見功夫」（《叢話》卷二十四），舉子的努力亦傾注於此。正因為是文意不通的重新合成經文，才要考慮以上述這些手法銜接，即使毫無道理的截割，只要聯成一文出題，則仍必須從中讀出聖賢的語氣口氣。由於出題的上半句本來屬於一文，下半句屬於另一文，因此文

意仍然要結合各自原來的經意並且避免侵上犯下的避忌而解讀出重新
合成經文的經旨。這種窘境是源自出題本身,由此看來,作文完全演
變成了牽強附會的文字遊戲,舉子們終日沉溺於作文的技法手法中,
出現「於聖賢立言之本旨則未暇顧」(同上)的滑稽事態,是當然的
發展結果。即便打出要符合經旨的招牌,亦正因為有了這樣的招牌,
作文便成為且只能成為終日陷於末梢功夫之上的牽強附會產物,其它
別無一物。乾隆四十年四川鄉試出題「又日新,康誥曰」六字。《大
學》傳二章的原文為「湯之盤銘曰:苟日新,日日新,又日新。康誥
曰:作新民」,出題的上句在原文前句與前後句密切相連,而出題的
下句如果失去原文中的後句便不成文意。面對此類的塔截題,經學的
素養並不能得到考驗,而是掌握了考試技巧的「稍知機法者,便可僥
幸獲售」(同上卷二十二)。圍繞塔截題的話題往往幾近笑話。試舉一
例:

> 喻孝廉世欽為諸生。時應試,得截塔題,乃是「可以人而不如
> 鳥乎。詩云:穆穆文王」(《大學》傳三章「詩云:緡蠻黃鳥,
> 止於丘隅。子曰:於止,知其所止,可以人而不如鳥乎。詩
> 云:穆穆文王,於緝熙敬止……」)。隔舍生作承題云:「夫人
> 不如鳥則真可恥矣」,因轉不到下截,將此二句再三吟之。喻
> 聞而生憎曰:「恥矣恥矣,如恥之,莫若師文王」。隔舍遂寂
> 然,蓋已錄之矣。主司閱其文平庸,惟承題為通場之冠,因獲
> 售。(同上卷二十三,詹氏語)

不管事情是真是假,即便喻孝廉之言是罵聲,隔舍生既以自文為前句
經文的題旨,除以這句飛來助言連貫後句,恐怕也是作不出〈承
題〉。原本敷衍「止至善」的《大學》傳三章的經文,因為這樣的借
題發揮已經何種程度地脫離經文原旨。

　　時文的論理結構，需要內容與形式的兼備，除此之外，還要加上選拔考試中考生與考官所特有的心理。諸如，不法入學、考官與舉子之間被稱為關節的私下結黨、他人替考、抄襲同考者答案、私自夾帶參考書入場等，這些圍繞場屋的話題是隨筆雜記樂於記載的題材。在科場舞弊的嫌疑中考官舉子屢屢受到牽連的事件，《萬曆野獲編》（卷十四至卷十六）以及《清代考試述錄》等有詳細記載。無論科場舞弊是否屬實，它為科考舉子所帶來的心理影響之大無法估量，致使他們祈求僥倖，窺探考官的嗜好性向揣摩出題、背誦時文例文集、專研文章技法、徵求名士的擬題、乃至瘋狂奔走於打通關節之間。

　　考官的一方，則為了避免遭受科場舞弊的嫌疑以及考生的揣摩，則必須想出有效試題。試題不僅受到舉子的關注，當局方面亦會針對其妥當與否加以過問。比如上述例舉的四川鄉試試題，就因為「上半句連上，下半句牽下，全無義理」而遭受彈劾。試卷一篇少者數百字、多者過千字，而大量的試卷審定由於有時間的限制而成為一件難事。關於如何達到採分的簡便化前文已經論述，而八股文的承破之所以倍受注重，以上述觀點來看，因位於文章開頭，因而容易造成判定整篇文章佳否的最先印象。明代潘德符《敝帚軒剩語》（卷中〈錄舊文〉）記載以下一件事：

> 有一閩士，老於公車。翹捷善走，好談理學。其社友草為破題謔之，云：「腳轎夫之腳，心聖人之心」，一時戲語耳。是年首題為「畏聖人之言」（《論語》〈季氏篇〉），此君遂用以作破，然荒謬潦倒，僅完闈事[21]。初無奢望，迨榜出，則已高標名字，乃知填榜時。一卷已甲者，當擬，會天漸明，不得細搜，

---

21 筆者按語：僅完闈事（考試）為科考的最低條件，若答卷留有餘白，則對其之後的應考資格有影響。

> 隨意抽得此卷。臨朐馮少宰為正主考，見「心聖人之心」五
> 字，大喜，以為奇絕，立命本房加批點評語，即以入轂。

上例與《制義叢話》（卷十二、謝氏語）所記載康熙年間福建鄉試解
元謝古梅的例子結合來看，可知初場的首藝（第一答案）對決定及第
名次發揮著巨大作用。這是時間受到制約的採分方式所帶來的當然結
果，承破於判定上倍受重視亦是當然，甚至如《叢話》卷二十三（繆
氏語）還載有科舉在縣學考試階段只以破題確定錄取與否的事例。

就這樣，錄取與否多半不得不依靠考官的主觀判斷。提交的試卷
並不是破承起講分開來寫，而是全文聯綴成篇、並且沒有句讀標點的
文章。考官在短時間內必須邊標點句讀邊理解文章的結構並判定採
否，即便有辦法客觀判別是否為佳作，然而採分上仍然摻雜考官主觀
的判斷或是謬誤。因此，科場中有關考官的話題，諸如斷錯句讀、弄
錯典故、重新讀到自己判為落第的文章卻大加讚賞等，大多成為人們
談論判卷結果的恣意性、偶然性的熱衷話題。

這些事件是否屬實並不重要，重要的是給了舉子一種印象，亦
即，場屋是個充滿恣意與偶然的地方。由此，大多數舉子注重的不是
經學的素養，而是揣摩考官之所好以及熟練考試技巧，因為他們知道
到這些才是入轂的捷徑。所謂「今之好為學者，取科第為第一義」
（《五雜俎》卷十三）、「不願中文章天下、只願中文章的試官」（《警
世通言》卷九）的說法，並不非言過其實。考官與舉子出於這樣的心
理，切合題目反覆敷衍經旨以及穩妥貼切經旨等，有時反而因為俗套
而受禁忌，那麼自然的是，那些一眼看上去醒目的構思、嶄新的文體
或者新異的字句，正如陳正龍所云的「異思、異局、異句」（《舉業素
語》）則大受尊崇。陳氏指出，穩妥貼切是歲考錄科的縣學考試的要
求，而場屋科舉則必須標新立異，理由是縣學考試二、三名錄取一

名，而科場則是五十名錄取一名，正因為這樣才必須要有新異（同上）。時文的心理歸結正在於構思、文體、字句的標新立異。

　　有關時文八股文的論理與心理及其結構機能論述如上。正因為需要在時文中像這樣以巧麗的八股重現聖賢的口氣語氣，如此所導致的現實結果是使科場演變為比試文章技巧與考試技巧的競技場。然而，再次正視八股文的結構機能，它的空疏無用即使當事者的考官舉子亦相自嘲，目標在經旨的闡明而實際上是以末梢的作文技巧、範文的背誦而始終，藉此期待高第仍然是困難的，仍然需要把握各種題目的骨幹句、關鍵詞，「以我馭題」地自主詮釋經文，並且在文章中表現出令考官關注的新異解經。這樣作成的文章為了避免被考官判定為內容恣意，最為重要的是對當時通行的《四書》學傾向加以關注，而明清時期建國初期尊奉朱子學的規定隨著時代的推移而獲得緩解，秘密地有時甚至公開地與朱子學相抵觸的時文時有出現。在祖宗之法的招牌未壞之前，這樣的時文不得不仍然委曲，然而只要科試存在避免俗套謀求新異的要求，對《四書》學推陳出新的解經要求便成為當時的必然趨勢。晚明陽明學盛行，尊崇陽明學者達到「十之有七」，在整個社會彌漫著陽明學以及佛教思想的氛圍中，秉持陽明學或者佛老思想的考官輩出，而清代考證學者的考官則多有登庸，無論舉子對考官能否投其所好，對這些主導考試的學者所帶來的《四書》觀已然不能不予關心。這樣，在時代思潮與時文之間架設起的橋梁，便是前面已然論述的講章。

　　另一方面欣求斯文復興的士人們，亦是主動積極地在闡明經旨的時文投映與注入自我的《四書》觀，那麼，明末思潮中的《四書》經解以及清代考證學如何體現於時文八股文之中，則成為接下來探討的課題。

## （三）明代的思想與時文

眾所周知，宋代以降書院與結社成為講學活動的主要場所，特別在明代中期以後由王陽明、湛甘泉發起的思想教育傳播活動愈加活躍。那麼，在這樣的講學中，科舉時文又是如何被定位的呢。以下，以王陽明的高徒、據說「林下四十餘年無日不講學」（《明儒學案》卷十二）的王畿為例加以考察。

王畿尋求聖人本體即功夫的頓悟，自然不認同舉子業積極仕途的意義。嘉靖三十三年，在聞講書院的會講上，他讓每會一人並各自輪流講授四書一篇，「以為參互體究之資」，有一次針對某人的講義評論云：「尚為舉業之舊見所纏，更須商量耳」（《王龍溪全集》卷一〈聞講書院會記〉），這樣，王畿主張講學具有超越舉業而尋求體悟聖賢之學的目的，不過他仍然論及從事舉子業同時參加講學活動的話題。那麼，在科舉求學體系之中的講學活動，在成就自我的聖賢之學基礎上，對舉子業必須給予明確的定位。王畿在會講之際針對營營於舉業之得失而不能專心學問的提問，回答說：「舉業德業，原非兩事。意之所用為物，物即事也。舉業之事，不過讀書作文。於讀書也，口誦心惟，究取言外之旨，而不以記誦為尚；於作文也，修辭達意，直書胸中之見，而不以靡麗為工。隨所事以精所學，未嘗有一毫得失介乎其中，所謂格物也。其於舉業不惟無妨，且為有助；不惟有助，即舉業而為德業，不離日用而證聖功，合一之道也」（同上卷七〈白雲山房問答〉）。從注重日用現在的龍溪學的立場來說，並不是排除舉子業才存在聖賢之學，而是要轉換視角將舉子業視為成就聖賢之學的一環。換言之，「吾人講學去做舉業，不惟不相妨，原是有助。不惟有助，原只是一件事」，不為得失而心動，只要不奪為學之志，「凡讀書

在得其精華，不以記誦為工，師其意，不師其辭，乃是作文要法」
（同上卷八〈天心題壁〉）。這可謂王畿是意欲將舉子業植入成就自我
聖賢之學中的。

　　永樂三年申明的洪武舊學規規定「每日背講書日期」，一個月中
會講、復講各五日，背書八日。背書指經書背誦，會講復講指由學生
所做講解復習，具體方法不詳（《皇明制書》「學校格式」）。這個學規
是否對後世產生過影響並不詳知，不過可以認為所謂的講書、即一種
經書的講解方式，得到了廣泛流傳[22]。下面是有關於洪漢（1441-
1510）的趣話：

> 洪漢……幼入縣庠，以講書見稱縣尹張慶，政暇，每早召至後
> 廳，講近午方出。……巡按於鄉試後，即出巡至章，意將為其
> 鄉人報復。……三日下學，撤籤講書，方展書，即斥出，跪於
> 二門外，如是者凡五六人。公（洪漢）揣其意在背講，因密告
> 長教，若舉善講者，則以吾名應之。已而舉之及，即至書案
> 前，照常禮畢，稟講何書。巡按屬色曰：講《中庸》。纔吐一
> 句，則怒曰：誰教爾講首章熟易者。……乃命講八引《詩》，
> 此《中庸》卒章最難者，公先朗誦大經一遍，然後貼註詳解，
> 有節湊，有理致，乘上起下處，更有照應。……譬比善歌者，
> 初慢而悠，中急而高，末收聲和緩有歸宿。巡按大喜。

由此可知，講書作為學生的一項學業，是學校的教科之一，官吏巡察
之際亦會抽查。具體方法大致有多種，《讀書作文譜》（卷二）所引如
下的說法可備參考：

---

22 宋代的講書似指教師的講說，比如有這樣記載：「故例博士撰解訓一二通，據案抗
　聲讀，諸生俯首聽。謂之講書」（《水心文集》卷十七〈台州教授高君墓誌銘〉）。

講書宜先說大旨，次分開其界限節次，次講明其何處輕，何處重，何處虛，何處實，次講明其照應聯絡，次逐句分講，此逐字分晰。如此，則不惟書義明白，而作文之理已在其中矣。

王畿主持的輪講，與學校的講書未必相同，這從其對糾纏於舉業舊見的講義的批評可知。然而講學活動中的解經內容形式，亦有與目的舉業的講解相近似的場合，這同樣從王畿的批判可以得知。為了糾正主張頓悟式的「無善無惡」之說的流弊，主持東林書院的顧憲成，曾經在學人講書之後問道：「敢問諸君今日來之來，是為要做時文，是為要做人」，當有人回答說「要做人」，於是他說：「若是為做時文，箇中意見議論委是無窮，懸河之口也說不了，罄南山之竹也寫不了，諸君津津求益，端不為過。若是為做人，正不消多，古來求道之士投師訪友，奔走四方，眠食不遑，只是從一言半語上有箇領會處，便把來做箇根基」（《顧端文公遺書》「志矩堂商語」）。由此可以瞭解，即便是不為主持者所認同，在講學中的講書，仍然會出現接近口述時文的內容表達形式，時文八股文已經浸透於講學之所。

與龍溪齊名的陽明後學二溪的另一人是羅汝芳（近溪），他從居官在朝講學至致仕以後巡歷各地勤於廣佈斯學期間，所到之處皆受到狂熱的歡迎，據說是「所至弟子滿座」（《明儒學案》卷三十四）。所著《一貫編》可以看成是他的講學記錄[23]，其中有其出任雲南副使期

---

23 根據九州大學文學部藏萬曆刊本（名古屋大學影印本）。羅汝芳的作品集有幾種刊本（參照山根幸夫《增訂日本現存明人文集目錄》），其中日本國會圖書館所藏本為內題《盱江羅近溪先生全集》、板心《羅近溪先生全集》全十三冊萬曆四十六年序刊本。第一冊卷首之後有卷一語錄，以下第二冊有卷二語錄……至第八冊有卷八語錄。不見《一貫編》標題，然而語錄中存九大本相當於《一貫編》的文章，有大幅度改變順序及增減的狀況。而九大本為集合羅汝芳的幾個版本的合併本，即如國會本亦歷歷可見第九、第十冊為合併本。不過，語錄部分的構成，是經過了進一步的整理，蓋為原初各自的單行本著述，萬曆末年整理編輯而成全集。九

間的講學記錄。從記述來看，其在五峯、武定、彌勒、臨安、石屛、通海、大理、永昌、洱海（原文為沮海，此據《近溪子集》「書」所收異文校訂）等雲南各地巡迴之際，曾於書院學校令諸生講書。其中記載的題材全部是關於《四書》的講錄，與前述洪漢的例子結合來看，考查諸生講書，似乎是擔任此類職務的官吏所要承擔的一項任務，考查內容大多數場合是《四書》講書。這是由於五經可選擇其一而《四書》則是所有人的必修科目，可以成為共通的論題。

顧憲成聽聞講書尋求「做聖人」之道，羅汝芳亦每每臨聽講書而敍說對聖賢的體認，立足日用現在開示孝悌慈愛的實踐，從而給予聽眾深深的感動，顯示出其欲將講書納入聖賢之學的氣概。但是同時，羅汝芳的講說對於目標舉子業的諸生來說，並不是與之無緣的高遠的理論。反而對他們來說，作為王學左派的名士羅汝芳的思想傾向及其《四書》理解正把握著時代的思潮，乃是尋求《四書》新說以及迎合考官嗜好不可或缺的知識。因此近溪講說給與聽眾莫大的感動多有被記錄下來，在記錄者的眼中是對於思想與激情的大眾共鳴，而從諸生一方來說，則是由此獲得了科場作文的指針而感動。

這樣，目標成為聖賢的講學與目標高第的學校科場中所講述的解經觀念及經書理解未必是彼此懸隔的事情，前者是將時文八股文融入聖賢之學，而後者的機制決定其只能不斷汲取新說，因此需要引入前者的《四書》講說，這樣在兩者之間便開闢出一條通路。這一點不容忽視，以下將深入論述。

正如所云「一切經書皆必會歸孔孟，孔孟之言皆必歸孝弟」，孝悌慈愛等日常家族道德的實踐正是孔孟聖賢之學的宗旨，這一主張是

---

大本的構成亦多雜亂難以利用，然而在接近講學的現場記錄一點則資料性倍加珍貴。

羅汝芳經學的最大特徵，他還主張應順應經書的文氣口氣單純地把握
經旨。即所云「凡看經書，須先得聖賢口氣」，「讀書須理解上下文
氣」。比如《孟子》〈離婁下篇〉「大人者，不失其赤子之心者也」一
章為近溪所注重的經文，其針對《集注》所作出的解釋「大人之所以
為大人，正以其不為物誘，而有以全其純一無偽之本然。是以擴而充
之，則無所不知，無所不能，而極其大也」提出批判，認為「凡看經
書，須先得聖賢口氣。如此條口氣，則孟夫子非是稱述大人之能，乃
是讚嘆人性之善也」。這是主張天下之人皆未嘗失去原初的赤子之
心，不能說只有大人未失，羅汝芳的思想乃是立足聖凡同質的觀念主
張日用現在即是道的具現，以上的論說可以說是由此立場而發，因而
亦能看出其已經遠離經文的文意。然而，正因為作出如此的主觀性解
釋，並將論據置於文氣口氣，由此而明確指示出其所依據文氣口氣是
為其解經的基本方法。依據這種方法，比如對《孟子》〈盡心篇〉首
章，則作出如其所云「此章之說，如陽明先生極於初學助長精神，然
孟夫子口氣似覺未妥，如晦菴先生雖得孟夫子口氣，然分析又覺稍多
層節」（以上徵引出自《一貫編》）那樣的嶄新解釋。

　　注重口氣的解經方式，羅汝芳並不是特殊事例。顧憲成曾針對某
人出示的一節論述「蓋有不知而作之者，我無是也」云云（《論語》
〈述而篇〉），指出「……然而體察孔子當時口氣，似乎不類者」（《小
心齋劄記》卷二），由此試圖作出基於經文口氣的解釋。

　　這種注重文氣口氣的經書理解是經學的常用方法，特別是宋學興
起以後的基本方法，至少可以說是明代中期以降講學中解經的一大特
徵。何以如此說，因為只要在講學中最首要希求體察體貼聖賢氣象，
比起概念性論理性的把握經旨，莫若說是採取感受式的全身心投入經
書世界並將自己化身為聖賢以重現聖賢的方式，如此聖賢在世時的言
語口氣受到重視，並把這樣的觀念反映於解經中。

　　從以上來說，以再現聖賢語氣口氣的論理作為出發點的時文，與講學的經書理解，至少在現象層面具有極為相似的性格。前文已經說過，至明代中期的時文並不是以再現聖賢在世時的聲音語調作為重點的，而講學又是從此時期以後大興，結合時文的結構性來看，講學對時文的影響無法否認。而參與講學的士人大多數是從事舉子業者，因此時文界的《四書》解釋問題點往往會成為在講學場合的討論題材。如羅汝芳曾質疑朱熹《大學》格致章補傳，認為《大學》本來便是完整地一篇，其開頭的經文似破題、繼而之文似承題、其後有小講、大講，宛如《大學》便是一篇時文。

　　前面多次提及的《舉業素語》，是一部結合時文結構功能講述舉子業要領的著作，而作者陳龍正是東林學派的一方鬥士，其編纂業師高攀龍的遺書，還自身從事講學活動[24]。他們是活躍在講學場的人物同時還是時文界的名士，這從本章第一節所探討講章中可見引用他們眾多的學說亦可以獲得瞭解。大多數的文集語錄是經過後人的選錄，即使被時文序採錄，像《舉業素語》那樣深刻剖析時文世界的著述文章得以現存是極其少見的，通常是連著述目錄都不予記載。由此而說他們與時文無緣而專注於與時文彼此懸隔的純粹學問，則未必盡然。舉子業的詞章章句之學會導致玩物喪志，這是宋學以來的一般看法，對其積極地參與非為知識人的操守，正所謂是他們引以為恥之處，即使以彰顯古人為目的的蒐集遺作活動，亦可以被除外的。從這種意義上說，講章中羅列出學術界的名士，其作為得以瞭解當時隱蔽文化狀況的資料，則令人饒有興趣。

　　在前面第四章至第六章所論述的那樣，明代中後期逐漸盛行的《四書》新解釋學說得到集結整理，晚明時期出現了為數眾多的富含

---

24 關於陳正龍其人，可參看溝口雄三「いわゆる東林派人士の思想」。

特色的《四書》解釋書。其中最有特色的作品要數託名李贄（卓吾）名義的《四書評》，其經文所用語如「說得痛快」、「直截」、「字字活眼」、「斬哉」、「簡甚」、「痛快」、「罵得狠」、「和盤托出」等評論語，為後人的註釋文體的論評樂於使用的表現，其最有特色之處是直接針對經文的論評。並且論評是針對經文的文體文氣更值得關注。承襲了《四書評》的《青雲堂四書評》更為明確地指出「凡作家相遇，傳心秘密都只從眼前口頭詮度耳」（《論語》〈八佾篇〉「子語魯大師」章註），以佛教的論調主張沿著經文文章表現、口氣語氣解經。這種重視文氣語氣的方式是晚明《四書》經解以及當時的《四書》學的特色。如周汝登便關注「夫子之道忠恕而已矣」、「堯舜之道孝悌而已矣」的「而已矣」的助辭所表現出的聖賢語氣，在解經中格外看重助字虛字的作用。

　　講章是作為當時的《四書》學與時文的溝通橋梁，如《四書評》還具有發揮科考參考書作用的講章性格。《四書評》云「世之龍頭講章之所以可恨者，正為講之詳，講之盡耳」，又云「此《四書評》一帙，有正言，亦有反言；有詳言，亦有略言，摠不求甚解之語，則近之」，明確表示其不同於講章的《四書》經解。所謂的龍頭即指殿試第一名合格者的狀元，而龍頭講章則有目標高第的應考參考書的意味。雖然《四書評》這麼說，從時文於結構上要求對關鍵詞的把握以及新異的文章表現來說，此書的寸言特異的解經方式，則無疑可以成為製作八股文的有用指針。正因為如此，即便後來的講章性格濃厚的作品，亦是積極採用此書的論說。

　　講學成為自我表現的場所，成為明代中期以降思想界的新動向，並反映在時文界。不僅如此，既然如王畿所云「舉業即為德業」成為可能的話，更加積極地投身時文，借助時文形式表達思想，從而引起時文從內部開始的革新。楊起元（復所）便是一個能夠體現這一觀點

的好例證。

楊起元（1547-1599）的《證道書義》，在「人人本是孔子，皆可以為孔子」的聖賢之學與舉子業彼此脫離的狀況之中，主張經義借助時文形式闡明聖賢之學，關於士人所習之處，主張「以我解經，以文解我」（閻氏選序），所謂從時文的內部精神進行革新。在這部作品中，可見以《論語》〈里仁篇〉「子曰，朝聞道夕死可矣」為題的作文，在當時圍繞生死觀的討論中，時常作為經書實證而提及。茲引用原文如下，各部分的分斷句讀為筆者所添。這是基於對照上的便利性的排列，原文是聯綴成一篇的文章。

| | |
|---|---|
| 破題 | ①人能得道，即能外生。 |
| 承題 | ②蓋道本無生也，何有於死，是故聞道者無不可矣。 |
| 起講 | ③且人之所以怖死者，以其有生也。以數遣之而猶有，以命安之而猶有，最上則鍊神合虛己矣。而猶不能無也，是其於死皆不可也。 |
| 領題 | ④其惟聞道乎。 |
| 題比 | ⑤夫道也，終始天地，而不與天地共終始。 |
| | ⑥出入萬物，而不與萬物同出入。 |
| | ⑦其朕不可窺也，而惟許夫遇之者可得而聞。 |
| | ⑧其妙不可議也，而惟許夫聞之者與之合體。 |
| 出題 | ⑨誠又人焉，聞道於朝，而超然造真悟之域，即可死於夕，而脫然無繫悋之情。 |
| 中比 | ⑩目能視，耳能聽，活然為人也。以聞道者觀之，視聽道也，無視聽亦道也。安見此是道，彼非道乎。是故可以視聽，可以無視聽。其生也無欣，其死也無戚矣。 |
| | ⑪手能持，足能行，儼然在世也。以聞道者視之，持行道 |

也，不持行亦道也。安見此得道，彼失道乎。是故可以持行，可以無持行。其生也若遺，其死也若休矣。

⑫以死生為共貫，而不見其殊。

⑬以朝夕為無窮，而不見其促。

後比　⑭蓋死生者形也。而道無形。對有生者言而謂之死也。可不可情也。而道無情。對不可者言而謂之可也。

束比　⑮彼蓋見夫道為我聞，則道生道死，而不由乎我。又即見夫我既是道，則我生我死，而更由乎誰。

落下　⑯籲盡之矣。


（參考）《集注》

道者，事物當然之理。苟得聞之，則生順死安，無復遺恨矣。朝夕，所以甚言其時之近。程子曰：言人不可以不知道。苟得聞道，雖死可也。又曰：皆實理也，人知而信者為難。死生亦大矣。非誠有所得，豈以夕死為可乎。


　　周汝登為《證道書義》各條作出評批，關於上述例文其評語云：「朝聞昔死之言，是將孔子頂門一著微微剖破示人，而人有窺其竅者鮮。獨此義闡旨明宗，可謂得骨得髓，即以文章家論亦已集唐、王之大成，其餘作者紛紛自當廢矣」。這是在稱道上文深得經文精髓以闡明義旨、同時還繼承了王鏊、唐順之等古典時文大家的文體、這樣兩方面的特點。如此從內容與形式兩方面進行評論是時文品評的常用手法，無需多言，這完全是因應時文的論理而來的。

　　從形式而言，④或許應該看成是起講的末尾句。時文的結構區分並不是先有定式，而是運用八股文的一定形式以後整理規範化而形成。原則上說，起講末尾的若干句乃是加入口氣並概括整體明確題

目，其作用在引導出接下來的八股敘述，當作為引領題比（起比）敘述的開始作用而有些獨立性格的場合，則還被看成是稱作領題（入手）的獨立部分。因此分作領題有無的兩種作文，正是有上述的理由。同樣道理，接續中比兩大股的⑫⑬兩小股，有時還被看成是聯結中比與後比的稱作過接的連接文。由此來看，上述例文可以說是完全具備八股文條件的文章。

破題前句乃是用題文「道」字的明破，後句是未用題文文字的暗破，在此基礎之上，用「外生」這個令人不太熟知的字眼，恰如前文所云「異局異句」反而是符合時文要求的。而承題承接破題敷衍題旨，利用題文用語同時以逆接表現從反面再現題旨。在八股的部分避免使用同一用辭，彼此互為照應地運用順接逆接的表現技巧。「合掌之病」具體依據時代而有所變化，不過例文至少利用了分層次表現而避免平板無層次的毛病則無異議。末尾⑯的落下，如盧前所云「落到題之下文」那樣，一般是需要延續題文中經文的語勢，上述例題為全章題，而且含有在此孔子全部道出其生死觀的語氣，因此用了「籲盡之矣」以結束全篇。

若是上述例文以八股文作法製成的一篇內容形式完整的時文，那麼時文文體上的制約自然會影響到闡明宗旨的目的（內容），然而在這樣的制約狀況中，復所決心表達出自我的《四書》觀及聖賢的宗旨，並且由此成為可能。

在探討這一點之前，對明代的制義（八股文）有必要注意到一點前提，亦即，時文的解經必須依據《章句》、《集注》、《大全》是為祖宗之法。明初洪武十七年的科舉定式規定，《四書》義必須遵照朱子的《章句》、《集注》，永樂年間的《四書大全》為宋元時期朱子學《四書》說的集大成之作，明確了所要依準朱子學的具體內容。王鏊（1450-1524）被譽為明代第一的時文大家，據說八股文的定型化是

由於他的出現而導致。例如我國為數不多的八股文研究者之一的鈴木虎雄氏的前揭論文中有徵引王鏊的時文例敬請參閱，本文則省略引文，但是具體考察一下引文的出典根據，則可以明確其反覆詳細地結合《集注》所展開的論述。即使將他的作文看成是敷衍《集注》經注而成亦不為過。降至清代，科舉依據朱子學仍然是國家規定，如上一節所見韓菼的時文中，破承亦使用了《集注》的用語。不過，清初的韓菼與王鏊比較，對《集注》語句的敷衍卻難以認為是其作文上的特色。其原因便是此前再三提到的「隨題敷衍」是應該避忌的俗套，這從時文的論理衡量是當然的，由此亦顯示出依準朱子的規定被無限地架空，然而作為祖宗之法的規定本身仍然是被嚴格遵守的，這一點需要預知。

《集注》的解釋為「道者，事物當然之理。苟得聞之，則生順死安，無復遺恨矣」。這裡的「無復遺恨矣」原樣引述經文文末的「矣」，是注意到孔子的語氣，再現語氣口氣是明清時文的特徵，而明清人對他們所批判的朱子之於表現經文語氣之處並非無視的。楊起元的經文理解與《集注》有相當大的距離。關於「道」他在中股開示本旨，指出視聽持行為道，無視聽持行亦為道。這是運用順逆表現手法表明「道」即為「日用現在」本身的思想立場，與朱子主張作為「事物當然之理」即事物成立根據的道不同。

繼而，關於生死觀的解釋，由朱子認為生死為自然的攝理立場出發，生死雖為大事但並非以克服生死為關注點，在《集注》中莫如說是以「聞道」為重點的。與之相對照，楊起元全篇的視點落在克服生死之上，以把握關鍵詞的觀點來看，比較兩者關注的重心，前者（朱子）是落在經文的前半句，後者（楊起元）則落在經文的後半句。在起講中提出命數觀念以及道教的煉神合虛等方法皆無法超脫生死，同時論述其生死觀為唯有由我之主體「真悟」才能超脫生死。他借助時

文形式，表達出他的於日用現在的主觀體悟思想。

　　這樣看來，楊起元的時文可以說是觸犯了遵奉朱註的祖宗之法。一點需要指出的是，這不是墨文答卷，而是借助時文形式的思想表達，從而引起兩者的脫離，然而以時文的論理衡量，不能忽視此文是科場中同樣適用的內容形式。起元並非是透過否定朱註以表達自我主張，亦並非如王鏊所代表的典型的詳細敷衍積極遵奉朱註立場，而是並不批判朱註地轉換思想重心，以並不抵觸朱註的低調形式，在僅僅表面上遵守規則，而實際上將自己的經文理解表現在時文的。並且，在數百字的作文中其從朱註遊離的印象被無限地稀薄了。本來「真」字如顧炎武所指摘的為五經所未見的文字，將之與悟相連以成「真悟」，這是使用了帶有近似佛教悟的味道的用語，由此來說，此文亦可謂是釋老色彩濃厚的經解 [25]，如果將之作為評論對象則很難避免評論者的非難。在本文第一節中已經論述過艾南英、顧炎武的楊起元批判是針對其萬曆五年的會試墨文，所批判的重點正是在他將佛教的「宗門糟粕」引入時文一點上。然而，此文若以時文的結構性提交考官判定，那麼從朱註觀點的遊離非但不會受到質疑，並且還有可能因為「異局異句」的獨創性而獲得評價。被後世痛斥為「宗門糟粕」的他的會試墨文，在當時是獲得了二甲五名（一甲三名，此文排列當年全部考卷的第八名）的高第。

　　這樣，在若即若離地遵守朱註的表面立場下，於時文表達各自的思想立場成為可能。而這正是楊起元《證道書義》的立場，李卓吾對此篇時文似乎很是熟讀，曾例舉數條推薦給盟友的焦竑，李卓吾還以

---

25 楊起元對佛教的接近十分顯著，他曾說過：「此道大意曉了，方可看古人經典，以印正之。至於宗門語，最為直捷，尤當熟看。此係大學止至善之捷法。奈世人不識，目為異端，深可惜也。止至善之學不離當下，宗門之學亦不離當下也。離當下而言學，是失止也，是失宗也」（《太史家藏文集》卷七〈宋五雲〉）。

時文為天下的至文，將之作為文學的一個領域認同其獨立的價值。這
一點可以結合其對楊起元的時文的評價，並將至文的時文例求證於楊
起元的「制義」獲得證實。早有溝口雄三氏（《中國前近代思想の屈
折と展開》，頁195、215）對以上事實作出論述，從楊起元上述時文
例來看，可以說的確具有值得李卓吾評價的資格。

　　羅汝芳在巡查中課以諸生的題目是全章全節題，楊起元「書義」
雖是包含單句、數句的小題，但皆為全章核心字句，因而即題作文闡
述宗旨並無不足。這樣關於章、句、節結合經旨以八股文形式「證
道」還是可能的。然而現實的出題多用截割章節的小題、塔題，對缺
乏實體內容的經旨進行再生，這樣的時文逐漸演變成只有形骸的文章
遊戲。反思這樣的事態，回歸闡明經旨以及再現聖賢的本來目的，是
當時思想界針對時文的態度。王畿所云「做聖賢」的講學不是把舉子
業作為本身的目的，然而主張日用現在即為道的講學，不能排除舉子
業。因此以「隨方解縛法」（《王龍溪全集》卷八〈天心題壁〉）將時
文融於講學中，把自己的主張裝載入八股文中。採取世間所公認的依
據朱子學說的經書解釋，表面看上去依從規制而實質偷梁換柱地將之
化為表現自我的舞臺，這正是隱微巧妙的晚明思潮對時文的發展方
式。楊起元的時文習作實際對科場墨文是否產生了影響不得而知，有
識之士所指出晚明時文的頹廢化現象，在指出時文遊戲化的反面，還
意味基於這樣的新《四書》觀產生的時文的登場。當時的思潮正如滔
滔洪流沖刷時文界的。

## （四）清代時文中的考證學

　　明代興盛一時的書院講會講學活動至清代初期開始急速衰落，眾
所周知，尊崇朱子學的表面規定在此期間再度強化，而在其遮蓋下的

實證學風開始普及，對漢唐訓詁學的重新評價與繼承成為時人崇尚的目標。時文八股文的論理與心理在明清兩代基本保存了同一的性質，晚明時期對漢唐古註的評價逐漸提升，以時文的論理來說，恐怕這一時期的科場已經出現吸收古註的時文創作，因此不能斷言提倡古註為清代所固有的現象。不過，實證學風滲透在時文的《四書》解釋，以至吸收古註考證史實的時文頻頻出現，則仍然是有清一代科場的一大特徵。與在上一節所見講學與時文的關係相類似，考證學亦與時文有著深刻的關聯，以下主要依據《制義叢話》收錄的資料考察這一點。

　　《制義叢話》卷十三、卷十四列舉了為數眾多的不守朱註的文例。關於這一點，梁章鉅曾做過評價，「今功令文字與朱背者即為不合式，然制義代聖賢立言，通儒之心思日出，其有實可與朱註相輔而行，而復於古有據者，固亦功令所不禁也」（卷十三）。明代初期獲得確立的依據朱子《章句》、《集注》制義的官方規定，如本章第一節所引顧端木之語那樣，至晚明事實上已經得到緩和，並保持至清代。清代初期官方採取一貫於元明的遵奉朱子學的政策，然而，如連累曾靜之獄被鞭屍的呂留良（晚村）有《四書講義》、《四書語錄》，對此逐條予以駁斥的《駁呂留良四書講義》卻走上違背程朱經傳的命運並廣傳世間。乾隆四十四年，親自批閱順天鄉試論語題墨文的乾隆帝，亦指摘「不合傳註」、「認題不真及遣詞不當」（同上卷三）。文教政策實際上的緩和以及乾隆嘉慶朝盛行的考證學，無疑是對此產生了影響，這亦是活在乾隆道光年間的梁章鉅所以能慎重地選擇措辭作出上述發言的原因。

　　由此顯示出不守朱註的時文能夠獲得容許的兩個條件。第一是補充完善朱註，第二是有古註依據可資闡明經旨。儘管說事實上的規制緩和有所進展，然而只要有祖宗之法的規定，時文追尋新異的論理同時，仍然不得不有所顧忌，在這一點上，清代與明代的時文所處狀況

相同。茲舉數例：

　　清代的許多經解，對《章句》、《集注》的註釋，各章繁簡不一，並且不是對章中每一句施加註釋，致使諸多經旨不明。比如《論語》「子入太廟，每事問」，〈八佾篇〉之外〈鄉黨篇〉亦見，《集注》對後出只註「重出」二字，恐怕是把這句當作錯簡來看的。然而，如果〈鄉黨篇〉的此文作為出題，從闡發經旨的科考立場而言，以錯簡的考據觀點作文是不能被容許的，即便說依據朱子經說，在具體事例上很多場合亦是行不通的。皇侃《義疏》指出兩者理由的不同，〈八佾篇〉的語句是孔子與某人的問答，而〈鄉黨篇〉的語句則是記述孔子平生的常行。而被戴震稱為「罕儔其匹」（《江慎修先生事略狀》）的江永（慎修），依據皇疏進而稱孔子「在宗廟朝廷，便便言」，這是從〈鄉黨篇〉經文獲得綫索「得間而入」經旨的時文例，梁章鉅評價說「自有此文而此節之非重出可以定案」（《叢話》卷十四）。若否定錯簡說便與朱註相抵觸，然而若只記重出而不提示其理由（江慎修謂：「此七字在論語為重出，在鄉黨為特記不可無文」），那就有必要依據古註補益朱註。

　　再如，關於《大學》傳十章「見賢而不能舉，舉而不能先，命也」中的「命」字，朱子云「命，鄭氏云當作慢，程子云當作怠，未詳孰是」，從而保留判斷。針對經文採取如此謹慎的態度，在《章句》、《集注》中時常可見，朱子是依據保留判斷、兩說並記的原則[26]。針對這樣的狀況，作文則可以不從朱註容許對其補益，如前述的管世銘主張「命」字不必改為它字，且由此寫出別開生面的作文（同上）。

---

26 或問：「集注有兩存者，何者為長。」曰：「使某見得長底時，豈複存其短底。只為是二說皆通，故並存之。然必有一說合得聖人之本意，但不可知而。」（《朱子語類》卷十九，六十六條）

　　提出新說是時文結構上的要求，朱子說以外，若有舊來的有力說法，便需要慎重地顧及，這依然是出於時文結構上的需求。《中庸》二十章「齊明盛服，非禮不動，所以修身也。去讒遠色，賤貨而貴德，所以勸賢也。尊其位，重其祿，同其好惡，所以勸親親也」，之後分別論說「所以勸大臣也」、「所以勸士也」、「所以勸百姓也」、「所以勸百工也」、「所以柔遠人也」、「所以懷諸侯也」。《制義叢話》（卷十一）例舉翁方剛（覃溪。1733-1818）的解釋：他認為舊來講家將「親親」解作「親之親我」乃是失解，依據舊解，「勸親親」句之外「所以」云云諸句，皆是「勸、柔、懷+事項」的句式結構，只有「勸親親」為「勸+動作」的句式結構，由此推論「似是傳錄時因上段下段皆有勸字，遂誤多寫一勸字耳」。「親之親我」之舊解只是出自義理的論述，以文章大勢論之，則《四書》中用「親親」二字之處沒有不是上字作虛字、下字作實字的用例，如老老幼幼長長等皆是這樣的句式，即本來應為「親親」而不是「勸親親」。這便是生存在乾嘉考證學最盛時期的學匠翁方剛之學所顯示出的依據古典校堪及「以經證義」的經解見識。他繼而論云「但舊解如是，學者稟承既久，豈敢妄增議論於其間，而作文者則不可含混了事」，並且還提出如下的作文例：

> 〈入手〉　且親親之名不必自上立也，自上親下而名之曰親親，自下親上（筆者按：《叢話》所載原文為「自下親下」）亦名之曰親親，然用上親下之道必馴致乎用下親上之境，而下未必有親其上之實，是所云親親者究入之未深也。臣則曰，是無以勸之之故。

　　翁氏所引上文的前後文已不可得知，由此〈入手〉（領題）來看，作者將「親之親我」的舊解與「親親」的私見透過技巧性接合而

使得文意變得曖昧模糊，看上去既似依從舊解，又表達出寫作者新的見解。注重多層次表現的時文，大多數的狀況是如此運用正反、順逆等表現技巧的結果反而使得論旨缺乏明瞭性。即使一般的論述文章，特別是明末的文章，受到時文的影響浸潤尤深，這就是造成此類文章看上去有著厚重的論述結構但實際卻表達曖昧的原因之一。梁章鉅針對上述文例評價云：「如此煞費苦心而又濟之以靈圓之筆，方見此題生面，真可當講章讀矣」。這種所謂的苦心，在我們看來是不正面否定舊解地、隱微表達新見解，乍看上去，可以當作舊解亦可以當新見，並且不是二說並記的表現手法。這種不斷追尋新見解的時文結構，在當時的經書學上表現出來，亦可以說是清朝考證學反映於時文之中。

明清時文八股文的論理、心理及其結構，乃至當時的經學、《四書》學所呈現在時文中的方法如以上所論。概而言之，雖然由於固有的文體結構而導致時文逐漸轉化成文章遊戲，然而出於原則上重現聖賢於現今眼前的需求，於是時文的經書觀及經解觀念便朝向當時的經學與《四書》學中加以尋求。學術界順應這樣的需求，提供了為數眾多的指導科考方向的講章類經書註釋書，當時的經學與《四書》學，或者直接或者透過講章而反映在時文界。這從時文的角度而言，在以朱子學為準繩的經解規定中，實質的內容卻一直追求著日新月異；而從經學與《四書》學的角度而言，在官方文教政策框架下雖然經學性格受到制約，卻反而從中產生出表現自我思想的自主性。總而言之，時文八股文曾經有過屬於它獨具特色的經書觀及經文理解。

# 中文版跋

　　日本和韓國雖然地理相隔那麼近，但是中國、臺灣與兩國的學術交流並不密切，許多日韓的漢學著作，中臺的學者都未曾加以注意，舉例來說：日本宇野精一的《中國古典學の展開》（東京市：北隆館，1949年），專門討論《周禮》的真偽問題（出版年月），出版數十年，中臺討論《周禮》真偽問題的著作數量不少，卻沒有一位學者引用到此書。津田左右吉的《左傳の思想史研究》（東京市：岩波書店，一九六四年，《津田左右吉全集》第15種）全是討論《左傳》的真偽問題，近四十年間討論《左傳》真偽問題的著作也不少，但是並沒有一本書引用到它。又如，加賀榮治《中國古典解釋史（魏晉編）》（東京市：勁草書房，1964年），討論魏晉時代的經典詮釋問題，包括偽《古文尚書》的真偽問題，篇幅非常龐大，可惜研究魏晉經學的學者並沒有人知道這本書。由此可見，國人對日本研究經學的成果並不關心，直到一九九一年，我開始主編《日本研究經學論著目錄》（臺北市：中央研究院中國文哲研究所，1993年），一九九七年開始編輯《日本儒學研究書目》（臺北市：臺灣學生書局，1998年），有這兩本綜合性的日本研究經學和儒學的書目，情況才稍稍改觀。因此有學者說，這兩本書目是研究日本漢學的分水嶺，以前的研究，零零星星不成系統，有如散槍打鳥，這兩本書目出版以後，學者可以從書目得知日本有哪些研究成果，為日本漢學的研究打下堅實的基礎。

　　雖然如此，還是有不少學者，因為語文的隔閡，並未去關心日本最近研究漢學的成果。譬如一九八八年創文社所出版的日本佐野公治先生的《四書學史の研究》，我第二次到九州大學做研究時，在書店

買到這本書，發覺它是研究晚明《四書》學最重要的著作，可惜國人並不知道有這本書。我從一九七五年，開始研究明代經學，苦於明代經學研究的參考書甚少，購得這本書後，我為了能讓更多人吸收佐野先生的研究成果，從一九九九年起，邀請張文朝、許政雄兩位學弟來翻譯這本書，由於兩位學弟教學工作甚忙，文朝學弟只翻譯了第四章〈《四書》註釋書的歷史〉，刊於《經學研究論叢》第九輯（2001年1月），許政雄學弟的部分並沒有翻譯出來，這個工作也就停頓了下來。許多學生看到〈《四書》註釋書的歷史〉這篇文章，知道是《四書學史の研究》中的一章，紛紛問起全書什麼時候譯完，後來我有點不耐煩地說：你們應該自己去學日文來幫忙翻譯。我深深的覺得，現在年輕人願意下苦功去學一種語言的人太少，這也是中文學術研究不能國際化的原因之一。

二〇〇九年，有幸遇到從名古屋大學留學回來在華梵大學東方人文思想研究所任教的莊兵博士，知道他是佐野先生的高足，有意將佐野先生的著作翻譯出來介紹給臺灣的讀者，我大喜望外，重新燃起了譯完《四書學史の研究》的念頭。我請文朝學弟和莊兵博士一起翻譯，莊博士一口答應，三個月內就完成他所翻譯的部分。文朝學弟也把他先前沒譯完的部分全部譯完。佐野先生的這篇大作，出版後有多篇書評，為提供讀者參考之用，我選了三浦國雄、木村慶二兩篇作為附錄，分別為林愷胤和莊兵先生翻譯。在這期間，一切與佐野先生聯絡的事務，都由莊兵先生來負責。全文譯稿由莊兵教授做最後的統一，經佐野先生做修改後，本人也做了一些校訂的工作。全部的工作於二〇一三年五月結束。

記得十多年前，我邀集四位學弟，翻譯松川健二博士主編的《論語の思想史》出版項（東京市：沒古書院，1994年），也譯了十多年才完成，這本《四書學史の研究》也譯了十多年才結束，根本的癥結

是翻譯這個工作在臺灣有許多學校不列入升等的點數，懂得日文又熟悉經學的學者實在太少，這兩個原因沒有做根本的解決，奢想把日本的漢學著作完整的介紹過來。

　　我有意邀請海內外精通英日文的學者一起來翻譯歐美和日本的漢學研究成果，編成《世界漢學名著譯叢》，這本《四書學史の研究》列入〈日本編〉的第一種，希望以後能有第二種、第三種，能為國際漢學著作的譯介工作略盡棉薄之力。感謝佐野先生和原出版的創文社，無償讓我們翻譯這本書，也感謝張文朝學弟和莊兵博士的鼎力相助。佐野先生和莊兵先生要我為中文版寫篇序，對佐野先生來說，我是晚輩，豈敢作序，僅將此大著的翻譯過程略述於此。

　　　　　　　　　　　　　　　2013年11月6日林慶彰誌於

　　　　　　　　　　　　　　　士林磺溪街知魚軒

## 書評一

# 佐野公治著《四書學史的研究》
# （東洋學叢書）

三浦國雄　著

林愷胤　譯

　　近來「經學」受「哲學」和「思想」的壓迫明顯衰退，本書是一本證明經學研究──在此為《四書》學─也可以描繪出相當精彩的思想史的書籍。其中宋明理學研究，原本從解釋經書發跡，但之後只從理、氣、心、性等「哲學」方面考察，像本書從直接從《四書》研究宋明思想史的這種方法，本來應該是相當傳統的，卻顯得很新鮮。接觸這種充滿諷刺的有趣書籍也就不是件無聊事了。接下來，為了怕學生看到本書的標題就敬而遠之，介紹一下本書的內容，但本書的魅力還是在字裡行間，在此先告知讀者。

　　首章是總述。第一節〈《四書》學史的概說〉，敘述經學史研究能成為「照亮中國文化特性的有力觀點」的原因。作者提到，中國認為思想是「經書創新解釋的表現」，知識分子受到「一定政治的制約」，但同時又根據經書懷有「傳統文化理念」，與政治權力對峙。在這種前提下，概括《四書》學史的變遷。包括《四書》學由朱子建立，王陽明發展新《四書》學，至明末，朱子以來的《四書》學實質解體。此種時代規律也成為本書的防守範圍。

　　第二節〈明代人與經書〉中，具體描述以背誦為主的經書學習。

認為背誦並非被動且機械式的學習方法,甚至還是「中國人使古典一體化的思維形成方法」、「經書透過記誦進入精神的深處,透過血肉化經由主體思索而再生」,以「這種培養過程才是《四書》學、經書學」結尾。然而,作者對背誦及經書如此正面的肯定,自己也不由得想了解負面的地方。姑且到這邊,我們對本節作者資料蒐集廣泛已不由得感嘆。「後記」還記錄作者自在的探訪各地的圖書館,並專心的徜徉在書籍中的樣子。

第一章〈《四書》學的成立〉副標「朱子經學的結構」,以《大學章句》「表裡精粗無不到」為基礎,進入朱子的思維模式,探討「二而一,一而二」的論述。作者也指出這種立論並非首創,前幾年過世的友枝龍太郎也以為朱子的理氣論是「不離不雜的辯論」。(遵循前人的話發表一下拙見,我自己也曾經認為朱子的思維方式應該是「將渾沌的東西加上精緻的分析,再回歸到渾然一體的樣子,用圖表示就是渾沌─分析─渾沌的過程……」,在這裡希望重新解讀成渾沌為一,分析為二,《朱子集》,頁345)然而作者並非像一般的朱子學論者,只單獨以理氣論的模式提出,而是從朱子的思維模式抽出基本原理,此為創新之處。在這個定論上,今後爭論朱子一元論或二元論等無意義的討論應該就此告一段落。

閒話先到這邊為止。作者得出這個理論後,樹立了解釋朱子經書的核心。至此為止都相當有說服力,作者強韌的手腕再度令人佩服。然而為何不是五經而是《四書》,作者提出「遵從形而下的多樣性,同時試圖得到形而上真理的朱子學,在《四書》的世界裡是相當充分的。五經就只能放在補充的位置而已吧」稍微不夠充足,希望作者能夠從學、論、孟、庸各個具體的分析其脈絡及融合,而非只是簡單的斷言「朱子的《四書》學本身就是相當完整的學問體系」。

第二章〈以宋元代《四書》學為中心的政治思想狀況〉,描述朱

子學的消長與思想界接受《四書》學的樣貌，卻意外的形成不同風貌的（南）宋元思想史。這樣說是因為作者從一般思想史家會避開的科舉和從祀進入討論。例如孔子廟的從祀，作者認為「思想的正統性、學術經學的價值等受到政治的認可，具有重要思想史的意義」。的確，能夠量測學術思想的社會力量只有出版、從祀、科舉等所謂第三者之眼，不僅僅是本節，作者在本書的所有地方都充滿這種銳利的眼光。有趣的是，作者並非只用第三者的角度，而往往以當事者的立場進入其思想當中，詳細的內容在第七章詳述。要我從門外漢的腳度提個要求的話，我希望作者可以對朱子學和《四書》學為何如此盛行這個問題做出定論。作者說「朱子學之所以可以形成龐大的思想體系，從《四書》的學術研究的高完成度來看是相當理所當然的」，但是卻讓筆者我陷入何為「理所當然」的思考中。

　　第三章〈朱子以後《大學》觀的變遷〉，考察教科書和學說上關於《大學》形成意見分歧的問題。本章可以由以《大學》為主軸的朱子學和陽明學的比較論來閱讀（作者的立場是兩學派相連續）。

　　第四章〈《四書》注釋書的歷史〉分成兩節，第一節〈章句集注的教科書〉，嚴謹全面的進行考證。清末吳英、吳志忠父子，曾完成極高評價的校訂本和善本，作者說「放棄應試時期沒時間完成的校勘事業才成功，脫離科舉所依據的教科書—興國本，完成新的教科書校訂」，也是筆者前述字裡行間的樂趣之一例。

　　第二節〈持續完成的註釋書〉，調查《四書纂疏》和《四書大全》幾個集大成書籍的戶籍。本章的方法是考證且外在的。依對象不同自由變換研究方法的柔軟度，並非每個人都能夠做到。考證內容也相當有豐富，看到本節描寫和出版社的交涉害我不自覺地笑了（因為跟現在的出版差不多）。

　　第五節〈《四書評》的歷史〉，以李卓吾偽託的《四書評》為中

心，分析其內在和外在兩面的同時，詳細觀察廣泛的影響。作者提到，《四書評》中將聖人降為大眾的等級，是因為真實的人性只存在於大眾中，這種詭辯式的讚美不得不捕捉。作者並認為《青雲堂四書評》位於「從朱子學式的經學無謬信仰的蛻變過程」中的「幾近終極」的位置上，此書同樣也繼承了這種思想，並且將經書和小說裨史同列一起，文章的真實性比倫理性更受重視。其他也敘述了明末古注的重要，清朝考證學的繼承等，是本書中最精彩的一章。

第六章〈晚明的《四書》學〉，第一節以「當下承當」的思想試圖從內在捕捉周汝登添加了新生命的《四書》學。「心學也是廣義經書學的一環」、「汝登經常把經書和先儒說當作媒介講述『唯心之義』」等，都是以往的明學史家少見的評論。周汝登特別的指示詞、助詞的解釋，與次章時文（科舉所用的文章形式）重視助詞是否有關係，雖然很枝微末節的事情，不過也希望可以多談談。

第二節〈晚明的《四書》學〉，首先概述《四書》學史，接著解釋佛教的影響、講章（考試參考書）、科舉等晚明《四書》學的特別現象。

第七節（終章）〈科舉和《四書》學〉為本章的壓軸。一般認為時文講章是民間文學，與聖學的《四書》學沒有關係，但實際上兩者之間有超出想像的交涉，前者不經意地完成思想史很重要的工作，將難解的八股文和講章資料逐一解讀。八股文「透過口語的口吻，使聖賢於今日重現，才是八股文的核心」、時文重視助詞、王引之寫成助詞名著《經傳釋詞》也並非與時文完全無關等等，啟蒙之處相當多。

本書將這十年完成的論考耗時耗力重新編成，雖然多多少少會注意到有些重複的地方，但今後應該會成為宋明學的基本文獻繼續流傳吧。尚令人期待進步的地方，包括勿簡單的以晚明《四書》學解體劃清界線，應該用作者獨有的敏銳度觀察清朝《四書》學的演變（例如

如王船山《讀四書大全說》重要的作品本書一句話都沒提），另外，
對於晚明這段特別的時代，作者應該另外用別的方式將自己獨特的想
法寫成一書才是。

# 書評二

# 佐野公治著《四書學史研究》<sup>*</sup>

木村慶二　著

莊兵　譯

## 一

　　本書為著者研究以明代為中心的中國近世思想的最初力作，是著者將十年期間的個人所發表論文集成及補訂而成此書。所探討課題涉及宋元明時期的《四書》學說以及相關註釋書的歷史。然而，與其說此書是一部單純探討《四書》學史的研究，莫若說是透過探求《四書》學的歷史為澄清宋明思想史提示一個新的視野。本書評計以先介紹此書全部內容之後闡述評論者的意見。另外，關於本書已經先有三浦國雄先生的簡明書評（《創文》第二九二期，1988年）可資參照。

## 二

　　序章第一節〈四書學史的概述〉為全書的內容概述。著者首先明確由朱子最初創立《四書》學，繼而認為從宋至明的經書學的重心，有著對朱子《四書》學乃至四書五經學的繼承以及由此脫離的轉變過程，並指出帶來此一重大轉變之人是明代的王陽明。接著論述了晚明自由解釋經書之風的流行，以及大量引入佛教思想的狀況。並且明確

---

＊　原文刊載於日本九州大學中國哲學研究會編《中國哲學論集》第 15 集（1989 年 10 月 30 日）頁 68-79。

進入清代伴隨一系列思想統治的實施，加上與此相呼應的脫宋明學的學界動向，最終導致《四書》自由解釋風潮的終結。

在第二節「明代人與經書」中，著者藉由對明代學習經書的實際狀態的考察，指出到元代一般通行的學習法是由《孝經》《語》《孟》延及六經，但是伴隨國子監的設立以及科舉的實施，使朱子學開始向民間滲透，這使得先學習《四書》、之後學習五經的學習法至明代初期獲得確立。在第二節第三項指出，即便出現比學問更加注重人格陶冶的人士，在經書學習法以及讀書人的精神形成過程中，經書對此所發揮的作用幾乎沒有任何改變。並在本章結語說：「經書透過記誦滲透讀書人的精神內面與身心融為一體，進而透過學者主體性思索而使之獲得再生。而這一由內化至再生的過程本身，就是《四書》學、經書學」（頁38）。由此可以明確，著者所期翼達成的並非是所謂的經書學史，而是意欲闡明孕育出如此經書學史的宋明士人的精神史。

在第一章，著者透過探討《大學章句》中「補傳」所云「表裏精粗無不至」一句，以此作為深入朱子學龐大註釋體系的一個切入點，從中汲取理論以及思考方法，並藉以闡明這些理論及思考方法亦一貫地貫徹在朱子學思想體系當中。

「表粗」是趨向形而下側面的個別認識，「裏精」是趨向形而上側面的普遍認識。這兩個觀點，在自然學層面價值相當，但在人學層面「裏精」則置於上位而由此分出價值的高下。兩者之間橫互著深刻的龜裂，對於這樣的龜裂朱子有明確的自覺。而朱子學是將此二者統合在人學優位之下，著者以「二而一，一而二」表達出上述的觀察。針對「表粗（氣‧陰）」與「裏精（理‧陽）」這兩種彼此對立且互不接合（互無交涉）的範疇，著者認為將此作出了接合統一正是朱子學的特質。並推論指出，伴隨從二而一的上昇、從對立到統一，一在新的對立中被還原為個體，從而一再次分化為二，而由如此對立統一的

緊張中所孕育出的循環，正是朱子學的特徵。

接下來，著者將探討轉向朱子的經書註釋方法。指出朱子在經書解釋中，強調不參雜主觀性同時，卻堅持主體性的所謂合理的批判精神，並從如此的「順應」與「批判」——這二者彼此對立的立場中生發出註釋。進而為了明確朱子註釋態度，以對「仁」的解釋為例展開考證，認為朱子採取態度是以「愛之理」作為「仁」的統合性定義，同時因應個別經旨進行註釋的，這樣的註經態度背後，體現出所謂「一而二、二而一」的理論。亦即朱子的解釋方法既有針對個別性，同時亦顧及整體的統一性，「一而二、二而一」的理論在朱子的解釋方法由此得到充分的應用。在這一章的結束，著者總結說「朱子的《章句》《集注》與其思想構造緊密結合成為一個完整的解釋體系，《四書》由朱子首先確立了其作為經書的地位，《四書》學亦由此成立」，由此闡明了朱子只給予五經以補充其說的地位，其學問體系在《四書》學本身已然完結。

在第二章，著者從外在的政治觀點和內在的思想觀點，針對宋元思想界《四書》學的狀況加以考察。

第一節關於朱子學盛衰的考察中，透過探討從黨禁至從祀這一時期朱子學的展開狀況，指出朱子被從祀孔廟在思想史上具有重大意義。因為從祀使其思想體系的正統性在政治上獲得保證，並以政治力量加快了其學術的普及。另一方面，著者將考查的視點面向當時的科舉動向，指出北宋初期古注疏依然受到尊崇，而到了南宋，北宋諸儒的著作則被當作基本用書，南宋後期朱子《四書》諸經注廣受使用，在元代科舉程式中，朱子學正式被採用。

第二節，著者首先探討永嘉・永康功利學派與朱子學的對立，指出葉適並不承認朱子所主張的《大學》作者說，且否定《學》《庸》的道德價值。其次在探討象山學中，論述象山的得意後學（楊簡、錢

時）亦未將《四書》看作具有彼此相關的體系化著述（著者還認為，
朱子高足陳淳為了對抗象山學，則是將《四書》作為最有力的武
器）。另一方面，即於朱子學派自身，門下諸生中已經產生見解的分
歧，隨著學說向後的二傳、三傳，針對如何理解朱子說及《四書》說
產生了更多的分歧。儘管這樣，宏觀來看仍然可以說朱子學派佔據了
思想學術界的統治主導地位。（即便在象山學興盛的四明地區亦出現
從朱子學的學者，可見當時的朱子學的普及狀況。）

從南宋持續到元代圍繞《四書》見解的分歧，以元代延祐年間所
制定的科舉程式，最終為思想界的動向訂定出方向。皇慶二年
（1313）中書省上奏提議實施科舉，是年訂定條款制度，並依據此制
於延祐二年（1315）實施了廷試。當年的科舉程式包括以下方案：①
《四書》採用《章句》《集注》、②《詩》《書》《易》採用程朱學註
釋、③古注疏止於參考採用。據說此程式是因應當時的學問主流而大
幅採用朱子學，同時還為了減輕考生在學習經書之際所承受的負擔而
考案的便宜之舉。「四書」的稱呼亦在此時被正式使用。

在第三章中，著者以其獨特的觀點，針對古來眾多學者考察的
《大學》，相關其繼承以及思想展開等問題加以考察。（篇幅所限省略
第一至第三節的內容介紹。）在第四節中，著者從①作者問題、②文
本問題、③有關「三綱領八條目」彼此關聯性以及內涵等三方面加以
論述。關於①作者問題，朱子以後的學者大都相信經一章為曾子作、
傳十章為曾子門人作，而王陽明則認為《大學》承自孔子，至李材、
羅汝芳則直言不諱稱孔子親筆。在陽明門下的時代，學界依然根據成
書年代以及內容展開程度認為《大學》先於《中庸》，但羅汝芳則以
《中庸》先於《大學》，主張《大學》已經涵蓋《中庸》內容，並將
其看作思想程度更高的著述。關於②文本問題，《石經大學》的出現
引起晚明學界巨大反響，此書的優點在於：第一，主張《中庸》先於

《大學》；第二，主張作者是子思；第三，對文章從結構到表現顧慮
周全。對此本的推崇者，相繼有管東溟、葛寅亮、劉念台等。儘管清
代學者因此嘆息被偽書所迷惑的明人的知識淺陋，但是著者則指出，
明人比起符合史實的客觀考證，更為注重其於對自我觀點是否具有真
實價值，且對後者作出積極的評價。③有關「三綱領八條目」彼此關
聯性以及內涵，著者以「格物致知」為例，綜合討論了王艮、王畿、
李卓吾等人的學說。

　　著者觀察到，上述這些明末相關《大學》的議論，從作者、文
本、概念內容至書籍的性格，議題紛呈，但大都是被附會以當時的思
想課題而展開其思想的討論。即便是作為科舉的標準解釋而得以確保
官學地位的《章句》，其中所體現的《大學》觀，在此時期實質上也
不過作為諸種解釋之一而降至接受評論的地位，受到自由而又徹底的
討論。

　　在第五節中，著者首先論述《大學》的性格及其與《禮記》的關
聯性，指出陳確的論說為此投下深刻一擊。陳確論述《大學》作為孔
子、曾子的作品並無根據，從《大學》剝落了其作為聖賢之書的神聖
性。他否定《大學》與孔子、曾子的關聯，提出著述年代絕非秦以
前，將其看做諸儒的作品之一。這種見解，成為之後獲得崔述、汪中
等認同的頗有影響的見解。這樣，宋明以來以《大學》為聖賢的傳述
甚至親筆的觀點被否定，《學》《庸》由此失去了神聖性。這意味著
《四書》學事實上的解體。然而清代科舉的標準解釋依然指定為朱子
的《章句》《集注》，文教政策上尊崇朱子學還是官方態度，朱子學依
然抱有其強大的影響力。在這一方面，《四書》仍然受到尊崇，以之
為聖賢經傳的大學論、《四書》論依然可見（如，陸世儀、馮景等人
的論說）。

　　在第四章中，著者關於《章句》《集注》文本問題、朱子以後

《四書》說集成書的性格、編纂方針等問題進行考察。在第一節，著者探討《章句》《集注》的版本源流，指出存在淳裕本和興國本的兩種的來源，興國本為《集注》的初期文本，之後被改為淳裕本體系的版本，採用淳裕本的是南宋的胡泳，主張興國本為定本的學者是宋末元初的陳櫟。而著者在舊稿中一度主張陳櫟說，但重新論考的結論則是以無法確定今傳本為前述哪一種本而保留了意見。就歷史的視野而言，宋元時期《章句》《集注》存在不同版本的狀況廣為人知，亦屢屢可見相關版本的優劣評價，然而伴隨明代的《四書大全》全面吸取採用《四書輯釋》的結果，以興國本作為《四書》基本文本成為社會一般的流行。其後，幾乎不再能見到相關文本的爭議。直至清末，吳英與吳志忠父子在進行版本的選定校勘之際，捨棄興國本而重新選定了淳裕本系統的版本。

　　第二節關於集成書的著者論說，在此僅取所論趙順孫《四書纂疏》與倪士毅《四書輯釋》兩種介紹。據說趙順孫的《四書纂疏》成書於一二七九年南宋滅亡稍早的時期，當時已有將《章句》、《集注》看成經典權威的趨勢，這種趨勢成為持續至明代中葉的主流思潮。從內容上來看，此書為《章句》、《集注》附加《或問》，之後更附以對此兩者的疏解，著者指出其文在閱讀上的冗長之感。倪士毅《四書輯釋》是繼承了陳櫟《四書發明》的作品，著者指出此書在題名上的變遷問題，亦即，題名有從《重編發明》改為《會極》再改為《輯釋》的過程。進而指出，從初次命名可見倪士毅祖述原書的立場，而從第三次的命名，則可以看出倪士毅已然將此書作為其獨自作品的立場。相對於祖述宗旨的作者立場，當時還有為促進讀者購買欲而需要打出作品獨特性的出版社的立場在發揮作用。結果所產作品中反應出以營利為目的的書坊的意向。從內容而言，此書為編纂者以《四書發明》為基礎增纂附加《四書通》而成。

　　在第五章，著者關注僅存於中國本土被冠以李卓吾作的《四書評》，相關此書成立及性格問題乃至此書對後世的影響等議題展看論考。本文僅限於介紹第一節和第二節。關於第一節《四書評》的成書，著者推論《四書評》是李卓吾死後的萬曆三十一年至三十九年之間的偽作，至於其偽作者為誰並未定論。繼而指出《四書評》的四點特色，①此書為首尾一氣貫通寫就的作品，②採取評批的形式，③關注重點在於文章之佳疵，④批註簡潔且使用卑俗的詞語，④指出《四書評》並不是高調的評論而是充分結合了《四書》的解釋史，有值得為後世所繼承的思想內容。在另一方面，著者指出《四書評》作者對孔孟飽含個性強烈的人情味的言行表示讚揚，發現正是如此「百姓日常」所具有的價值才是明末普遍認同的人性觀。另外，著者運用其精密的考證指出，①在明末《四書評》與《說書》同樣受到重視，甚至對《四書評》比《說書》的評價更高；②明末《四書》註解所引卓吾說，大部分是出自《四書評》的引用。

　　在第二節關於《青雲堂四書評》，著者推論此書是筆名「仲肥子」的人物的作品，其人以顧憲成為長輩，葉晝為同輩，是萬曆末期活動的人物。書中散見批判時事、批判官僚的言辭，更接近鄉村基層士人的生活感慨。並且可見在註釋之餘屢屢針對世象的諷刺，近乎將《四書》經文等同於傳奇‧評話那樣恣意評論，還嘲笑腐儒的《四書》註釋，顯現出此書強烈的批判性格。著者認為此書為天啟年間出版。

　　關於此書特徵所在，著者認為，①用語亦襲用了《四書評》特異的表述方式；②結合《評》的論說同時，其書在《四書》解釋上具有獨特的見識。透過這些考察，著者進而指出《青雲堂四書評》的特色，①擺脫《集注》的程度較《四書評》更增進了一步；②具有以《四書》為題材意欲表達作者個性的思想性格；③主張經文只需按照所表現出文字的原意來理解，亦即以所謂「唯原典表現主義」貫徹經

文解釋；④不是為了把《四書》當作聖人的聖典來看，而是當作聖人言行的真實記錄來看的。並由此指出於「百姓日常」發現「道」的具體表現是明末所特有的思想傾向。

著者闡述說，有明一代對經書理解的努力，是艱難地從朱子學的經書學的無謬誤信仰中解脫出來的過程，由此可以說《青雲堂四書評》是居於最大程度達到這種解脫位置的著述。從而高度評價《青雲堂四書評》在超越朱子的經學理解中，是以自我印證經學的明末思潮的一個代表成果。

在第六章，著者在第一節「周汝登的《四書》學」指出，周汝登是將《四書》作為聖人身心內省的記錄來把握，並從經文解讀出專門作為涵養身心的教說。亦即，周汝登的基本立場，是以身心作為濾色板來理解《四書》的。關於其《四書》學的特徵所在，乃是採取與宋儒以及佛教相對的立場展開其學說。針對前者，著者指出周汝登的三點立場，①對朱注的部分肯定；②對《集注》所引諸儒說及《集注》未採的朱子說的肯定；③對《四書大全》所引諸儒說的肯定，特別針對程子的評價，從而總結說，與帶有折衷主義性格的《四書評》以及《青雲堂四書評》相比，周汝登的學說給人一種更為穩健的《四書》詮解的印象。關於後者，著者認為周汝登所提倡的直下承當哲學中富含禪的機鋒，指出《四書》正因為被汝登詮釋為當下承當的哲學書而被賦予了新生機，並將此評價為佛教給予中國思想史以思想營養的一個實例。

在第二節「晚明的《四書》學」，著者首先指出隆慶‧萬曆以後晚明時期所出現的大量作品以加速增長的態勢被出版，是因為幾乎所有的著述都冀望作為科舉用書而被利用。科舉考試用書的需求，是導致此類註釋書增加的強烈誘因。另一方面，著者還注意到釋老用語被寫入科舉程墨文而引發爭議的議題，指出屢禁不止的釋老之言被帶進

考場的原因，主要是由於當時使用釋老之言有獲得及第的可能性，而這種狀況的產生，是由於釋老流行以及嗜好釋老人物（楊起元、焦竑等）及第並擔任考官所帶來的結果。上述兩例顯現出晚明時期《四書》學與科舉之間所具有的千絲萬縷的關聯。

接下來，著者將議題轉移至針對註解書內容的考察，歸納出晚明《四書》學演變的三種學說趨勢，①羽翼程朱路線諸說，②不僅矛頭朝向程朱並且無視孔子的諸說，③陽尊朱子陰存異端的諸說，認為上述三種學說不管哪一種都抱有成為獨具個性的《四書》說的目標。雖然這一時期陽明學的影響顯著，但與陽明在世時相比較，汲取釋老思想作出奔放的經文疏解乃是這一時期的顯著特色。同時指出，晚明的文章從序文、題記到本文無不驅使釋老觀念或用語為文章增添文采近乎成為常識的這一現象，正是為了從習染深重的程朱學經解的重壓下擺脫出來，而將汲取釋老當作一種解脫之方。

在第七章，著者主要透過探討科舉參考書的講章、考試答案、模範解答、平素習作等這些可以總稱時文的八股文，澄清《四書》學的展開情形。

在第一節，著者藉由被時人作為講章素材的《李滄溟四書說》為例，分作三點特徵加以論述，①明確贊同陽明學的論調，②使用佛教老莊色彩濃厚的用語，③不盲從於宋儒及《集注》的經文解釋而是提出新解釋，並指出滄溟說堅持陽明心學解釋的傾向。繼而論及時文在結合經文進行疏解之際的強調提出新說法，以及講章須作為經文解釋及作文範本等規定性，由此明確滄溟說所具有的講章性格。

在第二節，著者針對八股文從論理和心理的角度加以考察，指出關注口氣語氣的明清八股時文具有：①重視關鍵詞、骨幹句；②注重助辭等特徵；③還有文體上的運用對偶的要求，且需要華麗的文辭表現。因此，愈是能夠把握重點語辭渲染題旨，便愈要避忌「隨題敷

衍」的俗套，由此產生游離本文宗旨與追求作文完整性之間所存在的矛盾。

接下來，著者關注明末思潮中的《四書》觀以及清朝的實證考據學，考察此二者是反映在時文八股文中的狀況。在此介紹明代的事例。

著者首先探討王畿為尋求聖人本體即功夫的頓悟，並不積極認同舉子業的意義，而是將舉子業包含在自我聖賢之學之內。然後引述顧憲成文章的記事，介紹在當時的講學活動中，即便會引起主持者的不悅，時文八股文仍然浸透於講場中的狀況。著者指出，目標成為聖賢的講學活動與目標高第的學校科場，所講述的解經觀念及經書理解未必是彼此懸隔的事情。

接著，著者舉出試圖從時文內面進行改革的楊起元的事例，指出楊起元意欲借助時文形式來表達自身針對日用現前的主體證悟，之後，對此進一步深入論證，指出楊起元並非是透過否定朱註以表達自我主張。亦即，楊起元未遵守以朱註作為祖宗之法的原則同時，亦不批判朱註，而是轉換思想重心，以並不抵觸朱註的低調形式，僅僅在表面上遵守規則，實際上將自己的經文理解表現在時文上。

以上為本書內容的概要介紹。以下討論本書的特色。

## 三

近年，吉田公平〈王陽明研究史〉（《陽明學の世界》所收，一九八六年）、山下龍二〈明代思想研究史〉（《名古屋大學文學部研究論集》所收，一九八七年）等論文顯現出意欲對舊有的明代學術研究實像加以回顧反省的趨向。這些論文對之前的研究成果作出總括性考察同時，亦對新的研究視野作出探索，這些研究可謂是加深了對戰後明代學術的哲學思想研究。在吉田論文詳細介紹了島田虔次關於「近代思維」這一課題的提出，山井勇・山下龍二關於「氣的哲學」的主張

及對此的澄清，還有岡田武彥所強調的對明代思想從內部理解以及體認，以及荒木見悟在研究明代佛教與儒教的對立交涉中所澄清的關於儒佛各自呈現的人間觀與實踐論。本稿所評《四書學史研究》則是借鑑了以上的最新研究，重新確認了經書（尤其是《四書》）對宋明思想家精神生活的影響程度，並在此基礎上，集中焦點針對《四書》學說以及記載下這些的註釋書的歷史作出考察，以嶄新的視角達成對宋明思想史的敘述與明確。因此作為本書的特色，首先是具有鮮明的實證性、具體性的特點。比如，在第四章有關《章句》《集注》文本的歷史變遷的澄清、相關從宋至清的《四書》註釋書的內容分析、以及在第五章關於《四書評》作者問題的探討、以及此書的性格及思想上所具有的地位等，針對這些課題的詳細分析論述皆令人傾聽並深為信服。從這些具體的實證的考據背後，可以感受到著者所具有的堅韌持久的耐力與精神。針對個別事例都能原原本本且不參雜主觀想象地加以把握，對資料亦是客觀考察而無牽強和聯想，而且，在澄清這些史證在思想史上所具有的作用和地位基礎上，皆能從各別考察投射出具有時代普遍性的推論，這些都必須巨大的精神能量以及持久的思考力。按照這樣的研究方針所呈現出的最為成果顯著的章節，可以舉出圍繞《四書評》問題從多個角度展開論考的第五章，從時文・八股文的論理與心理的角度針對科舉與《四書》學的關係詳加分析的第七章第二節。

　　接下來，關於著者的執筆動機，以下以評論者的立場加以論述。首先，上述宋明學研究呈現出相關哲學性、思想性課題的討論尤為深入的狀況。那麼，其原因何在，可以從荒木見悟的研究獲得線索。荒木有如下論述，「宋代儒學有別於古典儒學之處，在於不單單為了復興傳統儒學，而是顧及心學的長處，為古典儒學賦予了新的生命」（《儒學と陽明學》，頁49）。宋明儒學以經典解釋展現自我思想，並

受到「以一心万法論為基礎，以迷悟昇沈之一切取決於心的心法之
學」（同頁42）、即所謂佛教心學的濃厚影響。換言之，宋明儒學比起
關注經書解釋的方法如何，莫若說更為注重做出這些解釋的主體施注
者自身的思維。如何取捨自身與社會之間的關係，在其中給予這個自
身以怎樣的位子，具體方法為何，這些課題正是思想家們苦心探索的
重點所在。而荒木將「心學與理學」理解為宋明儒學的綱要，以他為
代表所進行的哲學思想研究活動，在某種意義上可謂依據了最為妥善
的觀點。那麼，在完全明瞭前述先行研究的狀況下，著者為何還要堅
持探討《四書》學史呢。其原因之一，在於意欲透過科舉解讀出中國
知識人的精神生活內裏，《四書》學對此的滲透與影響。比如，在第
三章的例證所見，宋明讀書人將自我思想透過對《大學》的解釋加以
表現的特點。另一個原因在於，針對向來的哲學探究如何得以以思辨
首尾其論述，著者意欲以包涵更多的實證性要素達成具體性色彩更為
鮮明的思想史敘述。正如著者在後記所述，「……其間的閱讀主要以
明代著述為主，卻發現前人從事研究利用的書籍中，對經書類、特別
是《四書》類的書籍，幾乎毫無使用過的痕跡」（頁442），「可是，一
旦實際取來閱讀，才實際感受到其中所蘊藏的巨大的知性能量。如果
能夠脫離舊套，則各個時代的精神活動皆在表達各自的存在意義，那
麼即便明代人的這些著述，亦有彰顯出來的價值，由此確信如果將這
些去掉，則無法獲得對民族傳統的內在理解」（頁442）。僅就上述所
言，便已經表達出著者針對向來研究未能顧及的《四書》類文獻的意
義加以確認，以及試圖藉此加深對中國精神文化理解的動機。換言
之，著者是針對評論者所理解的向來的思想史研究的反省，雖然針對
其自身所設定的新視角的動機並未明確予以說明，然而在著者的論述
之中已然內涵了上述的意圖。那麼，若說向來的研究全然沒有將探討
的焦點集中於經書類的論考，則亦未必其然。以荒木的研究為例，便

有〈四書湖南講について〉(《明代思想研究》所收)、〈石經大學の表
章〉(《明末宗教思想研究》第十章)、〈駁呂留良四書講義をめぐる若
干の問題〉(《陽明學の展開と佛教》所收)、〈陳確の大學偽作說をめ
ぐって〉(《中國思想史の諸相》所收)等論考。至於是哲學性的考
察、還是實證性的考察，在每個研究者的論述中，都是或多或少地並
存，但向來針對這樣的問題大都是在個別事例的研究中有所進行的狀
況。然而，著者則將此問題意識擴大發展至宋明學的研究中，由此為
學界增添一項新成果，其所具有的意義之大則毋庸置疑。

　　最後想敘述若干的疑問以及感想。涉及一些細節，如，序章頁三
六提出晚明對記誦能力加以稱讚的記事有所減少的理由是，著者提出
是受到陽明學的影響。而另一個理由是，因應文化的多樣化而導致知
性關心的擴散，那麼這樣的狀況不是無法歸結給受到所有價值判斷全
繫吾心一念良知的陽明心學的影響？難道不正是因為陽明學使價值判
斷的基準被解放，從而使明末的人們才開始向原本被認為是負面價值
的領域邁進的嗎？接下來是通讀本書的感想，印象最為深刻、也是本
書的最大特色，是其實證性和具體性。使評論者學到如何認真謹慎地
處理資料以及如何進行綿密的考證。這一點，不僅僅是評論者本人，
即便對於從事宋明學研究的所有人都是非常有益的。向來的宋明學研
究從哲學觀點加以論考者居於壓倒性多數，面臨這樣的狀況，則愈加
凸現出本書的難能可貴。還有必須提示的一點是，除了個別的論文，
本書是以體系化的著述針對近世《四書》學史作出全面的敘述的最初
論著，這一點意義及其重大。另外，卷末所附帶的附錄、索引亦極其
有益。以科舉登第作為著述成立時期的上限，從而為向來成書以及刊
行時期不明瞭的註解書訂定出排列基準，以此方法針對以下兩書的姓
氏・書目作出排列。即，講章色彩濃厚的《四書正新錄》，以及收錄
此書所未見的萬曆後期作品的《增補微言》。而且，還將《刪補微

言》的書目、《增補微言》的〈新增姓氏書目〉、以及《皇明百方家問答》的書目，三者做出統合排列，其後還有將本書中所徵引論述及引用文獻索引等亦附帶其後。以上這些對宋明學研究者皆可謂是甚有參用價值。

以上敘述了評論者的疑問和感想。由於評論者理解能力不足，對本書內容的介紹、本書特色的指出等或有不確切之處，加上評論者對執筆意圖的獨自判斷，謹此一併請求著者的寬容和諒解。

一九八八年（昭和六十三年）二月十一日發行 創文社 四四四頁（＋）十七頁 八五〇〇日元

經學研究叢書・經學史研究叢刊 0501012

# 《四書》學史的研究

| 作　　者 | 佐野公治 |
|---|---|
| 譯　　者 | 張文朝、莊兵 |
| 校　　訂 | 林慶彰 |
| 責任編輯 | 蔡雅如 |

| 發 行 人 | 林慶彰 |
|---|---|
| 總 經 理 | 梁錦興 |
| 總 編 輯 | 張晏瑞 |
| 編 輯 所 | 萬卷樓圖書股份有限公司 |
| | 臺北市羅斯福路二段 41 號 6 樓之 3 |
| | 電話 (02)23216565 |
| | 傳真 (02)23218698 |

| 發　　行 | 萬卷樓圖書股份有限公司 |
|---|---|
| | 臺北市羅斯福路二段 41 號 6 樓之 3 |
| | 電話 (02)23216565 |
| | 傳真 (02)23218698 |
| | 電郵 SERVICE@WANJUAN.COM.TW |
| 香港經銷 | 香港聯合書刊物流有限公司 |
| | 電話 (852)21502100 |
| | 傳真 (852)23560735 |

ISBN 978-957-739-891-8

2024 年 04 月初版三刷

2014 年 11 月初版

定價：新臺幣 560 元

如何購買本書：

1. 劃撥購書，請透過以下郵政劃撥帳號：
   帳號：15624015
   戶名：萬卷樓圖書股份有限公司

2. 轉帳購書，請透過以下帳戶
   合作金庫銀行 古亭分行
   戶名：萬卷樓圖書股份有限公司
   帳號：0877717092596

3. 網路購書，請透過萬卷樓網站
   網址 WWW.WANJUAN.COM.TW

大量購書，請直接聯繫我們，將有專人為您服務。客服：(02)23216565 分機 610

如有缺頁、破損或裝訂錯誤，請寄回更換

國家圖書館出版品預行編目資料

《四書》學史的研究 / 佐野公治著；張文朝、莊兵譯 -- 初版. -- 臺北市：萬卷樓, 2014.11

面 ； 公分. -- (日本漢學名著譯叢)(經學研究叢書・經學史研究叢刊)

ISBN 978-957-739-891-8(平裝)

1.四書 2.研究考訂

121.217　　　　　　　　　　103020814